卖场营销学

赵金蕊　李严锋　编著

ZHEJIANG UNIVERSITY PRESS
浙江大学出版社

图书在版编目（CIP）数据

卖场营销学／赵金蕊，李严锋编著. —杭州：浙
江大学出版社，2010.5（2018.8重印）
ISBN 978-7-308-07498-8

Ⅰ.①卖… Ⅱ.①赵… ②李… Ⅲ.①零售商业－市
场营销学 Ⅳ.①F713.32

中国版本图书馆 CIP 数据核字（2010）第 062168 号

卖场营销学

赵金蕊　李严锋　编著

策　　划	樊晓燕　黄兆宁	
责任编辑	曾　熙	
封面设计	刘依群	
出版发行	浙江大学出版社	
	（杭州市天目山路 148 号　邮政编码 310007）	
	（网址：http://www.zjupress.com）	
排　　版	杭州中大图文设计有限公司	
印　　刷	浙江新华数码印务有限公司	
开　　本	787mm×1092mm　1/16	
印　　张	22	
字　　数	535 千	
版 印 次	2010 年 5 月第 1 版　2018 年 8 月第 3 次印刷	
书　　号	ISBN 978-7-308-07498-8	
定　　价	45.00 元	

前　言

随着对外开放的全面展开,我国零售业面临愈来愈激烈的竞争局面,不断出现的新的零售业态形式一次次打破原有零售格局,为零售业带来新的挑战;同时,由于消费主义的流行,消费者的消费观念和生活方式均发生了巨大变化,这对消费的环境、消费途径、消费场所、消费方式、消费手段等都有了新的要求;再次,技术手段的进步使得零售业的管理和运营达到了科学化、标准化的阶段,使得零售业的经营方式、服务质量及顾客管理得到不断的创新和提升,所有这些都在急剧地促进我们对卖场的研究。因此,在以消费者为主导的市场环境下,如何使卖场的业绩得到进一步的提高,如何提升卖场的竞争实力,是卖场营销研究问题的出发点。

目前,国内专门以"卖场营销"为主题的研究课题日益增多,主要集中在零售学、消费者行为学、市场营销学、商品学、心理学等学科中,以及各种广泛流行的职业手册、行业研究报告、培训机构用书等,但系统研究及可使用的教材并不多,无法满足市场营销及相关专业的学习,以及有关学者、工作人员的研究之需。为此,本书力求博采众长,理论与实践相结合,全面、系统地介绍卖场营销的基本概念、基础知识,结合大量的研究前沿和实践运用进行知识扩展,介绍卖场营销的最新动态和研究成果,并通过大量的案例辅助读者对知识的把握。为了便于读者学习理解本书内容,本书采用了大量的图片、图形、表格,以及各种链接资料,使得全书图文并茂、形象直观、深入浅出,让读者在了解基本理论的同时很容易就能够学习和掌握卖场营销研究的前沿内容。

本书以卖场业态形式为核心,从购物的角度出发,构建了整个卖场营销研究的体系结构。全书按照从宏观层面到微观层面的顺序展开研究,从卖场环境、卖场活动、购物者活动、卖场发展新动向四个方面组织和规划全书内容,使知识结构层层递进。本书内容共分为10章:第1章围绕卖场的概念对卖场营销的背景、研究内容、研究对象、研究方法等进行概述;第2章是对卖场营销环境的具体分析,主要包括卖场面临的新环境分析及零售业态的变革;第3至7章围绕卖场的具体活动,分别从卖场的选址、设计、布局、印象管理、商品管理五个方面展开分析;第8章则集中介绍了购物者及其行为的研究;第9章从总体上探讨了卖场的营销策略和手段;第10章则是对卖场营销发展趋势和动向的引入。本书可作为普通高等院校市场营销专业的本科教学用书,也可供研究生、企业管理人员和相关专业人士自学、提高之用。根据知识的深度与广度,本书可以进行36—54个课时左右的讲授和学习。

本书的完成主要是基于云南财经大学市场营销专业的平台,以及云南财经大学商学院多位老师的支持与合作,才得以最终完成。他们都是长期从事市场营销学术研究、教学实践的教授、副教授和博士,在该领域已经发表了过百篇的论文,编写过许多教材,有的已出版多本专著,具有较高的理论素养和实践经验。本书由赵金蕊、李严锋担任主编,赵金蕊负责全书总体构架的设计及统稿总纂、修改,李严锋负责全书的审核及定稿。编写的具体分工是:第1、2、3、8章由赵金蕊负责编写;第6章由李严锋负责编写;第4、9、10章由熊梅负责编写;第7章由宋志兰负责编写;第5章由窦志武负责编写。

本书在编写过程中,还得到了云南大学经济学院张荐华教授、博导,云南财经大学研究生处郭思智教授的具体指导。两位教授分别是经济学、市场营销学界的专家、学者,在百忙之中给予本书编写工作的鼓励和教诲,使编写组各位成员倍受鼓舞,在此谨表示由衷的感谢!本书在编写过程中,参阅了许多市场营销方面的研究成果,并借鉴了部分资料,本书以脚注和参考文献的形式列在了书后,在此谨向这些专家和学者表示诚挚谢意!本书从立项到最终完成,得到了浙江大学出版社的大力支持和帮助,谨向浙大出版社及各位编辑付出的辛勤劳动表示谢意!

由于水平有限、时间仓促,对书中卖场营销的有关问题还需进一步探讨,书中不当之处在所难免,恳请学界各位专家、学者、广大读者批评指正,不吝赐教,以使卖场营销学的理论得到进一步的发展和完善。

赵金蕊

2009 年 12 月 20 日于云南昆明

目　录

第1章
卖场营销概论

◆ 学习要点

1. 卖场营销的发展历程；
2. 卖场的定义及卖场营销的内涵；
3. 卖场营销研究的主要对象及主要内容；
4. 研究卖场营销常用的方法；
5. 卖场营销的相关理论思想。

◆ 重要概念

卖场　卖场营销　零售业态　卖场营销组合

1.1　卖场营销的兴起

1.1.1　卖场营销在国外的发展

卖场营销的兴起总体来说主要是伴随着世界零售业态的急剧变化而出现的。众所周知,西方零售业态经历了四次大的革命,即百货商店、连锁超市、购物中心和无店铺销售。零售业态形式的演进不是偶然的或无根据的,而是零售业适应社会经济和文化技术发展的产物。例如,百货商店的出现是为了适应西方工业革命大量生产、大量销售和城市化进程的要求而产生的;连锁超市的兴起则是为了适应商业降低成本、方便顾客的要求而产生的;购物中心则是城市空洞化、居住郊区化的必然反应;而无店铺销售则是电子技术和信息技术在流通领域的延伸。可以说,零售业态的每一次创新都更好地满足了消费者的利益和要求,符合当今以消费者为主导的买方市场发展趋势,也更好地推动了工业生产的发展。特别是前三次变革,其结果直接导致大量卖场形式的出现及衍生,即便是在网络经济兴起、网络购物成为一种时尚的情况下,消费者卖场消费的主流形式不仅没有被取代,反而愈来愈复杂和多样化。正是由于零售业态的多次变革,卖场已经成为消费者日常生活中的主要购物空间,卖场营销也越来越受到生产商、消费者,以及专家学者的普遍重视和广泛研究。

在美国,卖场营销是在 20 世纪 60 年代随着折扣店、仓储式超市、大卖场等新业态的兴起而首先受到生产商重视的。进入 70 年代以后,随着自选销售方式的广泛采用、消费者非计划性购买的大幅增加、商品的同质化现象等卖场经营环境的变化,生产商进一步加大了对卖场营销的技术研究,并对卖场营销的研究投入大量的资金。同时,由于零售市场激烈的市场竞争环境,零售商也开始调整如何吸引顾客的战略以维持自身的市场地位,这时,零售商逐步放弃了单纯依靠价格促销手段吸引顾客的做法,开始向以客单价为中心的营销战略转变。在这个过程中,不管是生产商还是零售商,都开始重新思考卖场的含义、卖场的定位,以及商品与顾客之间的关系,双方都充分意识到只有不断提升卖场营销的水平,才是加速商品周转、提高毛利率的根本办法。由于在价值链上博弈的力量不同,卖场营销逐渐形成了生产商主导的卖场营销和零售商主导的卖场营销两种格局。

自 20 世纪 60 年代起,卖场营销也一直成为欧洲和日本各个大学商学院的重要研究课题,但当时主要是将其作为消费者行为研究中的一种行为反应方式加以研究,尚未将其独立为一门学科。80 年代以后,大型超市在欧洲和日本迅速发展,加之 POS 系统的普及运用,卖场中的技术问题以及卖场营销的模式引起了学者们的极大兴趣和广泛关注,他们利用先进的科学技术手段,有效地将数据分析与购物者的行为分析相结合,大大推动了卖场营销的研究水平。随后,店内顾客购物行为、顾客非计划性购物行为、体验式购物等等问题都逐渐成为市场营销领域的热门研究课题,并取得了众多研究成果,这对于开展卖场营销的研究起到了重要的作用。

在当今消费社会崛起的时代,零售业、消费行为等都已经成为人们生活中的主题,甚至就是一种生活方式。因此,越来越多的大学都普遍关注和研究这一领域的新动向。在日本,高度发达的零售业催生了卖场营销的繁荣景象,也促使卖场营销的研究不断深化,卖场营销作为一个新的研究动向被独立出来,并逐渐形成一个完整的营销体系,甚至成为一门课程在大学中开始系统地被研究和讲授。

日本东京卖场景象

美国曼哈顿商业中心景象

1.1.2 卖场营销在中国的兴起

卖场在中国的兴起也是随着中国零售业发展变迁而出现的。中国零售业的变革大致经历了三个阶段①:

---

① 杨德锋,张帆. 关于零售业态变革的研究.商业研究,2005(13):207—209.

1. 第一阶段:改革开放以前,主要表现为单一、固化的零售业态形式

在这一阶段,我国实行的是纯粹计划经济体制,社会生产力水平较低,供求关系紧张,几乎所有商品均处于供不应求状态,因此,呈现出适合计划经济要求的大中型百货商场和小型零售专业店一统天下的局面,缺乏充分的市场竞争。

2. 第二阶段:从改革开放到 20 世纪 90 年代中期,表现出多种业态并存的格局

在短缺经济时代下,人们的社会购买力被大大地积压,改革开放之后这些积压的购买力得到了空前的释放,这时,市场上的需求异常旺盛,靠过去单一的零售业态形成的市场供给远远满足不了市场的需求,因此,零售业迅速进入一个急剧变革的时代。这一阶段,代表着信誉的大型百货商店在数量及规模上都不断发展壮大,仍然占据着零售业的主导地位;同时,新型零售业态纷纷导入,具有空间、时间和成本优势的超级市场在我国大中城市乃至中小城镇异军突起;此外,超市、便利店、专卖店、仓储式商场等新型业态,纷纷采用连锁经营方式自发整合以扩大市场规模,增强竞争优势,进入 20 世纪 90 年代中期,由于政府的推动和激励,这种整合倾向进入了加速发展的阶段。

3. 第三阶段:从 20 世纪 90 年代后期到现在,呈现出新旧业态逐步分化、重组的局面

20 世纪 90 年代后期,中国市场经济体制改革进入了攻坚阶段,建立一个健全、完善的社会主义市场经济体制遇到了巨大的阻力和困难,这对零售业产生了重要影响,最直接的表现就是传统百货业全面滑坡,遭遇了百年来重组的艰难困境。究其原因主要是:一方面,新业态的进入加剧了零售市场的竞争,传统百货业没有相应地调整业态组合,因此不能适应现代消费需求的变化;另一方面,在外资零售业的影响下,超级市场、便利店、专卖店、购物中心等新业态相继出现,不断蚕食了传统百货业的市场份额。进入 21 世纪以后,中国百货业才逐渐走出倒闭的阴影,开始取得新的发展。这时,超市已经分化为大卖场、连锁食品超市和便利店,尤其是大卖场开始成为我国零售业的主力业态;以连锁方式发展超市的年均增长速度约高达 70%,仅 2000 年全国连锁超市实现的销售额就占全社会零售商品总额的 7%,一些大型的连锁超市公司的营业额甚至超过百货商店,名列零售业的首位;而便利店更是前景广阔,遍地开花;品类专营店则异军突起,折扣店开始登陆,购物中心也成为新一轮的竞争焦点;外资零售业在中国本土大规模扩张。因此,总体说来,这个阶段中国传统的以百货业态为主的零售业态正在向多元化模式转变,以连锁为组织特征的超级市场、便民连锁店急剧发展,与百货商场共同构成中国零售业态主体结构模式。

上海南京路繁华夜景

香港商业街

在这个阶段,整体而言,中国零售业以每年7％的速度增长,比大多数发展中国家要快得多。2001年,中国的零售总额为4050亿美元,比亚洲其他主要市场(日本除外)零售额的总和还要高出56％(见图1-1),预计到2010年,中国的零售总额可达7130亿美元。

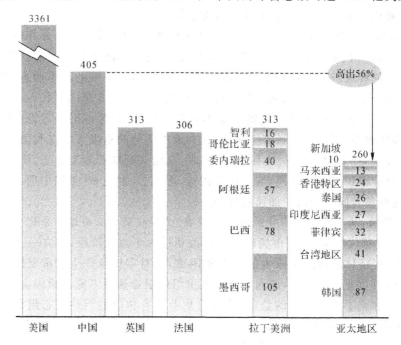

图1-1　不同国家的零售业增长状况

资料来源:彭显伦,缪志仁. 麦肯锡:中国高成长的大卖场.商学院,2003(5):38－40.

其中,大卖场的发展最为迅速。虽然大型卖场在中国零售总额中的份额还不到2％,但是大卖场销售额的平均年增长率达64％,高于整个行业的平均水平(见图1-2)。尽管大型卖场的增长速度逐渐趋缓,但预计到2010年,大型卖场的销售额仍将继续以每年高达25％～30％的速度增长[①]。

经过三次大的调整与变革,中国商业体制得到了不断的改革与创新,商业所有制结构、组织结构和业态结构也进行了不断的调整和优化,我国零售业态仅用十几年的时间就走完了其他国家数十年的发展路径,从而形成多元化、多级并举的零售格局。如今,百货商店、超级市场、便利店、廉价店、专卖店、专业商店、仓储式商店、邮购商店、自动售货商店、网上商店、购物中心等多种功能不同、类型各异、灵活多样、互为补充的零售业态都集中呈现在中国市场上,它们以特色化、层次化、个性化、差异化的经营和服务满足了不同顾客多元化的消费需求,成为消费者生活中的一项重要内容。为了适应这种发展,营销问题的研究显而易见,中国卖场营销的研究也将随之兴起。

长期以来,我国流通业界及相关研究者都比较倾向于对宏观经济理论的研究,忽视甚至轻视对零售业核心技术的研究,因此,国内对卖场营销理论和技术的研究远远落后于实践的要求。事实上,我国对卖场营销的研究只是最近几年的事情。与美国和日本的发展一

---

①　彭显伦,缪志仁. 麦肯锡:中国高成长的大卖场.商学院,2003(5):38－40.

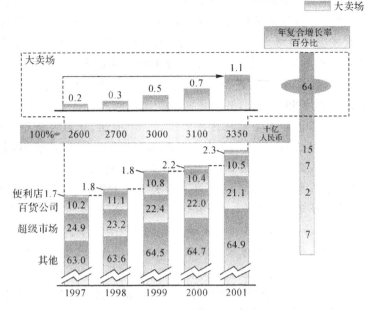

图 1-2 各种零售业态的销售额比较

资料来源:彭显伦,缪志仁.麦肯锡:中国高成长的大卖场.商学院,2003(5):38—40.

样,推动我国卖场营销研究的首先是宝洁、联合利华、花王、可口可乐等在华投资的跨国企业,这些消费品生产商大多设有专业化的卖场营销或终端销售研究机构;另外,近十年来,沃尔玛、家乐福、伊藤洋华堂、麦德龙等国际零售巨头在我国迅速扩张的同时,也将其核心竞争力之一的品类管理、卖场布局、商品陈列与表现等卖场营销理念和技术转移到我国,从而推动了我国零售业对卖场营销重要性的认识。

在目前我国零售市场竞争激烈的环境下,越来越多的生产商和零售商已经深刻认识到,提高卖场营销水平是提高其核心竞争力的重要途径。实践表明,卖场销售额和客单价的下降与卖场布局、商品配置、商品陈列中的技术缺乏有着直接的联系。同样,对于生产商来说,卖场中商品的销售情况完全取决于商品在卖场中的位置和陈列水平。因此可以说,提高卖场营销水平是零售商和生产商的共同战略,同时也是两者共同利益之所在。然而,目前我国学术界对卖场营销的研究还缺乏系统性和完整性,市场上关于卖场布局、卖场陈列等方面的书籍,绝大部分仅限于对一些方法和操作的简单描述,既缺乏对技术背后的理论阐释,也缺少系统性、科学性和战略性,远远不能满足实践的需要。为此,着力开展对卖场营销的研究将进一步引导和鼓励中国零售业的良好发展势头,是适合市场需求的一项重要而迫切的任务。

小链接

上海大卖场的出现与发展

1996 年,大卖场刚刚在上海等地出现的时候,除麦德龙以外的其他大卖场几乎都是面向所有的顾客,几万甚至十几万爱好热闹与便宜的顾客,在大卖场开业的那天潮水般涌入店铺。卖场实在无法应付的时候,就采取时段性关闭进口通道,临时实施"只出不进"的客流疏散办法。当时的卖场基本上由老式商场改建而成,如 1995 年家乐福在上海的第一家大卖场(曲阳店)、1997年农工商超市在市郊的第一家大卖场(青浦店)都属于改建的店铺,而且都是两个楼面,建筑结构与大卖场的要求有较大差异。这些有两个楼面的卖场,经营者还特别担心顾客太多会使楼板无法承受。如今,大卖场已经发展到贴身竞争的程度,无论是店铺数还是销售额都是外资占优势。在上海的128家超市大卖场中,家乐福、易初莲花、乐购、麦德龙、大润发、好又多、易卖得、欧尚、沃尔玛等9家外资大卖场公司拥有78个店铺,占上海大卖场店铺总数的60%以上,其销售额则超过了85%。这些公司在全国各地开设的卖场总数多达370个,2006年在华东地区的浙江、江苏、安徽、江西等地开设的新店铺就达90余家,发展区域已经从大城市渗透到中小城市,包括县城。特别是从2007年开始,内资连锁公司纷纷压缩战线,回归本土经营,这就更加激化了属地卖场的竞争。之前在郊县几乎没有大卖场的"硝烟",如今市郊已经成为上海大卖场打"阵地战"的主战场。就顾客而言,走出小区门口就有好几家大卖场,上海有四个大卖场高地,在这些"高地"区域,3公里商圈内就有8~12家大卖场扎堆,顾客对大卖场自然就习以为常了。

上海的巨型大卖场,平均每平方米销售额是当地超市的2.5倍多,如图1-3所示,比起百货公司和普通超市,大卖场的价格通常要低10%~15%。有的大卖场如农工商,其价格甚至可以低20%。高销售额和低进货价使得大型卖场能从供货商处得到较低的价格,再回馈给消费者。有些国外大卖场业者在中国能获利3%,而本地超市的利润通常只有1%。

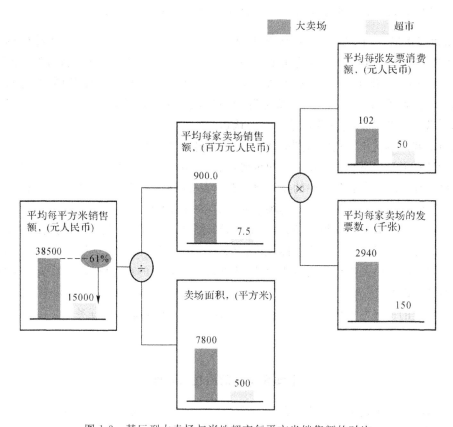

图1-3 某巨型大卖场与当地超市每平方米销售额的对比

资料来源:[1]徐慧群.超市大卖场发展趋势与店头营销.现代商业,2008(1):70—73;[2]彭显伦,缪志仁.麦肯锡:中国高成长的大卖场.商学院,2003(5):38—40.

前沿话题

中国零售业发展的十个新动向

1. 零售业态形式创新和重组速度加快;
2. 零售业保持快速发展;
3. 外资和外资零售业加快进入,并将使中国零售市场竞争更加激烈;
4. 零售业价值重估;
5. 企业间兼并重组步伐加快;
6. 零售业经营空间将发生重大变化;
7. 连锁经营在零售业的主导地位将更加突出;
8. 信息技术和先进适用技术广泛应用;
9. 市场集中度逐步提高;
10. 商业模式不断创新。

资料来源:陈章旺.零售营销:实战的观点.北京:北京大学出版社,2008.序

1.2　卖场营销的含义

1.2.1　卖场

1. 卖场的含义

在消费者主导的市场经济环境下,卖场已经成为消费者日常生活的一个空间,到卖场购物甚至成为消费者奉行的一种生活方式。从零售业的发展历史来看,其重心已经从生产者转向消费者,可以说,零售业的发展史就是不断接近顾客的历史,是不断在竞争中调整商品结构和商品价格,提高服务水平,从而满足顾客需求的历史。零售业正是以卖场为中介将顾客与商品连接起来,并以此为交换场所实现商品所有权的转移。因此,卖场是零售业销售商品和服务的舞台,零售商店正是通过在卖场不断地听取顾客的呼声,进而对竞争店进行持续的调查,使其在激烈的市场竞争环境中不断成长和壮大。

所以,卖场不仅真实地反映出零售商的经营管理水平,同时也是评价生产商营销活动水平的场所,也是消费者实现消费生活的空间。卖场不仅是生产商营销活动的终端,同时也是全部营销活动的起点。因此,卖场的营销和管理对于生产商不断改进产品质量,生产适销对路的产品,进而提高其市场竞争力具有重要的意义;对于零售商增强顾客吸引力、维持忠诚顾客,巩固零售业的主导地位也至关重要。

根据《中华人民共和国标准——零售业态分类》(GB/T18106-2004)的划分,零售业态可以分为有店铺零售业态和无店铺零售业态两大类。本书中所涉及的卖场是指除了无店铺零售业态以外的一切业态形式,包括便利店、折扣店、超市、大型超市、仓储会员店、百货店、专业店、专卖店、家居建材店、购物中心等各种有店铺的零售业态形式。因此,卖场要包括提供物(offering)和专业技能(know-how)两方面。其中,提供物指的是客观外部因素,如

花色品种、购物环境、服务态度、位置和价格、商品陈列,以及吸引消费者购物的各种设施。专业技能则是指内部因素:一方面是商业技术,即商业企业所采用的系统、方法、程序和技巧,另一方面是商业文化,即理念、惯例、规则、操作和经验①。实践证明,卖场环境的布置与展示对消费者购物行为有着愈来愈重要的影响,尽管网络技术的兴起和网络购物的流行在改变人们传统的消费方式,但是,到卖场购物依然是人们生活中的主要消费模式,依然是人们满足日常生活需要的首先途径。因此,对卖场的研究不是被淡化或替代,而是越来越重要和迫切,特别是要加强对卖场提供物的研究,这是与无店铺销售不一样的地方。

2. 卖场的重要意义

卖场与普通百姓的生活息息相关,它满足百姓的日常生活所需,也是一个国家或地区经济发展、收入水平提高、生活质量提高和购物方式转变的综合表现。卖场已经成为主要的零售终端,它在一个城市乃至一国经济的发展中起着举足轻重的作用。

(1)聚敛性

卖场是联系生产商、制造商与顾客的中介,是供给与需求的汇集点,它把无数分散的商家与顾客聚集到一起,使交易活动能够更好地得以完成。换句话说,卖场是市场交换行为的集中体现,它为原本没有关系的商家或顾客提供了一个进行社会交往的场所,聚集在一起的商家或顾客必然因此而建立某种特殊的商业关系或社会关系,使双方的交易都能够通过聚集效应而达到最大化。因此,卖场通常设立在一个城市中居民住宅较为集中的地段,在这些地段设立卖场,客流量大、行动方便、流通快捷,卖场的聚敛效应更加突出。

(2)改变城市布局

事实证明,在一个城市的规划发展进程中,往往会以卖场为中心,在其周围形成一个繁华的商圈,继而围绕这一商圈建设整个城市的商业中心。例如,上海的淮海路、南京路,昆明的昆百大商业圈、百汇商场商业圈、小西门商业圈,都是这些城市十分繁华的地带和社会经济的中心区。由此可见,卖场的繁荣可以带来城市经济的繁荣,并在很大程度上规划或改变一个城市的原有布局;反过来说,一个经济发达的城市也影响着卖场的投资与建设。随着城市规模越来越大,卖场的选址开始向城市市郊发展,在私车拥有数量急剧膨胀的时代下,这种趋势得以加强和认可,它在一定程度上削弱了城市各个区域发展的不平衡性,使城市的布局更加合理化。例如,沃尔玛山姆会员店在昆明的卖场选择在离城中心较远的云南国贸中心,昆明螺蛳湾综合批发市场与云纺商场也迁移到新近开发的新亚洲体育城等,这在很大程度上改变了昆明市中心商业集中的格局,改变了市场流通的方向,也带动了周边地区的发展与繁荣。

(3)创造就业机会

总体说来,卖场属于第三产业中的服务性行业。随着新的零售业态形式的相继出现,以及外资零售业的大规模进入,卖场已经成为人们择业的一种重要途径。尤其是大卖场的出现与迅猛发展,对于缓解当地就业压力、降低本国失业率起着至关重要的作用。根据沃尔玛发言人阿米·怀亚特的发言,截至 2007 年底,沃尔玛在中国已经拥有 56 家店铺,雇员约 3 万人,但是,仅在 2008 年沃尔玛新增店铺数就多达 20 余家,在不超过 5 年的时间里新增雇员数将达到 15 万,是此前雇员数的 5 倍。

---

① 李严锋. 复合型商业业态——理论、应用、个案. 北京:经济科学出版社,2006:1—2.

(4)改变人们的购物习惯与购物方式

　　卖场的出现最重要的意义在于改变人们千百年来的日常购物习惯,它带来了规模化购物、集中时段购物、远距离大宗购物、车载购物,以及购物与娱乐、体验紧密结合等多种购物方式,彻底颠覆了传统社会下把购物视作一种责任和义务的观念。现如今,人们乐于在卖场购物,不仅是为了满足生活的需要,而且还为了体验生活的乐趣、享受购物的快乐,改变因循守旧的购物理念和习惯等目的,因此,卖场的作用在人们的生活中是不可替代的。

香港:Esprit 旗舰店

北京:世界上最大的 Adidas 旗舰店

上海:芭比旗舰店

广州:星巴克咖啡店

1.2.2　卖场营销

1. 卖场营销的内涵

　　中国学者陈立平认为(2008),所谓卖场营销(in-store merchandising,ISM),就是指在零售业的卖场,通过最有效果和效率的方法,向消费者提示符合他们需求的商品和商品构成,以达到企业效益最大化的活动①。结合以消费者为导向的市场经济背景,本教材认为,

---

① 陈立平. 卖场营销. 北京:中国人民大学出版社,2008:35.

卖场营销主要是通过零售业卖场的有形展示,以满足顾客不同的消费需求为目的,向顾客提示符合他们需求的商品和商品构成,引导并促成顾客的购物行为,使买卖双方均实现效益最大化的活动。

根据定义,卖场营销的目的主要有两个:一是在既定的卖场空间中实现企业的销售额和利润最大化;二是使消费者在既定的卖场空间中实现购物效用的最大化。为此,卖场营销要着力解决两个难题:一是零售商和生产商的供给是否与消费者的需求相一致;二是如何在供需一致的情况下,吸引、维持、诱导、促进消费者的购物行为。所以,卖场营销既要关注卖场的实际效果,还要特别关注卖场的效率,在很大程度上,它是对企业营销手段的综合运用的一种考验,是对企业实现客户效用最大化与企业效益最大化的一种挑战。

2. 卖场营销的类型

根据研究卖场营销主体的不同,卖场营销通常分为零售商主导的卖场营销和生产商主导的卖场营销。零售商主导的卖场营销主要是从卖场整体的角度出发,研究通过什么样的方法和手段,提高卖场整体的销售效率和效果,以赢得商圈内顾客的信赖。他们的研究集中于店铺形象、店内氛围、卖场规划、商品布局、商品组合与陈列、商品关联性等问题,目的是向顾客提供能够满足其需要的商品和服务。与之不同的是,生产商主导的卖场营销主要是研究如何充分利用卖场,调整生产商与消费者的关系使之达到平衡。因此,他们主要研究如何通过商品包装样式、陈列方式、价格、POP 广告等营销组合策略,在卖场唤起消费者对本企业商品的需求,并促进消费者购买的各种活动。本教材重点围绕零售商主导的卖场营销展开研究,对生产商主导的卖场营销侧重于研究其营销组合手段。

虽然零售商和生产商都注重对卖场营销的研究,但是两者所关注的侧重点有所不同。零售商是从店与店之间竞争的角度来看待卖场营销的,其基本功能是根据商圈内顾客的需要来组织适销对路的商品,因此,零售商对商圈内顾客的流向、如何吸引顾客,以及店铺在顾客心目中的形象和定位十分关注。生产商主要是靠提高品牌知名度、开发新产品和占有最大市场份额来巩固自身的市场地位,因此,生产商关注的重点并不是对商圈内顾客的争夺,也不是顾客在卖场的购买数量,而是关注顾客最终是否购买了自己品牌的商品,也就是说,生产商研究卖场营销关注的是商品品牌的竞争,从而获得超越其他企业的竞争优势。

当然,尽管两者的关注点有所不同,但在共同围绕卖场展开研究的过程中,两者又存在诸多共同点,如图 1-4 所示。

图中圆形重叠的部分是不同研究主体共同关注的内容,互不重叠的部分则是各自特别关注的问题。要说明的是,对于专门研究卖场营销的研究者来说,他们关注的内容除了卖场的提供物和技术手段之外,还要特别关注顾客的购买行为方式及活动心理,这与零售商和生产商的关注重点都有所不同。但是,即使是三种研究主体共同关注的问题,其实施办法和解决问题的途径也是各有不同。

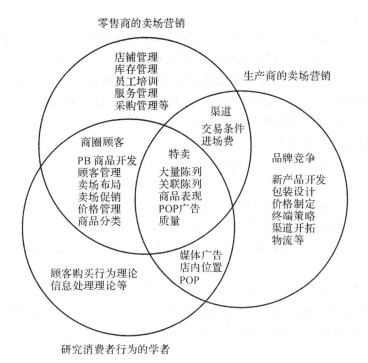

图 1-4 卖场营销研究中的不同视点和共同课题

资料来源：大槻博. 卖场营销实践. 东京：日本经济新闻社，1998：25.

1.3 卖场营销的研究对象及研究内容

1.3.1 卖场营销的研究对象

每一门课程都有它特定的研究对象，表明其研究的方向和领域。通过对卖场营销概念的剖析，我们可以明确地知道卖场营销的研究对象就是零售市场中以卖场为舞台的一系列买卖双方的交易活动，主要研究卖场营销实践背后的规律、营销的模式，以及购物主体的行为。也就是说，卖场营销的研究对象集中反映在客观环境、物品与人三者上，呈现以下四个特点。

1. 空间特性

与无店铺销售不同，卖场营销是针对特定空间范围内的营销活动的研究，它具有场所的限制性；与店铺外的营销活动也不同，卖场营销主要是针对进入既定卖场的顾客的营销活动的研究。因此，卖场营销的研究对象不是市场上某一个偶然的营销活动，而是对进入卖场范围内的顾客实施营销活动的总体研究。并且，卖场的空间性突出了客观环境布置、氛围等对顾客购物心理与行为的影响，也就是说，除了商品本身，购物的空间、情境也可以引起购物者对商品的关注，甚至改变购物者的选择或行为方式。

2. 技术特性

POS系统的产生促进了卖场的扩大与规模化,而科学有效的营销活动也必然要建立在客观的市场分析基础之上。这样,卖场营销必然重视技术与信息系统的运用,搜集翔实可靠的市场信息以辅助卖场作出更加符合消费者需要的营销策略。随着近年来对卖场营销研究的深入,卖场营销已经形成完整的营销技术体系,依靠科学的营销实践与调研分析,以及科学系统的商品扫描技术和收银系统管理,卖场的一系列营销活动都变得客观、科学,包括对商品和顾客信息的搜集与分析活动、新产品开发活动、卖场促销活动、卖场整体设计活动、卖场商品信息提示活动等等,卖场营销较好地诠释了营销活动的科学性。

3. 时间特性

与户外长期广告推广策略不同的是,进入卖场的顾客都在一定程度上持有这样或那样的购物动机,因此,针对进店顾客所开展的营销活动必须定期更换,而且还要采用多种营销组合方式。这样,在一段时间内的营销活动才能更好地引起消费者的兴趣与关注,激发他们的购物欲望,并且在时间的压迫下促进消费者的实际购物行为。另外,随着卖场环境布置的改变、节假日的来临、商品季节性更换,以及商品品类、组合等的变化,卖场内的营销活动也必然随之而改变。正因为卖场营销活动具有时间性,所以,它对消费者即将购买什么品牌的商品,以及购买多少数量的商品产生了非常大的影响。

4. 主体特性

卖场营销研究对象中的主体主要是指营销活动中的购物者。卖场营销的最终目的是提高企业的利润率,那么如何通过卖场这一交易平台更好地吸引购物者、促进购物者的购买行为、维持卖场与购物者的关系,以及如何增强购物者对卖场的忠诚感,正是卖场营销要解决的问题。因此,卖场营销只有深入研究购物者的购物动机、购物心理、购物行为反应方式、购物的习惯、购物的状态等特性,才能制定出符合顾客要求的营销策略,使顾客实现卖场购物的效用最大化。

1.3.2 卖场营销的研究内容

作为营销学的一个分支学科,卖场营销同样具有营销活动的特性。从前面对卖场营销研究对象的剖析可以看出:首先,卖场营销是以顾客为导向的,其主要目的就是更加有效、更加充分地发掘顾客需求并满足这些需求;其次,卖场营销要提供足够的顾客价值,即价值驱动因素,使顾客最大限度获得购物的价值以及与之相关的一系列利益,包括除了商品之外对购物的享受、购物的乐趣,对卖场营销活动参与的积极性等等;最后,卖场营销还讲求利益的共谋,立足于将尖端科技与优质服务巧妙地结合在一起,努力协调生产商、零售商与消费者之间的关系,使生产商和零售商所提供的产品和服务能够更好、更有效地满足消费者的需要,从而获得生产商、零售商与消费者"三赢"的局面。

研究的对象决定了研究的内容,但是卖场营销的研究内容不能只是简单地对营销要素组合4P、4C等的研究,它必须结合卖场这一特定环境,对其提供的一揽子商品与服务展开全面而系统的研究。这是卖场营销与营销类其他研究领域不一样的地方,它表明了卖场营销的研究导向和特性。简而言之,卖场营销研究的主要内容就是卖场营销组合,其组合要素包括卖场营销环境分析、卖场选址、卖场设计、卖场布局、卖场印象管理、商品品类管理、购物过程分析、卖场营销策略,以及卖场营销新动向,如图1-5所示。

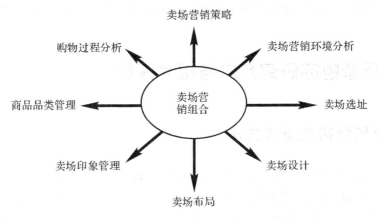

图 1-5　卖场营销研究内容

从图 1-5 中可以清晰地知道卖场营销研究的八大内容:

①卖场营销的环境分析并不是按照传统的宏观或微观分析方法展开,而是根据卖场营销的实践,从零售业态的发展变化、消费者购物行为的变革,以及信息技术的应用三个方面进行研究,以更好地剖析社会经济环境对卖场的影响。

②卖场选址的研究主要是从卖场的外部条件进行研究,集中探讨商圈对卖场的影响,以及卖场选址的策略及方法。

③卖场设计的研究则是从卖场的内部条件出发,着力研究卖场的外观布置与设计、卖场的形象展示,以及主题卖场的设计。

④卖场布局的研究讨论的是卖场内部空间的运用和合理分配的问题,它涉及卖场空间的分配、路线的设计、货架的布置等多项内容。

⑤卖场印象管理则是从零售卖场角度出发,系统考察卖场的整个运作流程,包括卖场的前台、后台管理,收银台的管理,以及对卖场职员的管理。

⑥商品品类管理遵循的是按照品类划分的依据布置卖场的商品结构,研究的重点是商品的分类与构成、商品的配置与组合、商品的陈列与展示等。

⑦购物过程分析的研究显而易见是针对进店顾客购买行为的研究,它与消费者行为有所不同,研究的内容主要是购物者的含义及种类、购物的心理动机、购物的模式、购物的行为类型、购物的过程、购物的方式,以及影响购物的情景因素分析等。

⑧卖场营销策略的研究主要是对卖场常用的几大策略展开深入的剖析,主要包括卖场自有品牌策略、促销策略、广告策略、服务策略和色彩策略等。

此外,随着社会实践的深入与研究的进展,卖场营销学作为一门新兴发展的学科,它必须紧密结合学科发展的动态,关注卖场营销实践的发展趋势,对一些新动向进行系统的整理和研究,以帮助企业对未来的发展模式及方向有一个整体性、全局性的认识。因此,卖场营销研究的主要内容还应当包括卖场营销发展的新动向。

将卖场营销的研究内容进行归纳和整理,就形成了卖场营销学。因此,卖场营销学是一门揭示卖场营销一般规律及其方法与技巧的学科。它与商品学、零售学、消费者行为学、店铺销售、市场营销、客户关系管理等课程密切相关,但又有所不同。作为营销类的一门专业课程,它的主要任务是使学生更加系统地了解卖场营销活动的基本规律和常识,初步掌握卖场营销实践活动的基本操作技能,为今后从事卖场营销事业打下扎实的理论基础。

1.4 卖场营销的研究方法与相关理论

1.4.1 卖场营销的研究方法

由于研究内容的不同,任何一门学科都有其自身特有的研究方法。营销学的研究方法是随着市场营销学的发展而变化的。在 20 世纪 50 年代以前,对市场营销学的研究主要采用传统的研究方法,包括产品研究法、机构研究法、功能研究法;50 年代以后,市场营销学从传统市场营销学演变为现代市场营销学,研究方法主要是现代科学方法,包括管理研究方法、系统研究方法及社会研究方法。从研究方法上看,营销学的研究越来越多地依赖于精细缜密的市场数据与分析,以及先进的技术研究手段,并积极借鉴其他学科领域的研究方法。

从研究的技术手段上看,营销学的研究方法越来越与自然科学的研究方法相接近,体现在几个方面:第一,普遍采取假设的方法,即论题是在什么假定条件下进行研究的。在未作正式研究之前先提出某种结论,由于该结论未被验证或证实,因此也称为假设。犹如在统计分析中的假设检验,如通过检验则接受该假设;反之则拒绝该假设,接受相反的结论。第二,模型的方法。无论是数学模型还是实证性的回归模型,它们都是现实的抽象。运用模型作研究,目的是为了使研究主体的问题更加突出清晰,抓住关键点,略去不相关或不重要的因素。第三,实验的方法。营销充分借鉴了自然科学中广泛采用的试验、实验的方法,通过选取一定的参照物,对研究对象进行比较试验,以寻求某些解释性的理论[①]。

卖场营销的研究方法既有市场营销研究的一般方法,也有其自身特有的研究方法。总体来看,包括以下八种方法。

1. 产品研究方法

产品研究方法即以产品为中心的研究方法。在卖场中,可以按照产品类别进行划分,以某一类产品如日用品、家电用品、生鲜食品等为研究对象进行分类研究。其研究的重点是关于这些产品的设计、包装、定价、品牌、广告,及各种促销活动的开展对产品销售业绩的影响,从中可以分辨出哪些产品是重要产品、畅销产品,哪些产品属于应该替换或淘汰的产品。这种研究方法现在主要依靠商品扫描技术和商品品类管理系统来完成,它是大型卖场的重要研究方法。

2. 系统研究方法

这是把系统理论运用到卖场实践活动的一种研究方法。它主要是从卖场的内外部出发,综合考虑卖场各个部门之间如何有效进行商品的流通与协调配合,以及如何与外部系统沟通融合的问题。这种研究方法可以在整体上考察卖场内外部空间分配与使用的合理

---

① 宋永高. 国外营销学研究方法介绍.嘉兴学院学报,2001(6):43—46.

性,也可以具体考察卖场的人流、物流、资金流是否能够统一、协调,满足卖场全方位的要求。

3．社会观察法

卖场是营销活动的终端,是取得第一手市场数据资料的来源地。因此,卖场营销学要针对进店顾客的不同需求及行为反应方式进行详细的观察与分析,才能得出顾客的真正购物意图和需求。在具体运用的时候,可以选择是进行结构观察还是非结构观察,参与观察还是非参与观察的做法。根据研究对象的制定,可以采用实况详录法、事件取样法、时间取样法、特性等级评定法、日记描述法、轶事记录法、频率计数图示法及清单法等多种方法。

4．行为研究方法

购物者的活动是卖场营销实践与研究活动的本源,采用行为研究方法可以更好地获知卖场中的购物者如何进行商品的选购、决策与评价。例如,女性购物者往往倾向于购买做广告的商品,男性购物者的购物行为往往只是一种责任和义务的表达等等。通过对购物者行为的深入研究,有助于卖场识别和区分不同的顾客类型,以更好地满足各种顾客群体的需求。

5．市场调研方法

面对零售业激烈竞争的市场环境,一个好的卖场必然要依赖于强大的市场调研分析,才能清楚地知道行情及自身的竞争实力。因此,卖场营销中通常也要使用市场调研的方法,获取同行业竞争对手,以及相关群体的市场数据,以明确卖场自身的优势与劣势,并通过市场调研,进一步弄清楚消费者对各个卖场的偏好及其原因。

6．模型研究的方法

卖场营销通常依据所取得的大量数据进行数学建模分析,以求找出零散的营销活动背后所隐藏的规律性,为未来的卖场营销实践活动提供有效的预测和估量。通过模型研究,卖场还可以从中判断影响卖场营销成功的主要因素和次要因素,可以判断购物者购物的一般规律,这样,有利于卖场集中使用资源以达到效益的最大化和合理化。

7．试验的研究方法

尤其是卖场推出新产品或经营自有品牌的时候,试验的研究方法就显得颇为重要。通常选取消费者偏好的一些品牌产品,或者是销量较大的产品作为参照。通过试验,我们可以知道新产品或自有品牌是否受到市场的欢迎和认可,以及为什么被消费者接受或不被接受,从而帮助卖场获知哪些产品可以上市销售,哪些产品必须下架。

8．个案研究的方法

这是营销研究的传统方法,在卖场营销中同样适用,尤其是对成功的、有代表性的卖场个案的系统研究,有助于中小型卖场的合理定位,并制定科学的发展策略;同时也有助于我们从中发现卖场活动的规律、理论,并进行合理解释。例如,对沃尔玛、家乐福等国人广为熟知的大型卖场展开个案研究,可以帮助我们理解中国老百姓的购物倾向及行为特征,也可以帮助国内中小型卖场明确自身的定位,在一定的市场区隔中获得竞争的优势。

当然,在某一次具体的研究过程中,并非所有方法都能够适用,但是研究卖场的活动情况,通常不是单一使用一种研究方法,而是综合运用多种研究方法,从多种角度获得可信的结论与解释。

1.4.2 卖场营销研究的相关理论

卖场营销研究内容涉及多门学科知识,包括消费者行为学、社会学、心理学、商品学、零售学、客户关系管理等,其中与之关系密切的理论研究包括以下理论。

1. 关系营销理论

关系营销(relationship marketing)又称为顾问式营销,是指企业在赢利的基础之上,建立、维持和促进与顾客和其他伙伴之间的关系,以实现参与各方的目标,从而形成一种兼顾各方利益的长期关系。关系营销把营销活动看成是一个零售企业与消费者、供应商、分销商、竞争者、政府机构及其他公众发生互动作用的过程,正确处理与这些个人和组织的关系是企业营销的核心,是企业成败的关键。关系营销的实质是培养顾客的忠诚度,它从根本上改变了传统营销将交易视作营销活动关键和终结的狭隘认识。企业应在主动沟通、互惠互利、承诺信任的关系营销原则的指导下,利用亲缘关系、地缘关系、业缘关系、文化习惯关系、偶发性关系等途径与顾客、分销商及其他组织和个人建立、保持并加强关系,通过互利交换及共同履行诺言,使有关各方实现各自的目的。关系营销将建立与发展同相关个人及组织的关系作为企业市场营销的关键变量,把握住了现代市场竞争的特点,被西方舆论界视为"对传统营销理论的一次革命"。

事实上,任何营销方式的目的都是为了更好、更大限度地争取顾客。面对日益残酷的竞争挑战,许多企业逐步认识到保住老顾客比吸引新顾客收益要高。随着顾客的日趋大型化和数目不断减少,每一客户显得越发重要;对交叉销售的机会日益增多;更多的大型公司正在形成战略伙伴关系来对付全球性竞争,而熟练的关系管理技术正是必不可少的;购买大型复杂产品的顾客正在不断增加,销售只是这种关系的开端,而任何"善于与主要顾客建立和维持牢固关系的企业,都将从这些顾客中得到许多未来的销售机会"(科特勒,2000)。

2. 顾客关系管理

顾客关系又称为消费关系,是商品经济社会中最重要的关系。凡是将某种形式的产品(无论是精神产品还是物质产品)提供给社会消费者的组织,都存在着顾客关系。顾客关系是指产品的生产者、供应者与购买者、消费者之间的广泛联系。顾客关系管理(customer relationship management,CRM)则是指企业为了赢取新顾客,巩固保有既有顾客,以及增进顾客利润贡献度而不断地沟通,以了解并影响顾客行为的方法。这一理论在 1997 年被提出之后,就受到实业界和理论界的广泛重视,其目的是促使员工的日常工作变得更为有效。

顾客关系的维持对卖场营销来说是至关重要的一项内容,它不仅可以为门店带来更多的新顾客,保持利润的增长,还可以减少开发新顾客的支出,降低成本。从提升顾客满意度的角度来看,顾客服务涉及三个方面:顾客服务氛围(atmosphere)、顾客服务礼仪(courtesy)和顾客关系维护(relationship)。它是卖场营销学研究要涉及的内容之一。

3. 体验营销理论

体验营销(experiential marketing)是指企业通过让目标顾客观摩、聆听、尝试、试用等方式,使其亲身体验企业提供的产品或服务,让顾客实际感知产品或服务的品质或性能,从而促使顾客认知、喜好并购买的一种营销方式。这种方式以满足消费者的体验需求为目标,以服务产品为平台,以有形产品为载体,生产、经营高质量产品,以拉近企业和消费者之间的距离为重要经营手段。体验营销从消费者的感官(sense)、情感(feel)、思考(think)、行动(act)和联想(re-late)

五个方面,重新定义、设计了一种崭新的营销方法,在 21 世纪的体验经济下已经显得越来越重要。这种营销方式突破了传统上"理性消费者"的假设,认为消费者消费时是理性与感性兼具的,消费者在消费前、消费中和消费后的体验才是购买行为与品牌经营的关键,体验所带来的感觉、感情、认知和关系价值最终将取代产品的功能价值,真正实现顾客让渡价值最大化。

体验营销对卖场营销产生了实质上的影响。根据伯恩德·H·施密特在《体验式营销》一书中的论述,体验营销分为知觉体验、思维体验、行为体验、情感体验、相关体验五种形式,其目的在于利用传统文化、现代科技、艺术和大自然等手段来增加产品的体验内涵,在给消费者心灵带来强烈震撼的同时促成销售。因此,又把体验营销的模式概括为以下八种:节日模式、感情模式、文化模式、美化模式、服务模式、环境模式、个性模式和多元化经营模式。在体验经济下,顾客导向的精神需求显得越来越重要,作为生产商、零售商与消费者接触的场所,现代卖场应如何掌握体验营销的策略,并积极有效地运用到卖场中将直接影响着零售卖场的成败。

4. 整合营销理论

1991 年,美国市场营销学教授唐·舒尔茨(Don ScEhultz)首先提出了"整合营销"传播的新概念,他认为整合营销传播(integrated marketing communications,IMC)是一个"管理与提供给顾客或者潜在顾客的产品或服务有关的所有来源信息的流程,以驱动顾客购买企业的产品或服务并保持顾客对企业产品、服务的忠诚度"[①]。舒尔茨认为,面对 20 世纪 90 年代以来的市场环境新变化,企业应在营销观念上逐渐淡化 4P、突出 4C,因此,IMC 的核心思想是以整合企业内外部所有资源为手段,再造企业的生产行为与市场行为,充分调动一切积极因素以实现企业统一的传播目标。IMC 强调与顾客进行多方面的接触,并通过接触点向消费者传播一致的清晰的企业形象。因此,在 IMC 中,消费者处于核心地位;其核心工作是培养真正的"消费者价值观",与那些最有价值的消费者保持长期的紧密联系;以本质上一致的信息为支撑点进行传播;并以各种传播媒介的整合运用为手段进行传播。

由此可见,IMC 就是通过充分整合利用各种资源来实现企业的目标,其整合的内容包括两个层次:一是水平整合(信息内容的整合、传播工具的整合、传播要素资源的整合),二是垂直整合(市场定位整合、传播目标整合、4P 整合、品牌形象整合)。IMC 的理论思想为卖场在激烈的市场环境中增强竞争实力、赢取顾客提供了有力的帮助和借鉴作用。

5. 隐性营销理论

隐性营销(implicit marketing)是营销理论的创新,美国的 IP Innovator 杂志把隐性营销的广泛应用作为 2006 年的十大趋势之一。所谓隐性营销,是指企业通过采用树立企业形象、进行公关宣传和质量认证、传递与产品相关的科普知识、实施品牌战略等手段,扩大企业和产品的知名度、信誉度和美誉度,让顾客信任企业和产品,促进服务产品的交换的一种营销策略。隐性营销从提升产品的知名度、信誉度、美誉度入手,注重产品的品牌管理,旨在建立顾客导向型文化和树立企业的良好形象。

隐性营销理论还认为消费者口碑是最有效的产品推广方式,因此,与传统营销理论相比,隐性营销并不是向所有消费者都进攻性地进行产品、品牌的推广,而是只向特定的少量

① [美]唐·舒尔茨,海蒂·舒尔茨.整合营销传播:创造企业价值的五大关键步骤.北京:中国财政经济出版社,2005:2—10.

消费者实施营销手段,使产品信息更加准确地进入目标消费群体。所以,隐性营销的主要目标就是找到合适的人来谈论产品或服务,使消费者看不出是公司发起的营销活动,其关键是创造一种正面口碑环境,使消费者愿意自发传播产品或服务信息。美国专家凯加蒂总结了六种典型的隐性营销技术,分别是病毒营销、常人营销、名人口碑、诱导营销、电子游戏营销和歌曲营销。随着市场经济发育日益成熟,商品的品牌形象已经成为消费者认知的第一要素,因此,采用隐性营销技术手段可以加强商品的品牌形象,使消费者在淡化商业气息的环境下不知不觉地接受或购买商品。

本章小结

1. 从国内外历史发展进程来看,卖场营销的兴起基本上是伴随着零售业态革命、消费者购买行为改变,以及先进的信息系统技术的出现而广泛流传开的;随着零售终端业态形式的多样化、复杂化,现如今卖场营销的研究已经成为学术理论界、营销实践中的一个重要而热门的课题。

2. 卖场主要包括无店铺销售形式以外的所有零售终端业态形式,它对一个地区的经济发展起到了聚敛、改变布局、创造就业、改变购物习惯与购物方式的作用。卖场营销主要是通过零售业卖场的有形展示,以满足顾客不同的消费需求为目的,向顾客提示符合他们需求的商品和商品构成,引导并促成顾客的购物行为,使买卖双方均实现效益最大化的活动。卖场营销主要分为生产商主导的卖场营销和零售商主导的卖场营销。

3. 卖场营销的研究对象集中反映在客观环境、物品与人三者上,具有空间性、技术性、时间性、主体性的特点。

4. 卖场营销的研究内容包括卖场营销环境分析、卖场选址、卖场设计、卖场布局、卖场印象管理、商品品类管理、购物者分析、卖场营销策略等。

5. 卖场营销的研究方法有八种:产品研究方法、系统研究方法、社会观察法、行为研究方法、市场调研方法、模型研究的方法、试验的研究方法和个案研究的方法。

6. 卖场营销研究的相关理论涉及关系营销理论、顾客关系管理、体验营销理论、整合营销理论和隐性营销理论。

思考题

1. 简述卖场营销兴起的背景。

2. 什么是卖场?什么是卖场营销?

3. 卖场的作用有哪些?

4. 卖场营销的研究内容包括哪几个方面?

5. 常用的卖场营销研究方法有哪些?

6. 与卖场营销研究相关的理论思想及其对卖场营销的影响作用分别有哪些?

【案例 1.1】　　　　　　内竞、外压催生"现代卖场"

中关村是中国北方地区 IT 产品重要的集散中心,而作为中关村主要形象之一的电子市场一直是北方地区乃至全国 IT 产品零售市场的晴雨表。经过 20 年的发展,中关村电子市场经历了三次大的变革:第一次是20世纪80年代中期中关村出现了一些自发形成的销售IT产品的商户;第二次是1992年出现了第一个专业市场;第三次是1999年出现的电子城。进入2005年以后,以海龙为代表的对电脑城的整体改造,包括"鼎好"以精品间打造形象、数码消费类产品作为主营业务模式的兴起,标志着中关村电子市场逐渐进入到第四阶段——现代卖场阶段。

一、市场催生卖场升级

根据中关村电子产品贸易商会发布的《2005年中关村电子贸易行业发展白皮书》显示,2004年中关村地区IT卖场电子产品销售额与贸易总额分别达到141亿元和277亿元,比2003年分别增长了21%和21.2%,但主要产品所占比重却有所改变。在台式机仍居销售与贸易额首位的局面下,笔记本销售增长迅速,取代电子元器件产品升到了第二位。由于数码产品的消费取代了家电产品和PC而成为主要消费品,因此MP3、数码相机、存储卡、投影仪等产品均保持快速增长,而扫描仪、色带等产品在昙花一现之后就很快出现下降趋势,加之品牌电脑市场的低价竞争,也加速了DIY市场的萎缩。

这些变化的出现,使得新旧卖场都纷纷开始对自身定位、主营业务、商户结构进行调整。"鼎好"以其最初正确的定位,占据了中关村零售商圈的中心,海龙也及时看清了局势,将二、三层的黄金楼层交给了数码与笔记本产品。中关村维修城与海龙IT全城服务中心的建立,也体现了IT产品售后服务专业化、产业化、规模化的趋势。这些转变都充分说明了"现代卖场"阶段就此形成。

二、"现代卖场"应该具备的特点

卖场科学的商业设计、产品分区经营、厂商品牌的管理、IT全程服务、承诺"先期赔付"等都是"现代卖场"所应具备的特点。从宏观上来说,硬件水平和软件水平都有一个质的提升,还要增强经营能力、管理能力和服务能力。

要想有效地作出这些转变,市场主办方是第一责任人。他们需要通过现代流通技术改造和提升传统的业态,从出租场地的物业经营行为向资源整合的服务供应商转变。"鼎好"电脑城的业务总监李世晋表示:"如今的IT零售业是以消费者的意志为转移的,电脑城管理者一定要和商户捆绑在一起,帮助商户做他们做不到的而消费者又迫切需要的事。卖场形象无论是整体化还是多样化,都要从各个方面适应消费者的胃口,完善售前、售中和售后,硬件软件都要到位才是真正的'现代卖场'。"

三、行业进入洗牌期

进入第四阶段的电子市场处于怎样的市场环境呢?

白皮书显示,2003年上半年,中关村电子市场总面积为6万平方米,随着2003年下半年"鼎好"电脑城开业所增加的5万平方米,2004年科贸、E中芯开业所增加的7.5万平方米和1万平方米,中关村电子市场的总面积在2004年底达到了20万平方米。面对众多对该行业持乐观态度者的加入,海龙集团董事长鲁瑞清表示:"中关村和全国其他大城市一样,包括济南的上海路、南京的珠江路,电子市场正处于高速发展期,竞争空前激烈,进入行业门槛也在提高。通过竞争,将会有人不可避免地退出这个行业,近几年正是电子市场的洗牌期。"

四、看清形势,找出不足

中关村科技园区管委会杨彦茹处长认为,由于现代流通业与物流体系的逐渐完善与发达,中关村作为全国IT零售市场晴雨表的作用已经逐渐减弱,再加上行业内部竞争的白热化,卖场的组织者仍有几点需要注意:第一,加强行业理论研究;第二,制定好未来规划,改变20年来中关村电子产品贸易行没有发展规划的局面;第三,在中关村发展中,电子市场要发挥自己积极的作用。

许多人用现代流通理论看问题,认为电子卖场是特殊业态,不久将被替代,殊不知这是个误区:现代流通理论来源于欧洲,而电脑城是中国特有的零售业态,它具有以下特点:

①先发优势成为主流业态;

②低价位受到大众追捧;

③品种齐全是明显优势;

④特殊巨大的消费群体;

⑤产业规律支配流通方式;

⑥适用技术难度大,要求专业化经营;

⑦收入水平低与DIY方式;

⑧卖场方的作用不断扩大。

这些都决定着在未来相当长的一段时间内,电子市场仍将是IT零售业主渠道。鲁瑞清认为,未来IT零售行业的特点是:各种业态(电脑城、IT连锁卖场、3C卖场)长期并存、互相竞争、互相融合、适当回归。

虽然电子市场在国内仍将统治IT零售业很长一段时间,但来自外部环境的压力也不容忽视,家电卖场为了找到新的发展机会,正在疯狂地圈地,并向3C卖场转型。来自国外的Bestbuy和PCWorld等专业IT连锁卖场也正对国内市场虎视眈眈。虽然他们和电脑城相比确实存在一定的劣势,但这些国外进入的卖场正在通过一系列措施进行弥补,比如加强对各个区域市场的调查、与国内IT连锁卖场合作等等,而国内的电脑城并没有什么针对性的防守策略,甚至是反击,只是针对消费者需求的升级和内部激烈的竞争做了很大的改变。

在目前消费类电子产品已经成为大众消费品,3C融合已经成为必然趋势的局面下,电脑城与IT连锁卖场和家电卖场相比,其所具备的优势正在逐渐减小,单纯的坐地"吃老本"是不行的,这就需要各个卖场的组织者与商户们一起,认清形势、不断升级、做出特色、紧贴消费者、面对挑战主动出击,做真正的第四代"现代卖场"。

注释:3C是计算机(computer)、通讯(communication)和消费电子产品(consumer electronic)三类电子产品的简称。现在众多IT产业纷纷向数字化3C领域进军,把数字化3C融合技术产品作为发展的突破口,成为IT行业的新亮点。3C融合,是利用数字信息技术激活其中任何一个环节,通过某种协议使这三者之间实现信息资源的共享和互联互通,满足人们在任何时间、任何地点,实现信息的融合应用,方便各自的工作和生活。简单说3C融合是将三种数字化电子产品的功能互相渗透、互相融合,使其功能更加智能化、多元化,使用更方便。

资料来源:中国卖场营销网.http://www.retailoutlet.cn/Article_Show2.asp

案例问题:

1. 中关村电子产品"现代卖场"的特点有哪些?

2. 中国电子产品零售卖场模式的发展趋势将如何?

【案例1.2】 　　　　　　　　　　KA卖场 VS 传统渠道

一、KA卖场的含义

KA即 Key Account,中文意思为"重要客户"、"重点客户",对于企业来说KA卖场就是营业面积、客流量和发展潜力等三方面的大终端。国际著名零售商如沃尔玛、家乐福、麦德隆等,或者区域性零售商,如上海华联、北京华联、深圳万佳等,都是企业的KA卖场。随着传统销售渠道的萎缩,KA大卖场越来越受厂家重视和青睐,而现在行业竞争又十分激烈,企业模式是大大小小、林林总总,而KA大卖场在企业的地位越来越高,所以进入KA大卖场销售是企业必须面临的问题。

通常情况下,一个卖场或市场被划分为A类(重点)、B类(次重)、C类(中等)三个层级,其各自的规模和要求均有所不同。

1.KA大卖场

KA大卖场是指国内国外大型连锁超市、卖场,单店面积至少在3000平方米以上;卖场内的商品种类要齐全,能满足大多数人的一次性购物需求,人流量大,经营状况良好。比如沃尔玛、家乐福、易初莲花、百佳、联华、华联、人人乐、大润发等等。

其优点是:卖场所处地理位置交通便利,处于主要商圈,购买力强,实力强,信誉好,人流量大,管理上规范,企业可以借助它,做销量,做品牌;缺点是:门槛高,要求高,费用高,结账周期长,手续繁杂,但是它掌握着谈判筹码的优势,处于谈判的主动地位。

一般来说,KA客户分为两类:

①总部或区域集权制的KA客户,比如麦德龙、大润发、易初莲花等等,它在运作上对全国性品牌厂家采取总部负责、门店配合的策略。

②拥有门店自主权的KA客户,比如家乐福、好又多等等。它将区域性品牌厂家的合同,交由区域门店签署,具体运作也交由门店来负责。

2.B类门店

B类门店是指区分于KA卖场的中型超市或卖场,商场经营面积在1000平方米到3000平方米之间,有一定的人流量,品类基本能满足周边的消费,经营状况一般,选址经常处于次商业圈,尽量避开KA卖场。它弥补了KA卖场的市场空隙。但最令人担心的是,突如其来的KA卖场如果开在这种门店不远的周边,就会抢走B类门店的客户,从而使B类门店陷入困境。

其优点是:人流量不如KA卖场,在没有KA类门店的商业区,还显得比较强劲,进场费低,操作简单,费用灵活,进入门槛没有KA卖场要求那么高。缺点是:竞争力薄弱,不具备和大商超、大卖场竞争的实力,存在一定的经营风险,企业在进入这类商业超市之前,要认真考察其信誉、实力、经营状况,并要进行跟踪,做好风险预防机制,以防损失。

3.C类门店

C类门店是指中小规模的超市或卖场,其经营面积在300平方米到1000平方米之间,这类门店的人流少,经营不稳定,实力小,一般都是分布在郊区、小型社区,其经营品类也比较少,例如社区小型超市。此类门店数量大,在既定范围内具有便利的经营优势,但是价格相对高于KA卖场和B类门店。

其优点是:数量众多,进入门槛低,费用少,购物方便;但缺点是:有风险,经营不稳定,商品价格高,商品种类受到限制。

二、KA卖场的魅力

任何一种事物的兴衰都有相对应的原因,KA卖场的兴盛繁荣也不是凭空而来。我们可以从如下几个方面来总结阐述KA卖场对于厂方及产品的重要意义。

1.KA卖场是树立厂商、产品形象与知名度的平台

KA卖场以其超大的面积、舒适的购物环境、良好的服务和丰富的商品博得越来越多消费者的认同与接纳。有的洋卖场如家乐福、沃尔玛、麦德龙等凭借其"洋"背景和"出身名门"的资历在零售终端市场上树立了"高端卖场"的地位和形象,使消费者把到这些卖场购物视为一种时尚,在心理上可以获得一种尊重和满足。同时,KA卖场的扩张速度越来越迅猛,商圈半径的不断缩小使KA卖场的市场占有率和渗透率不断加强。在同样的商圈半径里,传统渠道通常被打压得没有反击之力。这种趋势的直接结果就是:进入KA卖场就等于进入了销售的主流通路,进入KA卖场才能被更多的顾客所认知,因为KA卖场相对于传统渠道更难进入,也使厂方将进入KA卖场视为企业和产品实力的体现。KA卖场在某种程度上也使厂方有心理上的满足感,正因为如此,将产品打入KA卖场也几乎成为每一个厂方的心愿。我们可以看到,诸如宝洁、联合利华、可口可乐、康师傅等一流品牌,它们的新品上市无一例外地选择在全国范围的KA卖场劲爆推出,全面开花,以求在极短的时间内迅速打开局面。

2.KA卖场是新产品推广的有力平台

产品是企业赖以生存的利润来源,产品结构的丰富需要不断地更新换代。每天都有新产品诞生,每天都有新产品的推广活动在进行,厂方在新产品的研发上花费了大量的时间与财力,都希望一炮走红,生金产银。但是究竟有多少新品能够生存,又有多少新品能够发展,这是值得关注和探讨的。

当然,影响新品推广成功的原因是多方面的,但顾客的认知与有效的刺激是非常重要的,这些又与卖场的影响力有直接的关系。足够多的购买人群,足够好的视觉陈列,足够专业的管理,足够舒适的购物环境,这不是一般的传统渠道能够做得到的,即使是学习,也通常是学到皮毛,不见骨血。我们经常可以看到一个厂商在推广新品时,会选择某些有名的KA卖场,在入口或主通道做气势浩大的特别陈列,辅以热闹新颖的推广活动,在短时间内取得的宣传效果和销量飙升会使他们兴奋不已,这就是KA卖场的巨大魅力。联合利华曾推出的奥妙送金砖的新品,伴随各路电视媒体密集的广告,在主要城市的大卖场洗化区占据黄金位置,打起了壮观的落地堆头,一时间"奥妙袋里掏金砖"尽人皆知,卖得是热热闹闹,把奥妙的对手汰渍抛在了身后,乐得厂家是喜上眉梢,这就充分发挥了大卖场的作用,又是一个新品顺利上市的成功案例。

3.KA卖场是创造销量奇迹的有力平台

KA卖场正是因为能创造销量奇迹,才使厂方在投入巨大、费销比率居高不下的情形下依然难以割舍。通常来讲,同样的投入在产品销量上产生的差别是巨大的,KA卖场与传统渠道的销量相比会有十几甚至上百倍的差异。销量奇迹的产生正是依托了KA卖场的人气、环境、管理与品牌号召力。这些正是传统渠道所欠缺的。厂方能够感觉和体会到维护好一家KA卖场就等于跟进好几个传统渠道,在人力和管理成本上要节约不少,而销量却没什么影响,当然要对KA卖场情有独钟了。

三、传统渠道的作用

那么,在 KA 卖场风生水起的现在,传统渠道的优势表现在哪里呢?

1. 传统渠道是厂方、产品进入大卖场的基石和铺垫

因为销量与品牌影响力的差异使得厂方调整了自己的投入方向,对新品的态度,传统渠道是来者不拒(基本不拒),而 KA 卖场是挑三拣四,关卡甚严,既要利益最大又要风险最小,对新品特别是纯新品的态度相当谨慎。纯新品是指一个相对区域内的所有销售终端都没有上架的产品,它既没有陈列形象也没有销售数据,所有销售信息为空白。此类产品 KA 卖场是不会引进的。怎样才能让 KA 卖场有兴趣呢? 厂方可以先将产品铺入传统渠道,使陈列和销量产生,通俗一点讲,先混个脸熟,如果销量不错的话还可以积累谈判资本,增加与 KA 卖场新品进场谈判的底气。一家不知名的厂商推出××牌的饮料,号称要将伊利打倒,在最初的计划是首先要进地区内所有的大卖场,结果第一家大卖场就给了闭门羹,再试,所有的大卖场拒绝的理由都一样,我们现在不缺饮料! 痛定思痛之后,改变策略:以最快的速度铺进当地 12 家国有卖场、30 家小超市、100 多家便民店,报纸广告、免费品尝大张旗鼓,一个月后就有 KA 卖场打来电话要求洽谈引进事宜。重视传统渠道的作用马上改变了自己的谈判地位,占据了主导权,结果自然对自己有利。

2. 传统渠道可以形成相对的封闭通路,使销量在一定程度上牵制卖场

传统渠道因其本土化及国有资本的介入,不同程度上都与政府机关、事业机构和公共团体有千丝万缕的联系。通过各种社会关系的调用可以开发特定通路,形成独有的销量来源支撑和产品渗透。像政府机构、企事业单位的福利采购,年节礼品,学校、大工厂的生活品采购,传统渠道都容易拿到订单。KA 大卖场主要是凭借零售优势,做的是等客上门的生意。在团购和社区经营上,传统渠道依然有巨大的优势,这一点厂方尤其要注意,通过传统渠道对特定通路的开发和销量的积累,会对 KA 卖场产生一定程度的牵制。

3. 传统渠道使销量通路多元化,降低经营风险

前面说过,KA 卖场是价格体系的破坏者,厂方一旦陷入价格崩溃的境地很容易被 KA 卖场玩死,因此鸡蛋不能只放在一个篮子里,通路多元化才是安全的。传统渠道与 KA 卖场的平衡运控就好比船只的推动力,在发动机失灵的时候,你还可以用桨划到岸边。只有通路多元化才能最大限度摆脱对 KA 卖场的依赖,能够有底气回绝 KA 卖场的不合理要求,当 KA 卖场失守的时候还有办法自救。

市场终归有自己的发展规律和潮流趋势,一切的演变都是个体力量无法阻挡的。在开放经济条件下,零售市场面临更大的格局调整,外资卖场的介入是伴随着先进的理念、规范的管理和雄厚的实力而来的,行业地位将更难以撼动。但中国市场太大,地域差异和经济文化的多元复杂,在今后相当长的一段时间使得传统渠道仍将发挥积极作用。厂方只有将传统渠道与 KA 卖场平衡运控,才能使自己获得最大的经营回报。

资料来源:王宁宁.新品上市的渠道选择——传统渠道与 KA 卖场的平衡运控.连锁与特许—管理工程师,2008(12);载于中国人民大学书报资料中心.市场营销文摘,2009(3),案例内容略有改动。

案例问题:

1. KA 卖场的优势表现在哪些方面?

2. 分析 KA 卖场与传统渠道的矛盾与关系。

第2章
卖场营销环境分析

2.1　卖场营销面临的新环境

　　客观地,任何行业的发展都要受到外部环境的影响。从宏观方面来看,一个行业的兴衰要受到一国经济发展、政治文化建设、技术进步等因素的影响,以及国际环境因素的直接或间接的影响,即战略分析中所谓的 PEST 分析[①];从中观、微观方面来看,一个行业的发展还要考虑行业现有的竞争状况、供应商的议价能力、客户的议价能力、替代产品或服务的威胁、新进入者的威胁这五大竞争驱动力的影响,即迈克尔·波特在其经典著作《竞争战略》

---

　　① 　PEST 分析是指宏观环境的分析,它通过四个方面的因素分析从总体上把握企业面临的环境状况,并评价这些因素对企业战略目标和战略制定的影响。其中,P 是政治(politics),E 是经济(economy),S 是社会(society),T 是技术(technology)。PEST 分析法是一个强有力的分析工具,最早是 Aguilar, Francis 在 *Scanning the Business Environment* (New York:Macmillan,1967)一书中分析企业环境时使用的一种记忆法,又被称为 STEP 法。后来的学者加入环境因素(environmental)、法律因素(legal)使之扩展为 PESTEL 大环境分析法,最近又加入了教育(education)与人口统计(demographics)两个因素,将其发展为更为广阔的 STEEPLE 与 STEEPLED 分析法。

中提出的行业结构分析的"五力模型"①。作为零售业中的卖场更是如此,卖场的发展和兴旺与市场景气息息相关,在某种程度上其至可以视作市场的"晴雨表"。因此,有效的卖场营销,必须从战略层面到战术层面都要考虑到零售环境的影响和变化。图 2-1 显示了环境对零售卖场的影响。

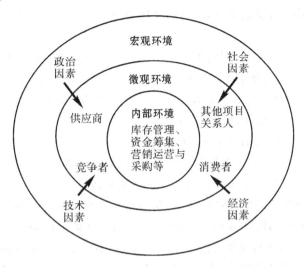

图 2-1　零售环境对卖场的影响

资料来源:D. Mercer. Marketing Strategy:The Challenge of the External Environment,Chapter 6,London:Sage Publication,1998.

与其他行业不同的是,在所有的影响因素中,对卖场的兴起与发展影响最大的是三个因素,即零售业态的变革、消费主义时代的来临及消费社会的崛起、现代科学信息技术的发明及广泛使用。正是这些因素的影响,把卖场营销推向了市场的前沿,成为研究的重点对象。

2.1.1　零售业态的变革

1. 零售与零售业

(1)零售的含义

零售(retail)是一种交易形式,可以将其定义为将商品或劳务直接出售给最终消费者,供其个人或家庭使用,从而增加商品和服务的价值,使消费者从零售商店里获得商品及其与商品有关的无形服务的满足的一种商业活动②。零售的对象既包括商品,也包括与之相关的各项服务。零售是社会资源分配的一个重要阶段,也是最后阶段,因此,零售活动直接关系到人们的生活质量和生活方式。

零售活动主要由零售商来完成。零售商就是将商品直接销售给最终消费者的中间商,处于商品流通的最终阶段,是分销渠道的最终环节。零售商直接面对个人消费者市场,在分销渠道中架起了联系生产商、批发商与消费者的桥梁,其基本任务就是最终实现商品价

①　[美]迈克尔・波特. 竞争战略.陈小悦译.北京:华夏出版社,1997:3-5.
②　[美]迈克尔・利维,巴顿・A・韦茨.零售学精要.北京:机械工业出版社,2008.

值,因此它对整个国民经济的发展起着重大作用。零售商的职能包括购、销、调、存、加工、拆零、分包、传递信息、提供销售服务等几类。零售商的经营表现方式也是多种多样的,例如,美国的 Home Depot,既销售商品给个人,又销售给批发商等团体;美国的 The Limited 公司、国内的李宁体育用品有限公司,既是生产商,同时又拥有自己的商店销售其产品。因此,零售活动复杂多样、种类繁多,但本质的共同点就是与消费者直接联系。

(2)零售业的定义

零售业(retail business)是我国的传统行业,是一个与人们生活息息相关的重要行业。近年来,随着社会经济的发展、消费者需求的多样化,零售业有了长足的发展,其势头越来越强劲,并在经济体系中扮演着越来越重要的角色。但是,学术界目前就零售业的定义还没有形成统一的认识。比较主流的定义有两种:

一种是从营销学角度给出的定义:认为零售业是任何一个处于从事由生产者到消费者的产品营销活动的个人或公司,他们从批发商、中间商或者制造商处购买商品,并直接销售给消费者。这种定义在近三十年的营销学文献中非常普遍。

另一种是美国商务部的定义:零售贸易业包括所有把较少数量商品销售给普通公众的实体。他们不改变商品的形式,由此产生的服务也仅限于商品的销售。

国内学者普遍认为,零售业就是指以向最终消费者提供其所需的商品和服务为主的行业。具体讲,零售业是指通过买卖形式,将工业生产者生产的产品或服务行业提供的服务直接出售给居民作为生活消费使用,或出售给社会团体供其公共消费所用的商品销售行业[①]。

零售业属于流通业。在供给力量大于消费力量的市场下,只要适应工业生产的要求,企业就能够生存发展,这时的流通业只是"桥梁"和"渠道"的作用。然而在买方市场下,尤其是在今天人们的物质需求已经获得相对满足,供给日益过剩的情况下,虽然"供给决定需求"仍具有意义,但消费者已经成为主宰市场的绝对力量,只有那些胜任消费需求的企业才有生命力。此时的零售业已不仅仅是"桥梁"和"渠道",而是起着先导作用,即一方面开发需求,另一方面引导生产。谁能更好地发挥这种作用,谁就能获得发展,这是我们认识当今零售业应该具有的一种理念。

2. 零售业态的定义、特点及分类

(1)零售业态的定义

从美国关于营销与零售商业的主要研究文献来看,在定义零售业态(types of retailers)时,一般是用"types of retailers"或"types of retail establishments",而很少用"types of operation",中文翻译都将其称之为"零售业态",指的就是零售业运营的某种形式,不同的零售业态具有不同的特征和竞争力[②]。

可以从三个方面对零售业行业加以认识:一是业种,即按照经营商品分类确定零售业的类型,缺乏综合服务功能,经营者关注的是"卖什么",重点是商品;二是业态,即零售业为满足消费需求而确立的经营形态,经营者关注的是"怎么卖"才能更好地满足消费需求,重点是需求的满足;三是业制,核心是所有制问题。

学术理论界通常是从业态的角度来认识零售业。根据日本零售业协会的定义,所谓业

① 〔日〕兼村荣哲. 关于零售商业的产生、发展理论假说的再思考. 早稻田大学大学院商学研究科纪要,1993(36).
② 〔美〕大卫. 零售学. 大连:东北财经大学出版社,2001.

态,是指针对特定消费者的特点需求,按照一定的战略目标,有选择地运用商品经营结构、店铺规模、价格政策、销售服务等经营手段,提供销售和服务的类型化经营形态。

关于零售业态的定义,目前存在多种观点[①]。

观点1:零售业态是指零售企业如何将产品与服务采取独特的经营形态,销售给最终的目标消费者。一定时期的零售业态,主要受制于一国或地区的社会经济水平与技术发展状况。

观点2:除了便民店以外,任何一种业态都有大中小型之分。从一般意义上说,零售业态是指零售企业经营的形式大小之分,不同国家的划分标准有所不同。

观点3:零售业态是指零售企业的经营和存在方式。按照规定,其资本开支不能在支付的当年全部从应纳税收入中扣除,而是要在使用的年限内以折旧的形式分摊扣除。

观点4:零售业态是指零售企业为满足不同消费需要而形成的不同经营方式,制度建设以及严密的内审工作制度直接影响零售业态的形式。

观点5:零售业态是指零售企业为满足不同的消费需求而形成的不同经营业态,其分类的主要依据是零售业的选址、规模、目标顾客、商品结构、店堂设施、经营方式及服务等。

观点6:零售业态是指零售企业的经营组织形式,一种新型零售业态的出现往往预示着一场或大或小的零售变革的开始。

观点7:"业态"是我国20世纪80年代由日本引进的一个概念,从字面上理解,业态就是企业的经营形态;零售业态就是指零售业的经营形式和存在方式。

观点8:零售业态是指按照区别化市场定位形成的不同的零售店铺组织形式,如百货店、综合超级市场、24小时便利店、专业商店、仓储式超级市场等。

根据我国商务部的定义[②],本教材认为零售业态是指零售企业根据销售对象的不同,提供服务的差异,为满足不同层次的消费需求而形成的不同的营业形态,它是零售企业经营形态和售卖方式的统称。零售业态是社会生产不断发展,市场细分日益细化的产物。零售业态的内在组合要素包括目标顾客、购物环境、商品构成情况、定价、服务方式等等。零售业态的实质就是对这些要素的组合,其组合不同,就会产生不同的业态形式,如购物中心、百货商店、超级市场、便利商店、仓储商店等[③]。

(2)零售业态的特点

决定零售业态的因素有很多,包括商店选址、商店风格、规模、销售政策、设施、产品线与服务、价格水平等。对于零售业态的特征,MichaelLevy,Barton A Weitz(1996)从商品种类、品种、服务水平、价格、规模、存货单位数、地点等7个方面予以把握,而Mason Mayer Wilkinson(1997)则提出了零售业态要素的6个P理论,即产品(product)、价格(price)、地点(place)、促销(promotion)、展示(presentation)、人员(people)。也有人认为仅仅把零售业态看作是一种经营方式并不够,而应该从经营商品、经营方式、管理模式等方面综合把握。综合世界各国对零售业态的定义,可以把零售业态的主要特点概括为以下几点:

①它是一种零售经营理念和经营方式的外在表现,这种经营理念和经营方式能让消费者容易识别和判断,诸如消费者很容易将一家店铺归类于百货商店、超级市场、专卖店、便利店等形式。

①　零售业态的不同定义.中国服务业投资网,http://service.ocn.com.cn/2007823/File200782371.html,2007-08-23.

②　国家质量监督检验检疫总局,国家标准化管理委员会.零售业态分类.2004(10).

③　[日]宫泽永光.流通用语词典.东京:白桃书房株式会社,1999.

②这种经营理念和经营方式是根据不同消费需求和目标顾客而形成的,每一种零售业态都是为了满足某一特定目标市场需求而存在的,因此不同的零售业态之间具有差异化的竞争优势。

③目标市场需求决定了零售业卖场的经营效率,只有采取与目标市场需求相适应的零售业态形式,零售业卖场的经营才是有效益的,否则很难在激烈的市场竞争中维持和发展。

(3)零售业态的分类

零售业态分类的主要依据是零售业的选址、规模、商圈、有无固定营业场所、店堂设置、目标顾客、商品构成情况、定价、经营方式、服务功能等因素。选择的划分依据不同,零售业态的形式就有所不同,例如:

以商品范围为依据,分为百货店、专业店、专卖店、超级市场、便利店;

以价格策略为依据,分为折扣店、仓储会员店、目录展销店;

以联系消费者方式为依据,分为有店铺零售、无店铺零售;

以聚合状态为依据,分为商业街、购物中心;

以组织控制程度为依据,分为连锁商店、零售合作社、商店集团、消费合作社等等。

2004年10月1日,我国开始实施由商务部、国家标准化管理委员会和国家质量监督检验检疫总局等部门重新修订的《中华人民共和国标准——零售业态分类》(见本章末附录)。在新标准中,我国现有零售业态被分为食杂店、便利店、折扣店、超市、大型超市、仓储会员店、百货店、专业店、专卖店、家居建材店、购物中心、厂家直销中心、电视购物、邮购、网上商店、自动售货亭、电话购物共17种业态形式。其中,前12种属于"有店铺零售业态",后5种属于"无店铺零售业态"。卖场营销研究内容涉及的是各种有店铺零售业态,其具体分类和特点详见本章末附录表1。

虽然世界各国在零售业态的划分上各有特点,但是划分的基本思路都是以美国的零售业态划分为基本标准的(见表2-1),现代生活中人们所能够接触到的业态形式大多数也起源于欧美,毕竟欧美具有发育成熟的市场经济条件,其零售业态的形成比较有序,有利于我们全面理解现代卖场营销实践的基础,并建设我国完善的零售业态体系。

表2-1 日本、美国零售业态划分比较

国家	综合性业态 (食品＋非食品)	食品零售业	非食品零售业	无店铺零售业
日本	百货店 量贩店(GMS) 折扣店(DS) 便利店	食品超市 小型食品店 其他业种店	连锁专门店 家电量贩店 照相器材量贩店 家居中心 专门店(非连锁) 连锁药店	电视购物 邮购 网上商店 自动售货机
美国	百货店 量贩店 折扣店 普通折扣店 精品折扣店 会员制折扣店 便利店	一般超市 小型食品店 食品超市 廉价超市 仓储超市 食杂店 其他业种店	家居中心 连锁专门店 连锁药店 家电量贩店 专门店(非连锁)等	通信贩卖 电视购物 家庭推销 网上购物 自动售货机等

资料来源:日本经济企划厅经济研究所资料,1999,有所整理。

3. 零售业态的四次革命

在工业革命以前,零售业的主要形态是小杂货店。这种零售业态的特点是:零散地分布在居民区内;辐射半径较小,一般在0.3公里左右;营业面积也较小,一般在100平方米以内;经营商品以日用品为主,一般是柜台式销售;并且多数是由一家人共同经营,具有亲和力。1650年,日本三井家族在东京开办了一家商店,被认为是现代意义上零售机构出现的开端,事实上,这家商店就是人们通常所说的一般商店(杂货铺)。之后,欧美各国零售机构的形式层出不穷,虽然杂货店还是大量存在,但是它已经不再占有主导地位[1][2]。

从全世界范围来看,发达国家的零售业大致经历了四次变革。

(1)第一次革命:19世纪中叶,百货商店的出现

这次革命使零售业开始由店铺形态进入商场形态,由此便出现了百货商店。与传统的小型店铺相比,这次革命产生了许多根本性的变化,如经营商品增多、营业面积扩大、建筑富丽堂皇等。当时的百货商店,主要以"时装和女士用品"为主,因而被称为"太太们的乐园"。例如,1852年法国的"邦·马尔谢"商店、1855年法国的卢浮百货商店、1856年法国的市府百货商店、1865年法国的春天百货商店、1918年中国的郭氏兄弟在上海市创办永安公司等。这次革命最大的特征是:

①由传统店铺的单项经营改为百货商店的综合经营;

②由传统店铺的对顾客购货限制进入改为百货商店的顾客自由进入;

③由传统店铺的讨价还价改为百货商店的明码标价;

④由传统店铺的概不退换改为百货商店的退换自由;

⑤由传统店铺的高价改为百货商店的低价;

⑥由传统店铺的自主管理改为专业化管理。

(2)第二次革命:19世纪后期,连锁商店的兴起与发展

第二次革命产生了连锁商店,这是零售业竞争的结果。这个时期,一些大商店为了取得竞争优势,纷纷扩大规模,建立了连锁零售商店;而一些小商店为了迎接大商店的挑战,以求得在市场上的一席之地,便采取"联合"策略,实施"规模经营",以赢得价格上的优势。于是,连锁商店被广泛流行开来。1859年,美国缅因州的乔治·吉尔曼和乔治·亨廷顿·哈特福德在纽约市创立的"大美茶叶公司"被认为是世界上第一家连锁商店,1869年公司改名为"大西洋与太平洋宏大茶叶公司",现代意义上的连锁商店由此登上历史舞台。连锁商店对零售业的重要影响表现在:

①连锁经营、广布网点的方式,突破了零售商圈的本地市场容量限制;

②连锁商店的分店具有高度统一性;

③连锁商店由总店集中购货,可以增强价格谈判能力,降低进货成本,提高竞争能力;

④总店统一负责制定发展规划和经营战略、培训人员、筹资投资,有利于合理配置资源,建立整体优势,获取规模经济效益;

⑤分店专门从事销售,且统一经营战略与策略,有利于标准化作业,便于控制服务质

---

① W J Regan,The Stage of Retail Development,In R. Cox,W Alderson,And S. J Shapiro(Eds). Theory in Marketing, 1964.

② O. Nielsen,Development in Retailing,In M. Kjaer-Hansen(ed.). Rsadings in Danish Theory of Marketing North-Holland,1966.

量,稳定服务水平。

（3）第三次革命：20 世纪 30 年代以后，超级市场的诞生

被誉为世界零售业第三次革命的超级市场的问世，在某种程度上可以说是经济危机的产物。进入 20 世纪 30 年代以后，费用上升的百货商店很难适应经济大萧条的形势，于是以低成本、低利润、低价格为竞争优势的超级市场应运而生。真正意义上的现代超市出现于1930 年 8 月，由麦克尔·卡伦的商店经理创办了金·库伦超级食品商场。这种新的零售业态一经问世就取得了成功，并为许多企业所接受。第二次世界大战结束以后，超级市场在世界各国得到了普及。超级市场的革命性变化体现在：

①开架售货方式，开架自选的自助购物方式成为主流；

②舒适的购物环境普及，使购物成为一种享受；

③节约了人们的购物时间，适应了顾客快节奏的生活方式；

④促进了商品包装的变革；

⑤出入口分设，在收银台统一结算。

（4）第四次革命：20 世纪 90 年代以后，无店铺零售异军突起

1992 年，俄克拉荷马大学的 Robert Lush 等人率先提出了无店铺零售是零售业第四次革命的观点。随着互联网的普及和信息技术的广泛使用，电子商务、网上购物等与信息技术相联系的零售业态，成为这次革命的主力军。无店铺零售最早起源于美国，之后发展迅速，无店铺零售总营业额一直保持两位数的增长率。在中国做得比较成功的，如网上书店——当当书店等。同前面三次零售革命一样，无店铺零售也是零售组织在市场竞争中适应生产力发展水平和消费水平变化而进行变革创新的产物。之所以将其称之为第四次零售革命，是因为它颠覆了传统意义上的零售概念，表现在：

①不需要设立店铺，打破了传统零售业的空间限制；

②建立在互联网平台基础之上，交易无时间限制；

③商业技术含量不断提高，创造了先进、简便、独立的管理方式；

④功能强大的搜索以及分类目录管理；

⑤完整的网上销售流程，完美的客户交流通道，实现了低成本、高效率的经营和服务。

2.1.2 消费主义时代的来临

1. 消费主义的出现与流行

消费主义以及它所表现出来的社会文化现象，萌芽和兴起于 19 世纪末 20 世纪初期的美国，第一次世界大战后开始向西欧传播；第二次世界大战后成为所有发达国家都存在的一种社会现象。20 世纪 80 年代以来，随着全球化趋势的加快，各国、各地区间政治、经济和文化交流的日益频繁，消费主义已经传播到了地球的每一个角落，并逐渐成为一种全球性的大众消费模式和生活方式。所以，消费主义的产生是整个西方社会生产力的进步和现代经济发展的必然结果。在我国，一系列现象表明，消费主义已呈迅速蔓延之势，它开始波及城乡各地，冲击到各类人群。因此，对消费主义进行多方位的了解与全面反思具有紧迫而现实的意义。

　　什么是消费主义(consumerism)？国内外学者们有着不同的理解和表述。美国著名学者丹尼尔·贝尔从人类自身的追求与需要出发指出：消费主义是将大规模的消费、高水平的生活视作经济体制的合法目的、社会发展的主要手段、个人生活的根本追求的主要表现；人们普遍追逐无限扩张的更高更多的消费,消费的目的主要不是满足需要(need),而是满足"欲求"(desire)①。英国学者卢瑞(Celia Lury)认为："消费文化是 20 世纪后半叶出现在欧美社会的物质文化的一种特殊形式。"②消费主义在物质文化领域中已不限于商业领域,商品逐渐转向由文化环境确定其用途而非由其单纯的使用价值来决定,人们对商品的选择与消费体现出对不同社会等级、不同身份的认同。鲍德里亚揭示了在消费主义主导下的社会："财富及物品同话语……构成了一个全面、任意、缜密的符号系统、一个文化系统,它用需求及享受取代了偶然世界,用一种分类及价值的社会秩序取代了自然生理秩序。"③我国学者杨魁认为,消费主义是一种以推销商品为动力,进而无形中使现代社会的普通大众被挟裹进去的消费至上的价值系统和生活方式④。刘晓君认为,消费主义表现为现实生活层面上的大众高消费,它常常是由商业集团的利益以及附属于它们的大众传媒通过广告或其他各种文化、艺术形式推销给大众,并且把个人幸福、社会地位和国家发展的道路都奠定在高消费上,从而使高消费成为正当的、道德的和合法的或者说是自然的和普遍的⑤。黄平认为,消费主义指的是一种价值观念和生活方式,它煽动人们的消费激情,刺激人们的购买欲望⑥。著名社会学家王宁则指出,消费主义代表了一种意义的空虚状态以及不断膨胀的欲望和消费激情。消费主义不在于仅仅满足"需要",而在于不断追求难以彻底满足的"欲望"⑦。

　　根据以上论述可以把消费主义概括为：消费主义主要是指以美国为代表,在西方发达资本主义国家普遍存在,也在不发达国家出现的价值观念或生活方式,它是一种有明显价值诉求的意识形态,它追求和崇尚过度的物质占有或将消费作为美好生活和人生目的的价值观念,以及在这种价值观念支配下的行为和实践⑧。

　　2. 消费主义时代下的消费行为特征

　　消费主义从经济意义上讲,是与现代化发展尤其是工业化、城市化发展相伴而生的一种消费模式,一种以满足人们超过基本生活需求之外的"欲求"为特征的大众消费模式;从社会层面上讲,是这种新的消费模式向社会各方面渗透而出现的一种文化态度、价值观念和生活方式。作为一种典型的现代消费模式和观念,消费主义具有与传统的"生存式"消费方式和观念完全不同的特征。

　　(1)鲜明的物质主义特征

　　物质主义把人的全部需要都建立在对物质的追求与渴望之上,表现为享乐主义及对物质的无限追求;因此,它特别重视对物的占有与消费,并通过一种过度的物质占有或消费来

---

　　①　[美]丹尼尔·贝尔.资本主义文化矛盾.赵一凡,海隆,任晓晋译.北京:三联书店,1989:68.
　　②　[英]西莉亚·卢瑞.消费文化.张萍译.南京:南京大学出版社,2003:1—2.
　　③　[法]让·鲍德里亚.消费社会.刘成富,全志钢译.南京:南京大学出版社 2001:1—5.
　　④　杨魁,董雅丽.消费主义文化的符号化解读.现代传播,2003(1):131.
　　⑤　刘晓君.全球化过程中的消费主义评说.青年研究,1997(6):1—2.
　　⑥　黄平.未完成的叙说.成都:四川人民出版社,1997:120.
　　⑦　王宁.消费社会学:一个分析的视角.北京:社会科学文献出版社,2001:145.
　　⑧　王赵.消费主义的现实反思.中共浙江省委党校学报,2005(5):92—96.

实现其肉体与精神的满足。在这种境遇中,消费对象既包括物质对象又包含诸多非物质的对象,而且近年来非物质形态的商品在人们消费中占据的位置越来越重要,但这种非物质的对象同样取得了物的消费特性,时尚、品位、浪漫、富贵等成为新的消费对象与追逐目标,消费日益脱离满足需要的属性,而成为满足贪欲的表现。

(2)消费品的象征(符号)意义超过其使用价值

人们无止境的欲望投射到具体产品消费上去,使社会地位及个人身份与消费品联姻,构成一个满足欲望的对象系统,从而使消费变成消费者获得身份的商品符码体系,也就是说消费成为对符号信仰的过程。消费主义除了把物质商品看成是"物质"以外,更多的是把商品看作是一种符号,一种身份或地位的象征,即消费主义把物质消费看做自我表达和社会认同的主要形式,看做高生活质量的标志和幸福生活的象征,即使是一件商品,无论是汽车、大衣或香水,都具有这种彰显社会等级和进行社会区分的功能。

(3)消费主义具有强烈感染力

一方面,消费主义通过物质的占有或消费来达到心理满足,即通过有形的物质消费来达到其目的,因此某一种消费行为很容易被他人模仿;另一方面,高度发达的信息手段、大众化销售技巧、大肆鼓吹的广告以及跨国公司的全球经营,使得消费主义在全球迅速蔓延。不仅所有发达国家中的绝大多数人都奉行这种过度消费的生活方式,而且发展中国家的少数人,以及迅速发展国家中的许多人,都非常推崇这种生活方式,并把其当作美好生活的样本。一旦接受消费主义的生活方式,人们就失去了判断力和批判力,就会把这种虚假需求当作人类与个人的生存本质。

由此可见,在消费主义时代下,人们的消费行为向着物质化、享乐化与个性化方向发展,感性消费与理性消费并重,消费与生活方式相统一。在当代社会,消费主义不仅成为人们的一种生活方式,甚至成为一种价值理念指导人们的消费行为,它向传统的"节俭"型消费模式提出了挑战,是消费者摒弃旧观念并以自我价值实现为中心的消费模式的开始。

2.1.3 现代信息技术的应用

为了适应消费需求的变化,一些成功的零售商都积极采用先进的信息技术,获得消费者信息,为消费者提供完善的服务。以零售巨子沃尔玛为例,它最早使用计算机跟踪存货(1969)、最早使用条形码(1980)、最早采用 EDI(1985)、最早使用无线扫描枪(1988)以及后来的实时存货和现金流量信息的零售连锁系统,强大的信息系统使得沃尔玛可以显著降低成本,提高销售额,减少缺货损失,进一步减少库存,大幅度提高资本生产率和劳动生产率。随着计算机技术的发展和价格的下降,越来越多的零售商开始开发内容丰富的信息系统。例如,1978 年,美国仅有 200 家超市使用计算机扫描系统,目前已有 2.6 万家超市(占超市总数的 90%)安装了该系统[①]。20 世纪 70 年代中期,大部分计算机系统仅用于减少收银员的错误和完善存货管理。今天,计算机已经构成零售信息系统的基础,并渗透到消费者的订货、商品运输、客户关系管理等各个领域。

---

① 陈己寰.零售学.广州:暨南大学出版社,2008:110.

1. QR 系统

QR 系统即快速反应发货系统(quick response deliver system)。它是一种用来降低零售商用于接收商品的引导时间(引导时间是从意识到应该进货到商品运抵商店并完成销售准备所需的时间),从而降低存货投资,改善顾客服务水平,并降低分销成本的库存管理系统。QR 系统能够将商店中所搜集的消费资料通过计算机联网传递给购货商、商品分销中心,然后传递给供货商,最后供货商便迅速地依次装运、补足商品。Haggar 公司之所以能够快速地补充订货,其原因就是该公司与它的制造商实现了销售信息共享。通过信息共享,这些纺织品供应商得到了来自销售终端的扫描数据信息,从而能够准确预测零售商所需商品数量;而 Haggar 公司也能够为补充订货做好准备。

2. SCM 系统

SCM 系统即供应链管理(supply chain management)系统。供应链是围绕核心企业,通过对信息流、物流、资金流的控制,从采购原材料开始,制成中间产品以及最终产品,最后由销售网络把产品送到消费者手中的,将供应商、制造商、分销商、零售商、直到最终用户连成一个整体的功能网链结构模式。供应链管理是一种集成的管理思想和方法,涉及四个主要领域——供应、生产计划、物流、需求,主要是对供应链中的物流、资金流和信息流进行计划、组织、协调及控制。实施 SCM 系统可有效地实现供求的良好结合,刺激消费需求,提高服务质量;可以降低社会库存,降低成本;可以有效地减少流通费用,产生规模效应,提高企业的竞争力;能够实现信息资源共享,促进企业电子商务的发展。

3. CRM 系统

CRM 系统即客户关系管理(customer relationship management)。其定义是企业与客户之间建立的管理双方接触活动的信息系统。CRM 是一个获取、保持和增加可获利客户的方法和过程,是一种以信息技术为手段、有效提高企业收益、客户满意度、雇员生产力的具体方法。CRM 的指导思想就是对客户进行系统化的研究,以改进对客户的服务水平,其最终目标是提高客户的满意度和忠诚度,不断争取新客户和新商机,为企业带来更多的利润。因此,CRM 的基本任务是识别和保持有价值客户。另外,CRM 坚持以“客户为中心”,因此能够通过信息共享和优化商业流程有效地降低企业经营成本。

4. ERP 系统

ERP 系统即企业资源计划(enterprise resource planning)系统,它是指建立在信息技术基础上,对企业的所有资源(物流、资金流、信息流、人力资源)进行整合集成管理,采用信息化手段把企业与客户、供应商和经销商等因素整合在一起,从而对供应链上的每一环节实现科学管理。ERP 跳出了传统企业边界,其核心思想是供应链管理,它从供应链的角度优化企业资源,是基于网络经济时代的新一代信息系统。ERP 具有人力资源管理、项目管理、财务管理、客户服务、销售与市场营销等多项商业功能,对于改善企业业务流程、实现管理信息化和自动化、提高工作效率,都具有十分重要的意义。

沃尔玛的信息系统

沃尔玛与主要的供应商建立了良好的关系,分享信息并提供建议。其电子数据交换系统(EDI,1972 年引入)连接 3600 个供应商,用来进行订货、销售预测、计划、库存、送货管理,及开具收据和结算。另外,沃尔玛拥有零库存的配货中心,供应商只需将商品送到该中心,现场打包后就直接由沃尔玛送到特定连锁店。沃尔玛在 1983 年引入 POS,并发射了商用通信卫星,极大地改进了总部与各分点之间的信息交流;1990 年始,沃尔玛就允许供应商直接与其终端销售计算机连接,以方便及时获悉商品的库存及在各分店的销售状况。所有这些做法都领先于同行。1987—1993 年,沃尔玛的信息系统投资高达 7 亿美元。目前,沃尔玛在中国市场上使用的信息系统包括库存管理系统、决策支持系统、管理报告工具、扫描销售点记录等,即将启用的"零售商联系系统"将有助于沃尔玛和供应商共享业务信息。信息系统为沃尔玛在中国市场上的低成本运营、高效率拓展奠定了坚实的基础。

资料来源:陈己寰.零售学.广州:暨南大学出版社,2008:46—47,113,有所改动。

2.2 几种重要的零售业态形式

2.2.1 百货店

最早的百货店(department store)是 1852 年法国人阿里斯蒂德·布西哥在巴黎开业的"邦·马尔谢"(Bon Mache)商店。当时,商店内首先实行明码标价、陈列大量商品,顾客可以自由自在地挑选、退换货,同时采取薄利多销的原则吸引大量顾客。它的成功迅速吸引一大批跟随者,于是在巴黎相继出现了许多百货商店,如卢浮百货店(1855)、市府百货店(1856)、春天百货店(1865)、撒马利亚百货店(1869)、拉法耶特百货店(1894)。归根结底,百货店的发展主要得益于当时欧洲工业革命中大都市人口的迅速增加、中产阶层的扩大,以及机械化生产带来的产量的大幅增加和产品质量的普遍提高等。其结果是,一方面带来了巨大的市场需求;另一方面,支撑了百货店低毛利、高周转的大量销售方式。这是百货店业态创新成功的主要因素。

1. 百货店的概念及特点

(1)百货店的概念

根据我国《零售业态分类》的国家标准,百货店的定义是:在一个大建筑物内,根据不同的商品部门设销售区,开展各自的进货、管理、运营的零售业态。其特点是:

①采取柜台销售与自选开架销售相结合的方式;

②商品种类齐全、少批量、高毛利,以经营男、女、儿童服装及家庭用品为主;

③采取定价销售,可以退货,拥有导购、餐饮、娱乐场所等全面的服务项目和设施;

④选址在城市繁华区、交通要道;

⑤商圈范围大,一般以流动人口为主要销售对象;

⑥商店规模大,在5000平方米以上;

⑦商店设施豪华,店堂典雅、明快;

⑧目标顾客为中高档消费者和追求时尚的年轻人。

(2)百货店的特点

真正意义上的百货店,如第五大道、西尔斯、马莎、Hudson's Bay、老佛爷等,与那些被称为"杂货零售商"的沃尔玛、家乐福、麦德龙、欧尚、伊藤洋华堂等相比,有很大的不同点。百货店的独特体现在以下几个方面:

①选址独特。通常集中在一个城市的几条主要商业街区上,预期有较大的人流,能形成良好的商业互动功能和高尚的商业文化氛围,对目标顾客具有强烈的吸引力。例如,北京的王府井百货、西单商场、燕莎商城,上海的第一百货,南京的新街口百货等。

②定位独特。百货店选择的目标市场通常是某一类人群或某一个社会阶层,因此其卖场的市场定位能够符合这部分人群的需要,能体现其价值、标明身份、张扬个性、激发情感,并使顾客获得某种体验的特定需要。例如,昆明的金龙百货定位于高端市场。

③功能独特。功能设计源于定位,现在有两极化趋势:一极为"大而全"、功能多,经营商品品类多,强调"一站式满足";另一极是"专而全",功能较单一,经营商品品类少,但求做精、做深、做透。

④品牌独特。百货店独特的品牌定位与组合,取决于它对目标顾客的诠释与理解,但也要受到营业面积和品牌资源的制约。有些大型百货店,品牌档次跨度较大,既有一线二线品牌,也有一般品牌;而较小的百货店,则坚持较小的品牌档次跨度,强调同档次品牌的丰富度。最有成效的品牌定位与组合策略,莫过于自有品牌的开发。英国马莎百货是最典型的"自有品牌"创造者,它与800家厂商合作,生产"圣米高"品牌,被誉为"时尚制造者"。把商品品牌与店铺品牌融合在一起形成百货店品牌,这正是百货店的魅力所在。

⑤服务独特。百货店不是零售"生产流水线",其服务不是大批量标准化,而是强调针对性,因此每个百货店都有创造个性服务的巨大空间。其独特性体现在:充分尊重与理解顾客,充满情感关怀与体验;服务的专业性强,科技含量高,即高情感与高科技平衡。

⑥盈利模式独特。百货店的盈利并不是靠薄利多销、以量取胜,而是靠赢取品牌与服务的个性、愉悦的购物体验等带来的附加值——级差利益的获得。

法国老佛爷百货商店

德国科隆皮克-克洛彭堡百货商店

⑦形象独特。多数百货店均是城市中的商业地标性建筑,这种地标性建筑成为某种生

活方式的象征,某种商业文化的窗口,成为城市形象的一部分。

⑧核心价值独特。每个百货店都有自己的核心价值,例如王府井的"一团火精神"、燕莎的"享受型服务"、翠微的"家园式服务"等。核心价值是百货店的灵魂,它决定了百货店的基本风格与特色。百货店独特的核心价值是以不变应万变,万变不离其宗。

2. 百货店的分化与发展①

中国百货店经历两次分化。第一次是从上个世纪 90 年代初期开始,伴随着总体消费水平的提高和消费的层级化、多样化的出现,一部分社区型的、以经营日用百货和食品为主的"百货店"逐渐演变为大卖场和综合超市,另一部分具有某种专业经营优势(比如服装、家电等)、规模不太大的"百货店"转向了专业店、专卖店。第二次分化则是从进入 21 世纪开始。随着市场上零售业态的不断创新,消费分层越来越清晰,尤其是追求时尚、尊贵、新奇体验的消费群体不断壮大,因此百货店的模式再次分化,呈现出多种形式。

(1)高档百货店

重点营造尊贵体验的消费文化,实行以一线品牌为主的品牌组合,服务于富有人群、成功人士、高知高管阶层等,更多满足人们显示身份、地位以及差异化和个性化的需求,例如北京的燕莎、赛特。高档百货店是百货店的原始形态或基本形态,主要依靠自身的品牌魅力赢得顾客,与其他零售业态有显著差异。

(2)时尚百货店

引领流行、前卫的消费文化,以经营时尚的品牌为主,以青年顾客为重点,满足人们追求时尚、时髦,领先时代潮流的需要,例如北京中友百货、SOGO 等。时尚百货店在经营上富于变化,迎合青年心理,在宣传推广上往往以新、奇、廉的手段,通过制造意外惊喜取胜。

(3)生活百货店

倡导品质与实惠的消费文化,主要经营二线品牌和质量较高的商品,与社会主流消费群体的主流生活需要同步。这类百货店中一般都设有超市,是"百货+超市"型的混血百货店。生活百货店的目标群体广泛、层次多极化、区域性强,商圈比较小,在临近的商圈内大多使用直接的促销手段。

(4)主题百货店

其特点是创造专业特色的消费文化,以某一消费主题为主要经营特征,不求大而全、大而均,在"模块化"经营基础上突出某类重点模块。这类百货店是兼高档、时尚和主流生活需要为一体,例如北京的菜市口百货店,90%以上的销售额来源于黄金珠宝,这是一个典型的主题百货店。百货店的主题一旦被顾客认可,就会为企业带来超额利益。主题百货店的营销策略,从理念传播到品牌推广,主要是围绕"主题"展开的。

(5)折扣百货店

以制造"品牌+实惠"的消费文化为主。折扣百货店以名品折扣的经营方式吸引消费者,多以经营下架、断码、过季的名牌服装、鞋帽、箱包为主,较少有珠宝、钟表和化妆品等。这类百货店适应了人们廉价但求名牌的消费心理,其营销诉求也是针对这一品牌效应的,例如奥特莱斯、迪斯康特、名品折扣、365 上品折扣等。

上述五类百货店是中国百货店发展过程中,适应市场需要逐渐发展起来的,虽然目前

---

① 王成荣.我国百货店的创新与发展.商业时代,2006(7):12—14.

每种具体业态均不太成熟。但它们代表了未来一个时期内百货业态的分化与发展趋势。

2.3.2　超级市场和大型综合超市

自从历史上第一家超级市场 KING KULLEN 于 1930 年在美国诞生起,超级市场已有 80 年的发展历程。在那之后,A&P 等传统连锁店纷纷转型为超市,并成长为美国食品零售领域占有绝对支配地位的零售业态。进入 30 年代以后,由于美国税法抑制等原因,超级市场开始向大型化方向发展。特别是五六十年代,超级市场在世界范围内得到了较快发展,其经营范围日益广泛,逐渐扩展到服装、家庭日用杂品、家用电器、玩具、家具及医药用品等,这一变化直接促进了追求低价格、高周转的折扣店业态的出现和发展。

1. 超级市场的概念与特点

(1)超级市场的概念

超级市场(supermarket)来源于英文 supermarket,简称超市。世界各国有着不同的表述:

美国学者 M·M·齐默曼在其著作《超级市场》中指出:超级市场是被高度部门化了的、经营食品和其他商品的零售店。它或是完全由所有者自己经营,或是委托他人经营;有足够的停车场,而且年营业额不低于 25 万美元;干货食品、日用杂货商品采用自助服务的方式。

著名营销专家菲利普·科特勒在《营销管理》中指出:超级市场是规模相当大的,成本低、毛利低、销量大的自我服务经营机构,目的是满足顾客对食品和家庭日用品的需要。

意大利学者认为:超级市场是实行自我服务方式的零售商店,营业面积在 400 平方米以上,销售大量的食品和一定量的非食品,顾客在出口处统一付款。

德国学界认为:超级市场是实行自我服务方式的零售商店,营业面积在 400～1000 平方米之间,经营的商品包括日常必需的食品(至少占营业额的 70%)和部分非食品。

英国学术界认为:超级市场是实行自我服务方式的零售商店,营业面积在 2500 平方英尺(合 23225 平方米)以上,销售大量的食品和一定量的非食品。

比利时学者认为:超级市场是实行自我服务方式的零售商店,营业面积在 400～2500 平方米之间,经营商品包括日常所有的食品和其他商品。

我国于 1978 年引入超级市场,当时称作自选商场。国内比较统一的认识是:超级市场是指采取自选方式,以销售食品为主,生鲜品占一定比重,满足人们日常需要的零售店。

(2)超级市场的特点

虽然超级市场的定义没有一个统一的标准,但每一个都从不同的角度对超级市场进行了描述,只是其侧重点有所不同。超级市场拥有的共同特征如下:

①以自助服务、一次结算为经营方式。超级市场内部一般没有营业人员,超市内尽量利用视、听、嗅觉来刺激购买。为了方便购买,超市门口通常都备有手推车或提篮;货架陈列的商品摆放整齐、有序,价格标签清楚明了;结账时在收银台一次性付款。这种经营方式极大地节省了营业人员费用及各种流通费用,为降低零售商品价格提供了条件。

②以食品和日用品为主要经营品种。超级市场是以经营食品崛起于零售业的,以后逐渐发展到综合经营。总的来说,传统的超级市场仍是以经营食品和日用品为主。

③以大量销售为经营原则。超级市场经营的指导原则就是大量销售,所以扩大店铺营

业面积和所售商品品种,就成为它顺利发展的必要条件。从美国超级市场来看,1948年出售的商品品种为5000种食品和1000种日常用品,1968年增加至7000种食品和10000种日常用品(非日常用品在超级市场商品流通总额中只占5.5%)。在许多国家,为贯彻大量销售的原则,超级市场大多采用连锁经营形式,通过多店铺来扩大销售额,这正是超级市场得以迅速发展的关键。所以,日本流通界将"多采用连锁经营形态"作为超级市场定义中的一部分。总之,大量销售是超级市场的经营原则,是超级市场进行廉价销售的前提之一。

④以低费用、高周转为经营特色。超级市场采用自助服务方式,不仅节约人力费用,而且市场中顾客与营业员可以共享货架和店铺通道,相比非自助服务的零售店来说,超级市场的营业面积扩大了,可以多陈列和销售20%～30%的不同商品,商品投放能力可以提高15%～20%。另外,食品类、日用品类的商品销量大,因此周转也快。据统计,美国超级市场的流通费用比标准价格的百货商店和一般商店低一半,每平方米面积的流通额则高出50%,每年商品库存周转次数比标准价格的百货商店和一般商店高35倍。

⑤以廉价销售为经营方针。超级市场从诞生之日起,就以其销售价格低、经营品种多、营业面积大、选购方便而大受欢迎并迅速发展起来。其中,销售价格低是超级市场能够在不景气的经济背景中脱颖而出,并受到消费者青睐的主要因素。国外的超级市场一贯把廉价销售作为其经营方针,以美国为例,超级市场中的食品价格比一般市场价格低15%～20%,超级市场的净利率一般只占零售额的1.5%～2%。

总之,超级市场具有营业面积大、商品陈列直观、流通成本低、节约购买时间、刺激消费欲望等特点,因而对消费者和零售企业都有很强的吸引力。但它的意义远远不止于此。超级市场的出现,使零售业完成了从手工劳动到工业化生产的转变,使商业劳动获得了大幅度提高效率的机会。原因是传统的商业劳动包括销货员的商品介绍、展示、称重、记价、包装、收款等劳动,同顾客的购买活动同步进行,商业劳动是一系列不能储存的服务劳动。超级市场的出现,使这些商业劳动可以在工厂或商店中预先完成,将这部分劳动固化并储存在商品中,实现了商业劳动与顾客购买活动的分离,大大提高了流通效率。

2. 超级市场的演变与发展

根据人们需求的不同,超级市场的营业面积和营业额有着较大差别,从而形成不同的业态。总体看来,国内外众多的超级市场主要表现为四种形式,如表2-2所示。

(1)便利店

便利店是指以满足顾客便利性需求为主要目的的零售业态。便利店在时间上、空间上及品项上都是对其他业态的一种弥补,随着人们生活水平的提高及生活节奏的加快,便利店的发展空间会越来越大。

(2)食品超市

食品超市是指采用自选销售方式,以销售食品、生鲜食品、副食品和生活用品为主,满足顾客每日生活需求的零售业态。由于非生鲜食品类商品的经营难以与大型公司竞争,因此,作为生活必需品的生鲜食品成为该类店铺经营的主要商品。食品超市往往通过提高食品鲜度、加工工艺等手段吸引顾客,并且积极参与或组织各类社区活动,让消费者感到是去邻居家购物,而不是去店里购物。

(3)仓储式商场

仓储式商场是指以经营生活资料为主、储销一体、低价销售,提供有限服务的销售业态

（其中有的采取会员制）。此种店铺大都实行大量销售和大批订货等方式,从而实现廉价销售,例如,1997年在昆明开业的红联仓储式超市,成为当时盛极一时的卖场。

（4）综合性超级市场

综合性超级市场是指以销售大众化实用品为主,满足顾客一次性购物需求的零售业态。它能够提供更为良好、舒适的购物环境,及多品种商品选择的机会。

总之,每一种形态的超级市场都有自己的特点,它们之间具有一定的竞争关系,但又相互弥补。因此,只有切实了解各种超级市场的优缺点,广泛地开展调研,认真分析消费者的心理和需求、合理布局,才能充分发挥超级市场的竞争优势。

表2-2　超级市场各种形式的具体划分

业态	选址	规模	服务功能	商品结构	商圈/目标顾客	经营方式
便利店	居民住宅区、主干线公路边以及车站、医院、娱乐场所、机关、团体、企事业单位所在地	营业面积在100平方米左右,利用率极高	营业时间一般在16小时以上,甚至24小时	以速成食品、小包装商品、文具杂志为主,有即时消费性、少容量、应急性等特点	居民徒步购物5分钟可到达,80%的顾客为有目的的购物	以开架自选为主,结算在收银处统一进行
食品超市	居民住宅区、交通要道、商业区	营业面积在500至1000平方米之间	营业时间不低于16小时	以购买频率高的商品为主	以居民为消费对象,10分钟左右可到达超市	自选销售,统一收银
仓储式商场	多在城乡结合部,但交通便利性强	一般为10000平方米以上	库架合一,装饰简单,配有大型停车场	主要以食品（有一部分生鲜食品）、家用品、服装衣料、文具、家用电器、汽车用品、室内用品为主,重点在商品的宽度（即商品种类要多）	以中小零售商、餐饮业、集团购买和有交通工具的消费者为主	开架自选,出入口分设,统一收银,信息自动化程度较高
综合性超级市场	住宅区、城乡结合部或商业密集区	营业面积在2500平方米以上	设施装饰较仓储式商店好,功能齐全	生鲜食品、衣食用品齐全,重点在商品的深度（指同一商品的规格、等级、品种的多少）	满足消费者中比率最大的中等收入阶层的消费需求	自选销售,出入口分设,统一收银,信息自动化程度较高

3. 大型综合超市及其发展方向

（1）大型综合超市的概念与特征

所谓大型综合超市（general merchandising store,GMS）,是指采取自选销售方式,以销售大众化实用品为主,并将超级市场和折扣商店的经营优势合为一体,为居民家庭日常生活所需提供一站式服务的零售业态。其基本特征可以归纳为:

①选址在城乡结合部、交通要道和符合城市规划的大型住宅区附近;

②营业面积在3000平方米以上,辐射半径3公里以上,以居民、流动顾客为主要目标群体;

③经营大众化日用品,品种齐全、品质可靠,注重自有品牌开发,满足顾客一次性购物;

④采取自选销售方式,集中在收银处统一结算,营业时间不少于12小时;

⑤设有与卖场营业面积相适应的停车场,通常不低于营业面积的50%;

⑥采用较高程度的信息化、自动化管理方式,商品管理效率高;

⑦以连锁经营方式为主,统一采购、统一配送、统一资金结算、统一品牌运作。

麦德龙仓储式超市

沃尔玛大型综合超市

小链接

全球大型综合超市排行榜

2002 年全球超市营业额排行榜

名次	企业名称	国家	年营业额(百万美元)
1	WAL-MART 沃尔玛	美国	257708
2	CARREFOUR 家乐福	法国	80968
3	ROYAL AHOLD 荷兰超市集团	荷兰	76927
4	METRO 麦德龙连锁量贩店	德国	54511
5	KROGER 克罗格食品杂货连锁	美国	54451
6	伊藤洋华堂	日本	50936
7	TARGET 超市集团	美国	46202
8	TESCO 特易购	英国	42937
9	COSTCO 好士多	美国	41746
10	SAVEWAY 超市集团	美国	37754
11	CASINO 超市集团	法国	37631
12	雷贝超市	德国	37618
13	ALBERTSONS INC 超市集团	美国	37479
14	AldiEinkau 超市集团	德国	37029
15	ITM 超市集团	法国	36299
16	JC PENNY 超市集团	美国	34248

名次	企业名称	国家	年营业额(百万美元)
17	AUCHAN 超市集团	法国	33217
18	K-MART	美国	32362
19	WALGREEN 沃尔格林超市集团	美国	30172
20	AEO 超市集团	日本	30072

资料来源:英国零售调查公司 M＋M Planet Retail 调查报告《2002 年全球超市营业额排行榜》,http://myj. liuzhou. gov. cnxwdtyjxw/200310/t20031003_5107.htm

（2）大型综合超市的发展方向

日本通产省规定的 GMS 标准是:服装类商品、食品、居住用品各占总营业额 10％以上至 70％以下,营业面积在 1500 平方米以上(东京地区在 3000 平方米以上)的大型超市为称为综合超市。日本的大荣、伊藤洋华堂、佳士客三巨头从 20 世纪 60 年代就以 GMS 为主要零售业态,并占据零售业主导地位。与普通超市相比,GMS 的竞争优势正是来源于它的 7 个特点。实际上,大型综合超市是多种业态的混合体,包括百货公司、超级市场、大卖场或购物广场、会员制货仓式自选商场及会员制商店。因此,GMS 一般都是跨国经营的连锁集团,它有着全球性的加工、配货网络和超大规模的销售系统,有一批经验丰富的专家队伍,以及现代化的统一管理、统一核算的经营手段,从而降低经营成本提高商品的价格竞争力,并极大地提升其聚客能力,通过大流量的顾客群维持其高额的利润。

在中国,大型综合超市成为零售业中的第一主力业态,前后只花了约 6 年的时间,随之进入缓慢发展阶段。以上海市为例,截至 2007 年 6 月底,上海共有大型综合超市 133 家,比 2006 年底只增加了 1 家;与此同时,大型综合超市门店的平均销售额下降,平均下降幅度为 10％左右。这主要是因为 GMS 面临着严峻的挑战:业态之间的恶性竞争;大型专业性卖场和专业特色性连锁店的竞争;连锁标准食品超市的竞争;连锁药店的竞争等等。由此可见,大型综合超市在客观上已经进入转型提升的阶段。这种转型体现在三个方向上:

①大型综合超市百货化的方向。即从欧美式的大型超市 Hypermarket 向日本式的大型综合超市 GMS 转型。国内大型综合超市里的百货,大多数是弱势品牌百货或者平价性折扣百货,为了适应消费者品牌消费的趋势,提升大型综合超市的百货商品的品牌档次是必需的。大型综合超市百货化的发展可以是多种形式的,包括在大型综合超市内引进品牌店、品牌厅、进行百货商店式的装修等。其立足点是关注目标顾客的需求,力求实现消费者"物超所值"的价格诉求。因此,自由品牌商品开发将是大型综合超市百货化发展的一个支点,是销售额和利润大幅增长的重要来源。

②购物中心组织者的方向。大型综合超市是在食品和一般生活用品上的一次性购足商店,但它不可能满足进一步的差异和个性细分的消费者需求。因此,利用城市商业地产特有的条件将大型综合超市发展成为购物中心中的主力店,进而成为购物中心组织者,将是大型综合超市发展的一个重要方向。这将使得大型综合超市所倡导的"一次性购足"理念的外延和内涵得到大大的扩充和丰富,从而增强对消费者的向心力和对其他业态的竞争力,同时大大降低经营成本,实现从商业业态经营到商业地产经营的模式转换。

　　③从低价定位向品质和服务提升的转型。大型综合超市在中国迅速发展是以大众消费品的低价销售策略为竞争利器的,当消费者的消费能级开始提升的时候,当更低价的品类专卖店、连锁店开始对大型综合超市产生强竞争的时候,大型综合超市在中国的发展就必须从单一的"低价"转向品质和服务的提升。

　　总体说来,大型综合超市在中国的一线大城市里其生命周期已走上了峰顶,但在中国的二、三线城市还处在导入或成长期,它的发展路程还很长,在不断的竞争中它的转型和创新将会朝着全面服务、全面自选、混合式经营模式的方向持续地进行。

小链接

家乐福——"大型超级市场"的创始者

　　成立于 1959 年的家乐福集团是"大型超级市场"概念的创始者,是欧洲第一大零售商,世界第二大国际化零售连锁集团。现拥有 1.1 万多家营运零售单位,业务范围遍及世界 30 个国家和地区。家乐福集团以三种主要经营业态引领市场:大型超市、超市以及折扣店。此外,家乐福还在一些国家发展了便利店和会员制量贩店。2005 年,家乐福在《财富》杂志编排的全球 500 强企业中排名第 22 位。

　　早在 1963 年家乐福就成立了一种结合超级市场与百货公司的"大型综合超市",面积达 5000 平方米以上。通常情况下,家乐福把 8000 平方米左右的大型卖场分为大小差不多的两部分:一部分是日用百货、文娱体育用品和家电;另一部分是各类食品,包括果、蔬、鱼、肉。商品品种多达 25000 种以上,营业额比重大致为:生鲜 20%,食品 40%,百货 40%。在商场内,全部商品都供顾客自选,在家电和生鲜食品部还设立服务员给顾客讲解示范或划价;在出口处开设了一系列家庭快餐食品条柜等。此外,家乐福积极调整商品结构,引进一线品牌商品专柜,引进越来越多的进口食品和日用品,而不是只在低价上竞争。家乐福的经营理念是以低廉的价格、卓越的顾客服务和舒适的购物环境为广大消费者提供日常生活所需的各类消费品,满足消费者一站式购物的需要。

2.2.3　购物中心

　　大型购物中心产生于 20 世纪初,五六十年代在美国等发达国家盛行。20 世纪 30 年代,美国得克萨斯州出现了第一家以 Shopping Center 概念设计的商场,它就是 Shopping Mall 的最初形式。1975 年,美国又出现第一家直立式 Shopping Mall,即美国的 Watertowen Place,1992 年开业的 Simon 则以 40 万平方米的面积将 Shopping Mall 推向新的层次,掀起了商业经营方式的新浪潮,并逐渐以其购物、餐饮、休闲、娱乐、旅游等综合性经营模式与完美的环境配套设施而风靡欧、美、日及东南亚国家,成为与超级市场同步发展的商业新模式。

　　购物中心在中国的发展历程很短,从 1996 年广州的天河城营业开始,迄今只有 13 年的历程。在经历了初期的探索与形成阶段的艰难,经历了大发展阶段的喧嚣之后,目前中国的购物中心已经逐步进入理性的成熟阶段。到2008年底,在中国开业的购物中心项目多达122家,遍及大部分一、二线城市。随着城市化进程的加剧,以及生活水平的提高,购物中心的开发势头越来越迅猛,它将成为未来中国商业业态的主力军。

1. 购物中心的概念及特征

(1)购物中心的概念

对购物中心(shopping center)概念的理解,世界各国有所不同。美国学界认为:购物中心是由单一产权所有者所拥有并实施计划、开发和管理的零售和其他商业设施的组合。购物中心提供泊车位,其大小和定位一般由该中心所服务的商圈的特点来决定。

日本购物中心协会对购物中心的定义是:购物中心是作为一个单位有计划地开发、所有、管理运营的商业和各种服务设施的集合体,备有停车场,具有选择多样化、方便性和娱乐性等特征,并作为适应消费需要的社交场所,发挥着一部分城市的功能。

《中华人民共和国标准——零售业态分类》中对购物中心的定义为:企业有计划地开发、拥有、管理运营的各类零售业态、服务设施的集合体。2000年9月在北京召开的中国购物中心研讨会上,国际权威专家普遍认为:购物中心是指有不同的零售商店或商业设施,经整体规划、开发以及经营管理所形成的统一商业建筑及服务群体,包括商店、停车场、绿化地、物流配送、公园、电影院等设施。简单说,购物中心就是集购物、休闲、餐饮、娱乐于一体的场所。

上海正大广场

广州正佳广场

(2)购物中心的特点

购物中心是迄今为止最为完美的零售场所。它具有以下特点:

①由发起者有计划开设,实行商业型公司管理,中心内设商店管理委员会;

②以百货店或超级市场为核心店,也设有专业店、专卖店及各种餐饮、娱乐设施;

③服务功能齐全,集零售、餐饮、娱乐为一体,配有相应规模的停车场;

④选址为中心商业区或城乡结合部的交通要道;

⑤设施豪华、店堂典雅、宽敞明亮,实行卖场租赁制;

⑥以流动顾客为主要目标群体。

2. 购物中心的类型

美国国际购物中心协会(ICSC)将购物中心分为两大类和八个亚类,如表2-3所示。

表 2-3　美国 ICSC 购物中心分类

购物中心的类型	概　念	平方英尺（包括锚店）	英亩	锚店数量	锚店类型	锚店占比例%	主要商圈（英里）
摩　尔							
地区中心	一般商品,时尚商品(摩尔,典型配置)	400000～800000	40～100	2个或更多	全线百货店,百货店,大量零售商集合,服饰,折扣百货店,时尚商店	50%～70%	5～15
超级地区中心	与地区中心相似,但有很多类型	800000＋	60～120	3个或更多	全线百货店,百货店,大量零售商集合,服饰,时尚商店	50%～70%	5～25
户外中心							
邻里中心	方便	30000～150000	3～15	1个或更多	超市	30%～50%	3
社区中心	一般商品便利	100000～350000	10～40	2个或更多	折扣百货店,超级市场,药店,居家用品,大的专场店/折扣服饰	40%～60%	3～6
生活方式中心	高档全国连锁专场店,餐饮和娱乐建在室外	典型的150000～500000,但可能更小或更大	10～40	0～2	习惯上通常没有锚店,但可能包括书店。其他大型专业零售商,多功能电影院,小的百货店	0%～50%	8～12
能量中心	控制品类的锚店业主,少数小的承租人	250000～600000	25～80	3个或更多	"品类杀手",居家用品,折扣百货店,仓储俱乐部,平价店	75%～90%	5～10
主题/欢乐中心	休闲,为旅游者提供零售商品和服务	80000～250000	5～20	没有	餐饮,娱乐	没有	没有
直销中心	工厂直销店	500000～400000	10～50	没有	工厂直销	没有	25～75

　　中国《零售业态分类标准》依据购物中心选址的不同将其分为三个类别:社区购物中心、市区购物中心和城郊购物中心(详见本章末附录表1)。另外,还可以按照其他标准对购物中心进行分类,如表2-4所示。

表 2-4 购物中心的其他分类方法

标准	种类	特点	
		规模	实例
按商场面积分	巨型/超级购物中心	面积在 24 万平方米以上	如曼谷西康广场 Seacon Square、马尼拉 SM ME-GAMALL 和香格里拉广场 SHANGRILA PLA-ZA、上海正大广场、香港海港城等
	大型购物中心	面积在 12 万至 24 万平方米之间	如广州天河城和中华广场、大连和平广场等
	中型购物中心	面积在 6 万至 12 万平方米之间	如上海友谊南方商城、太平洋百货、成都摩尔百盛、广州中泰百盛、北京东方广场、北京中友百货等
	小型购物中心	面积在 2 万至 6 万平方米之间	如乐购上海七宝店、JUSCO 吉之岛青岛东部店等;生活购物中心、社区购物中心也是小型购物中心
按定位档次分	以高档商品为主	70% 以上经营高档商品,购物中心最大为 10 万平方米	如香港时代广场、上海恒隆广场、马尼拉 GLORI-ETTA PLAZA、香格里拉广场 SHANGRILA PLAZA、台北京华城。
	以中高档商品为主	高、中、低档商品比例为 3∶5∶2	如广州天河城、马尼拉 SM MEGAMALL、台北大远百、马尼拉 ROBINSONS PLACE、上海正大广场
	以中低档商品为主	低档商品最多不能超过 60%	如马尼拉 EVER 摩尔
按业态复合程度分	业态复合程度极高	面积超过 12 万平方米,汇集多种业态形式	如泰国曼谷西康广场 Seacon Square、马尼拉 SM MEGAMALL 等
	业态复合程度较低	只有某一类型的业态形式,如百货公司或大卖场等	由于业态形式单一,因此不能算作真正的购物中心

3. 购物中心的发展趋势

购物中心是社会经济发展的产物,是人们消费水平提高和生活方式转变的必然结果。在国外经过半个多世纪的发展,购物中心已经成为比较成熟的商业业态,但在国内尚处于发展上升期。作为一种新兴复合型商业业态,购物中心集购物、餐饮、休闲娱乐乃至观光旅游为一体,逐步向着包括百货店、大卖场、连锁品牌店以及中西餐饮、影城、歌剧院等在内的超级商业中心迈进。从目前国内的商业发展状况来看,中国的购物中心呈现出主题化和商业文化的发展趋势。

(1)主题化是购物中心的发展方向

购物中心取代传统商业模式,成为商业新的发展方向,是城市发展的必然结果。购物中心发展到最后,必定要成为城市的商业主流和商业地标。中国的商业界赋予购物中心"提升居民消费层次,促进城市商业升级"的思想,购物中心从而被提升到"城市名片"的高度。为此,作为城市商业标杆的购物中心必定要选择主题化发展道路。

一个购物中心可以有一个主题,比如时尚、潮流、文化等等,也可以有多个主题,比如针对青少年的主题、针对儿童的主题或女性主题等等。没有主题的购物中心,不但无法突出购物中心的个性,也无法吸引日益挑剔的消费者,最后就会造成资源的浪费。

以香港为例,在香港购物中心建设的早期,竞争并不激烈,主题化并不受重视,而进入后期以后,购物中心"主题化"开始成为潮流。这代表着香港的购物中心发展开始进入一种高级形态。在消费者的心目中,去香港就是去购物天堂,不去购物中心就等于枉去香港。可见,香港的购物中心已经成为了香港的城市标志之一。目前,在香港1088平方公里的弹丸之地,已经有大大小小至少50个购物中心,有人甚至说:凡有地铁处,必有购物中心。香港的购物中心从20世纪60年代开始,发展一直很迅速,不仅是东南亚最发达、亚洲最早,也是世界罕见的高密度购物中心地区。现阶段香港的购物中心已经趋向饱和,竞争十分激烈,购物中心纷纷求新求变,在发展理念上更加注重消费者的感受,将服务提高到一个前所未有的高度,"以人为本",重视人的需求;在外在形式上,购物中心创造了自己独一无二的主题符号,如沙田新城市广场、青衣城和朗豪坊,这些购物中心都有自己独有的特色主题,具有更强的个性特征和区别竞争优势。

购物中心的主题赋予整个购物过程统一的娱乐感、休闲感、时尚潮流感等,它对消费者情绪的持续刺激与某种情绪的反复强调,正是其他商业模式所不能向消费者提供的。这就是主题化购物中心的市场竞争实力之所在。

(2)商业文化是购物中心的核心竞争力

经济学家对购物中心的发展历程评价为:购物中心五年成功靠机遇,十年成功靠企业家,十五年成功靠制度,二十年成功则靠文化。一个好的购物中心,其寿命可能会长达几十年,甚至上百年。因此,要使购物中心持续性发展,就必须要有一个核心竞争力,而这个核心竞争力就是商业文化。

购物中心是现代城市商业文明、商业文化的体验主题乐园、都市文化的商业核心。购物中心拥有琳琅满目的商品、各具特色的餐饮和文化娱乐设施,拥有星级标准的购物环境和景观设施,是体现现代生活体验式消费的最佳购物场所。购物中心业态众多、风格各异、中外兼容,它整合了众多中外著名品牌资源,是品牌集合最丰富的销售载体,具备强大的文化品牌内涵。购物中心具有品牌市场感染力,使消费者在消费的同时领略经典、流行、时尚前沿的品牌文化享受。同时,购物中心提供各种娱乐休闲设施,如影城、歌剧院、游戏等等,让消费者轻松愉悦的放松精神、陶冶情操;并参加各种娱乐活动,在娱乐中得到精神上的满足,如室内人工湖、溜冰场、展览等等。

由此可见,购物中心汇聚休闲、娱乐、餐饮、展览、服务等功能于一身,除了满足人们购物的基本需求外,更有优美舒适的购物环境、独特的文化内涵、人文化的服务等。消费者在这里,不仅可以买到自己想要的商品和服务,还可以得到一种精神上的享受和寄托,同时加强对购物中心文化理念的认同。

可以说,购物中心不仅有实物的躯体,还有商业文化的精神和灵魂。购物中心占据了城市的主要空间,代表着城市生活的一种含义和诠释,代表着经营者的商业思想和理念。这种精神层面上的产品通过购物中心的有形展示散发出来,因此,购物中心不仅仅是卖某一种商品,还要经营与购物中心定位相吻合的有创意的活动,以让客户感受到购物消费的愉悦,感受到生活和世界的美丽。从长远来看,就是让顾客在购物之外感觉到精神上的舒服和满足,以及心理上依赖的惯性。所以,一个成功的购物中心必定富有丰富的文化内涵,这是购物中心进一步发展的核心竞争力。

小链接

新燕莎购物中心的人性化设计

北京世纪金源新燕莎购物中心(MALL)整体面积55万平方米,是一家单体购物中心。它不仅汇集了世界名品,而且还是引导新潮、创造新型消费方式的娱乐之城。新燕莎MALL的承租面积是18.2万平方米,地上五层、地下两层,拥有1万个停车位,规模宏大、功能齐全、配套完善,拥有主题游乐园、环球美食中心和400多家世界知名品牌旗舰店、专卖店、大型室内广场、大型汽车展示厅、电影院、屋顶花园、停车楼、溜冰场和大型超市等设施。

新燕莎MALL的设计,吸收了国内外的先进经验,突出人性化管理,室外空间室内化。这个购物中心最宽敞的是购物通道。每层都有主、辅两条通道,主通道宽17米、辅通道宽7.5米,宽敞明亮,空气新鲜,人称室内购物街。因此,顾客来到这里不是匆匆忙忙,而是流连忘返。在这里,最显眼的是顾客服务中心,拥有目前国内最豪华的顾客休息室。人们来到这里看到的除了琳琅满目的商品以外,还有一般商场看不到的金鱼池、喷泉、花坛和一些大型乔木,给人一种亲近自然的感受。动静结合、疏密相间、人物互动、富有亲和力的艺术设计,给人留下美的记忆。难怪许多顾客称赞说:到这里买东西,非常轻松,不觉得累!购物是享受,真是一点也不假!

资料来源:新燕莎购物中心的人性化设计.市场报,2004-08-17(23).

前沿话题

福布斯排行榜——十大购物中心

序　号	世界十大购物中心	中国十大购物中心
1	广东华南购物中心	广东华南购物中心
2	北京金源时代购物中心	北京金源时代购物中心
3	菲律宾 SM Mall of Asia	上海兴力达商业广场
4	加拿大西爱德蒙顿购物中心	广州正佳广场
5	菲律宾 SM Megamall	海南第一 MALL
6	马来西亚柏嘉雅时代广场	上海正大广场
7	北京购物中心	深圳华润中心万象城
8	广州正佳广场购物中心	广州中华广场
9	菲律宾 SM City North Edsa	北京爱家民族园购物中心
10	美国普鲁士国王购物中心	广州天河城广场

资料来源:http://cd.qq.com,中国新闻网.2008-07-22.

2.2.4　便利店

便利店(convenience store,CVS),是一种用从满足顾客应急性、便利性需求的零售业态。该业态最早起源于美国,继而衍生出两个分支,即传统型便利店与加油站型便利店,前者在日本、中国台湾等亚洲国家和地区得以发展成熟,后者则在欧美地区较为盛行。从整体上看,便利店是超市发展到相对较为成熟的阶段后分化出来的一种零售业态,便利店的兴起缘于超市的大型化与郊外化：一方面，超市的发展有其自身难以克服的障碍，如远离购物者的居住区，需驾车前往，卖场面积巨大，品种繁多的商品消耗了购物者大量的时间和精力，结账时还要忍受排队之苦，以上种种使得那些想购买少量商品或满足即刻所需的购物者深感购物的不便利；另一方面，大型超市通常选址在城市边缘地带，其路途和交通的不便利之间影响了人们的购买行为，这时人们迫切需要能够满足便利需求的小超市填补市场空白。

1927年美国得克萨斯州的南方公司首创便利店原型，1946年创造了世界上第一家真正意义上的便利店，并将店铺命名为"7-Eleven"；20世纪70年代初，日本伊藤洋华堂与美国南方公司签订特许协议并在东京丰洲推出1号店。此后传统型便利店作为一种独特的商业零售业态，在日本得到了飞速发展，其特点也被发挥到极致。随着石油巨头的介入，便利店在地域分布上更趋分散，加油站型便利店在欧美地区也显示了强大的生命力。

日本7-11便利店

1. 便利店的定义及特点

(1)便利店的定义

美国便利店协会对便利店所下的定义是："便利店是指营业面积从93至300平方米以内，拥有停放5至15辆汽车的停车场，营业时间比一般超市时间长，并采用自助服务方式，给予顾客购物上最大方便的小型店铺。另外，便利店主要经营奶酪制品、面包、饮料、香烟、冷冻食品等农产品和生活必需用品并保持适当合理的库存。"

日本中小企业厅在《便利店手册》(1972)中规定："所谓便利店是指在一个小的商圈范围内，用开架售货的方式，销售日常生活必需品的长时间营业的小型商店。"

在我国，《中华人民共和国标准——零售业态分类》将便利店(方便店)定义为："以满足顾客便利性需求为主要目的的零售业态。"由定义可知，便利店不同于超市，也不同于精品店。如果说超市带来了第一波的消费观念革命，那么"便利店"则带来了第二波的消费观念革命。它无处不在，是最贴近人们生活的场所，"Get what you forget"(买到你在超市忘记买的东西)已经成为便利店营销的核心。

(2)便利店的模式及特点

现代便利店大体有三种模式：第一种模式是亚洲城市型的模式，以7-11的日本、台湾地区和香港地区模式为代表；第二种模式是欧美城市型的模式(即食品的快餐烧烤型)，以美国的am-pm为代表；第三种模式是欧洲的社区型模式，以法国的倍顺(美国人控股)为代表。无论哪一种模式的便利店，其主要特点都是突出人们购物的"便利"特征，具体表现为：

①便利店营业面积小，一般在50~200平方米之间，营业面积利用率高，卖场内货架低，消费者进入后对自己所需的商品一览无余，可立即进行选货后付款。据统计，到便利店购物的时间只占到去超级市场购物的1/5。目前，日本标准便利店的面积大约100平方米，但经营的商品却达到3000个品种，平均每3.3平方米的商品陈列品种达到100个，是标准综合超市食品卖场的3倍。

②便利店销售的商品是人们日常购买频率较高的大众商品，商品形态趋向于以加工食品等附加价值更高的商品为主力商品，有即时消费性、小容量性、应急性等特点；商品种类

数在 1500～3500 种之间,商品价格略高于其他零售业态的商品价格。

③便利店营业时间长,一般在 16 小时以上,甚至 24 小时,终年无休日。因此,便利店可以随时满足消费者的各种需求,与其他零售业态相比,这正是便利店的核心竞争力。例如,上海联华便利店 70% 的门店是全天 24 小时营业,而它的夜间销售额占全天销售额的比重已经超过了 50%。

④便利店通常选址在居民住宅区、主干线公路边以及车站、医院、娱乐场所、机关、团体、企事业单位所在地。此外,便利店还可以设在机场、码头、车站及加油站附近,为过往的旅客、行人提供方便。

⑤便利店商圈范围窄小,一般设定在居民徒步购物 5～7 分钟可以到达的范围内,社区内商圈半径在 300 米左右,商业繁华区的便利店,其商圈半径在 200 米以内,如果设在郊外则商圈半径大约是 1000 米。

⑥便利店的目标顾客主要为居民、单身者、年轻人,80% 的顾客为有目的的进店购买。由于大城市具有很好的条件,如大学多、工作就业条件好等等,因此,便利店对目标顾客具有强烈的吸引力,中国大城市便利店的顾客群正在形成规模化趋势。另外,消费者的消费习惯和生活方式也催生了便利店的形成。

⑦便利店以提供周到便利的服务为特色。便利店力争成为社区服务中心,为顾客提供多层次的服务,如速递、存取款、发传真、复印、代收公用事业费、代售邮票信封、代收邮政信件、代订生日蛋糕、代购车船票、代理胶卷冲印、代理干洗业务等,极大地方便了人们的生活,同时改变了一般零售店纯粹买卖的形式,增加了服务的附加值。

2. 便利店的类型

从世界便利店的发展历程来看,便利店通常被划分为两种类型:传统型(traditional)和加油站型(petroleum-based)。传统型便利店通常位于居民住宅区、学校以及客流量大的繁华地区,营业面积在 50～150 平方米之间,营业时间为 15～24 小时,经营品种多为食品、饮料,以即时消费、小容量、应急性为主,80% 的顾客是目的性购买。该类型的便利店盛行于日本、中国台湾等国家和地区。加油站型便利店通常指以加油站为主体开设的便利店(如BP、ESSO),在地域广阔且汽车普及的欧美地区发展较为迅猛,2000 年美国加油站型便利店已占行业门店总数的 76.1%。

小链接

上海:新兴发展的便利店

一、可的便利店

可的便利店成立于 1996 年,是一家集直营、委托和特许加盟三种经营模式为一体的专业便利店,全国门店总数达 1000 余家。上海可的便利店主要分布在申城市区、郊县的轨道交通沿线、地铁站、轮渡站、繁华商业街、高级商务楼、大学院校、中小学、医院、居民住宅小区等地,它为周围的住户、学生族和上班族创造了舒适、便利的生活。可的具有极强的资金运作能力,到 2005 年日均销售额达 700 万元。由于可的具有品牌、管理技术的优势,因此扩张迅速。它以低成本、高回报的购并发展模式作为运作手段,吸引更多的投资者。

二、好德便利店

由农工商超市全额投资的子公司"好德便利"于 2001 年 4 月在上海虹口区开出一号店,

由此打破了上海便利店"五虎割据"(华联罗森、联华、良友、可的和梅林正广和)的局面。截至 2001 年 12 月 31 日,好德便利店已开出了 150 家店铺。好德便利店的目标消费群锁定在年轻人、office 白领身上,因此,店面主要集中在写字楼附近、车站、码头、社区等人流密集处。同时又不忽视普通居民,于是采取了不同于一般便利店的做法,即根据不同选址选择不同的商品结构。比如,在一些社区商店开设了鸡蛋、酱油销售等非便利店业务。尽管这些非即时急需品的毛利较低,但特色服务对扩大新便利品牌在普通居民中的知名度有很好的效果。事实证明,在开业不到一年的时间内人们"说到便利店就会想起好德"。

三、快客便利店

上海街头几家"中石化"加油站里,多了几个闪亮的橱窗,"快客"便利店悄悄地开始占领这个日益兴盛的市场,为走过、路过的司机提供快捷、方便、时尚、温馨的服务。至此,两大不同业态的连锁巨头正式强强联姻,形成国外流行的"加油站＋便利店"模式。两者的联盟为今后的"双赢"奠定了基础。一方面,加油站希望通过提供更多的增值服务来聚集人气,增加回头客,谋求从单一的销售网点变成一个价值越来越高的服务网。而正在打造差异化、个性化的"快客"便利,其强大的物流配送和信息、商品体系,对加油站实现远景将给予有力的支撑。另一方面,基于长远的谋划,联华快客便利公司已基本构筑全国发展网络框架,而中石化目前在上海有加油站 400 多家,全国网点则多达数万家,与之联手无疑为"快客"今后的快速发展打开了上升空间。

3. 便利店的发展趋势

未来的便利店将继续以连锁化的方式大规模扩张。连锁化经营有助于改变以往零售业的单个性、零散化和无序性,大大节约流通资源、净化流通秩序,其经营效益和社会效益是非常巨大的。连锁便利店将以销售站点、服务站点、物流站点和信息站点的网络化组合,形成一个现代社会快捷性和便利化的服务平台。

(1)销售站点

便利店以小型化更贴近消费群,使之成为消费者购物最便利的零售业态。由于便利店的经营是以更快捷和更便利的食品和日用品为主,它的客流量与其他小店铺相比更具规模性,这种客流量在连锁经营的方式下将得到更大规模的积聚,使其有可能综合经营其他不同类型店铺的经营内容,如书店、音像制品店、药店、快餐店等。

(2)社会服务的站点

连锁便利店不仅出售商品,也提供和出售服务,如邮政服务、银行服务、票务服务、收费服务、速递服务、快印和复印服务等。服务的多样化和供应上的便利性、广阔性是便利店区别于其他零售业态的重要特征。

(3)物流的站点

网络化的便利店是 BtoB、BtoC 的物流站点。这一物流形式是目前世界上唯一的把店铺形态与消费者之间的 BtoC、CtoB 完美结合的形式。

(4)信息站点

连锁便利店的背后是一个连接每个便利店的信息网络,使每一个便利店可完成与电子销售和电子结算有关的许多业务,并已开始向网上购物发展,这一信息网在保障社会安全等方面发挥着重要作用。

2.2.5 专卖店和专业店

1.专卖店的产生、含义及特征

（1）专卖店的产生

专卖店（exclusive shop）的产生和发展经历了独立化、专业化、成熟化三个阶段。

①独立化阶段。最早开设店铺的是手工工匠，后来随着社会经济发展，专门从事店铺经营而不从事商品生产的商人出现，独立化的专业商店开始出现。早在路易十三时代，就有一些游商告别浪迹生涯，在城市中开小店铺，与工匠为邻。到17世纪，受商店自身规模、店主经营能力和商品丰富程度的限制，一般商店都以主要经营同一类主要商品为主。

②专业化阶段。19世纪上半期，是西方专卖店发展最为迅速的阶段，但大多以小店铺为主。城市的发展使居民产生了对特定产品的选择性需求，各类专业化销售应运而生。随着工业化浪潮的席卷，传统生活方式大有变化，专卖店随之出现分化：一部分成为满足人们日常生活需要的专业店，例如肉店、面包店、鞋店、帽店和食品杂货店；另一部分成为满足人们新潮消费的精品店，例如时装店、珠宝店、首饰店、香水店、化妆品店等。

③成熟化阶段。从营销学的观点看，专卖店是大型卖场中的产品经过市场区分之后再加以细分化的结果。第二次世界大战之后，零售业发展多样化，百货公司、超级市场等大大小小不同形态的商店愈来愈多，商品种类也琳琅满目，专业商品向着高档化方向发展。这时，集中销售专一领域的商品、提供相关深度产品的新型专卖店脱颖而出，在激烈的市场竞争中获得了巨大的发展，甚至发展为多元化经营的复合商店。

专卖店在日本运作得非常成熟，比大百货做得还好，但在中国，专卖店模式大约是从1980年前开始操作的，它以一个崭新的业态模式展现出强盛的生命力。专卖店的兴起使许多传统的代理商、经销商不敢小觑它的实力，传统营销渠道纷纷进行转型，以直营店或供货渠道与专卖店结盟合作成为主流。这对其他零售业态的发展造成越来越大的冲击。

（2）专卖店的含义及特征

国家内贸局组织制定的《中华人民共和国标准——零售业态分类》中对专卖店的定义是：专卖店是专门经营或授权经营制造商品牌和中间商品牌，适应消费者对品牌选择需求和品牌的零售业态。常见的专卖店形式有，如表2-5所示。

表2-5 常见的专卖店形式

专卖店的类型	实 例
贵重品专卖店	包括专营钟表、皮革、金银首饰、手工艺品商店。
耐用品专卖店	包括专营电视机、电风扇、电冰箱、洗衣机等电器商品商店。
规格型号要求严格的商品专卖店	包括专营五金、电料、药品的商店。
花色品种选择性强的商品专卖店	包括专营棉布、丝绸和服装的商店。
生活用品专卖店	包括专营粮、鱼、肉、煤炭等商品的商店。
信息类产品专卖店	这类专卖店特意列出来主要是因为这类专卖店随着IT产业的发展，发展极为迅速，像电脑专卖店、软件专卖店与各种耗材专卖店。

由此可见,专卖店是专门经营销售特定高度关联的商品,或者是销售同一个品牌的商品,或者是销售一个专门系列的商品的商店。它具有以下特征:

①选址在繁华商业区、商店街或百货店、购物中心内;

②营业面积根据经营商品的特点而定;

③商品结构以著名品牌、大众品牌为主,注重品牌名声;

④销售体现量小、质优、高毛利的特点;

⑤商店的陈列、照明、包装广告讲究,具有个性化;

⑥采取定价销售和开架销售相结合的方式;

⑦从业人员必须具备丰富的专业知识,并提供专业化服务,包括提供购买建议、相关商品知识、实施概念营销、售后服务等。

专卖店以其"专"的特性赢得了市场竞争的优势:它使专业品种丰富化和系列化;根据消费者心理设计多层次价格体系,使价格制定更加合理;为消费者带来更为便利的购物条件,加快了商品成交的速度;它的专业化运作使得卖场管理更加细致,单品管理带来了成本的降低,人性化的服务增强了顾客吸引力。这些特点和竞争优势使专卖店受到了市场的偏爱,也在与百货店、超市的竞争中获得生存。

上海宜家专卖店　　　　　　　　　北京 H&M 全概念专卖店

2. 专卖店的发展趋势

专卖店在中国的发展是有目共睹的,这种新的业态模式有着强盛的生命力。面对消费多极化导致的客源流失,以及市场的恶性竞争,专卖店在发展征途中正面临着新的转折点:单体专卖店和连锁专卖店将向品牌专卖店转变;规模比较庞大、网络比较健全的大型专卖店将逐步挤占单体专卖店的生存和发展空间;经销商自有品牌和独家专卖品牌的专卖店将成为争夺市场的一个重要角色。具体说来,专卖店未来发展呈现以下趋势:

(1)专卖店品牌化

专卖店未来的发展必须依靠品牌。过去推崇高利润杂牌的做法,使得店铺的定位较低,从而使专卖店缺乏影响力和竞争力,也难以留住顾客、培养忠诚客户,顾客很容易就转向其他品牌。因此,只有向以服务为主的品牌专卖店转型才是长久之计。

(2)专卖店商场化

随着消费水平的提高,专卖行业得以快速发展。一间、两间的小型专卖店铺已经不能满足城市经济发展的要求,具有竞争实力的专卖店开始谋求专卖商场化经营模式。专卖店商场化的做法符合城市开店原则,容易吸引顾客、容易宣传、容易出名。目前,专卖店的投资越来越大,面积也越来越大,形象越来越好,柜台越来越豪华,装修越来越奢华,专卖店逐渐成为城市中的形象店铺。例如,投资数百万、面积两百平方米以上的化妆品专卖商场已经在山东各大城市陆续出现,传统专卖店正在经历前所未有的超越。

（3）专卖店连锁加盟模式化

连锁加盟是专卖店急剧扩张的重要途径,它实现了短期内规模化发展的目标,可以大力增强专卖店的市场占有份额,形成一定的垄断优势。为了加快连锁加盟的速度,专卖店的加盟模式具有统一的规范。例如,开店图纸化要求店铺按照图纸进行统一规格的装修;店铺经营的所有品种要按照一定数量进行组合,整体摆放在柜台上等等。这种做法有助于专卖店运营模式的长期生存与发展,有利于专卖店发展为百年老店。

小链接

专卖店的流行模式

一、丝芙兰专卖零售连锁模式

素有"美容糖果店"之称的丝芙兰（Sephora）是全球著名的化妆品专业零售连锁店,它隶属于闻名世界的奢侈品集团——路易威登（LVMH）集团,在全球 14 个国家开设了 520 多家店铺。丝芙兰以自由开架出售各种一线化妆品和香水而闻名,除了按照品牌陈列商品之外,店内产品主要按照沐浴、彩妆、护肤等不同功能来分类列架。最为著名的是丝芙兰的香水墙,每一个丝芙兰店都会有一个柜台专门陈列香水,香水按照品牌首字母顺序排列,还会摆放出本周销售排名前十位的香水,以方便顾客购买。自 1997 年被路易威登纳入旗下以来,丝芙兰全球扩张步履急促,它在美国的连锁店已增至 70 多家,亚洲市场的攻势也频频展开。它在亚洲的第一家分店选择在中国上海淮海路,于 2005 年 4 月开店;北京的第一家丝芙兰专卖店于 2006 年 4 月落户于中关村家乐福;2006 年 7 月和 8 月,又有两家丝芙兰店分别在望京地区和国贸开业。据称,丝芙兰计划在 2010 年之前在中国开设 100 家连锁专卖店。

二、资生堂专柜销售模式

资生堂的专卖店不同于传统意义上的专卖店:它是由资生堂公司选择既有的化妆品店铺、药店进行合作,在店内设立资生堂专柜销售产品的合作形式,它要求专柜产品陈列形式风格统一,进货渠道统一;但不需要店面有统一的形象标志,也不要求店面只销售资生堂产品。从 2004 年起,资生堂以浙江省为起点,在中国中等城市推行自愿连锁专卖的模式,向全国扩张其专卖店的布局,仅第一期就开设了 30 多家专卖店。这种在中国市场销售正规资生堂产品的专卖店,旨在建立更多和中国女性接触的机会,它在中国的发展速度惊人,仅用两年时间就将规模覆盖到全国 26 个省市,数量达 1400 多家店,会员近 70 万人次。目前,资生堂在全国范围内已经拥有数千家门店,其成功的法宝就是专卖店运作模式。

资料来源:中国化妆品专卖店发展历程,中国营销传播网,http://www.emkt.com.cn.

3. 专业店的概念

（1）专业店的定义及特征

专业店（specialty store）是在经历了"大卖场热"、"超市热"、"购物中心热"之后,于 20世纪 80 年代在世界零售业兴起的一种先进零售业态,自 2000 年开始在中国北京、上海等大城市中出现。

国家内贸局组织制定的《零售业态分类》中对专业店的定义是：

专业店是指专门以经营某一大类商品为主，并且具备专业知识的销售人员和适当的售后服务，以满足消费者对某大类商品选择需求的零售业态。专业店一般包括办公用品专业店（office supply）、玩具专业店（toy stores）、家电专业店（home appliance）、药品专业店（drug store）、服饰店（apparel shop）等形式。不管是哪一种形式的专业店，它们都具有以下几项特征：

①选址多样化，大多数专业店都开设在繁华商业区、商店街或百货店、购物中心内；

②营业面积根据主营商品特点而定；

③商品结构体现出专业性、深度性、丰富性和可选择性，主营商品占经营商品的90%左右；

④经营的商品、品牌具有自己的特色；

⑤采取定价销售和开架销售相结合的方式；

⑥从业人员需具备丰富的专业知识。

（2）专业店的经营特色

可以看出，专业店是一种不同于百货店、超市，也不同于专卖店的零售形式，它具有更加细化和纵深化的竞争优势，有独特的经营特色。

①专业店围绕某一门类商品纵深化经营。专业店将市场定位瞄准在一个明确的细分区间，经营商品的门类虽然单一但却在同类商品中，品牌、品种、规格、花色、款式一应俱全，以其商品在某一专业领域的齐全性为卖点来吸引消费者。因此，并不是什么门类的商品都适合在专业店经营，只有贵重商品、耐用消费品和装饰性、观赏性强的商品（如家用电器、家具、礼品饰品、玩具、专业性建材、居住用品、主题时装等）才适合在专业店经营，从而增强对顾客的吸引力，使用频率高的普通日用品则适合于在超市等其他业态形式中销售。

②实行连锁化经营。现代意义上的专业店均采取连锁的形式实现规模化销售，以控制零售终端；通过控制终端，达到控制厂家，掌握销售主动权的目的。根据资料统计，在美日专业店中，有90%为专业店连锁店。在中国，具有规模的正规化专业店也大多为连锁经营模式。例如，三联在山东有50多家特许连锁店、10多家直营连锁店，国美有近80家，苏宁计划年内发展到1500家。

③价格低廉，优质服务。优质，包括产品和服务质量两方面。专业店要求经营的商品有一定档次，杜绝假冒伪劣。同时，由于销售的是专业化的产品，具有很强的知识性和文化性，因此提供规范化的优质服务尤其重要。平价，就是商品价格低于其他竞争对手以赢得消费者的青睐。例如，国美经营的产品零售价普遍低于散户的进价，彩电最多的时候比大商场便宜400~800元，使其在拓展市场时迅速就能站稳脚跟。

④注重品牌经营和独家专营。专业店的名牌效应依靠的是定位准确的特色经营和专业化的服务，它树立的是商铺的名牌，而非商品的品牌，因此，专业店将商誉和经营特色作为宣传重点。例如，国美的宣传口号是"买家电，到国美"，便利、便宜、优质成为国美的象征。独家专营，是指特定品牌产品在指定的专业店独家专营。据了解，在美国，每年都会有4万个新产品诞生，而很多新产品只在一家专业店里销售，通常属于专业店自己的品牌商品，在别的店里买不到。因此，从某种程度上讲，专业店具有对某一特定需求的垄断性，这

正是专业店吸引消费者的真正魅力。

米其林客车专业店

国美电器专业店

4. 专业店的发展前景

专业店之所以发展迅速、竞争力强，是因为它适应了社会经济的发展、消费者的购物倾向和购物方式的变化。专业店的商品因其在某一专业领域具有齐全性，从而使顾客挑选商品的余地大大增加，满足了消费者既可"货比三家"又能实现"一站式"购物的心理，从而提高了消费者的采购效率，使消费者获得质优价廉的产品的同时，也享受到良好的服务。因此，专业店备受众多消费者的喜爱，成为消费者理想的购物场所。

目前，专业店的规模越来越大、范围越来越广，呈现出以下发展趋势。

（1）专而大

现代的专业店都有一定的规模，一般都在 300～500 平方米左右，少数专业大卖场面积达几千平方米。大型专业超市的兴起，标志着专业店的发展进入新的历史时期，它把专业店与超市的功能有机结合，采取连锁经营形式，具有较强的竞争力和发展前景。

（2）专而全

现代专业店由于规模大、信息灵通、进货渠道多样，因此可以做到同类商品款式、花色、规格、品牌最多、最全。

（3）专而细

专业店商品品种划分越来越细，形成细分化、系列化、延伸化发展趋势。如派对用品专业店，不仅提供节日、生日、聚会的各种礼品、贺卡，还提供举办派对的各种用品、装饰品，甚至提供印有各位来宾姓氏的茶杯和酒杯，以示对客人的尊重和区别。

（4）专而新

随着生活水平的提高，适应消闲生活的发展需要，一些新型的专业店应运而生。如圣诞用品专业店、美甲专业店、护肤用品专业店、宠物专业店、贺卡专业店、NBA 专业店、CNN专门店、野外生活用品专门店和家庭用品专门店。

在市场同质化竞争愈演愈烈的背景下，专业店可以说是独树一帜，在进一步的市场区隔中找到自身发展的空间，其未来的竞争实力不容忽视。

55

资料阅读

从专卖店到专业店

"晋江制造"早在 90 年代初就以鞋类单品店起家,2000 年后,比拼"谁的专卖店开得多、渠道铺得广"的思路盛行。时至 2009 年,"晋江制造"从专卖店到专业店之路的"大同"趋势愈发明显——从"体博会"上运动服饰馆的各大品牌布展思路就可以看出这样的轮廓:由过去只是简单区分鞋和服装的摆放位置,到如今不同系列的产品绝不摆放在一起,反应到零售终端就是由原先的单店、专卖店变为篮球店、足球店、综合店、女子店、儿童店等专业店的细分。按照细分的专业店铺开零售终端,一条街上至少可以开上 20 家专业店。

从品牌专卖店到品牌专业店,宏观上将带给企业和全行业极其重大的影响,整个行业将放弃此前有些不计成本的渠道扩张的竞争,同时最小化企业内耗等情况,各个企业开始考虑赢利水准的问题;微观上,各大体育品牌针对不同竞技项目和消费人群的装备进行的分类,颠覆了过去以鞋服搭配为主流划分依据的终端陈列体系,是各大品牌面对终端市场的细分、降低营运成本、完善布局、追求管理效益的又一大思潮和行为上的进步。

从专卖店到专业店,昭示着整个行业开始从粗放型向精细化发展转型。对企业而言,这不仅体现在渠道上,从产品研发、生产以及消费者心理研究等各个环节,行业都将开始导入精细化的思维。

国内品牌对于渠道的理解和定位,基本都是自下而上的——这和几大国际知名品牌不同,他们是自上而下地作用。而晋江品牌安踏、361°、鸿星尔克等都是国内快速成长的领先品牌,他们所处在的品牌发展阶段不同于国际品牌。当品牌完成初步传播建立品牌认知度之后,依靠高代价建立大、高、全的品牌专卖店来实现品牌形象传播的功能就基本消失。毕竟,专业店具有成本低廉、对象精准、定位互补的好处。在这一点上,安踏已经先迈出了第一步,最好的例子就是抢滩"群龙无首"的童装童鞋市场,定位中档建立"安踏 KIDS"品牌,另辟销售渠道和自建终端。

另外,专业店面积只需要 20～40 平方米,较之动辄 80～100 平方米的总部专卖店开店要求来说,对经营者而言无论是转让费、装修费、形象投入还是各项日常费用的成本支出都要大幅降低,这样就提升了单店的赢利水平。

此外,从专卖店到专业店的转型,对于品牌在一定范围内实现定位互补有着重要的意义。从经营者的角度就划分得井井有条,消费者逛店的时候就更加一目了然,可以根据自身的刚性需求有针对性地选择网点消费。因此,专业店的成交率必然高于专卖店。一条街道有多个经营结构完全同质化的品牌专卖店,势必导致各终端网点为抢夺业绩而进行"内部攻击",如果能卓有成效地进行业务结构的拆分与互补,各网点的经营结构就可以进行很好地区隔,同时商家也不再需要担心客户流失。

资料来源:销售终端——从专卖店到专业店,中国体育报,http://sports.sina.com.cn,2009—05—05,资料略有改动.

本章小结

1. 卖场的兴起与发展受到社会、经济、文化、技术等宏观因素,及行业、个人消费倾向和购物习惯等中观微观因素的影响,但总体看来,卖场面临的三大新环境因素是:零售业态的变革、消费主义时代的来临、现代信息技术的广泛应用。

2. 常见的重要零售业态形式有：百货店、超级市场和大型综合超市、购物中心、便利店、专卖店和专业店。

3. 百货店是在一个大建筑物内，根据不同的商品部门设销售区，开展各自的进货、管理、运营的零售业态。其独特性表现在：选址、定位、功能、品牌、服务、盈利模式、形象及核心价值。其未来的发展趋势是：高档百货店、时尚百货店、生活百货店、主题百货店及折扣百货店。

4. 超级市场是指采取自选方式，以销售食品为主，生鲜品占一定比重，满足人们日常需要的零售店。具体形式有：便利店、食品超市、仓储式商场和综合性超级市场。大型综合超市未来的发展将向百货化方向、购物中心组织者方向、品质服务化方向转变。

5. 购物中心是指企业有计划地开发、拥有、管理运营的各类零售业态、服务设施的集合体。根据选址不同可将其划分为：社区购物中心、市区购物中心和城郊购物中心。购物中心未来发展呈现出主体化和商业文化的趋势。

6. 便利店是以满足顾客便利性需求为主要目的的零售业态。通常将其分为传统型和加油站型。便利店将成为主要的服务平台：销售站点、社会服务站点、物流站点和信息站点。

7. 专卖店是专门经营或授权经营制造商品牌和中间商品牌，适应消费者对品牌选择需求和品牌的零售业态。主要有三种模式：品牌化模式、商场化模式、连锁加盟模式。

8. 专业店是指专门以经营某一大类商品为主，并且具备专业知识的销售人员和适当的售后服务，以满足消费者对某大类商品选择需求的零售业态。其发展呈现出专而大、专而全、专而细、专而新的特点。

思考题

1. 谈一谈现代零售卖场面临的市场环境。

2. 什么是百货店？其发展模式有哪些？

3. 什么是超级市场？它有几种类型？

4. 举例说明大型综合超市及其特点。

5. 什么是购物中心？比较不同类型的购物中心的特征。

6. 什么是便利店？举例说明并分析便利店的竞争优势。

7. 比较专卖店和专业店的异同，并讨论其未来发展趋势。

【附录】　　　　　　　　　　我国零售业态的分类

1　范围

本标准规定了零售业态的分类标准及其分类原则和各种业态的结构特点。

本标准适用于在中华人民共和国境内从事零售业的企业和店铺。

2　术语和定义：下列定义适用于本标准。

2.1　零售业（retail industry）

以向消费者销售商品为主，并提供相关服务的行业。

2.2　零售业态（retail formats）

零售企业为满足不同的消费需求进行相应的要素组合而形成的不同经营形态。

3　零售业态分类原则（classification of retail formats）

零售业态按零售店铺的结构特点，根据其经营方式、商品结构、服务功能，以及选址、商圈、规模、店堂设施、目标顾客和有无固定营业场所进行分类。

4　零售业态分类(classification of retail formats)

零售业态从总体上可以分为有店铺零售业态和无店铺零售业态两类。

按照零售业态分类原则分为食杂店、便利店、折扣店、超市、大型超市、仓储会员店、百货店、专业店、专卖店、家居建材商店、购物中心、厂家直销中心、电视购物、邮购、网上商店、自动售货亭、电话购物等17种零售业态。

4.1　有店铺零售(store-based retailing)

是有固定的进行商品陈列和销售所需要的场所和空间,并且消费者的购买行为主要在这一场所内完成的零售业态。有店铺零售业态分类和基本特点见表1。

4.1.1　食杂店(traditional grocery store)

是以香烟、酒、饮料、休闲食品为主,独立、传统的无明显品牌形象的零售业态。

4.1.2　便利店(convenience store)

满足顾客便利性需求为主要目的的零售业态。

4.1.3　折扣店(discount store)

是店铺装修简单,提供有限服务,商品价格低廉的一种小型超市业态。拥有不到2000个品种,经营一定数量的自有品牌商品。

4.1.4　超市(supermarket)

是开架售货,集中收款,满足社区消费者日常生活需要的零售业态。根据商品结构的不同,可以分为食品超市和综合超市。

4.1.5　大型超市(hypermarket)

实际营业面积6000平方米以上,品种齐全,满足顾客一次性购齐的零售业态。根据商品结构,可以分为以经营食品为主的大型超市和以经营日用品为主的大型超市。

4.1.6　仓储会员店(warehouse club)

以会员制为基础,实行储销一体、批零兼营,以提供有限服务和低价格商品为主要特征的零售业态。

4.1.7　百货店(department store)

在一个建筑物内,经营若干大类商品,实行统一管理,分区销售,满足顾客对时尚商品多样化选择需求的零售业态。

4.1.8　专业店(speciality store)

以专门经营某一大类商品为主的零售业态。例如办公用品专业店(office supply)、玩具专业店(toy stores)、家电专业店(home appliance)、药品专业店(drug store)、服饰店(apparel shop)等。

4.1.9　专卖店(exclusive shop)

以专门经营或被授权经营某一主要品牌商品为主的零售业态。

4.1.10　家居建材商店(home center)

以专门销售建材、装饰、家居用品为主的零售业态。

4.1.11　购物中心(shopping center/shopping mall)

是多种零售店铺、服务设施集中在由企业有计划地开发、管理、运营的一个建筑物内或一个区域内,向消费者提供综合性服务的商业集合体。

4.1.11.1　社区购物中心(community shopping center)

是在城市的区域商业中心建立的,面积在 5 万平方米以内的购物中心。

4.1.11.2　市区购物中心(regional shopping center)

是在城市的商业中心建立的,面积在 10 万平方米以内的购物中心。

4.1.11.3　城郊购物中心(super-regional shopping center)

是在城市的郊区建立的,面积在 10 万平方米以上的购物中心。

4.1.12　厂家直销中心(factory outlets center)

由生产商直接设立或委托独立经营者设立,专门经营本企业品牌商品,并且多个企业品牌的营业场所集中在一个区域的零售业态。

4.2　无店铺零售(non-store selling)

不通过店铺销售,由厂家或商家直接将商品递送给消费者的零售业态。

4.2.1　电视购物(television shopping)

以电视作为向消费者进行商品推介展示的渠道,并取得订单的零售业态。

4.2.2　邮购(mail order)

以邮寄商品目录为主向消费者进行商品推介展示的渠道,并通过邮寄的方式将商品送达给消费者的零售业态。

4.2.3　网上商店(shop on network)

通过互联网络进行买卖活动的零售业态。

4.2.4　自动售货亭(vending machine)

通过售货机进行商品售卖活动的零售业态。

4.2.5　电话购物(tele-shopping)

主要通过电话完成销售或购买活动的一种零售业态。

表 1　有店铺零售业态分类和基本特点

序号	业态	选址	基本特点					
			商圈与目标顾客	规模	商品(经营)结构	商品售卖方式	服务功能	管理信息系统
1	食杂店	位于居民区内或传统商业区内	辐射半径 0.3 公里,目标顾客以固定的居民为主	营业面积一般在 100 平方米以内	以香烟、饮料、酒、休闲食品为主	柜台式和自选式相结合	营业时间 12 小时以上	初级或不设立
2	便利店	商业中心区、交通要道以及车站、医院、学校、娱乐场所、办公楼、加油站等公共活动区	商圈范围小,顾客步行 5 分钟内到达,目标顾客主要为单身者、年轻人。顾客多为有目的的购买	营业面积 100 平方米左右,利用率高	即食食品、日用小百货为主,有即时消费性、小容量、应急性等特点,商品品种在 3000 种左右,售价高于市场平均水平	以开架自选为主,结算在收银处统一进行	营业时间 16 小时以上,提供即时性食品的辅助设施,开设多项服务项目	程度较高
3	折扣店	居民区、交通要道等租金相对便宜的地区	辐射半径 2 公里左右,目标顾客主要为商圈内的居民	营业面积 300~500 平方米	商品平均价格低于市场平均水平,自有品牌占有较大的比例	开架自选,统一结算	用工精简,为顾客提供有限的服务	一般

续表

序号	业态	选址	基本特点					
			商圈与目标顾客	规模	商品(经营)结构	商品售卖方式	服务功能	管理信息系统
4	超市	市、区商业中心,居住区	辐射半径2公里左右,目标客户主要为商圈内的居民	营业面积在6000平方米以下	经营包装食品、生鲜食品和日用品。食品超市与综合超市商品结构不同	自选销售,出入口分设,在收银台统一结算	营业时间12小时以上	程度较高
5	大型超市	市、区商业中心、城郊结合部,交通要道及大型居住区	辐射半径2公里以上,目标顾客以居民、流动顾客为主	实际营业面积6000平方米以上	大众化衣、食、日用品齐全,一次性购齐,注重自有品牌开发	自选销售,出入口分设,在收银台同一结算	设不低于营业面积40%的停车场	程度较高
6	仓储式会员店	城乡结合部的交通要道	辐射半径5公里上,目标客户以中小零售店、餐饮店、集团购买和流动顾客为主	营业面积6000平方米以上	以大众化衣、食、用品为主,自有品牌占相当部分,商品在4000种左右,实行低价、批量销售	自选销售,出入口分设,在收银台统一结算	设相当于营业面积的停车场	程度较高并对顾客实行会员制管理
7	百货店	市、区级商业中心,历史形成的商业集聚地	目标顾客以追求时尚和品位的流动顾客为主	营业面积6000～20000平方米	综合性、门类齐全,以服饰、鞋类、箱包、化妆品、家庭用品、家用电器为主	采取柜台销售和开架面售相结合方式	注重服务,设餐饮、娱乐等服务项目和设施	程度较高
8	专业店	市、区级商业中心以及百货店、购物中心内	目标顾客以有目的选购某类商品的流动顾客为主	根据商品特点而定	以销售某类商品为主,体现专业性、深度性、品种丰富,选择余地大	采取柜台销售或开架面售方式	从业人员具有丰富的专业知识	程度较高
9	专卖店	市、区级商业中心,专业街以及百货店、购物中心内	目标顾客以中高档消费者和追求时尚的年轻人为主	根据商品特点而定	以销售某一品牌系列商品为主,销售量少、质优、高毛利	采取柜台销售或开架面售方式,商店陈列、照明、包装、广告讲究	注重品牌声誉,从业人员具备丰富的专业知识,提供专业性服务	一般
10	家居建材商店	城乡结合部、交通要道或消费者自有房产比较高的地区	目标顾客以拥有自有房产的顾客为主	营业面积6000平方米以上	商品以改善、建设家庭居住环境有关的装饰、装修等用品、日用杂品、技术及服务为主	采取开架自选方式	提供一站式购足和一条龙服务,停车位300个以上	较高

序号	业态	选址	基本特点					
			商圈与目标顾客	规模	商品(经营)结构	商品售卖方式	服务功能	管理信息系统
11	购物中心	a 社区购物中心	市、区级商业中心	商圈半径为5～10公里	建筑面积为5万平方米以内	20～40个租赁店,包括大型综合超市、专业店、专卖店、饮食服务及其他店	各个租赁店独立开展经营活动	停车位300～500个	各个租赁店使用各自的信息系统
		b 市区购物中心	市级商业中心	商圈半径为10～20公里	建筑面积为10万平方米以内	40～100个租赁店,包括百货店、大型综合超市、各种专业店、专卖店、饮食店、杂货店以及娱乐服务设施等	各个租赁店独立开展经营活动	停车位500个以上	各个租赁店使用各自的信息系统
		c 城郊购物中心	城乡结合部的交通要道	商圈半径为30～50公里	建筑面积10万平方米以上	200个租赁店以上,包括百货店、大型综合超市、各种专业店、专卖店、饮食店、杂货店及娱乐服务设施等	各个租赁店独立开展经营活动	停车位1000个以上	各个租赁店使用各自的信息系统
12	工厂直销中心	一般远离市区	目标顾客多为重视品牌的有目的的购买	单个建筑面积100～200平方米	为品牌商品生产商直接设立,商品均为本企业的品牌	采用自选式售货方式	多家店共有500个以上停车位	各个租赁店使用各自的信息系统

资料来源:《中华人民共和国标准——零售业态分类》(GB/T18106－2004)〔国标委标批函(2004年102号),2004年10月1日开始实施〕

【案例2.1】　　　　　　　　　　**S市××广场购物中心营销规划**

　　××广场坐落于S市最繁华的商业圈——H北路,是H北路上最新、最大型的综合型购物中心之一。消费者市场调查结果显示,H北路的消费者大多为年轻人,60%以上接受过大专以上的教育,近半数任职行政人员或专业人士,家庭平均收入为每月7661元人民币(高出S市平均水平32%)。这充分说明H北路的消费者素质优良,年轻和高收入也是H北路消费者对新的零售概念及设施有较强追求的部分原因,这对××广场购物中心有非常重要的正面影响。市场调查同时显示,H北路消费者十分重视商场店铺的货物品种选择,另外,价格因素对他们选择商场时也有较大的影响。

　　综合分析以后,××广场商业楼的主要概念是"H北路上第一个提供全新购物休闲体验的购物中心",定名为××广场购物中心。××广场购物中心将定位为一座新型多元化的综合购物中心,提供包括零售、餐饮及娱乐各类设施,以配合消费者的希望与要求。将向

F区商业圈提供最全面的购物、餐饮及娱乐服务,并力争成为真正的一站式购物中心。另外,也应强调在建造一个优质、具有档次的购物中心的同时,考虑消费者对价格的敏感性,因而应提供适当的货物品种。这不但可以吸引消费者,更可提高新市场的租金回报。

一、市场定位

××广场购物中心将以完善的动线设计及商品组合奠定高格调、舒适且优雅的购物环境。本购物中心的市场档次将以价格大众化的中档品牌为主导,以配合本商业圈的顾客的消费水平。在七个楼层当中,首层的租户档次可比其他楼层的形象及价钱高,其余楼层则可主要以形象理想但价格合理的国内外品牌为主。为搭配此市场档次,一层向H路的店铺可以独立间隔为主,而从二层开始则可采用开放式的经营策略,以营造友善、亲切的购物环境。

据市场调查结果显示,本商业圈内消费者的典型特色为年轻化,接受过良好教育,拥有较好的职业,家庭收入普遍高于本市平均水平,是具有较强消费力的时尚消费者,他们将是新零售概念和设施的大力支持者。在问及最常到访的店铺的满意度时,货品因素是消费者选择时的首要考虑重点。因此,××广场购物中心需以综合型购物中心为目标,提供多元化的购物体验及丰富的货物品种供消费者选择。另一方面,价格也是这一消费群体关注的因素之一,因此××广场购物中心在顾及树立档次形象之余,也要重视提供大众化的货品选择给消费者。

由于目前大部分在H北路一带的商场均以低档的超市和服装中心为主,××广场购物中心应尽量利用市场上缺乏包罗万象、价格位于中档的购物中心的机会。现在的一些大卖场如华润万佳百货、家乐福等除了售卖日用品外,亦售卖一些低档服装及家具用品,而X百货、Z广场则是最高档的服装百货店。××广场购物中心将以中低档价位、商品齐全填补这一市场空白。

二、店铺组合

××广场购物中心的商品组合目标为两个方面。第一,这一商品组合应该是能够吸引最多潜在顾客前来消费。第二,此商品组合亦应该带动理想的出租率,长远而言,就是可以充分提高租金收入的潜力。这一规划是基于消费者市场调查、与本地及香港零售商讨论所得到的数据资料以及咨询公司的建议。作为H北路上第一个全新购物休闲中心,购物中心应当提供不同类型的商品,包括主力店铺、餐饮、娱乐、单位店铺等。

1. 主力店铺

主力店对购物中心的成功起着重要作用。传统而言,由于百货商店提供多元化的优质商品、店数较少并受到欢迎,所以世界各地都习惯以百货公司为主力店。然而,随着近十几年来百货公司的蓬勃发展,引起的大型主题专卖店的激烈竞争,也部分导致了百货公司的普遍衰退。再加上现在S百货公司成行成市,因此在消费者心目中的地位亦是今非昔比。根据本次市场调查结果,在消费者认为必须要有的零售店铺类别中,超级市场排列于前五名之内,仅次于男士服装、银行、女士服装以及皮鞋、手袋。由此可见,虽然现在区内已有其他大型超级市场,但顾客对超级市场的需求仍未饱和,消费者仍将其视作十分重要的购物商场。

在市场供应方面,经过访问几家大型超级市场之后,证明零售商均认为此区市场竞争虽然十分激烈,但他们对在H路上扩充仍然十分感兴趣。因此,在××广场购物中心没有设立百货公司的前提下,却有需要设立一个大型超级市场,作为本项目的主力店,增加本购物中心的吸引力,以及大大提高前来购物的固定消费者数量。这个超级市场的装修要比较优雅,以配合本购物中心的中档市场定位。

2. 餐饮

餐饮设施可以延长消费者在购物中心逗留的时间,因而可以提升购物中心整体的潜在营业额。据市场调查,82%的消费者在购物的同时均会在外用餐。因此,策划中的购物中心的餐饮设施是重要的考虑因素。市场调查结果显示,消费者对价钱大众化的快餐店极具需求,最受本区顾客欢迎的快餐店是麦当劳、肯德基以及面点王。然而,本购物中心亦不容忽视区内包括本广场在内收入较高的写字楼上班一族的需要,故此购物中心应当也包括中高档的中式酒楼。此外,餐饮设施如咖啡店及茶馆,如适当安排其位置则可作为本购物中心的"休憩处"。消费者对咖啡店的喜好程度远胜于其他提供正餐的设施如西餐厅、东南亚餐厅等。

3. 娱乐

购物中心经营成功的一个重要因素,在于使顾客长时间逗留在中心内或在非繁忙时间到访中心的能力。为确保购物中心具备此能力,就必须提供零售以外的设施。S市居民把逛街看做社交"休闲"活动更甚于纯粹的购物。加上H北路消费者普遍年轻的倾向,购物中心将分配相当的面积作为娱乐设施用途。娱乐设施加上餐饮设施,将可延长顾客的逗留时间以及为零售商带来额外的衍生利益。

4. 单位店铺

消费者市场调查显示,时装配饰是现在S市的购物主流模式,并且是消费者最希望建购物中心能够提供的店铺类别。因此,购物中心打算将余下的单位店铺楼面面积分配作为时装及相关货品零售用途。时装应以中档的男士服装、女士服装为主,再配以少量的中档偏高品牌。

S市居民日益注重健康,因此运动用品零售商对进驻本购物中心极感兴趣亦不为奇。被访的零售商表示,他们有意租用300至600平方米的店铺单位。

购物中心必须提供多样化的产品,包括玩具、电器、电脑以及影音类商品,以招徕不同范畴及层面的消费者,令本中心发展成为S市最具吸引力的购物去处。购物中心同时也要包含服务性行业,如银行、药店、美容美发中心、干洗店、冲洗店等。有生活品位的商店如书店、激光唱片、音响器材、影视器材及电器用品等将可吸引更多消费者前来本购物中心。一般家庭里所需的物品及器材亦应有,如家庭用品、布艺、家私、灯饰等。

三、规划布局

××广场购物中心属多层式购物中心,要确保能够吸引顾客逛遍整个购物中心,特别是四楼和五楼的店铺,就要精细地设计和良好地规划。公司打算通过安排不同类型的餐饮及娱乐项目分布于购物中心内不同楼层及位置,加上每个楼层的主题,以达到上述目标。

1. 一楼规划及主题

一楼是整个购物中心人流最旺以及最方便的一层,它是顾客进入购物中心购物的必经之处。按照商业惯例,购物中心内人流最旺的位置通常都由愿意支付最昂贵租金的零售商租用。这对于提高中心整体租金收入也将起重要作用。因此,购物中心一楼的店铺将分配给著名的本地及国际连锁店。购物中心打算在一楼H北路口引进香港知名表行和珠宝行,一楼西区引进中档偏高的化妆品品牌(如兰蔻等)、中档偏高的皮鞋品牌(如百丽等),以为消费者带来新的惊喜。

一楼东区的商品组合汇聚品牌男士服装。此层的服装将以中档的国内外品牌如卡尔丹顿、豪斯顿、仕帝曼等为主。

H北路口将以餐饮为主。餐饮设施将包括快餐店如麦当劳、肯德基、味千面馆等,以吸引邻近的消费者来本购物中心。

在购物中心内将设置中型展览、推广场地,作为举办展览或时装表演使用。各地的购物中心都成功通过举行时装表演等各式活动,提高顾客对购物中心的兴趣及认识。这类设施在平常亦可作为顾客聚会及消遣的场所。

有鉴于此,本层的主题拟定为"都市魅力"。

2. 二楼规划及主题

二楼的主题为"潮流地带",主要针对女士服装、内衣、手袋和饰品。主要以开放式经营中档的时装牌子,如淑女屋、马天奴、Theme、Azona、色彩十八、影儿、城市丽人等。

3. 三楼规划及主题

为了能吸引人潮前往三楼,将在三楼设置主力店——超级市场。这个超级市场的面积大约为6000平方米,提供种类繁多的货品、食品及日用品。餐饮方面则可引进咖啡店。

4. 四楼规划及主题

"合家休闲"为四楼的主题。西区商品主要包括儿童系列,如儿童服装、儿童用品、玩具店等,以及家居系列,如家庭用品、布艺等;东区商品为休闲装、休闲包袋等。

5. 五楼规划及主题

五楼的主题定位"健康人生",专门进行健身器材、体育用品的销售。一般而言,由于顾客辗转搭乘扶手电梯或升降梯可方便到达五楼,因此,五楼的人流量预计会比其他楼层低。

6. 六楼规划及主题

六楼将以经营中式酒楼为主,因此它的主题为"以食为先"。这一层将出租给一家形象及整修均不俗的中式餐馆,以衬托本购物中心的市场定位,同时也可服务于楼上的住宅居民和写字楼员工。

7. 七楼规划及主题

七楼将引进高档美容健身会所,它的主题定为"品味女性"。

8. 整体规划布局

购物中心各楼层规划布局安排如表1所示:

表1　××广场购物中心各楼层规划布局

楼层	区域	主题	主力店	零售	餐饮	休闲娱乐	服务
一	西区	都市魅力		名表和珠宝、眼镜			
	中区			化妆品、皮鞋		演示区	总服务台、修理护理
	东区			男装	快餐		自助银行
二		潮流地带		女士服装、内衣、饰品		护手修指甲	修改服装
三		快乐生活	超级市场				

续表

楼层	区域	主题	主力店	零售	餐饮	休闲娱乐	服务
四	西区	合家休闲		儿童服饰及用品、家具用品			
	中区			休闲服饰及用品			
五		健康人生		健身器材体育用品			
六		以食为先			中式酒楼		
七		品位女性				美容健身会所	

四、结论

××广场购物中心实际运作基本按照上述营销规划进行,实际招商后布局如下:购物中心各楼层具体安排如表2所示:

表2 ××广场购物中心各楼层主要品牌商户

楼层	区域	主题	主要品牌商户
一	西区	都市魅力	东方表行、周大福珠宝、明廊眼镜、万宝龙、都彭
	中区		化妆品:资生堂、兰蔻、欧莱雅;皮鞋:百丽、安玛丽
	东区		男装:卡尔丹顿;快餐:肯德基、吉野家;民生自助银行
二		潮流地带	尹泰尉、钡萱、哥弟、淑女屋、黛安芬、富祥饰品
三		快乐生活	百佳超级市场
四	西区	合家休闲	青青果、安奈尔、可可鸭、NUK、简单生活
	中区		佐丹奴、苹果、堡狮龙、班尼路、Q-Gen
五		健康人生	耐克、阿迪达斯、李宁、OSIM(傲胜)
六		以食为先	吉星楼酒楼
七		品位女性	梦圆皇宫SPA美容健身会所

××广场购物中心自2004年5月1日开业以来,以鲜明的市场定位与经营特色、富于时尚与品牌魅力的商品组合、诚信经营以及优质服务,赢得了消费者、社会各界人士的认同与褒奖,先后获"S市名牌商场"、"S市诚信企业"等荣誉称号。

购物中心一直坚持稳健、精细的经营风格,经营效益保持稳步增长的发展态势,年销售额达到2亿多元,加上租金收入,年净利润约为3000万元,其经济效益、服务水平、企业管理均居本市零售企业的前列。

××广场购物中心作为展示现代时尚新生活的橱窗,一贯致力于提高人民生活素质和品位,将继续努力不懈地积极实施企业未来发展战略规划:"不断创新零售经营事业,拓展市场发展空间。"追求卓越,追求"更好的品质、更好的服务、更好的生活"是××广场购物中心矢志不渝的最高准则。

资料来源:陈章旺.零售营销——实战的观点.北京:北京大学出版社,2008:195—199.

案例问题:

1. 与传统的百货店相比,购物中心具有哪些优势?
2. 购物中心未来的发展趋势如何?

【案例2.2】 上海浦东唐人国际购物中心

途经上海浦东新区唐陆路,一座独特的紫色环顶建筑令过往的大众驻足注目,那就是上海唐人国际购物中心。它是由上海浦东唐人实业有限公司(民营企业)全资建立的融购物、餐饮、休闲为一体的综合性、多功能的"一站式"专业大型国际商业服务中心。购物中心坐落于上海浦东新区唐陆路2938号(近龙东大道),总建筑面积约2万平方米,占地40余亩。

据投资人介绍,建立唐人国际购物中心的主导思想是:在国人和世界人民面前,展现上下五千年文明古国的精湛手工艺瑰宝,展现中华民族博大精深的古老文化。根据这个主导思想以及考虑到中国工艺品具有欣赏性和实用性有机结合的特点,对整个购物中心进行大胆的创新,将工艺礼品、旅游纪念品上架展示,让顾客像"逛超市"一样任意选购、把玩,并对主楼和裙楼作了精心布局:

主楼一楼为中国工艺礼品快速购物超市式服务,展架上的商品几乎涵盖了国内所有旅游工艺品,无论从制作工艺或是制作材料上来说,都极具中国各地民族特色,4500平方米的营业区域内陈列着万余件琳琅满目的工艺品、小礼品。有工艺精湛的瓷器、晶莹剔透的玻璃和水晶制品、做工考究的木雕件、造型新颖的汽车玩具、精致时尚的茶具和雨伞、镂雕玲珑的玉器挂件、眼花缭乱的珠宝玉器以及民间工艺品、真丝服饰、床上用品、绣花鞋类、工艺箱包、旅游纪念品等,类别包罗万象、花样齐全。同时还展示新工艺新材料礼品、日用百货及食品等。让顾客既能自由地摆玩、欣赏,又能称心如意地选购,是国内商业的一大亮点。

主楼二楼是中国高档工艺精品馆暨非物质文化遗产展示厅。它展现在人们面前的可谓一座工艺博物馆,展出内容既有实品展销,又有制作过程的现场展示,是工艺大师畅谈创意、探讨艺术、切磋技艺、交流感情的场所。其中有精品瓷器、根雕、字画、台湾生活工艺品馆、首届33国现代壶艺双年展区、绒绣艺术馆等。通过展览人们得到愉悦和享受。即将开馆的还有嘉定竹刻、金山农民画等。全馆以海纳百川的精神体现上海工艺美术,让大家能亲眼目睹中国工艺大师的高超技艺,甚至可以为自己"量身定做"喜爱的物品。

主楼三楼是唐人公司旗下的上海优唐家具有限公司展示厅。集中展示不同时期各式古典家具风貌和精湛的工艺。展厅内布满来自全国各地的拔步床、罗汉床、条桌、太师椅、多宝阁等明清实木家具。还有那些雕梁画栋、匾额楹联、屏风隔断、织帐竹帘,意在传承东方的古典神韵,博览当今的经典时尚。同时还有堪称"中国一绝"的仿古地毯,饶有情趣地传达着古典韵味。最吸引人的是那里还为客户提供整体式家具的解决方案,针对全球客户提供定制化产品和服务,包括样式、材质、颜色、配件等。秉承"只为优质家具"的经营服务理念,为客户提供优质、环保、充满文化气息的家居生活。设计师可以上门进行设计,并给出家具搭配、摆设建议。同时选用的全球海运、空运连接运输,第一时间给予客户运输安排。整个展示厅展现具有中华民族特色的古色古香的古典家具及配件,是国内外收藏家的淘宝之地。

主楼四楼是唐人公司旗下的唐园大酒店,面积近 5000 平方米。在享受完充满文化艺术气息的购物之旅后,游客还能在酒店小坐,展开一场美妙的味蕾之旅。餐厅环境设计独具匠心,装潢雍容华贵,附属设施齐全,大厅宽敞明亮,可容纳 1200 人同时就餐。17 间豪华包房,彰显中西文化的精髓。酒店以海派菜、名贵的燕鲍翅为主,融中西美食之精华,是中外宾客欢聚畅饮的好地方。

裙楼以别墅形式建造。设有棋牌、SPA、KTV 等休闲娱乐项目,供顾客在参观购物之余享用。到过唐人国际购物中心的人们个个"乐不思蜀",对他们来说留下的是一段记忆,是一份回味,是一种心情,是一份对文化的纪念。为了方便客户足不出户购到称心的工艺品,购物中心(http://www.tangplaza.com)还特设电子商务供顾客浏览。

资料来源:朱鼎文.上海浦东唐人国际购物中心.上海工艺美术,2008:56—57.

案例问题:

1. 唐人国际购物中心的特色是什么?
2. 唐人国际购物中心的竞争优势有哪些?

第3章
卖场的选址

◆ 学习要点

1. 立地调查的目的、内容及方法；
2. 商圈的概念、特点及意义；
3. 商圈的类型及形态；
4. 商圈评估的方法；
5. 卖场选址的原则、条件及影响因素；
6. 卖场选址的策略及方法。

◆ 重要概念

立地调查　商圈　核心商圈　次级商圈　边缘商圈　选址

　　零售业被称为"选址的产业"，商业活动成功的秘诀就是"选址、选址、选址"。对于准备开业的零售卖场而言，通过选址分析可以确定最具市场潜力的店址；对于运营中的卖场，通过选址分析亦可帮助企业调整经营策略。所以，对一项成功的商业行为来说，适当的用地和合适的位置是卖场开发的先决条件。商业选址是集天时、地利、人和等多方面因素，对卖场用地的地理位置、物理状况和周围地区的经济状况与人口状况的调查、分析与评估进行综合性的考虑，从而选择适合卖场生存与发展的商业地理位置，以充分利用周围环境的因素来增强卖场的吸引力，使卖场立足于良好的市场氛围之中。

3.1　立地调查

3.1.1　立地调查的目的

　　卖场选址是一项系统工程，成功的卖场选址工作应该从立地调查开始。进行立地调查主要是为了判断现有店址是否具备成功卖场店址的条件，包括是否具有规模型的聚客能力与必要的经营面积、便利的交通条件、持续的经营能力等。立地调查的目的主要包括以下几个方面。

　　首先，优良的立地必须具备的三个基本条件包括：①开店后有10年以上的持续力（即经营具有可持续性);②足够的聚客能力;③出入方便的空间格局(卖场及停车场)。

其次,立地条件的三要素包括:①人口数,至少支撑一家门店的人口数;②道路交通工具,即顾客抵达卖场的途径或方式;③卖场面积大小,吸引顾客的能力。

再次,判断预估营业额是否准确度高、误差小。

最后,形成拟定经营计划的依据。卖场的投资规模会影响损益平衡点、营业额资金回收年限,同一立地条件会因不同的投资策略而影响日后的经营成本,所以先有立地调查结果,才可能有经营计划。

3.1.2　立地调查的内容

卖场的地理位置要注重大环境和小环境,大环境就是卖场周围地区有多大吸引力,小环境就是卖场自身及其附近的其他卖场有多大的吸引力。大环境决定了卖场吸引顾客的潜在能力,小环境则部分地决定潜在顾客是否愿意光临该店。因此总体上说,卖场的立地调查包括以下两个阶段。

第一阶段的调查主要是针对卖场开业的可能性做大范围的调查,其结果是作为卖场开业意向的参考依据,重点在于对卖场营业额的推定及卖场规模的确定,此阶段调查的内容包括该地区的市场特性及大致情形。第二阶段的调查主要是根据第一阶段的结果,对消费者的生活方式做深入的研讨,以作为卖场具体营业政策的参考依据,其重点在于卖场中经营的具体商品的构成、定价及促销策略的确定,此阶段调查内容包括对顾客生活方式的深入分析及设定卖场风格等资料的获取。要注意的是,在立地调查过程中有两项要点是不可忽视的:一是除了要了解该地域内过去及现在的情况之外,还应该考虑到该地域未来的发展趋势;二是运用调查资料进行比较分析时,除了要考虑该地域商圈的成熟度之外,还应该选择与之相类似的商圈或其他成熟的商圈运作模式进行比较分析,以作出更加合理科学的判断。

具体讲,立地调查的内容主要集中在三个方面,如图 3-1 所示。

1. 生活结构的调查

生活结构的调查就是收集该地域范围内的消费者生活形态的资料,依据消费者生活的特性,对其人口结构、家庭构成、收入水平、消费水平、购买行为方式等进行整体、定量的研究。

(1)人口结构

收集与过去人口集聚、增长速度有关的资料,对将来人口结构的变化进行预测,同时将人口结构按行业、年龄、教育程度进行分类整理,以便深入分析。

(2)家庭构成

通过了解家庭户数变动情况、家庭人口数、成员状况及变化趋势,进而得出家庭成员构成比率,找出都市发展与生活形态之间的关系。

(3)收入水平

通过了解收入水平,便可知道消费的可能性,进而利用人口结构数据和家庭构成数据,得知每人或每个家庭的收入水平,再将所得结果进行横向比较分析。

(4)消费水平

消费水平是地域内消费活动的直接指针,借此可了解每人、每个家庭的消费方式、消费能力及消费倾向。根据消费者的消费内容对商品进行分类与组合,可以更好地知道消费者对各类商品的消费支出额,同时也可以得知消费购买力的状况。

(5)购买行为

可通过调查消费者购买商品时的活动范围以及某种商品经常在何地购买来了解、研究购买行为。调查购买行为的目的:一是可以获悉消费者购物活动的范围,二是可以获悉消费者选择商品的标准,对该立地范围内的消费意识作深入研讨。

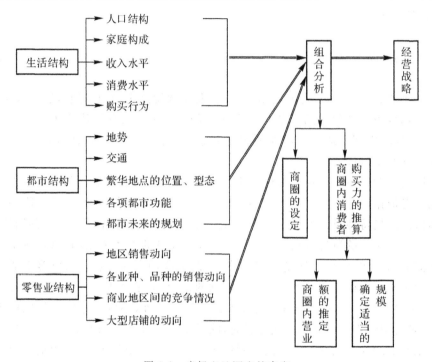

图 3-1　卖场立地调查的内容

资料来源:屈云波.零售业营销.北京:企业管理出版社,1996:109.

2. 都市结构的调查

都市结构的调查是对立地范围内实际生活空间的调查,包括中心地带及周围区域的都市结构功能的调查,以了解该地域内的设施、交通、生活空间以及未来的发展趋势。

(1)地势

调查立地范围内的地形状况,尤其应了解平地的广阔度及腹地的大小;对气候的特殊性亦要深入了解,因为卖场与气候因素有相当的关系,例如是否潮湿、多雨。

资料阅读

卖场地形的选择

卖场的用地必须完整,零碎的用地不适合卖场的开发。常见的地形有以下几种。

方形:庄重稳健,适合于建造各类卖场。在实际中,接近于方形和长形的土地都比较好,特别是南北向短、东西向长的地形。例如,方正的商业城样式代表商城平稳的商业运作。

三角形:这是不常用的地形形状,因为尖角很难处理,不能有效地使用,而且会给顾客造成精神方面的打击,以至不能进行完善的思考。通常的做法是,锐角部分的土地做绿化用地(种植乔木、灌木、花草),不能当成车库或仓库,只使用长方形的那一部分就可以了。经过如此改良之后,即可避免三角形用地所带来的影响。

椭圆形:适合于建造比较庄重一些的门店。这样的土地形状比较容易处理,而且给人圆融完美之感,是地形中的上乘之选。

T 形、Y 形和不规则土地看上去不是很令人满意,因为尖角很难处理,而且使用面积也会打折扣。所以,卖场的用地最好是地形规则、长宽比例适当的土地。好的地形一般具有"黄金比例",这样便于对卖场进行规划和布局。

资料来源:[1]苍耳.旺铺:商业实用风水宝典.石家庄:花山文艺出版社,2005;[2][日]甲田佑三.卖场
设计 151 诀窍.于广涛译.北京:科学出版社,2009.

(2)交通

卖场的位置通常位于交通便利的繁华地段,因为交通网密布的地方往往是人口集中或人流量巨大的地方,这是卖场立地的理想位置。所以,对该立地范围内的交通工具、车辆往来次数、运载数量等均应重点考虑,对停车空间的调查也是十分有必要的。

(3)繁华地点的位置、形态

繁华地段往往是商店容易集中之处,因此,选择繁华地段设立卖场是理所当然的。但是由于用地成本较高,容易造成卖场高昂的投资成本负担,这时,就要认真考虑如何有效运用该立地,并调查其以后的发展变化方向。

(4)各项都市功能

如果卖场立地的位置为行政、文化、经济活动的密集区,则整个都市的功能易于发挥出来,如行政管理、经济流通、娱乐服务、商品销售等机能。因此,调查时应明确流动人口是以公务人口为主体,还是以购物、社交、娱乐的流动人口为主体。

(5)都市未来的规划

除都市结构的现状外,有关将来的发展方向(交通网的开发计划、社区发展计划、商业区建设计划)均应成为卖场选址时考虑的要点,对将来商圈的变动进行预测时也要以此为依据。同时,都市规划、交通建设图是预测将来环境变化的主要参考资料,特别是人口增长快速的市郊、新兴住宅区、大型社区等,均是卖场选址时的理想目标。

前沿话题

卖场立地选择的十大忌讳

一、不宜位于天桥附近;

二、不宜位于立交桥旁、人行天桥旁或交叉路口旁;

三、不宜选在加油站旁、电力房旁、锅炉房旁、垃圾站旁或厕所旁;

四、不宜靠近铁路旁;

五、不宜选在地铁或隧道上;

六、不宜选在坟场、墓地附近,或者面对工厂烟囱或尖状物;

七、不可离松软的山体太近;

八、不宜门前是长廊或小巷;

九、不宜选 T 字形和 Y 字形路口；

十、不宜选在玻璃帷幕的对面。

资料来源：[日]甲田佑三.卖场设计 151 诀窍.于广涛译.北京：科学出版社,2009.

3. 零售业结构的调查

零售业结构的调查是对立地范围内所有零售业基本情况的全方位调查。此项调查不仅可以作为卖场开设的可能性分析及开店规模的判断依据,还可以作为该地区内零售店商业活动的指针及洞悉大小零售店发展动向的依据。

(1)地区销售动向

对营业面积、从业人数、年营业额进行调查,尤其应了解营业面积、营业额总量以及过去的增长状况,同时还应对都市中心地域及周边地区的销售额密度、商圈范围进行比较。

(2)各业种、品种的销售动向

对立地范围内各个业种的商店构成及各品种的销售额进行统计分析,了解商圈内消费者的购物情形,可将其作为卖场中设置商品构成的参考资料。

(3)商业地区间的竞争情况

将各地区间的商品构成、目标顾客进行比较,以便深入了解竞争情况,并以此分析各地区间的特性。

(4)大型店铺的动向

大型店铺的动向对立地区域内的卖场或多或少都有影响,所以,应对现有大型店铺的规模、营业额、商品构成、商品设施进行调查,特别是对竞争店铺的运营状况的调查,可以作为卖场选址时的重要参考依据。

3.1.3　立地调查的方法

进行立地调查可以从两方面入手：

1. 查找相关基本资料

这部分资料可以从政府部门获取,包括城市概况及其经济发展状况、都市建设规划、人口情况、城市卖场发展的饱和度、建设指定用途等信息。

(1)城市概括及其经济发展状况

了解判断该城市属于商业城市还是工业城市,是历史城市还是新兴城市,是中心城市还是卫星城市,以及城市面积的大小、城市经济发展程度如何等,这都会直接影响卖场的选址。

(2)都市建设规划

获取该城市若干年内城市建设规划、若干年内城市道路建设计划、城市区域开发计划、城市公共设施建设计划,评估潜在商业价值。

(3)人口情况

了解城市人口数量、分布情况,人口性别、职业、年龄构成比例,以及城市人口整体文化发展程度、风俗习惯、人口消费偏好等。

(4)城市卖场的发展饱和度

城市卖场的发展饱和度指数等于该城市的卖场面积与人口数量的比值,与该城市的现有卖场数量成正比,与人口数量成反比。它能表明该城市现有卖场面积对于居民的收入来说多或少的程度。

2．开展具体的市场调查

(1)顾客调查的方法

1)消费者基本情况的调查

①调查目的:了解立地范围内消费者的年龄结构、职业背景、收入状况、商品偏好、购物倾向等,以找出可能的商圈范围。

②调查对象:以学校或是各种家庭为对象,或是依据居住地点以抽样的方式,进行家庭抽样调查。

③调查项目:居住地名、家庭构成、户主年龄、职业、收入状况、工作地点、购物倾向。

④调查优缺点:对于居住地的消费者的购物倾向以及卖场立地的评价易于比较,但调查费用较高。

2)消费者购物动向的调查

①调查目的:对卖场立地的实际消费购买动向的把握,以调查零售业的商业力。

②调查对象:对立地范围内通行人数的抽样调查,或是对主力客户或大客户的重点调查。

③调查方法:用一定的时间对通过调查地的行人进行面谈,时间以 10 分钟以内为佳。

④调查项目:居住地、年龄、职业、上街目的、使用交通工具、上街频度、商品购买偏好。

⑤调查优缺点:调查费用较低,但对于居住地与卖场选择的立地之间的依存度难以把握。

3)顾客流量调查

调查目的:对顾客到达立地的日期、时间、时段及顾客的多少进行调查,作为是否开设卖场的重要参考依据。

4)其他的调查

可以利用各种座谈会的机会,或利用公私场合进行各项有关资料的收集、整理与调查。

(2)竞争对手调查的方法

1)竞争门店营业场所构成的调查

①调查目的:调查竞争对手的楼面及其构成,作为卖场开业时门店设计的重要参考资料。

②调查对象:竞争门店的主力销售场所及特征,销售场所、主题门店的调查。

③调查方法:与销售人员共同研讨,以获得竞争门店的营业面积、场所等信息资料。

2)竞争门店商品构成的调查

①调查目的:针对前项调查再予附加,对商品组成的详细调查,作为新店铺商品类别构成的参考依据。

②调查对象:着力于对主力商品、畅销品的深入调查。

③调查方法:由销售人员、采购人员与销售促进人员共同对商品的品种、组成、配置、类别进行调查。

3)竞争门店价值线的调查

①调查目的:对于常备商品的价格线与价值进行调查,以作为新店铺的参考。

②调查对象:对于常备商品,在一定营业额或毛利额以上的商品进行调查。

③调查方法:采购人员与销售人员共同进行,对于陈列商品的价格、数量进行调查,尤

其是年节繁忙期间的种种调查更为必要。

4）竞争门店出入顾客数的调查

①调查目的：对于竞争门店出入顾客数量的调查，以作为新店铺营业体制的参考。

②调查对象：针对竞争门店出入15岁以上的男性、女性进行调查。

③调查方法：与顾客流量调查同时进行，以了解竞争门店在不同时间段的顾客出入数，尤其要注意特殊日期或各个楼层的顾客出入的调查。

3.2 商圈的分析与评估

3.2.1 商圈的概念及分类

1. 商圈的定义及特征

（1）商圈的定义

选址的核心是对商圈的分析。"商圈"理论，最早是由德国地理学家克里斯泰勒在20世纪30年代提出的，即商品和服务中心地理论（central place theory）。该理论的要点是，以中心地为圆心，以最大的商品销售和餐饮服务辐射能力为半径，形成商品销售和餐饮服务的中心地。在卖场营销中，所谓的商圈就是指卖场以其所在地点为中心，沿着一定的方向和距离扩展，那些优先选择到店铺来消费的顾客所分布的地区范围，换而言之就是卖场顾客所在的地理范围。由此可见，商圈是指零售商店及其集聚、吸引顾客的地理区域范围，一般与零售市场的空间范围（经济学观点）、中心地的腹地或势力圈（地理学观点）、涉及商业势力的商势圈等概念同时使用。

（2）商圈的特征

随着市场经济的发展，商圈的内涵得以拓展。目前以竞争理论为导向，商圈的内涵已经不再局限于区域交通的范围，而是超越了时空的界限。卖场的商圈具有以下特征：

1）层次性

区域性卖场的商圈由消费者居住状况、人口分布、交通状况与距离，以及市场竞争状况等因素共同决定，由于同一商圈内的顾客到卖场购物的可能性并不相同，因此商圈表现出明显的层次性。商圈一般由三个层次构成：主要商圈是最接近卖场并拥有高密度顾客群的区域，通常本区域内50%的顾客会到卖场购物；次要商圈位于主要商圈的外围，一般15%～20%的顾客到卖场购物；边缘商圈属于卖场的辐射区域范围，一般只有10%左右的顾客到卖场购物。

2）区域性

卖场的商圈指的是一个具体的区域空间，这个商圈对于消费者来说，是他们进行购物活动的行为空间，而对于卖场经营者来说，即是他们进行市场营销活动的空间范围。在这一空间中，卖场向消费者提供他们所需的商品与服务，也正是由于卖场采取积极的营销活动，才创造出独特的商圈。

3）重叠性

商圈的划分与确定可以选择不同的标准进行，因此，在营销实践中，大多数的商圈并没有明显的、规范的地理界线,往往在两个商圈的第二或第三层处会发生重叠,例如,功能上的重叠、提供商品和服务性能上的重叠等,重叠区域内的顾客存在着到任何一家卖场购物的可能性,但这种购物的可能性的大小取决于卖场之间的相对竞争力,或者说,取决于卖场的吸引因素与阻碍因素之间的比值。

4)不规则性

由于商圈是以某一主力店或主要业态形式为中心而扩展开来,因此,商圈所能辐射到的范围因商圈的吸引力而有所不同,从而形成的商圈的地理区域范围就不一样,因此,商圈的实际形状并非如概念上暗含的圆形,而是呈现出不规则形状。促使商圈不规则的原因,一方面是由于那些阻碍顾客来店购物的客观因素的存在,例如交通车不便利、道路上有隔离栏、道路过宽或过窄、竞争店等;另一方面则是由于某些客观吸引力因素的存在,使位于商圈某一方位的顾客来到卖场购物更为便利。

5)动态性

随着城市的快速发展与空间的急速扩张,商圈的大小表现出一定的动态性。首先,商圈的大小与零售业态有关。通常讲,规模大、品种齐全、选择性较强的零售业态的商圈相对较大,例如大型超级市场的商圈可以覆盖几十公里甚至上百公里,而便利店的商圈只有两三百米;其次,如果卖场的经营管理加强,就可能会增加"聚客力"因素,提高顾客来店购物的可能性,从而扩大商圈;然而,卖场之间的过度竞争则会使彼此的商圈缩小。一般来说,如果同一商圈内的业态互补能够满足顾客多层次性、多角度的购物需要,则商圈的规模就会扩大,如果业态单一、竞争激烈,则商圈就会变小。

2. 商圈的重要性

商圈与卖场的经营活动有着极为密切的关系,无论新设或已设的卖场,都不应该忽视对商圈及其变化的研究。所谓对商圈的研究,就是对商圈的构成情况、特点、范围以及影响商圈规模、形态变化的因素进行实地调查、分析,由此为选择卖场地址、制定或调整经营方针和策略提供依据。

商圈研究的重要性主要表现在以下三个方面:

(1)商圈研究是新卖场开业进行合理选址的前提

新开业的卖场在选址时总是希望获得较大的目标市场,以吸引更多的目标顾客。为此,商家必须明确商圈范围,了解商圈内人口的分布以及市场、非市场因素的相关资料,通过分析才能明确商圈规模、形态,进行经营效益评估,衡量店址的使用价值,选定店址、规模、商品方向,使商圈、经营条件协调融合,创造经营优势。

(2)商圈是卖场制定竞争策略的依据

在日益激烈的市场竞争中,价格竞争经常被人们使用和模仿,但卖场在竞争中为取得竞争优势,已广泛采取了非价格竞争手段,诸如改善卖场的形象、完善卖场服务、加强与顾客的沟通等,这些都需要通过对商圈开展调查,掌握客流性质,了解顾客需求、顾客偏好才能制定出有针对性的经营策略。

(3)商圈研究是卖场制定市场开拓战略、战术的依据

卖场经营方针的制定或调整,总是要立足于商圈内各种环境因素的现状及其发展规律和趋势。通过商圈的调查分析,可以帮助卖场明确哪些人是基本顾客群,哪些人是潜在顾客群,以及如何吸引和留住顾客群等。由此可见,商圈的研究,已经成为制定积极有效的市

场开拓战略的依据。

3. 商圈的构成

通常商圈是以卖场地点为圆心,以卖场四周一定距离为半径所划定的范围而设定的,因此,商圈基本上都是同心圆,但这仅仅是作为商圈构成的特例而设定的标准。在实际的商圈设定中,由于卖场的业态、所在地区、经营规模、经营方式、经营品种、经营条件的不同,使得商圈规模、商圈形态存在很大差别,更何况,同样一个卖场在不同的经营时期受到不同因素的干扰和影响,其商圈也并不一定是一成不变的。因此,商圈并非都是同心圆,它表现为各种不同规则的多角形,如图 3-2 所示。

(1)核心商圈

这是最靠近卖场的区域。核心商圈的顾客要占到卖场的 50%～70%,即销售额占本卖场的营业额的 70%左右,是卖场周围最近、顾客密度最高、每个顾客平均购货额最高的区域,市场占有率应达到 30%以上。

(2)次级商圈

次级商圈位于邻近核心商圈的区域。次级商圈的顾客数要占到卖场顾客总数的 15%～20%,即销售额占本卖场营业额的 25%。在该区域内,顾客相对分散,市场占有率应在 10%以上。

(3)边缘商圈

边缘商圈位于次级商圈之外,是最外围的区域。边缘商圈包括所有剩余的顾客,占顾客总数的 5%,他们的居住点更为分散,便利品或者一般日用品往往很难吸引这部分顾客,只有选购品能吸引他们。边缘的市场占有率应在 5%左右,销售额应占本店营业额的 5%。

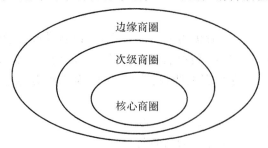

图 3-2　商圈分片

实际生活中,卖场规模越大,商圈就越大。因此,通常情况下,超级市场的商圈大于便利店,但是小于百货店和购物中心的商圈范围。对于一些大型的购物场所,还可能凭借其所售商品的价格、品种、品牌和服务等方面的优势及影响力,使商圈渗透到更远的地方。例如,北京王府井、西单商场,上海第一百货商店、八佰伴商场,广州百货大楼、新大新公司等都是辐射范围很大的卖场;而上海华联、华润,广州宏城,香港百佳、惠良等连锁店的每一个分店的商圈就以一个生活社区为主,商圈不大。

4. 商圈的形态

(1)商业区

该区各种商业行业集中,其特点为:传统的商品集散地;声誉久远;流动人口多、热闹、人气旺,各种商店林立,成行成市,有集体吸引优势。其消费习性具有快速、流行、娱乐、冲动购买及消费金额不一等特色。

（2）住宅区

该区户数多，在1000户以上。住宅区的消费习性及消费群稳定，消费习性为便利性、亲切性，尤其是家庭用品（含衣、食、住、行）购买率高。

（3）文教区

该区有大、中、小学校。文教区的消费习性及消费群以学生居多，消费金额普遍不高，但对休闲用品、食品、文教用品的购买率高。

（4）办公区

该区办公楼、写字楼林立，单位云集，工作人员多。消费习性为便利性，在外用餐人多，消费水准不低。

（5）混合区

该区商住混合、住教商混合。由于社区功能趋于多元化，商圈形态也趋向复合式。混合区商圈形态的消费特色，属于多元化的消费习性。

商圈形态往往并非是单一的，尤其是在城市化水平较高的地区，或者是经济水平发达的地区，实践中尤其要注重多元化的交叉分析。

小链接

昆明的主要商圈分布及特征

商圈名称	主力店及主营业态	定位和特点	变化和发展
三市街商圈	以柏联百盛、昆百大、家乐福等为代表，有着悠久的商业历史。	商业定位为中档和中高档层面，业态丰富完整、经营种类齐全，商业氛围浓厚。	随着步行街的开通、百盛的做强，以及周围辅助商业的丰富，该商圈的地位日益巩固，目前和将来一段时间内仍将保持其第一商圈的位置。
青年路商圈	以新西南百盛柏联广场、假日百货、艾维名店、昆明走廊为代表。	商业定位为中档和中高档层面，以购物中心、百货店和专卖店为主，集购物、休闲娱乐、餐饮为一体。	由于新西南百盛柏联广场的建成，极大地改善了原有传统的购物风貌，提升了该商圈的商业价值；商圈内新近建成的金鹰百货、护国商城，又进一步增强了商圈的聚客能力。
白塔路商圈	以金龙百货、金格中心、樱花商城为代表。	该商圈是一个典型的高档百货商圈，完全依靠金龙百货的支撑而兴起，以定向消费为主，商业氛围较淡。	汇都国际的建设和开业，将极大地提升商圈的商业氛围和辐射能力。
小西门商圈	以沃尔玛、美辰百货、街铺等为代表。	中档到中低档定位，以大型超市及电讯业为主，其他主要是经营日用品和小百货的商铺。	处于西市区和主城区的咽喉位置，商业氛围浓厚，客流巨大，有向中档时尚方向发展的趋势。
昆都商圈	该商圈是以娱乐、餐饮为主的商圈，配以大量的精品专卖店。	年轻、时尚的定位是该商圈最具特色之处，它是昆明年轻人夜生活的主要场所之一。	昆明主要的娱乐区域，零售业较弱，短期内无大的发展空间。
螺蛳湾商圈	以批发为主、零售为辅，经营品种繁多，主要是生活日用品。	中档到低档的市场定位，辐射云南地州，是主要的百货集散地。	已定型，短期内难有较大的突破，但已稳居中、低消费和批发业务的龙头地位。

资料来源：http://www.linkmall.cn/thread－5243－1－1.html，略有改动。

3.2.2　商圈形成的影响因素

1. 人口

人口密度、人口分布、人口数量、成长趋势和特性都是卖场选择商圈时应当考虑的重要因素。一个区域的人口数可以辅助卖场对商圈的销售潜力进行估算。商圈的人口资料可以通过很多渠道获得,一般来源主要有:有关部门的统计资料、全面的人口普查资料、通过户籍管理或居委会获得等。其中,平均家庭人数和家庭平均年龄都是十分重要的资料。许多食品连锁店以检验法获取商圈内人口资料,但这个方法要随着个人收入水平、接近性、竞争的品质和数量,以及计划中卖场的规模等条件的变化而变化。

一般来说,新的卖场开设在人口不断增加,而且有足够开阔的地域内比较合适。有时,商圈目前不能满足一家新建卖场的需要,但当考虑该区域未来的发展时,其潜力即能弥补新建卖场的风险,商圈潜力对卖场的规模会产生一定的影响。在分析商圈的人口时,人口结构的研究是至关重要的。所以,对任何关系商圈人口的要素或特性,都应该进行认真细致的分析,借以判断对计划中的卖场可能产生的影响。

2. 大城市

在实践中,多数建在大城市的卖场都坐落在城市中心区域以外的商圈内。但是,绝不能忽视的是公寓住户的数量,这也是部分新建卖场稍远于城市中心地带的原因。通常场内区域的停车场收费较高,设施又有限,在城市中心以外的区域,停车免费或收费较低。部分分销商也喜欢选择坐落于紧靠较多家庭购买单位的附近,也就是密集的住宅区。当然,其中不乏地处偏远地区,需要以车代步而且经营比较成功的独立商店。

建立卖场商圈的最佳方法是在考虑居民住宅状况的基础上,使用环绕该地点外围区域的地图,可以从地图上画出一系列等时线来描绘商圈的轮廓。根据经验,一般情况下20分钟的路程应该属于边缘地带,当然由于竞争的位置和社区规模的不同,新的卖场会不断出现,那么边缘地带也常常处于变化之中。每5分钟路程内的预计营业额,主要取决于每个地段的交通流量。支持一家新成立的卖场所需要的家庭数,并不是十分确定的。但如果卖场的规模扩大,在邻近区域内用以支持卖场所需的家庭数量就必须增加。

3. 中小城市或小城镇

实践中有的卖场在一些中小城市或小城镇,甚至在人口稀少的地区,也能够做到比在城市中心地带更大的商圈内获得更多的利益。一般来讲,在竞争十分激烈的卖场区域内,对顾客的吸引力,相当程度上取决于人口数量、方便性、邻近性以及规模的大小。

一种划分中小城市或小城镇商圈的方法为市场区域技巧。小城镇的商圈不会由于一家卖场的出现而有较大的改变。小城镇的吸引力对所有形态的零售商店几乎都是相同的。许多研究指出,一个卖场超过另一个卖场的购买率的重要因素就是接近。商圈受限于很难跨越的自然障碍,如河流、工业区、高速公路、铁路等,都交叉出现在地图上。事实上,当处于比较复杂的情况时,人们更容易忽视这些因素。这些障碍往往会造成交通的背向,阻碍正常流动,使受限制的地形线变成分界处。

4. 交通流量

街道和公路,对流动顾客销售潜力的估算有着重要影响,因此,对计划地点的交通流量进行认真分析,能够帮助经营者决定该地区的潜力状况。例如坐落在公路或交通路口的卖场,其主要顾客流量来自于城市中大量的流动人口。卖场经营者在进行决策之前,应当充分了解以下问题:①每天经过该地区的交通流量;②交通流量最大的是哪一段时间;③镇内车辆所占的百分比;④镇外和市内车辆的百分比各占多少;⑤地区性车辆所占的百分比;⑥由女性驾驶车辆或骑车的百分比(因为妇女购买商品的比例较大)。

通常人们易于随着交通的流向而移动,反方向的位置不会吸引消费者。在一段时间内,交通的形态可以借积极的促销来改变。一般来说,顺应交通流向要比改变流向来得容易而且有效。记录每天通过的人数,并根据其特性给予分类,是行之有效的方法。过去有人主张,通过市场预定地的交通流量,是决定商品推销的重要因素。事实证明,在交通流量和一定的潜在销量之间,并没有必然互相依存的关系。

5. 个人收入

对个人可支配收入、取得收入的人口数及收入的来源的研究,是分析商圈实力的最基本要素。一般来说,大城市通常具有较为分散的个人收入来源,因而开设卖场的商圈比那些收入来源有限的区域更加具有潜力。至于对区域内所得的估计,可以通过全面调查,或地区性和全国性平均收入的公开报告等途径来取得,借以估算该区域内的一般收入水平,并作为商圈未来预测的重要根据。

6. 同业竞争

卖场在建立之前必须对商圈内外竞争者的质与量等各方面进行详细而全面的调查研究。要对商圈内竞争者的销售额进行认真的估算,并将此项估算额从超市潜在的总销售量中减去,得到新建超市的潜在销货概数。在一个现有卖场不足以应付消费者需要的区域,迫使消费者到区域外购物,这时新建与经营卖场的风险相对要小。并且规模大的新建卖场,经常会吸引一部分同区内的食品店的顾客。因此,即使区域内竞争激烈,开设卖场仍有利可图。由于激烈的市场竞争,一家卖场只要比现有的其他卖场推销好一些,而且能够以合理的租金找到适当的位置,就能够获得一定的经济效益。重点是竞争者的品质,而不是数量。不可忽视的是竞争者选择地址与该商圈的各种可能性。

7. 销售潜力

在商圈内,全部家庭食品消费额可用商圈内的家庭户数乘以 1000 元来估算。1000 元代表每个家庭每年食品消费的估计数字。从商圈内的年度销货估计额减去竞争者的销货,即为新卖场可能的销货额。

卖场总部可以通过预定的商圈与经营类似的区域的比较,对潜在的销售量进行估算,如可以通过计算区域内的全部食品预计销货额来观测竞争情形。通常所属商圈大小类似的三家卖场,在人口和个人收入水平相同时,可以用来作为比较的依据。将这些卖场的销货量加在一起,并得出商圈内每个人的平均销货量,以此数字乘以预计商圈的人口数,即得出新建卖场的预期销售量。在实践中,由于卖场的规模、竞争和商圈特性不同,估算新建卖场销货量的方法也不尽相同。

8. 社区的发展

在衡量一个商圈时,应多着眼于社区的进步与发展。人口趋势、工业特征、个人收入水平、竞争环境和商业的一般发展状态,都可以证明社区的进步。进步程度可以通过调查问卷的形式获得,并从中推测该区域未来发展的潜力。

大连的 12 大商圈构成

商圈名称	特征及构成
1."青泥洼"商圈	会集餐饮、购物、娱乐、休闲、商务等功能的各种大规模的百货商场和大型购物中心以及品牌连锁店、专营店、酒店和写字间
2.站北商圈	传统的交通枢纽和批发商品集散地,拥有最大的综合性批发市场——大连双兴商品城,以及兴业建材市场、凯旋广场、振富商城
3.西安路商圈	大连西部重新崛起的成熟商圈,现已聚集包括锦辉、家乐福、百盛等不同规模和业态的大小商家上千个,掀开了品牌开发进驻的新篇章
4.华南商圈	商圈面积超过 40 万平方米,集购物中心、主题百货、文化休闲、餐饮娱乐等商业业态于一体,产品以中档为主
5.民主广场商圈	这是一条特色商街,其定位为城市休闲文化夜生活区,由餐饮、酒吧、美容康体三大业态组成,已经成为大连夜游族的聚集地之一
6.天津街商圈	商圈内拥有购物、餐饮、娱乐、休闲等功能齐备的新世界百货,更名后的天津街食品商场,重新营业的新天百大楼
7.长春路商圈	是大连三大商圈中较为年轻、时尚的一个,云集了各大购物中心、商场、大型超市、连锁店、餐饮店、电影城及各种品牌店
8.三八/二七广场商圈	是大连东部商圈的主力军,拥有众多跨国经营、全国经营的知名连锁企业,特大卖场、商城、特色餐饮店,及休闲娱乐场所
9.和平/星海广场商圈	该区域内业态丰富,以和平广场购物中心为主,集百货、连锁店、特色店、休闲娱乐园等于一体
10.桃源街/八一路商圈	基本属于社区购物中心,桃源商城就是该区域的主力店铺,业态相对齐全,包括百货业、快餐连锁业、休闲娱乐业、家用电器等
11.开发区金马路商圈	该商圈处于蓬勃发展阶段,是集购物、餐饮、娱乐、休闲、健身于一体的现代化购物中心,拥有新玛特、安盛购物广场等
12.旅顺世达/瑞鑫商圈	该商圈定位于集购物、旅游、餐饮、娱乐、休闲、社交为一体的"一站式"消费服务中心,以多功能为主,成为多业态业种的综合体

资料来源:http://soufun.com/2008/2009-09-04/1544788_4.html,略有改动。

3.2.3　商圈的评估

商圈评估是卖场选址的理论基础。当前国外研究中商圈评估的理论方法,主要有莱利法则、康帕斯法则、阿普波姆法则、伽萨法则、哈夫法则、中心地带理论以及饱和指数理论等。

1.莱利法则

莱利法则是美国市场营销学家威廉·莱利(W. J. Relly)于 1929 年在探索说明消费者购物行为原理时发现的,也称为莱利模型。莱利法则认为:具有零售中心地机能的两个都市,对位于其中间的某一都市或城镇的零售交易的吸引力与两都市的人口成正比,与两都市到中间地都市或城镇的距离成反比。这就是说,具有竞争关系的两个都市 A、B,以某一地点作为其吸引购买力的分界点,该分界点与 A、B 两方的都市人口成正比,与两都市的距离成反比。它可以写为如下的数学模型:

$$\left[\frac{B_a}{B_b}\right] = \left[\frac{P_a}{P_b}\right]^N \times \left[\frac{D_b}{D_a}\right]^n$$

式中：B_a ＝ A 都市从中间地 C 都市吸引来的零售销售额；

　　　B_b ＝ B 都市从中间地 C 都市吸引来的零售销售额；

　　　P_a ＝ A 都市人口；

　　　P_b ＝ B 都市人口；

　　　D_a ＝ A 都市与中间地 C 都市之间的距离；

　　　D_b ＝ B 都市与中间地 C 都市之间的距离；

　　　$N = 1; n = 2(1.5 - 2.5)$。

2. 康帕斯法则

康帕斯法则是在莱利法则的基础上发展而来的，用于求取商圈的分界点，其公式为：

$$D_a = \frac{D_a + D_b}{1 + \sqrt{\dfrac{P_b}{P_a}}}$$

式中：D_a ＝ A 都市到中间地 C 的距离；

　　　D_b ＝ B 都市到中间地 C 的距离；

　　　P_a ＝ A 都市人口；

　　　P_b ＝ B 都市人口；

由此可见，运用康帕斯法则，只需有两个都市的人口数以及它们之间的距离便可求出分界点，从而界定商圈。

3. 阿普波姆法则

阿普波姆法则从不同都市销售场地面积的角度对商圈的分界点加以界定，进而求出商圈的大小，其公式为：

$$D_a = \frac{D_{ab}}{1 + \sqrt{\dfrac{P_b}{P_a}}}$$

式中：D_a ＝ A 都市到分界点的时间距离；

　　　D_{ab} ＝ A 都市与 B 都市之间的时间距离（小汽车行驶时间单位为分钟）；

　　　P_a ＝ A 都市的销售场地面积；

　　　P_b ＝ B 都市的销售场地面积。

通过此公式可以计算出 A、B 两都市的分歧点，这个点位于对消费者具有同等吸引力的两卖场位置上。

4. 伽萨法则

伽萨法则也是在莱利法则基础上派生出来的，其计算公式为：

$$D_a = \frac{\text{从 A 店所在都市到 B 店所在都市的时间距离}}{1 + \sqrt{\dfrac{B \text{商店的销售场地面积}}{A \text{商店的销售场地面积}}}}$$

式中：A 店是位于 A 都市的商店；B 店是位于 B 都市的商店。

此外，还可以不用人口、距离等参数，而以店铺的销售点面积、店铺数等参数进行计算。

但是，以上分析的莱利法则及其相关派生的康帕斯法则、阿普波姆法则、伽萨法则等只适用于计算有关耐用品、专门品的商圈及商圈分界点,而不太适用于计算日常用品的商圈。另外,这些法则都是以都市人口肯定具有购买力、人口多的都市更具有吸引力为前提进行计算的。然而,现实中商圈的大小是由许许多多的因素相互影响、共同决定的,因此这些法则并非完全与实际调查的结果相符。特别是在下述情况下,更有必要根据实际调查对商圈的计算结果予以调整:

①在 A 都市与 B 都市之间具有竞争力的都市介于其中;

②在 A 都市与 B 都市之间,有河流、水路、铁路、高速公路介于其中;

③A 都市和 B 都市的人口差距非常大;

④A 都市与 B 都市的消费者层次不同;

⑤A 都市与 B 都市的文化娱乐等设施吸引力不同。

5. 哈夫法则

哈夫(Huff)法则认为:当数个商业聚集区集中于一地时,居民利用哪一个商业聚集区的概率,是由商业聚集区的规模和居民到商业聚集区的距离决定的。商业聚集区的规模可根据销售场地面积算出,距离为时间距离。如果通过哈夫法则可在一定程度上知晓对顾客吸引力的话,则零售企业就能够制定出对消费者的营业对策,并且也为开店选址、网点布局等提供判断根据。

哈夫法则的数学模型可以表示为:

$$P_{IJ} = \frac{S_J^\mu / T_{IJ}^\lambda}{\sum_{J=1}^{n} \frac{S_J^\mu}{T_{IJ}^\lambda}}$$

式中:P_{IJ} = I 地区消费者到 J 商店购物的概率;

S_J = J 商店的卖场吸引力(卖场面积、知名度、促销活动等);

T_{IJ} = I 地区到 J 商店的距离阻力(交通时间、交通系统等);

λ = 以经验为基础估计的变数;

n = 互相竞争的零售商业中心或商店数。

μ 表示卖场魅力或商店规模对消费者选择影响的参变量;λ 表示需要到卖场的时间对消费者选择该商店影响的参变量,通常 $\mu = 1, \lambda = 2$。

哈夫提出,一个零售商业中心,J 对消费者的吸引力可与这个商场的卖场魅力(主要用卖场面积代替)成正比($J = 1, 2, \cdots, n$),与消费者从出发地 I 到该商场 J 的阻力(主要用时间距离来代替)成反比。

由此可以推导出以下概率公式:

$$I 地区消费者光顾 J 商店概率 = \frac{J 商店卖场吸引力}{I 地区到 J 商店的距离} \div \left[\frac{I 地区各卖场的吸引力}{I 地区到各卖场的距离} 之总和\right]$$

$$I 地区消费者光顾 J 商店的人数 = I 地区消费者光顾 J 商店的概率 \times I 地区消费者的数量$$

比如说,已知:①从 A 地区到 B 地区所需时间为 30 分钟;②从 A 地区到 C 地区所需时间为 15 分钟;③从 A 地区到 D 地区所需时间为 30 分钟;④B 地区的销售场地面积为 9000 平方米;

⑤C 地区的销售场地面积为 6000 平方米;⑥D 地区的销售场地面积为 1000 平方米,⑦λ＝1。

则从 A 地区去 B 地区购物的概率为:

$$P_{ab} = \frac{\dfrac{S_b}{T_{ab}}}{\dfrac{S_B}{T_{ab}} + \dfrac{S_c}{T_{ac}} + \dfrac{S_d}{T_{ad}}} = \frac{\dfrac{9}{30}}{\dfrac{9}{30} + \dfrac{6}{15} + \dfrac{1}{30}} = 0.409$$

从 A 地区去 C 地区购物的概率为:

$$P_{ac} = \frac{\dfrac{S_c}{T_{ac}}}{\dfrac{S_B}{T_{ab}} + \dfrac{S_c}{T_{ac}} + \dfrac{S_d}{T_{ad}}} = \frac{\dfrac{6}{15}}{\dfrac{9}{30} + \dfrac{6}{15} + \dfrac{1}{30}} = 0.545$$

从 A 地区去 D 地区购物的概率为:

$$P_{ad} = \frac{\dfrac{S_d}{T_{ad}}}{\dfrac{S_B}{T_{ab}} + \dfrac{S_c}{T_{ac}} + \dfrac{S_d}{T_{ad}}} = \frac{\dfrac{1}{30}}{\dfrac{9}{30} + \dfrac{6}{15} + \dfrac{1}{30}} = 0.045$$

在定下了 P_{IJ} 值后,即可以按如下的公式算出 I 地区的消费者数 C_I 中到 J 商业聚集区消费者数的期待值(预想值)E_{IJ} 为:

$$E_{IJ} = P_{IJ} \times C_I$$

再者,I 地区的消费者在 J 商业聚集区购买 K 类商品所消费的金额期待值(A_{IJ}),可以设定为按商品类别的支出额 B_{IK} 并以如下的公式求出:

$$E(A_{IJ}) = P_{IJ} \times C_I \times B_{IK}$$

在哈夫模型的计算中,只运用 λ 值、商业聚集区规模和时间数据,所以,可能出现与消费者行为不相一致的情况。此时,可以从店铺的销售能力、竞争力、魅力度等其他重要的原因上加以考虑。

迄今为止,哈夫模型仍然是评估商圈的最有效的方法之一。所以,日本在《大店法》修正之后,通商产业省指出,大型店在一地区开业时会对当地的商店街产生什么影响,可根据哈夫模型算出的数据予以判断。在使用哈夫模型的时,λ 值的求出是件很困难的事情。为此,日本通商产业省规定 λ＝2,并把从一地到另一地所花费的时间表示为两者之间的距离,从而得出了一个"修正了的哈夫模型"。利用修正了的哈夫模型时,必须把耐用品和日用品分别加以计算。修正了的哈夫模型数字表达式为:

$$P_{IJA} = \frac{\dfrac{S_{JA}}{(T_{iJA})}}{\displaystyle\sum_{JA=1}^{n} \dfrac{S_{JA}}{(T_{iJA})}}$$

式中:P_{IJA} ＝ 从 I 地区到 JA 商业聚集区购买用品或耐用品的比率;

S_{JA} ＝ JA 商业聚集区日用品或耐用品的销售场地面积;

T_{iJA} ＝ I 地区和 JA 商业聚集区之间的距离。

6. 中心地带理论

德国德沃特·科里斯特勒(Walt Christaller)在莱利引力模型发表的同时,提出了中心地带理论。所谓中心地带,是指一个零售机构簇拥的商业中心,可以是一个村庄、一个城镇或城市。在中心地带理论中,有两个重要的概念:一是商圈,二是起点(Threshold)。商圈是顾客愿意购买某种商品或劳务的最大行程,此行程决定了某个商店市场区域的边缘界限;

起点是指在某个区域设立某家商店所应拥有的最低顾客数量,以便在经营效益上基本可行。显然,某个商店要取得经营效益,商圈必须覆盖比起点较多的人口。中心地带理论解释了经营必需品和基本服务的商店应在距离上靠近顾客,而经营专门产品及非日常生活必需品的商店,应从较远处吸引顾客。同时也解释了顾客愿意到一个地点购买其各种所需而不愿意到不同的地点分别购买这一现实。

7. 饱和指数法则

商店的饱和度决定是否需要开办新的零售商店,通常用饱和指数来估算商圈商店的饱和度。饱和指数法则的数学表达式为:

$$IRS = \frac{C \times RE}{RF}$$

式中:C=某地区购买某类商品的潜在顾客数;

　　　　RE=某地区每一顾客平均购买额;

　　　　RF=某地区经营同类商品的商店营业总面积;

　　　　IRS=某地区某类商品零售饱和指数。

以上阐述的评估商圈的理论法则主要适用于都市、商业街、商业中心或大中型零售企业商圈的测定。至于小型零售店铺的商圈测定,则主要通过简便易行的实地调查方法,诸如家庭购物调查法、来店者调查法、顾客登记簿法、市场调查法、顾客住址标图法、客流量统计法等来进行测定。

3.2.4　商圈的经营效应

商圈理论对卖场经营管理具有重要的理论意义和实践意义,合理运用商圈理论可以极大地增进卖场经营效益。

1. 商圈理论与卖场的选址

选址被认为是卖场经营成败的最为关键的因素,其原因就在于良好的店址能够使卖场获得较为持久的、不能为竞争对手所轻易模仿的竞争优势。根据这一理论,卖场进行选址首先要考虑其业态特征,那些单体规模小、满足顾客便利需要,以经营选择性较低的日常生活用品为主的零售业态,例如超市、便利店,原则上应在距离上靠近顾客;而那些单体规模大、商品品种齐全、以经营选择性较强的商品为主的零售业态,例如百货店或仓储式购物中心能够从远处吸引顾客,原则上应选址于商业中心或四通八达的地方。在实际选址工作中,总有诸如超市选址于城市的商业中心,专卖店选址于居民区而惨淡经营的案例,其原因之一就在于违背了商圈理论的指导原则。此外,还应该充分考虑那些使商圈缩小的阻碍因素以及使商圈扩大的吸引力因素,在此基础上综合评估商圈,论证选址的可行性。

2. 商圈理论与卖场日常经营管理

商圈理论尤其是布莱克所提出的多因素作用模型表明,吸引与阻碍顾客来店购物的因素除规模、距离等客观因素外,还包括那些与卖场日常经营管理相关的主观因素,例如形象、商誉、购物气氛、服务、商品定位等等。因此,卖场应努力树立良好的市场形象与商业信誉,提供让顾客满意的购物气氛与服务项目,明确商品定位等,这些措施的采用会扩大一个卖场的实际商圈,其具体表现便是经营业绩的大幅攀升。例如,家乐福定时提供班车接送顾客、沃尔玛提供大宗货物送货上门的服务等做法，都是减少顾客购买成本、增加顾客来店购物可能性的有效措施，其实质就是商圈理论在卖场经营管理过程中的应用。

3. 商圈理论与商业中心

商业中心往往是各种零售业态汇集、交通便利的地方，它的商圈由所有位于其中的零售业态共同作用而形成，覆盖的地理区域与一般单体店相比较更为广泛。商业中心的商圈具有明显的动态性，这一动态性与商圈的自身建设密切相关。如果一个商业中心内诸如百货、特色卖场、餐饮、休闲娱乐等诸多零售业态并存，而且同类业态之间又能够实行有效的错位竞争，那么，这个商业中心就能够为顾客提供多层次的、多品种的可供挑选的商品和服务，能够刺激顾客的购物欲望，满足顾客一站式购物的需要，从而对顾客产生较为强烈的"凝聚吸引"效应。商业中心的商圈随之扩大，一方面表现为商圈覆盖范围的增加，也就是顾客人数及其来店购物的可能性增加；另一方面则表现为顾客消费额度的上升。毫无疑问，这都将有益于商业中心的每一个零售店。而如果商业中心内零售业态单调，且同一类型零售业态定位相同、格局相似，造成"千店一面"的现象，势必导致激烈的市场竞争，顾客购物选择余地变小，这样不仅不会产生"凝聚吸引"效应，甚至还会推动原本属于自身商圈的顾客向其他商业中心流动。我国许多大中城市"百货一条街"衰败的主要原因正在于此。总之，商圈理论对于商业中心建设的启示在于形成各种零售业态百花齐放，同类业态错位竞争的局面。

3.3　卖场选址的重要性及原则

3.3.1　卖场选址的重要性

卖场选址的重要性体现在以下几个方面：

1. 卖场地址的选择是企业制定经营战略的重要依据

企业在制定经营战略时，要考虑的首要问题就是其所在区域的地理环境、社会环境、人口、交通状况及政府规划等因素。企业根据这些因素的分析来确定其目标市场，按目标客户的构成及需求特点，确定经营战略及目标，制定包括广告宣传和服务措施在内的各项促销策略。如果卖场经营不考虑周围的市场环境，随意选择卖场建立的地址，是难以经受市场激烈竞争的考验并获得成功的。在实际生活中，由于各卖场所选位置存在差异，尽管其产品构成、经营方向以及服务水平基本相同，但是它们的经济效益却表现出明显的差异。

2. 卖场地址的选择决定了企业的市场定位

卖场地址的合理选择，可以起到吸引大量消费者、使企业生意兴隆的作用。在某种程度上，合理的卖场地址对于卖场客流量的多少、企业竞争力的强弱、卖场对潜在顾客的吸引程度以及顾客的消费结构等起着决定性的作用。

3. 卖场地址的选择反映了企业的服务理念

卖场地址选择的首要原则就是要尽可能地满足消费者的需求。从顾客的角度出发，努力为其节省购买时间和交通费用等，否则一旦失去顾客的信赖和支持，卖场也就失去了其存在的基础。

4. 卖场地址的选择是一项长期性投资

卖场地址无论是租赁还是购买的,一旦确定下来,就需要投入大量的资金。它具有固定性、长期性的特点,而且当外部环境发生变化时,它不能像人、财、物等其他经营要素一样可以作相应调整,因此,选择卖场地址时一定要进行细致、深入的调查和妥善的规划。

3.3.2 卖场选址的原则

过去古语说"一步差三市",可见选址对于卖场经营业绩的影响之大。卖场在进行位置的选择时一定要保证其所处位置很容易就能到达,一方面交通要十分便利;另一方面,卖场必须距离顾客比较近,因为卖场立足的根本就在于它带给顾客的便利性。目前,我国卖场尚处于发展的初级阶段,因此在进行选址时一定要遵循以下原则:

1. 选择商业活动频繁程度高的地区

商业活跃的地段,通常是顾客购物和休闲逛街的理想场所。这些地段往往"寸土寸金",选择在这种地段开设卖场是理所应当的。一方面,"同行密集客自来",在商业活跃的地段集聚着众多商家,卖场之间的亲和力可以广泛吸引客流;另一方面,该地段市场购买力旺盛,商业活动频繁,顾客买卖频率较高,可以为卖场带来可观的营业额和良好的经济效益。那些将来可能成为新兴商业中心或小型商业区的地段,现在可能地价较低,正处于发展初期,但这正是进入该地区的最好时机。需要注意的是,卖场选址应考虑竞争对手的地理位置,若某商业活跃的地段竞争对手林立,那么就不适宜在此地段设立新卖场,以免过度竞争,导致自身经营失利。

2. 选择人口密度较高的地区

例如,居民聚居、人口集中的地方是适宜设置卖场的地方。在人口集中的地方,人们有着各种各样的对商品的大量需要,如果卖场设在这样的地方,本着"为民、便民、利民"的宗旨,那么卖场必定会生意兴隆,收入比较稳定。新兴居民区往往也是卖场首先的最佳位置。因为该区域居民集中,收入水平高,商业设施少,地价相对低,未来变动拆迁的可能性小且人口具有增加的趋势。另外,要尽可能选择在接近人们聚集的场所,如公园、电影院、游乐场、舞厅等娱乐场所,或者学校、住宅小区、机关、工厂的附近。

3. 选择交通便利的地区或客流量多的街道

交通便利与否一方面影响卖场采购进货和服务送货的安全性、经济性和时间性,另一方面影响区域范围内顾客观光的难易程度,从而影响顾客入店频率和购买意向。即使是在居民区开卖场,也要考虑选在交通最便利、人流最多、停车场地大的位置。当然,铁路、快车道、隔离栏、河流等会在一定程度上限制客流,明智的投资者设立卖场时要尽量避免这些障碍。通常,把卖场设在客流量多的街道上,可以使多数人购物都较为方便;相反,在客流量较小的地方设店,营业额一般很难提高。

4. 选择同类商店聚集的街区

大量事实证明,对于那些经营耐用品、选购品的商店来说,若能集中在某一个街区或地段,则更能招揽顾客。从顾客角度来看,店面众多表示货品齐全,购物时可比较参考,选择余地较大。所以,新设的卖场不需害怕竞争,同行愈多,人气愈旺,业绩才会愈好,因此店面也就会愈来愈多。例如,许多城市已经形成了各种专业街,例如在广州,买电器要去海印,买服装要去北京路;在昆明,买电子产品要到园西路,买鲜花要到尚义街,批发要到螺蛳湾等,许多顾客为了买到称心如意的商品,往往不惜跑很远的路程也要到专业街购物。

5.兼顾市政建设规划和法规条例

卖场在选址时,既要充分考虑当前的市场设施,了解城市公共设施的种类、数目、规模及分布状况,更要明确城市发展远景规划和市政建设总体要求,诸如交通网的开发计划、社区发展计划及商业区的建设计划等,因为这些方面的变化会对未来卖场的经营环境产生重大影响。例如,昆明呈贡新城的建设规划、大学城的新建、广福路综合批发市场的新建、南市区和北市区的规划等等,都极大地改变了昆明市民的生活状态及生活方式。另外,地方政府或大企业投资建设规划地区,往往是城市建设中的未来开发区域,水电供暖等各方面的设施配套性强,能得到很多益处,又无将来搬迁之忧,也是卖场设店优先考虑的地区。最后,卖场选址必须依法进行,遵守国家法律法规,贯彻执行地方条例规章;坚持经济效益与社会效益相统一,统筹兼顾,合理布局,满足人民生活多层次的需要。

资料阅读

便利店选址公约

上海市连锁协会推出了国内第一个地区性《便利店选址公约》,目的是使各便利店新开始设立的网点减少相互碰撞,取得效益。公约的内容是:

一、区域要求

1.在总区域内,目前便利店已相对较密集,在新设网点时,应认真调查拟设点周围的商圈情况,避免在贴近或隔邻开店。

2.在交通要道、医院、学校、居住区中心开设新区,应做到合理布局,防止过分密集。

3.在部分新居住区、郊区集镇、新村,对居民人数较多、商业网点较少的,通过周密调查,可考虑设点。

二、距离要求

1.新设便利店(包括加盟店),在一般路段的同一路侧,店店之间的距离,要求不少于100米。

2.道路相对两侧,店店之间的距离,原则上不少于100米。

3.交通要道、主要道路的交叉路口或转角,不少于半径50米。

4.坚决做到不隔墙、相邻开店。

三、管理措施

1.新开设门店应事先进行调查研究,了解周围商圈情况。

2.自有网点改为便利店,在与房主签约或与加盟者签约前向协会咨询,防止过分密集。

3.新设门店在协议签订后5天内向协会申报备案,为协会提供咨询作依据。

4.如发现违反本公约情况,可向协会投诉。

5.对被投诉单位,协会调查属实后,记录存档,并在业内通报。

6.加强与行政主管部门及新闻媒体等方面的联系,争取各方支持,通力合作共同促进本"公约"的落实。

四、附则

1.本公约解释权属上海连锁商业协会便利店专业委员会。

2.本公约自2002年6月21日起执行。

3.4　卖场选址的层次分析

卖场选址可以从以下三个层次进行分析:一是进行地区分析,确定卖场要进入的地区;二是进行商业区或购物区分析,确定卖场即将进入所在地区的哪一类商业区或购物区;三是进行具体位置分析,以确定卖场选址的具体地点。

3.4.1　卖场选址的地区分析

地区分析是卖场选址的第一步,也是关键的一步,因为地区的环境与条件将决定卖场未来经营的发展前景。如果地区环境和条件不理想,即使卖场的具体位置很好,也无法保证卖场经营的成功。这里所说的"地区",是指能够影响卖场经营的较大空间范围,它可能是一个国家、一个省或一个城市。对一个卖场来说,所要选择的地区必须具有一定量的人口,及其充足的购买力,同时还必须符合零售商的目标市场的要求。卖场选址的地区分析主要包括下列内容:

1. 需求预测

零售商通过对一个地区的人口规模及收入水平的调查,可以大致判断出该地区的购买力状况,从而估计出该地区的大致需求。但是,零售商仅仅依靠人口规模和收入水平来分析是不够的,还必须根据本企业目标市场的要求,将分析的重点转向特定的人口类别或潜在的顾客群上。例如,如果开设一家儿童服装店,收集有关儿童的数字信息就比收集广泛的人口数字更有意义;又如,如果将卖场的目标市场定位于高收入顾客群,则应该注重收集有关高收入家庭的数字信息。

总之,为了进行市场需求预测,一般要收集人口统计资料,包括人口的性别、年龄、收入、家庭规模、类型等,并进行系统分析。同时,应利用消费价格指数或其他方法计算出该地区的购买力指数,以便确定出该地区的购买力水平。

2. 购买力流入与流出额的测算

购买力流入是指本地区对外地区购买力的吸引,具体表现为外地顾客来本地购物。一个地区的购买力流入越多,则表明该地区的零售业越发达,零售吸引力越大。购买力流出则是指本地区购买力被外地区所吸引,具体表现为本地区顾客到外地区购物。一个地区购买力流出越多,则表明本地区零售吸引力越小,同时也意味着零售发展潜力越大。因此,一个地区不论是存在购买力流入,还是存在购买力流出,都是卖场选址的重要考虑因素。如果一个地区存在购买力流入,则表明该地区零售网点比较多,零售基础设施、环境、政策也比较好,但同时也意味着该地区零售业的竞争可能很激烈。相反,如果一个地区存在购买力流出,则表明该地区零售业的基础设施、环境、政策可能不够好,或者零售网点不多、零售经营效率较低,但同时又意味着该地区的零售发展潜力较大。因此,对零售商来说,是选择购买力流入地区还是选择购买力流出地区开设卖场是需要认真、谨慎考虑的。

3. 其他因素的分析

在进行地区分析时,除上述分析外,还要对该地区的其他因素进行分析,如该地区的产业结构、物流系统、劳动力供给、地方政府对新设卖场的政策与法律、可能开设的新店铺数量等等。这些因素也都对卖场的选址具有重要影响。例如,如果一个地区的产业结构比较单一,甚至被少数几家大企业所控制,那么,一旦这些企业出现不景气,就会影响整个地区,从而就会使该地区的零售业陷入困境。因此,在产业结构比较单一的地区开设卖场是有很大风险的。再比如,如果一个地区同时开设新卖场的数量过多,那么,这个地区新卖场成功的可能性就会大大降低。因此,如果准备在某一地区开设新卖场,还必须考虑到其他可能进入者的数量。

3.4.2 卖场选址的商业区或购物区分析

商业区或购物区分析是指对一个地区的不同类型的商业区或购物区的规模、形状和特点进行分析,从而在一个地区内选择什么样的商业区或购物区作为卖场选址的区位。一个地区内的商业区或购物区的类型大体包括以下几种:

1. 中心商业区

中心商业区是城市的零售中心,也是一个城市的重要组成部分,它是城市中人们熟悉的传统商业繁华地带。中心商业区集聚了很多零售店、饮食店、银行、娱乐场所、酒店、剧院、写字楼及其他服务机构,是一个城市的购物、商住、旅游集中区,如北京的王府井、上海的南京路。中心商业区不仅卖场数量多,而且卖场类型即零售业态也比较多,因此可以提供丰富的商品和多种服务,顾客到中心商业区购物可以有更多的选择机会,并可得到多样化的服务。因此,中心商业区是一个地区最有零售吸引力的区位。但是,中心商业区的主要缺点是停车地紧张、人群拥挤、货物运输不便、地价昂贵。中心商业区大多是历史形成的,因此,多在一个城市的火车站附近。

2. 副中心商业区或辅助商业区

副中心商业区是一个城市的二级商业区,其规模要小于中心商业区。一个城市一般有几个副中心商业区,每个区内至少有一家规模较大的百货店和数量较多的专业店。副中心商业区的卖场类型及所销售的商品大体上与中心商业区相同,只是卖场数量较少,经营商品的种类也较少。副中心商业区多以综合型为主,但也有专业型副中心商业区,即在该区内的各家零售店都经营某一类商品。与中心商业区相比,副中心商业区的客流相对较少,地价不高。

3. 商业小区

商业小区主要有两种形式:一种是集客地周边的商业小区,如车站、体育场、大学等附近的小型商业街;一种是居民小区附近的商业小区。两种小区的卖场类型及经营的商品也不大相同。集客地周边的商业小区主要以经营与集客地的活动相关联的商品,如体育场周边的商业小区主要经营体育用品,其卖场类型则主要以小型专业店为主;而居民区附近的商业小区则主要经营居民日常生活需要的便利品,其卖场类型则以中小型超市及便利店为主。一般来说,商业小区的卖场数量不多,每个卖场的规模也不大,但这些小区的环境比较安静,停车方便、地价也不高。

4．市区购物中心

购物中心是由开发者开发、建设，并进行统一规划、管理的有多家卖场入住的集中购物场所。购物中心很强调各类商店的平衡配置。所谓平衡配置，就是在一个购物中心内，商店的类型和数量是根据购物中心的目标定位来配置的。为了保持这种平衡，一个购物中心往往规定了各类零售商店的营业面积、经营品种及在购物中心内的具体位置。因此，零售商若在购物中心开设卖场，就必须考虑购物中心的这些要求。一般来说，一个购物中心往往要有一定数量的核心商店，这些核心商店必须有较高的知名度。购物中心的卖场类型或业态形式主要有百货店、专业店和超级市场。因此，零售商在进入购物中心时，还要考虑所选择的业态形式是否符合购物中心开发者的要求。

市区购物中心一般有三种类型：一是居民区购物中心，主要经营食品、杂货，并提供洗衣、修理、理发等服务；二是社区购物中心，主要经营便利商品、服装、家具等选购品；三是地区性购物中心，主要经营选购品，同时也经营部分便利商品，规模大、服务内容齐全。

5．郊区购物中心

在城市交通日益拥挤、停车困难、环境污染严重及地价上升的情况下，随着高速公路的快速发展和私人汽车的大量增加，大型购物中心对顾客的吸引力越来越大。购物中心能够把许多分散的商店有序地组织起来，能够吸引更多的顾客，使各个分散的商店产生了集聚效应，出现 $1+1+1>3$ 的非零和博弈局面。随着城市规模化建设和用地的紧张，居民住宅小区愈来愈向城郊扩展，这时郊区购物中心得以流行。郊区购物中心往往具有足够宽敞的购物空间、占地面积及充足的停车位，大大降低了卖场的运用成本，也能够满足顾客一站式购物的需求；同时，还可以在一定地域范围内形成垄断优势。随着城市急剧扩张的趋势以及私家车的普及，郊区购物中心在未来有着广阔的发展空间。

资料阅读

全球最贵商业街排名

2006 年	2005 年	国家	城市	地点	年租金（元/平方米）
1	1	美国	纽约	第五大街	113847
2	2	中国	香港	铜锣湾	95619
3	3	法国	巴黎	香榭丽舍大街	67877
4	4	英国	伦敦	牛津街	56776
5	5	日本	东京	银座	54963
6	6	爱尔兰	都柏林	考芬格尔大街	45039
7	10	瑞士	苏黎世	班霍夫大街	35232
8	7	澳大利亚	悉尼	椰脚街	32998
9	8	韩国	首尔	明洞	31745
10	9	德国	慕尼黑	考芬格大街	30052
10	12	希腊	雅典	埃尔穆街	30052
20		中国	北京	王府井	17999

资料来源：美国高玮环球私人房地产服务公司。

3.4.3　卖场选址的具体位置分析

在对商业区进行分析、选择以后,还要对卖场的具体位置进行分析和选择。因为在同一个商业区内,一个卖场可能会有几个开设地点可供选择,要选择一个最佳的开设地点,还必须对这些可供选择的开设地点的各种条件和具体影响因素进行全面分析,如表3-1所示。

表 3-1　对商店位置、店址的评价

项目	用1—10十个等级评定以下各项标准。1表示优越,10表示不好:
往来行人	往来人数　行人类型
往来车辆	往来车辆数　　车辆类型 交通拥挤程度
停车设备	停车场个数　停车场与商店的距离 职工停车场的可容量
交通	公共交通的可容量　　靠近主要公路 交货方便
商店组成	商店家数与规模　　商店之间的亲和力 零售店的平衡配置(一揽子选购)
具体店址	可见度(指一个店址能够被往来行人、车辆看到的程度) 商店区内的布局(拐角效应) 营业场地的大小和形状 建筑物…… 场地和房产的情况和使用年限
占用的条件	占有和租用的条件 施工和维修的费用 税金 区域规划 自愿遵守的规则
总评	商店位置　店址

资料来源:屈云波.零售业营销.北京:企业管理出版社,1996:123.

1. 交通条件分析

交通条件是影响卖场选择开设地点的一个重要因素,它决定着卖场的货流及客流是否通畅,或者说,它决定了卖场经营的顺利开展和顾客购买行为的顺利实现。

对于卖场设立的不同地点,考虑交通条件的侧重点也有所不同。如果卖场设立在闹市区,就要考虑是否靠近公共交通线,因为有些顾客没有汽车只有通过搭乘公共交通工具出行,而有些顾客即使有车也不习惯开车到交通拥挤而停车场地又有限的地点购物,这样就要分析公共汽车站的性质,是中途站还是终点站,是主要停车站还是一般停车站。一般来说,主要停车站客流量大,商店可以吸引的潜在顾客较多。中途站与始终站的客流量无统一规律,有的中途站多于始终站,有的始终站多于中途站。另外,必须考虑在卖场开设地点或附近是否有足够的停车空间,货物进出是否容易等,例如,外国绝大多数购物中心设计的停车场与售货场所的比率一般为4∶1。但是,过多闲置的空间又会给人一种购物中心的商店经营不善而不受欢迎的印象,因此停车场的合理设计十分重要。

如果卖场设立在商业中心的边缘区位置,这时就要分析卖场与车站、码头及高速公路出入口的距离和方向。驱车时间是许多人考虑的一个重要因素。一般距离越近,客流越多,购买越方便。开设地点还要考虑客流来去方向,如选在面向车站、码头的位置,以下车、船的客流为主;选在邻近市内公共车站的位置,则以上车的客流为主;在公路上向东行驶的人通常不喜欢作 U 形拐弯到公路旁的商店购物。此外,还应该考虑店前道路是否为单行线或车辆禁行线,以及与人行横道的远近等等。总体说来,卖场选址交通条件的分析主要就是考虑交通流量、行人数量及周围的道路数量是否协调。通常情况下,卖场所在地周围拥有良好的公路交通系统会使顾客量增加,相对较快的流动速度也往往会刺激销售额上升,但是,过度的拥挤又会使顾客的购物速度降低,从而影响到销售额的下降。

2. 客流分析

客流量的大小是一个卖场成功与否的关键因素。客流包括现有客流和潜在客流,卖场在选址时应尽量选择潜在客流最多、最集中的地点,以使多数人就近购买商品。但客流规模大并不一定能产生相应的优势,应作具体分析:

(1)分析客流类型

卖场的客流可以分为三种类型:一是自身客流,即那些为购买某种商品来本店购物的客流。这是商店客流的基础,是商店销售收入的主要来源,因此,新设卖场在选址时,应重点分析自身客流的大小及发展趋势;二是分享客流,即一家卖场从邻近卖场的客流中获得的客流,这种分享客流往往产生于经营互补商品的卖场之间,或大型卖场与小型卖场之间;三是派生客流,即那些顺便来本店购物的客流,这些客流并非由本店产生,而是由其他公共场所,如旅游景点、交通枢纽、体育场馆等等所派生的客流。

(2)分析客流目标、速度和滞留时间

不同地点的客流规模虽然有可能相同,但客流的目的、速度及滞留时间却可能不同,因此要作具体分析。例如在一些公共场所附近、车辆通行干道,虽然客流很大,但客流的目的并不是为了购物,同时客流的速度快、滞留时间也短,在这样的地方开设卖场显然并不恰当。

(3)分析街路两侧的客流规模

同样一条街路,由于受交通条件、光照条件、公共设施及行路习惯等的影响,两侧的客流规模往往不同。因此,应尽量将卖场地点选择在客流量大的一侧。

3. 竞争对手分析

卖场周围的竞争情况对卖场的经营也有很大影响,因此,在卖场选址时必须考虑竞争对手的情况。一般来说,如果本店的经营内容与竞争对手相同或相近,那么潜在需求就不大,此时应该尽量远离竞争对手开店;如果本店的经营内容与竞争店铺不同或多为互补性商品,则应该选择竞争对手的附近地点开店;如果新卖场的经营独具特色、竞争力强,也能够吸引大量客流,促进销售增加,增强卖场的市场信誉。此外,还应考虑卖场与周围竞争对手的相容性。相容性既能够存在于相互竞争的卖场之间,也能够存在于相互补充的卖场之间。如果双方相容,就能够在生意上共享,每家卖场的销售额就会比这些卖场分散经营时高。一般衡量卖场相容性的尺度之一是各个卖场顾客互换的程度。

4. 地形特点及位置布局分析

分析地形特征就是要选择能见度高的地点开店。所谓能见度是指一个店铺能被往来行人和乘车者所看到的程度。能见度越高,越容易吸引顾客来店,因此,商店应尽量临街而设,并尽可能选在两面或三面临街的路口,增强能见度。一般来说,一些大型公共场所的对面都是能见度较高的地段。位置布局是指商店在商业区或购物中心内的相对位置。一般来说,拐角的位置往往是很理想的,它位于两条街道或两条人行通道的交叉处,可以产生"拐角效应"。此外,还应考虑店铺具体位置与周围环境的关系、是否有空间弹性、路面是平坦还是有斜度、采光条件等等。

卖场周围的公路的使用年限、车道数量、拥挤程度和公路的总体维护状况,对卖场商圈的可利用性有着密切的关系。例如,一个年久失修、路面狭窄拥挤、红绿灯很多的二级公路上的位置就不是一个好位置,天然障碍(如河流、湖泊)和人为障碍(如铁路、主要公路)也会影响商店的可利用性。在卖场周围地区,影响卖场可利用性的还有其他一些因素,如可光顾性,即顾客可以看到商店,并能安全进入停车场的能力。一些专家坚持认为,应该排除影响商店可见性的任何障碍,在流动人口很多的地方(如旅游中心或大城市),商店良好标志的可见性对商店经营状况特别重要。

5. 城市规划分析

在选择卖场的具体位置时,还要考虑城市建设规划。有的地点从短期来看是最佳的位置,但随着城市的改造和发展将会出现新的变化而不适合开店;反之,有些地点从短期来看不是理想的位置,但从规划前景来看会成为有发展前途的店址。因此,零售商必须从长期考虑,在了解交通、街道、市政、绿化、公共设施、住宅建设等规划的前提下作出最佳地点的选择。

6. 效益分析

卖场选址的最后一道工序是对卖场的未来效益进行评估,主要包括平均每天经过的人数、来店人数、购物人数及每一购物者的平均购物额等等;同时,还要详细测算成本费用情况,包括自由或租用方式、运营和维护费用、税收等,据此对每个可能的店址进行评估,测算未来的经济效益,以最后决定是否开店。

> **小链接**

肯德基 & 麦当劳的选址

一、肯德基的选址步骤

首先,划分商圈,精心选择。通过广泛搜集资料之后,肯德基才开始规划商圈。商圈规划采取的是记分方法,例如该地区有一个大型商场,商场营业额 1000 万元算一分,在此基础上累计加分,有一条公交线路加多少分,有一条地铁线路加多少分。这些分值标准是多年平均下来的一个较准确的经验值。通过打分把商圈分为市级商业型,以及旅游型、社区型、商务两用型等。规划商圈之后,肯德基再开始选择商圈。其选择标准,一方面要考虑自身的市场定位,另一方面也要考虑商圈的稳定度和成熟度。肯德基的市场定位以家庭成员为主要消费者,重点是较容易接受外来文化和新鲜事物的年轻人。在具体的选址上,肯德基一贯遵循一条原则:一定要等到商圈成熟之后才进入,即稳健的原则,保证开一家就成功一家。

其次,测算客点,计算流量。确定商圈之后,肯德基进而确定商圈内最主要的聚客点。聚客点的人流是怎样的,客人朝哪里走,肯德基都派人计算和测量,计算出单位时间里有多少人经过该处,除了人行道上的人流外,还要测马路中间的人流和马路对面的人流量。得出一套完整的数据之后,肯德基才据此确定地址。在测算流量的时候,肯德基甚至把马路中间的隔离带、马路的宽度都考虑进去了。在选址时,肯德基还考虑客流会不会被竞争对手截住。正所谓"一步差三市"。店面的地址相差一步,就有可能相差三成的买卖。肯德基在中国 20 年的发展与成功,与它正确、科学的选址策略是密不可分的。

二、麦当劳的选址步骤

首先,市场调查和资料信息的收集,包括人口、经济水平、消费能力、发展规模和潜力、收入水平以及前期研究商圈的等级和发展机会及成长空间。

其次,对不同商圈中的物业进行评估。包括人流测试、顾客能力对比、可见度和方便性的考量等,以得到最佳的位置和合理选择。在了解市场价格、面积划分、工程物业配套条件及权属性质等方面的基础上进行营业额预估和财务分析,最终确定该位置是否有能力开设一家麦当劳餐厅。

然后,打分锁定商圈。对商圈的评估采用记分方法。例如,这个地区有一个大型商场,市场营业额 1000 万元算一分,5000 万元算五分等;有一条公交线路加多少分,有一条地铁线路加多少分。这些分值标准是多年平均下来的一个经验值,一般比较准确。打完分之后,商圈就被分成好几个板块,比如市级商业型、区级商业型、定点消费型,还有社区型、社区商务两用型、旅游型等等。接下来,就是确定在哪个商圈开店。在商圈选择标准上,一方面要考虑餐馆自身的市场定位;另一方面要考虑商圈的稳定度和成熟度。科学化的选址策略对"麦当劳帝国"的形成功不可没。

资料来源:苍耳.旺铺:商业实用风水宝典.石家庄:花山文艺出版社,2005:3—5.

3.5 卖场选址的策略

对于任何卖场的经营实践来说,店址的选择都具有战略性的作用。根据学者邬适融(2006)的研究总结,卖场的选址策略可以概括为以下几种:

1."贴身结伴"策略

众所周知,肯德基与麦当劳是一对欢喜冤家。人们一提到"肯德基"一定会联想到"麦当劳",这一对"冤家"几十年来一直相互竞争,试比高低,却又如棒打不散的鸳鸯,如影随形,哪里有"肯德基"和蔼可亲的山德士上校,哪里就有笑容可掬的"麦当劳"大叔。这种贴身选址策略在零售业里处处可见,上海"好德"便利店就是利用这种策略迅速崛起的一个样板。21世纪初,上海人均GDP超过4000美元,便利店进入了高速发展期。于是,联华便利、可的、良友、罗森、正广和的"8581"等各种便利店风起云涌,雨后春笋般地发展起来。这时,新开设的农工商"好德"便利店就选用贴身策略,发挥后起优势,一举崛起。"好德"基本上没做什么市场调查,也不去了解周围的购买情况如何,而是瞄准已经开的便利店,哪里生意好,"我"就开在它边上。因为"好德"认为,凡是生意好的肯定有消费者,既然有消费人群,"我"就贴在你身边开一家,即使不能分一半,至少也可分三四成。因为是零起点、成本低、风险小,贴在人家旁边可以坐享别人市场开发效应,尽管业内批评声不少,但对于"好德"来说,无疑是很成功的。它用较少的投资进入了竞争十分激烈的便利店市场,不仅站住了脚,而且活得很潇洒。

2."出奇制胜"策略

卖场选址时既需要科学考察分析,同时又应该将它看成一种艺术。零售业的经营者要有敏锐的洞察力,善于捕捉市场缝隙,采用出奇制胜的策略和与众不同的眼光来选择商场位置,常常会得到意想不到的收获。如全球最大的零售企业"沃尔玛"联合商场的总经理山姆·沃尔顿就是采用"人弃我取"的反向操作策略,把大型折价商场开到不被一般商家重视的乡村和小城镇去,因为乡村的市场尚未开发,具有很大的潜力,同时又可以避免大城市商业日益激烈的竞争。沃尔玛开业之初不在任何一个超过 5000 人的城镇设店,保障以相对领先的优势成为小城镇零售业的市场主导者。沃尔玛创始人山姆·沃尔顿说:"我们尽可能在距离库房近一些的地方开店,然后我们就会把那一地区的地图填满,一个州接着一个州,一个县接着一个县,直到使那个市场饱和。"沃尔玛走的是一条"农村包围城市"的道路,到20 世纪 80 年代末它们羽毛丰满了,才开始进军都市市场,并在各个市场全面称霸。

3."聚集人气"策略

每个零售业的经营者都知道,开店选址必须寻找客流兴旺的地方。因为只有拥有足够的人流量,才能保证卖场的利润回报,足够的人气才能支撑起卖场的购买量。比如,坐落在上海南京东路的永安公司,其创办者郭氏兄弟当年在选择永安公司的地址时颇下了一番工夫。1915 年,香港永安公司经理郭泉先生兄弟二人携港币 50 万元闯荡上海,筹建永安公司。在繁华的南京路上走了很多个来回,兄弟俩迟迟下不了决心。究竟是把店址设在南京路的南边还是北边,兄弟俩十分犹豫。于是他们派两个人带了蚕豆和布袋分别站在路南和路北,只要各自身边走过一人,就往口袋里放一粒豆子。通过比较口袋里的豆子数,结果显示路南的客流远远多于路北,郭氏兄弟顿时茅塞顿开,毫不犹豫地就把永安公司的店址选在路南。公司开业后,客流果然比对面先施公司的客流量大很多。在很长时间里,永安公司的生意都比先施公司的兴旺,这正是他们科学选址的结果。

4."便利"策略

卖场的地址选择也讲究"天时、地利",地理位置的客观障碍往往会阻止或挫败顾客购物的念头和信心。因此,卖场的选址除了要选在人流量大的地方,还应该选在交通便利的地方。因为便利的交通条件可以方便人群的自由流动和往来,可以把较远地方的人群也吸引过来,扩展卖场的商圈范围。例如,交通便利就是家乐福选址的首要因素,其法文品牌名称"Carrefour"就是"十字路口"的意思。为了给顾客提供方便和带动周围的商圈,家乐福倾向于在道路主干道、轨道交通出入口附近以及高速公路出入口处设立门店。所以,家乐福开店选址的条件是:交通方便,人口集中,以及两条马路的交叉口。在上海的第一家门店曲阳店是利用联华超市原有场地改建而成,面积虽然只有 4000 多平方米,但基本上符合这一原则,因此一举成为上海超市业的领头羊;在昆明的第一家门店则选址在城市中心的南屏街上,由于南屏街是昆明市商业集聚的街道,随后又改建为步行街,因此拥有最充足的客源,家乐福从开业起就大获成功。

日本便利店的选址策略分析

一、日本便利店的选址策略

1.支配型策略

支配型策略是指集中配置于比较狭小的特定区域的店铺网,通过集中开店巩固市场份额,同时迫使竞争对手无法进入该地区。如7-11店,一旦在某个地区开出第一家店,其他店立刻就会以此为中心集结于四周,实行集团作战。该策略的好处显而易见:配送的灵活与及时性可以保持各个单店货品的新鲜度;大规模的集群开店可以降低货品采购和配送成本;高度一致的整体行动和区域市场占有的高密度,可以迅速扩大品牌在本地区的知名度。这些均是单店和小规模连锁店无法比拟的。

2.广域型策略

广域型策略是指以全日本所有都道府县为开店范围形成店铺网。该策略的优点是:可以分散经营风险;充分利用不同地区的独特资源开发特色商品,展开特色性的店铺;有助于公司长期战略目标的实现。1997 年 7 月,随着在冲绳县的店铺开业,罗森成为日本第一个实现在全部 47 个都道府县设店的便利店公司,目前店铺总数达到 8587 家。

支配型策略和广域型策略并不相互排斥,一家公司可以同时使用这两种策略。比如宜家在运用广域型开店策略的基础上,还把在东京、大阪、名古屋三大都市圈开店放在重点,实行了有效的、与市场状况相适应的支配型策略。

二、日本便利店选址考虑的因素

日本各个便利店公司的选址,在实践分析中常考虑的一些共同因素如下:

1.动线

在日本,顾客去便利店的手段是开车或步行,据说平均起来,开车和步行的比例是3∶7。临主干道的店铺另当别论,所以应该选择步行顾客容易达到和进店的地方建店。此时,自家住宅→店铺→目的地,或者目的地→店铺→目的地,像这样沿着顾客的移动路线的场所开店最适合。

2.商圈人口

一家便利店要想正常运行,需要 2000～3000 人的商圈人口,顾客通常利用距家或上班地点 500 米以内立地的店铺,而在市中心,一般利用 300 米以内立地的店铺。

3.道路情况

人和车移动缓慢的场所适合选址。比如在坡道选址时,如果是驾车顾客,道路顶端比途中好,上坡道比下坡道好;在火车站附近选址时,与车站同在一侧且离车站不远的右侧比正对着车站的右侧有利。

4.和设施的临近情况

火车站、教育机构、上班地、住宿设施、公共设施、聚集设施、旅游等的临近地一般适合选址,而前面道路偏离利用者的移动通路处不适合选址。

5.购买客层

便利店以 15～29 岁的单身者为中心,涵盖从小学生到老人等广泛的顾客层。但从收入阶层看,以中等收入阶层为主体,高收入和低收入两级阶层利用者较少,为此,中等收入层多的住宅区,商业街就成为适合的选址;在新兴住宅地区等,有房贷负担的家庭对便利店的利用呈减少趋势。

6.与支配型开店策略的关系

开店密度的均衡是实施支配性策略的重要课题。店铺集中可以提高运营效率,但也伴随着相互抢夺顾客的风险。现在许多城市的便利店开店密度几近饱和,如何处理好加盟店与总部在追求利益上的均衡就成为总部的重大课题。

综上所述,便利店适于选在徒步顾客向目的地移动的动线上,以店铺为中心半径 300～500 米以内,有 2000～3000 人的中等收入阶层居住或上班;在临近道路处选址应选择车速缓慢、公共设施利用者的移动路线。

三、日本便利店选址策略的变化

1.加大投入力度,提高选址的有效性和可科学性

便利店市场竞争激化,使得能够出色地抓住上好的立地比以往任何时候都重要。日本大型便利店公司每年要对大量候选店铺进行评估,如全家每年要筛选的候选店铺多达近 2 万个,加之资深的店铺开发职员陆续退居二线,而年轻职员不断增加。因此,提高店铺开发业务效率的问题显得格外突出。

2.积极寻找新的可能开店地址

近年来,随着传统开店地址的便利店趋于饱和,许多公司开始挖掘新的店址资源。7-11、罗森、全家等三大便利店公司纷纷走进医院、大学、宾馆、办公楼内,不久,又进驻政府机构、警察局、车站内、高速公路服务区。据报道,2008 年 8 月 28 日"日本 7-11"在札幌市中央批发市场的便利店开业,该店为特许加盟店,卖场面积为 130 平方米,营业时间为早上三点至下午五点,市场休息日休息,经营商品以便当和饮料为主,由于预计点心和杂货也会有需求,所以该店将进一步扩充备货。据批发市场相关负责人说,市场内虽有 6 家零售店和 5 家食堂,但"缺少利于年轻人利用的店"。到批发市场内开便利店,这在全日本是罕见的。业内认为,由于普通便利店趋于饱和,围绕便利店立地的竞争将愈加激烈,今后到公共设施或建筑物内开店的公司会更加积极。

3.注重选址的精细化

便捷是便利店店址选择的出发点。具体来讲,就是在顾客日常生活范围内开店,如居民区、停车场、办公室或学校附近等。由于强调店铺的便捷性是所有便利店共同关注的焦点,因此,极有可能导致选址地点一致的现象。在这种情况下,许多便利店公司侧重通过细微的对比寻找差异,追求最优地点。如有红绿灯的地方,越过红绿灯的位置最佳,因为它便于顾客出入,又不会造成店铺拥堵现象;有车站的地方,车站下方的位置就比车站对面的位置更佳,因为它省去了顾客穿越马路的麻烦。另外,各个公司特别注意避免在下述地方建店:道路狭窄的地方、停车场小的地方、车流量过大不易进入的地方、店铺过小的地方、入口狭窄的地方等。

资料来源:高薇,付铁山.日本便利店选址策略研究.企业活力,2008(12).载于中国人民大学书报资料中心.市场营销文摘,2009(3).

本章小结

1.立地调查主要是为了判断现有店址是否具备成功卖场店址的条件,调查的内容主要

有生活结构调查、都市结构调查及零售业结构调查。开展调查的方法可以是资料的收集整理，或者是具体的市场调查。

2. 商圈是指卖场以其所在地点为中心，沿着一定的方向和距离扩展，那些优先选择到店铺来消费的顾客所分布的地区范围，即卖场顾客所在的地理范围。商圈具有层次性、区域性、重叠性、无规则性、动态性等特点。

3. 商圈由核心商圈、次级商圈、边缘商圈构成；具体形态有商业区、住宅区、文教区、办公区、混合区等。

4. 影响商圈形成的因素有：人口、大城市、中小城市/小城镇、交通流量、个人收入、同业竞争、销售潜力及社区的发展。

5. 商圈评估的理论方法主要有：莱利法则、康帕斯法则、阿普波姆法则、伽萨法则、哈夫法则、中心地带理论以及饱和指数理论。

6. 卖场的选址对企业经营的成功至关重要。进行选址时要侧重于选择商业活动频繁程度高、人口密度高、交通便利或客流量多、同类商店聚集的区域，并兼顾相关法规条例。

7. 卖场选址的地区分析，包括需求预测、购买力流入/流出额测算、其他因素分析；卖场选址的商业区或购物区分析，包括中心商业区、副中心商业区/辅助商业区、商业小区、市区购物中心及郊区购物中心；卖场选址的具体位置，分析包括交通条件分析、客流分析、竞争对手分析、地形特点及位置布局分析、城市规划分析和效益分析。

8. 卖场选址常用策略有贴身结伴策略、出奇制胜策略、聚集人气策略及便利策略。

思考题

1. 立地调查的内容包括哪些？怎样开展立地调查？
2. 什么是商圈？商圈的构成及商圈的形态有哪些？
3. 影响商圈的因素有哪些？
4. 常用的商圈评估方法有哪些？
5. 卖场选址的原则有哪些？
6. 如何就卖场选址展开层次分析？
7. 举例说明卖场选址的常用策略。

【案例 3.1】　　　　　　　　风采超市选址的调查分析

风采超市开业在即，为正确设定卖场的商品结构，了解社区人流情况及消费者需求状况，特进行此次市场调查。此次调查的内容共分为四项：

一、商圈人口调查

根据地图显示与现场勘测，将步行 10 分钟以内的区域设定为一级商圈：东至武陵区人民法院，西至市卫生防疫站向北一线，南至丹阳路天桥，北临紫桥小区。将门店可辐射地区设定为二级商圈：向西延伸至市"人大"至鸿升一线，向北扩张至芷兰小区、电信新村。市场调查人员根据设定的商圈，在三个不同的派出所展开调查，获得资料如下：

1. 城北派出所（紫桥、芷兰居委会）：共有 6727 人，2738 户人家，平均每户 2.45 人。
2. 城西派出所：7600 人左右，约 2533 户人家，平均每户 3 人。

3. 护城派出所:1291人、554户人家,平均每户2.33人(其中农民193人,113户人家)。

综合三个派出所的调查结果,商圈内共计常住人口15618人,5825户人家,平均每户人数2.68人。根据调查,商圈内每户人家每月平均生活费为400元左右,假定风采超市在整个商圈内的市场占有率为50%,则可预测出风采超市每月销售额为116.5万元,每日销售额则为38833元。

二、客流量调查

市场调查人员在三天内,每天6:30—22:30,分时段对经过风采超市大门的过往车辆、人群进行统计,制作出流量波动图。流量波动图显示:8:30—11:30、17:00—18:30为人流高峰期,20:00—20:30有小的高峰。

三、商圈入户调查

为了能更加了解商圈内的消费者,拉近风采超市与消费者之间的距离,市场调查人员与顾客进行了面对面的交流。此项调查共发放问卷99份,回收99份,发放礼物99份。现根据市场调查问卷的结果进行分析。

1. 此次调查对象的男女比例为1:1,年龄层次主要为20~40岁,其职业分别为公务员、商人、职工、学生、居家人士、教师,其中以商人、居家人士居多,其文化程度一般为高中。

2. 此次调查的家庭人口一般为3人,家庭月收入多为500~2000元,家庭生活费支出多为400~800元。

3. 商圈内的居民经常购物的地方是步步高超市和小卖部,比例高达55%和25%,附近的超市很少光顾。

4. 接受调查的人员喜欢在超市购物的原因主要是品种齐全、物美价廉、文化氛围浓厚,其次就是环境舒适、服务热忱,最少考虑的是交通便利。但当问及超市经营的制胜点时,有28%的顾客认为服务热忱很重要。

5. 此次调查的对象,以平均3天和平均6天以上买东西的人居多。

6. 商圈内居民大多有散步的习惯,他们一般在河堤草坪、超市和大街上散步休闲。

7. 这些居民多在紫桥农贸市场或附近的农贸市场买菜,去步步高超市买菜的也有12%。

8. 在商圈居民的调查中,48%的居民认为风采超市的距离较近,30%的居民认为近,19%的居民认为较远,3%的居民认为远。认为远或较远的居民大多住在芷兰小区或茉莉村以及丹阳路天桥以南。

9. 消费者大多希望风采超市的开门时间为7:00,其次是7:30和8:00;希望关门的时间为23:00,其次是21:30和22:30。

10. 消费者希望在风采超市购买家居用品的占15%,购买食品的占14%,购买新鲜肉菜的占14%,购买洗涤化妆品的占13%,购买水果的占11%,购买熟食的占11%,购买家用小电器的占10%,购买配菜的占9%。

11. 消费者希望风采超市能够提供送货服务的占60%,希望提供电话购物的占34%,希望待客送礼的占3%,希望出售磁卡的占2%。还有消费者希望提供批发业务和小孩娱乐场地。

12. 调查表的最后是请被调查者对风采超市的实际情况提出意见和建议,反馈信息如下:

(1)大多数调查对象认为风采超市地址好,但地处二楼不方便,希望改善周边环境(楼梯下卖菜的摊担较多,杂、乱、脏),希望增强楼梯口的灯光光线以方便上下楼梯,希望提供休闲场所(音乐茶座之类)、小孩娱乐场所。

(2)有调查对象希望风采超市营业时间长,卖场内安装IC卡电话,有求购意见簿,购物停车要方便(由于风采超市大门前的停车无人看守,因此顾客购物会心存顾忌)。

(3)大多数调查对象希望风采超市有自己的服务特色,设意见簿,营业员熟悉业务,导购服务态度好,物品摆放规范,结算方便,投诉能得到及时处理,提供物美价廉、品种齐全的商品。

(4)大多数调查对象希望风采超市能经常开展促销活动,给予顾客实惠和优惠;经常召集常客开展活动,广泛听取顾客意见,为顾客发放礼品;开业期间优惠多多、实惠多多。

(5)有调查对象拿风采超市与步步高超市相比较,希望风采超市能够提供无公害蔬菜,并与步步高超市的同价。

(6)有调查对象认为风采超市需加大宣传力度,以提高知名度,卖场内需有醒目的标志指导,广告要清楚、明了。

四、竞争调查

调查人员采用观察法,进行了竞争调查。通过调查,了解到商圈内共有大小超市12家。通过对具有代表性的几家超市(民心超市、盛强超市、紫金超市、广源超市、飞龙超市、绅力超市)进行调查,结果显示:其营业时间基本是7:00~23:00,超市规模均不大,经营品种以食品为主。除民心超市经营休闲冷饮食品外,其余均无特色经营。相对而言,民心超市比其余竞争店略胜一筹。

综观以上四项调查结果,可以了解到消费者的需求,了解到竞争店的状况。风采超市只要有合理的商品结构,价廉物美、品种齐全的商品,优美的购物环境,优质的服务,就能成为一个好的社区店。

资料来源:周文.连锁超市经营管理师操作实务手册——店铺开发篇.长沙:湖南科学技术出版社,2003:105-108.

案例问题:

1. 请分析风采超市所处的商圈环境。
2. 请评价风采超市选址的利弊。

【案例3.2】　　　　　　　　**7-11的选址策略**

在日本零售业中,便利店作为一种追求便捷、优质服务的商业形式,一直占据着举足轻重的地位。在这一新型零售业态中,7-11公司可以说是鹤立鸡群,俨然成为世界便利店的楷模。7-11公司卓越的店铺和商品管理是它经营的最大特点和优势,也是其生存发展的基石,但是良好的店址选择历来是7-11店铺管理中十分重要的内容。

一、开店四要素

一般来讲,便利店的开发过程主要考虑四个因素:一是店址,二是时间,三是备货,四是快速(不需要加工)。在店址的选择上,7-11考虑的一个基本出发点是便捷,从大的方面来讲,就是要在消费者日常生活的行动范围内开设店铺,诸如距离居民生活区较近的地方、上班或上学的途中、停车场附近、办公室或学校附近等等。总的来说,7-11特别注意在居民住宅区内设立店铺,而且在决定店铺位置的时候,非常注意避免在下述地点建店,即道路狭窄的地方、停车场小的地方、人口狭窄的地方以及建筑物过于狭长的地方等等。

二、加盟 7-11 的"四原则"

7-11 店铺设立决策除了考虑地点和周围环境外,还有一个因素是十分重要的,那就是 7-11 对加盟的经营者的素质和个人因素有较高的要求,正因为如此 7-11 在与经营者签订契约之前,都要按一定的标准严格审查加盟者的素质和个人条件。在素质方面,主要是强调经营者要严格遵守 7-11 店铺经营的基本原则,这是 7-11 经营的核心和诀窍,所以作为经营者不仅要能够理解这些原则对店铺运营的作用,而且在实际经营中能很好地执行。这些基本原则主要有四点,即鲜度管理(确保销售期限)、单品管理(单品控制,防止出现滞销)、清洁明亮(有污垢立即清扫,保持整洁明亮的店铺)和友好服务(热情、微笑待客)。个人因素是 7-11 公司在店铺设立过程中十分注重的因素,这也构成了 7-11 店铺管理的一大特色。这些因素包括加盟者的身体健康状况、对便利店的了解程度、性格、夫妻关系融洽与否、孩子的大小以及本人的年龄等等。

以上是从细微之处来考察店铺设立,7-11 公司还有其他一些战略性措施来确保店铺设立的正确性和及时性。第一,店铺的建立是否与伊藤洋华堂的发展战略相吻合。在伊藤洋华堂已进入的地区,由于商业环境和商业关系都已经建立和完善,所以,在这些地区 7-11 可以立即进入;第二,在进入新地区时,根据地方零售商的建店要求从事店址考察,并在此基础上,探讨有无集中设店的可能,即在目标市场实行高密度、多店铺建设,迅速铺开市场。由于集中设店能降低市场及店铺开发的投资,有利于市场发展的连续性和稳定性,便于 7-11 的高效率管理,因此,它已成为 7-11 在店铺建立管理中的主要目标和原则,在实际操作过程中,7-11 往往会收到很多要求建店的申请,却并不是接到申请后就立即建店,而是根据 7-11 的地区发展规划,在同申请者充分沟通后再作决定。

7-11 店铺的开发由其总部负责,总部内设有开发事业部,在开发事业部中,店铺开发部与店铺开发推进部是分开的,前者是对既存的零售店进行开发,后者是从事不动产开发和经营。从工作的难易程度讲,前者更为困难。因为前者是在对现有商家进行改造的基础上形成的,那些商家投入了大量的资金和人力、物力,颇有背水一战之意,这就要求 7-11 能及时给予他们指导,保证其经营获得成功。而对 7-11 来说,从大量的申请者中选出富有竞争力的商家也是一件极具挑战而工作量又很大的工作。

资料来源:尚春香.日本 7-11 便利店选址策略.市场周刊,2003(8):33—34.

案例问题:

1. 影响 7-11 选址的因素主要有哪些?

2. 7-11 选址的特点是什么?对我国便利店选址有哪些启示?

第4章
卖场的设计

◆◆ 学习要点

1. 卖场设计的原则及重要性；
2. 卖场外观设计的原则与技巧；
3. 卖场建筑设计、门面设计、招牌设计、出入口设计和橱窗设计的内容；
4. 卖场形象的概念及作用；
5. 卖场形象设计中的理念识别、行为识别、视觉识别；
6. 卖场形象的塑造及影响因素；
7. 主题卖场的内涵及设计内容。

◆◆ 重要概念

卖场设计　卖场形象　主题卖场　招牌　出入口　橱窗

4.1　卖场设计概述

4.1.1　卖场设计的意义及内容

在人们日常生活的周围，处处是设计的痕迹，从纽扣到航天飞机，可以说，"设计"已经渗透到人类生活的一切领域，衣、食、住、行无所不在。设计正深刻地影响着现代人的思维方式与生活方式，这个时代是一个设计的时代，一个设计竞争与设计制胜的时代。

1. 卖场设计的意义

卖场设计在卖场经营中具有重要的作用。卖场设计属于零售卖场的环境质量管理，同时也是卖场服务质量管理的重要组成部分。由于零售商品经营受营业场所环境条件的影响和制约较大，因此卖场设计水平的高低，直接体现出零售卖场的服务形象和经营风貌，影响着顾客的满意程度，关系到卖场的经济效益和社会效益。

①卖场设计有利于创造良好的经营环境和气氛；

②卖场设计有利于商品宣传，吸引顾客，激发顾客的购买欲望，便于顾客挑选和购买；

③卖场设计有利于促进商品销售，提高卖场经济效益，并树立良好的企业形象；

④卖场设计有利于充分利用营业空间，提高营业场地的使用效率，增加单位面积的营业收益。

2. 卖场设计的内容

(1)外观设计

卖场外观的设计包括卖场正面、招牌、出入口、橱窗陈列、建筑高度、建筑规模、能见度、独特性、周围环境、停车场、拥挤程度。

(2)卖场内部

卖场内部的设计包括经营场所、颜色、灯光、气味、音响、固定装置、墙壁材料构成、温度、通道宽度、装饰设施、运送设施、收银台、清洁、现代化程度。

(3)卖场布局设计

卖场布局的设计包括销售空间分配、商品归类、顾客交通、商品部门位置。

(4)商品陈列

对商品陈列的包括花色品种、主体设计、陈列架和陈列台、招贴、标志、卡片、活动装置、装饰物。这些要素的综合运用会烘托出一定的卖场气氛,对顾客产生吸引力或推离力。

这些设计构成了卖场设计的全部内容,本章主要对卖场外观设计及有关卖场形象的设计进行介绍,特别对新近流行的主题卖场设计进行讨论,其余内容参见本教材相关章节的论述。

4.1.2 卖场设计的原则及要素

1. 卖场设计的原则

科学合理的卖场环境设计,对顾客和企业都是十分重要的。它不仅有利于提高零售企业的营业效率和营业设施的使用率,还有利于为顾客提供舒适的购物环境,满足顾客的精神需求。为实现这一目的,有效的卖场设计应遵循以下原则:

(1)顾客导向的原则

卖场设计的宗旨就在于便利顾客和创造购买气氛。今天的顾客已经不再把"逛商店"看做是一种纯粹性的购买活动,而是把它作为一种集购物、休闲、娱乐及社交为一体的综合性活动。因此,零售业的卖场不仅要拥有充足的商品,还要创造出一种适宜的购物环境,使顾客享受到最完美的服务。例如,一个超级市场如果按高档百货商场的风格去装饰,极可能会使广大顾客疑惑不解、望而止步。顾客导向原则意味着要从顾客的观察角度来布置卖场。在卖场设计时,应从店外及顾客在店内可能的观察角度,追求方便、美观的造型布局,从而达到能有效触动顾客的最佳设计效果。一般来说,卖场设计时要对所服务的目标顾客的年龄、收入、性别、职业、消费特点、地理区域、风俗习惯等有清楚的了解,并以此决定卖场的设计风格,并将之贯穿于点点滴滴的设计细节里。

(2)展现自身特色的原则

每个卖场都有自身不同的市场定位和企业形象定位,因此,卖场布局设计不仅要考虑经营商品的范围类别、目标顾客的习惯和特点,同时还应该形成别具一格的经营特色,给消费者留下深刻的印象。依据现代化的要求,零售业卖场每5~8年就要将市场改装一次。各卖场经营者都着手打造创新、特色的卖场设计与布局,以吸引消费者,扩大销售。在这种情况下,卖场必须采取有效措施加强自身特色的体现,以便在商圈内有别于竞争对手。

（3）提高管理效率的原则

规划设计卖场时要合理组织商品的经营管理工作，使进、存、运、销各个环节紧密配合，使每位工作人员能够充分发挥自己的潜能，节约劳动时间，降低劳动成本，提高工作效率，从而增加企业的经济效益和社会效益。

（4）经济的原则

卖场设计的最终目标是扩大销售量，增加利润。本质上，卖场的设计就是促进销售的一种工具，也就是借助规划、布局的调整使商品得到最大限度的展示，从而获得满意的销量和利润。因此，在进行规划与设计之前，卖场经营者应该认真核算所需要的面积，所包括的商品、部门、组区、种类、数量等，要做到心中有数。同时，服务性的设施所需的面积如后勤区、收货区、收银台、办公室、走道等，也应该计算出来。这样，在规划设计和建筑中，才能留有足够的需求空间。

（5）生动的原则

卖场设计的生动性，就是以最佳陈列位置、最大陈列空间、最高清洁度、最优化理货和POP广告烘托等手段在卖场充分展示目标商品，达到感染、吸引、诱发消费者购买欲望，并使其获得愉悦的购物体验，果断地作出购买决定目的。一个好的卖场不单要有一个好的创意来留住顾客的脚步，重要的是能持续保持一种活力。因此，卖场应随着季节、节庆日及消费者偏好等更替变换，灵活变化卖场的"装束"，使它更人性化、更蓬勃亲切。生动的卖点可以塑造卖场形象，强化卖场品牌，提高消费者对卖场的美誉度及忠诚度。

2. 卖场设计的要素

卖场设计是一项全面而复杂的工作，一个成功的卖场设计应当包括以下四个要素：

（1）消费者生活方式和价值观念

卖场设计与地域消费者的需求有着直接而密切的关系。只有对商圈内消费者的生活方式、购买习惯、价值观念有充分的了解，才能创造出针对商圈内顾客需求的带有生活提案的卖场设计。由于消费者在生活方式、价值观念、收入水平、购买习惯、饮食习惯等方面存在很大差距，卖场的表现和向顾客所展现的内容自然就不同。

（2）目标顾客和卖场经营理念

目标市场的确立应具有双重含义。首先，零售业经营者必须明确自己的经营性质；其次，要让顾客认识到自己是什么性质的卖场。只有当两者一致时，卖场的经营才能展开。卖场确定目标顾客之后，就要围绕目标顾客确立自己有别于其他卖场的经营概念，而顾客的识别就是对卖场经营概念的识别。

（3）商品的分类和构成

卖场的经营概念是通过卖场中的商品演绎表现出来的。卖场是由若干部门和商品品种构成，它们之间的不同组合决定了卖场的性质和特征。因此，这就要求对卖场进行设计时，应充分理解商品的特性及知识、重点商品、主力商品、季节商品、新商品、流行商品等，同时还要了解商品的购买对象以及使用的生活场景。

（4）商品布局与商品陈列

如果说以上部分是卖场设计中的企划部分，那么商品布局、商品陈列、商品表现则带有鲜明的计划特征。在企划阶段强调的是卖场设计中的理性分析，它是卖场中不可小视的部分，而计划阶段则强调计划和实施，它是将企划中的思考在卖场中用视觉表现出来，使两者达到统一。它们与卖场的销售计划、促销计划、宣传计划等联动进行,是通过各种营销技术手段,在卖场的平面与立体的空间形成的视觉效果。

卖场设计——上海芭比旗舰店

Slade Architecture 公司设计并打造的全球首家芭比旗舰店落户于上海淮海路 550 号。这个六层建筑的立面一气呵成,内层为半透明聚碳酸酯材料,采用铸造工艺塑型,外层则为印有创意图案的平板玻璃。透过这两层立面,光线反射又折射,店内展示的情形隐约可见;夜晚的立面会溢出粉色灯光,透露出芭比王国的甜蜜温馨,吸引路人目光。

一楼的入口 Lobby 简洁现代,没有多余的装饰,曲线型墙,有引导和欢迎之势。沿街玻璃橱窗里摆放真人大小的芭比,衣着时尚,映衬着淮海路;大厅里唯有一个礼品商店及一间照片展示区,大片留白好似一种停顿,让你可以准备好心情迎接下面的梦幻之旅。二层是芭比水疗美容中心,因此在整个建筑里感觉上是被跳过的一层,给女孩们一个相对私密和安静的空间来修饰和休憩。三到五层分别是芭比女孩天地、设计大本营以及芭比时尚服装秀,由一座旋转楼梯很好地连接。环绕楼梯是三层楼高的芭比展示柜,这里面每一个芭比都身着粉红色全手工时装,共 875 个。三楼专卖各种精品,白色的地面、墙面、长坐椅等处应用粉红色;展示橱柜在设计上沿用了曲线形,桌面、镜面、地毯、家具等则应用了圆形元素,让空间多了一些生动和俏皮。四楼以粉红色调为主。书籍试听区布置了组合橱柜和沙发桌椅,这些家具还有灯具都选用白色,但内里同样是粉红色,高度偏低,舒适休闲。芭比职业墙的设计很好地展示了芭比担当的 100 多种不同职业,极易唤起女孩心中梦想。五楼的芭比"粉红舍"把简单的花朵图纹运用在家具上,精致优雅。六楼是主题餐厅,色调变为以黑白为主,营造出一种尊贵典雅的氛围。地面用黑白两色的小马赛克拼接出斜纹图案,吧台及坐椅都刷反光黑色亮漆,上方吊顶有白色椭圆形的凹进,垂吊不同图样的白色装饰以丰富空间效果。

资料来源:卖场设计:芭比上海旗舰店. http://art. cnwebshow. comhtmlarticle_5367_5. html

4.2 卖场外观设计

4.2.1 卖场外观设计概述

卖场的外观是最先要考虑的设计因素,其原因在于卖场外观是卖场传递给顾客的第一印象,是潜在新顾客首先要考虑的因素。例如,北京西单商场古色古香的外观,体现了西单商场悠久的历史;迈凯乐大连商场的外观结构简洁明快、格调和谐、庄重清新,体现了商场的现代意识;新玛特购物广场营口店的整个楼体的外立面,以富有现代感的白色为主色调,楼顶设计成海燕的造型,以"直线与曲线相结合"的特殊建筑语言,演绎着"海文化"建筑理念。通常,购物者会根据卖场的外观来评价卖场的性质,进而判断从卖场所能够获得的商品及购物体验。因此,卖场外观设计的好坏直接影响着消费者的判断力。

1. 卖场外观设计的原则

(1)易识别

一个具有鲜明个性的店面可以引起人的注意,由注意到认识再到识别这一过程,是消费者购买行为的基础。因为人们认识商品的过程,往往是先有笼统的印象,再进行精细的分析,然后运用已有的知识、经验、综合地加以联系和理解,通过人的感知、记忆和思维去完成的。新颖、鲜明的商业广告、精美的橱窗展示、华丽考究、有个性的店面设计,会使消费者对卖场和商品留下较深刻的印象,激发消费者的好奇心和购买欲望。

(2)风格独特

外观是卖场给人的整体感觉,充分展现了卖场的档次及个性。从整体上看,卖场风格分为现代风格和传统风格两种。现代风格的外观给人以时代的气息,现代化的心理感受。大多数的卖场都采用现代风格,这对大多数时代感较强的消费者具有激励作用;同时给人一种新鲜的感受,使之与现代高速运转的社会和谐统一,也体现了卖场商业理念的潮流性。而传统风格的卖场外观则给人以古朴殷实、传统丰厚的心理感受。许多百年老店,已成为影响中外的传统字号,其外观装饰等都已在消费者心中形成固定模式,所以,用其传统的外观风格更能吸引顾客。

(3)适应性

不管卖场外观设计具有怎样的风格,都应该考虑到消费者的心理适应能力,过于奇异独特的风格虽然能引起消费者的注意,但却不一定符合消费者的审美心理需求。因此,立足于消费者心理的适应性,对卖场门面的色彩搭配、立面造型、照明以及店名招牌、橱窗展示等各方面进行整体的艺术塑造,才能创造出一个具有鲜明个性的外部空间环境,才能更好地刺激、诱导消费者,激发消费者的购买欲望,实现商业价值。

2. 卖场外观设计技巧

(1)门面宽广

卖场门面宽广、有开放感,能吸引顾客前来购物,扩大客流。如果门面狭窄,就会紧锁客流。因此,对有限的顾客,销售不好的卖场不得不把售价定高。所以,卖场设计的第一步就是要扩大门面。

(2)第一主通道的重要性

进入卖场后的第一主通道是欢迎顾客的重要通道,各种商品的陈列琳琅满目,POP广告如欢迎的旗帜多在此展示,与顾客良好沟通的购物就此开始。主通道明确展示了卖场的特点,为此:第一,第一主通道要宽广,以示欢迎,以大众为对象的卖场是以宽广的主通道和两侧富有特色和吸引力的商品来欢迎顾客的;第二,第一主通道的商品要具有巨大冲击力,让顾客进入卖场后感到惊讶和兴奋,激发继续购物的欲望。

(3)顾客从右侧入口容易进入

入口一般设计在右侧,这是因为:开设大卖场较为成熟的美国、法国、日本等国家,大卖场入口都设在右侧;人的视力右眼比左眼好的人多;使用右手的人较多等。从右侧进店以后,顾客以左手拿购物篮,右手自由取出右侧壁面的陈列商品,放入左侧的购物篮。以这种动作来前进,然后向左转弯,行程很少被阻碍。相反从左侧的入口进店,左侧壁面陈列的商品以左手很难取出,所以必须转身用右手来拿,这给顾客带来极大不便。把顾客的方便置于卖场的方便之上,卖场将变成优良的卖场。

(4)地板可根据需要选用

地板的装饰材料,一般有瓷砖、塑胶地砖、石材、木地板以及水泥等,可根据需要选用。主要考虑的是零售卖场形象设计的需要、材料的费用和大小、材料的优缺点等几个因素。

(5)色彩的巧用

从视觉科学上讲,彩色比黑白色更能刺激视觉神经,因而更能引起消费者的注意。每逢节日,各报包头套红,色彩夺目,会使人顿觉眼前明亮,精神为之一振。卖场进行设计时可以利用色彩的这种作用。

4.2.2 卖场外观设计的内容

1. 卖场建筑设计

顾客与卖场的第一接触便是卖场的建筑造型及装饰。建筑设计使顾客获得了卖场第一印象,因此,卖场的建筑造型及装饰必须具有行业特点,独具风格,具有强烈的艺术性和时代感,以创造突出的卖场形象效应。同时还要注意与周围的建筑物相协调,并符合城市规划的要求。例如,多伦多的 VELO-TIQUE 自行车店,是在整个卖场房屋基础上搭建一个巨大的自行车,使顾客能够在很远的地方就能够判断这是一家自行车店;日本 Prada Bouique 青山店,总体建筑物采用欧洲街道的开

多伦多的自行车商店

放式建筑风格,建筑物的正面是菱形的玻璃格子,格子由凹状、凸状、平面和不同形状的玻璃镶嵌而成,犹如一块晶莹剔透的水晶,当光线从不同的角度折射进内部,商品、街道、街上匆匆忙忙的行人三者巧妙地融合在一起,具有强烈的视觉效果;湖南著名的金谷仓家具配饰店,则采用现代工艺把整个卖场建筑设计成吊脚楼形式,使传统与时尚得到高度的融合。总体说来,卖场建筑设计要讲求安全、实用、先进、新颖、独特等特性。卖场建筑临街的一面应配置绚丽多姿、变幻闪动的彩灯、射灯装饰;每逢重大节日,有经济条件的卖场还可在临街的整个墙面用彩灯勾画出巨幅美丽生动的画面。

日本 Prada 青山店　　　　　　　　　　　　　　金谷仓家具配饰店

2. 卖场门面设计

卖场门面体现了卖场的形象,良好的门面设计能够起到有效促销商品、顺利获得利润、提升零售店形象的作用。因此,卖场门面设计十分重要。在进行店面设计之前,经营者应该全面了解本店销售商品的种类、规模、特点等,尽量使店面外观与这些因素相结合;同时还应该了解周围环境、交通状况、建筑风格,使店铺造型与周围环境协调一致;了解现代国内外零售店外观的发展趋势,设计形式新颖、实用、结构合理的零售店门面,做到既有精神上的美感,又能符合消费者的购物需要。

(1)门面类型

①开放型。开放型门面设计主要适用于出售蔬菜水果、食品、日杂品等低档日用品的店铺。店铺正对大街的一面全部开放,由于购买这类商品的顾客只希望看到商品及价格,所以不必设置陈列橱窗,这样也方便顾客出入。

②半封闭型。半封闭型门面设计主要用于经营化妆品、服装等中高档商品的店铺。店铺入口适中,玻璃明亮,顾客能够从外面看到卖场内部,通过配置橱窗,使橱窗对顾客产生吸引力。购买这类商品的顾客预先都有购买计划,目标是买到与自己兴趣爱好一致的商品。顾客从外边看到橱窗,对卖场所经营的商品发生兴趣,才会进入店内,因此开放度不要求很高。

③封闭型。封闭型门面设计主要用于那些经营高档商品的店铺,如照相机、宝石、金银器等贵重商品。这种设计入口尽可能小,且面向大街的一面用橱窗或有色玻璃遮蔽起来,能突出经营贵重商品的特点,设计别致,用料精细、豪华,给消费者以优越感。

(2)门面设计的要点

设计店面时应从整体效果出发,力求与卖场整体建筑浑然一体、协调一致。

①要与周围环境相协调。店面设计虽然应有不同特色以显示其独特风格,同时也要注意造型与色彩的整体效果,不宜与周围商业环境的气氛相差过大。在消费者心中,对不同商店类型已有概括的印象,如果店面设计过于风格迥异,反而会使消费者难以接受。

②开放感强。卖场门面设计要有较强的开放感,也就是从卖场外能够直接透视卖场内,一般采用玻璃门来提高透视性,从卖场外能看到卖场内的一切或大部分,这样顾客能够舒心地进入卖场,反之顾客会产生不安情绪,降低购买欲望。因此,有必要增强卖场的开放感。例如独特的建筑外形、鲜明的招牌、光彩夺目的照明装置、宽敞的商店入口、诱人的橱

窗等,均能吸引路人的视线,形成深刻印象。

③尽可能方便顾客。卖场除了要求外部结构美观、引人注目外,还要注意顾客的方便,要便于顾客行进或停车。因为即使夺目的门面成功吸引了顾客的眼光,而一旦店面前有障碍物或没有足够的空间,那么顾客也无法到达或进店。

④力求形成独特风格。卖场的门面必须与周围商业设施环境相区别,向顾客展示一种特殊形象以区别于竞争者。那种一味追求富丽堂皇的做法是文化格调不高的表现,容易流于俗气。一些卖场十分注重自己的品味与形象,如出售古董、玉器、字画的商店有意识地将中国古老的民族建筑风格糅合到现代建筑形式中去,体现出悠久的历史风貌,与其所售商品相映生辉;有些儿童店面用米老鼠、唐老鸭和各种卡通形象来装饰,以吸引小朋友的注意力。

卖场门面设计1

卖场门面设计2

3. 卖场招牌设计

对卖场经营内容具有高度概括力和在艺术上具有强烈吸引力的招牌,对消费者的视觉刺激和心理影响是很重要的。招牌是消费者识别商品、商场的牌号或标记。好的卖场招牌,不仅要符合品牌形象设计规范、产品风格、品牌内涵,更重要的是,形象要具有差异性,能跟周围的卖场区别分开,形成一种"脱颖而出"、"鹤立鸡群"的态势,给顾客造成一种强烈的视觉冲击力,使其产生深刻的记忆。因此,招牌设计必须做到新颖、醒目、简明,既美观大方,又能引起消费者注意。招牌设计的内容主要包括:

(1)店名

可以用人名,如美国的金卡伦超级市场,是由创办人麦克·卡伦名字转化而来的,日本的伊藤洋华堂也是人名;可以用组合名,如法国的Intermarche就是由Inter和marche组合而成,在法文字典里根本查不到;可以用空间、时间、动物、形容词等名称,如法国家乐福(Carrefour)超级市场的法文是"十字路口"的意思;而香港的惠康、百佳不过是两个形容词的组合。目前我国超级市场名称雷同与重复者甚多,著名的就有"华联"和"联华",还有遍布全国"良士多"、"良士发"、"良友"等等。

(2)书写与表现形式

招牌字体的选择要与卖场的建筑风格相协调,并且要求用字规范,不可使用繁体字和不标准的简化字,店标可以是文字的变形,也可以是文字加图形。如北京伍富就用变形的"伍富"和英文名称作为标志,法国家乐福超级市场用法文"Carrefour"和船锚图案作为标志。在店牌的表现形式上主要强调色彩的搭配。一般来说,用色要协调,同时要有较强的穿透力。北京伍富超市的店牌是红、绿、白三色,明珠商场是红、黄、蓝三色,法国家乐福是以红、蓝为主色调,这些色彩对人的眼球具有强烈的提醒性和刺激性,容易获得人们的偏爱。

（3）材料

招牌的材质有多种:木质、石材、金属材料,均可直接镶在装饰外墙上。在选材方面,既要考虑其耐久性、耐污染性,又要考虑它的质感性。店牌底基可选用的材料有木材、水泥、瓷砖、大理石及金属材料。店牌上的字形、图形可用铜质、瓷质、塑料来制作。各种材料利弊明显,可根据实际情况进行选择。

（4）位置

再好的招牌设计,如果安排位置不当,也会使人看不到或视而不见。卖场招牌的安置方式有:广告塔型,即在店铺顶部设立一个柱型招牌;横置屋顶型,即在店铺顶部横向设立长方形招牌;壁面型,即在店铺外墙一侧设立长条形招牌;突出型,即在店铺外墙角安置不附墙体的招牌。有专家认为,醒目易见的招牌位置与距离、视点有关。一般来说,眼睛离地的垂直距离为 1.5 米,以该试点为中心的上下 25°至 30°范围为招牌设置的易见位置。例如,招牌与眼睛视点的距离为 10 米,那么离地面 2.5 米左右的高度为最佳位置(见表 4-1)。

表 4-1　招牌位置与文字大小关系

招牌位置	视觉距离	文字大小
一楼(4 米以下)	20 米以内	高 8 厘米左右
一楼(4~10 米以下)	50 米以内	高 20 厘米左右
楼顶(10 米以上)	500 米以内	高 1 米左右

资料来源:[日]东京法思株式会社.怎样经营零售店铺.上海:复旦大学出版社,1995.

国外卖场招牌设计

4.卖场出入口设计

出入口是顾客进入卖场的必经通道,是卖场为顾客提供安全、舒适、方便的物质性设施。在设计卖场出入口时,必须考虑卖场营业面积、客流量、地理位置、商品特点及安全管理等因素。因此,出入口必须设在醒目并且方便顾客出入的位置。好的出入口设计能够使消费者从入口到出口,有序地浏览全场,不留死角;如果设计不合理,就会造成人流拥挤或货品没有被消费者看完便到了出口,从而影响了销售。一般来讲,如果卖场形状规则,出入口一般在同侧为好,以防太宽使顾客不能走完,留下死角;如果不规则,那么卖场要考虑内部的许多条件,设计难度相对较大。进行卖场出入口设计时应解决三个问题:

(1)出入口的数量

作为小型卖场可以只有一个出入口,但大型卖场就需要有多个出入口,一般大型卖场的出入口至少应该有两个,其中一个在正面,吸引步行的顾客,另一个在后面或侧面临近停车场。由于正面和侧面出入口服务的目的不同,因此要单独设计。对出入口数量的决策要考虑安全的因素,过多的出入口对安全管理形成较大的压力。

(2)出入口的类型

出入口的形式多种多样,有旋转式、电动式、自动开启式、推拉式,还有气温控制式等。不管采用哪一种形式,目的都是要吸引顾客进店,减少顾客的拥挤,保持进出畅通,并使顾客能够看到内景。出入口的地面可以选择水泥、瓷砖或铺上地毯。灯光可以从白炽光、荧光、白色光、彩色灯光、闪烁的霓虹灯光或持续的灯光中选择确定。

(3)出入口的通道

一个宽得过度的和一个狭窄的通道创造的形象和气氛是相当不同的,卖场应该提供足够的出入口通道面积。出入口宽广的卖场容易吸引顾客,这是因为宽广的卖场具有开放感,顾客心情亦会随购物而感到畅快。所以设计时应当考虑到不要让顾客产生"幽闭"、"阴暗"等不良心理,从而拒客于门外。明快、通畅,具有呼应效果的门廊才是最佳设计。

例如,超市入口一般设在顾客流量大、交通方便的一边。通常入口较宽,出口相对较窄一些,入口比出口大约宽1/3。在入口处为顾客购物配置提篮和手推车,一般按1～3辆(个)/10人的标准配置。超市的出口必须与入口分开,出口通道应大于1.5米。出口处的收银台,按每小时通过500～600人为标准来设置,出口附近可以设置一些单位价格不高的商品,如口香糖、图书报刊、饼干、饮料等,供排队付款的顾客选购。

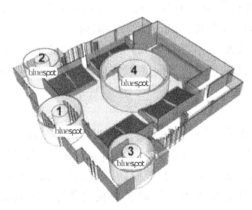

卖场出入口设计1

卖场出入口设计2

5. 卖场橱窗设计

橱窗是卖场外观的重要组成部分。卖场通过橱窗把商品展示给消费者,并通过橱窗布置的艺术形式吸引顾客,刺激消费者的购买欲。橱窗的本质是销售,但橱窗设计也需要无穷的艺术灵感,它是一门集创意、造型、色彩、材料、灯光等多种因素于一体的综合艺术,众多的商业橱窗还为一个城市增添许多色彩。

(1)橱窗的作用

①展示商品。展示卖场的商品是橱窗的最基本的作用,卖场通过橱窗向大众宣传了自己的特色产品、新品。橱窗是卖场传递新货上市以及推广主题的重要渠道。

②吸引顾客。人们对客观事物的了解,有70%靠视觉,20%靠听觉。橱窗能最大限度地调动消费者的视觉神经,达到诱导、引导消费者购买的目的。橱窗也可称作卖场的眼睛,顾客从橱窗便可以看出卖场风格、品牌风格,好的橱窗能吸引很多消费者。国外学者称橱窗是"向消费者作最后一分钟的提示"。

③树立形象。橱窗通过陈列各种样品,能为卖场创造不同的形象特征。通过橱窗中商品和品牌的形象化展示,借助无声的语言,实现与顾客的沟通,以此向顾客传达产品信息、服务理念和品牌文化,达到与顾客的促进商品销售、树立品牌形象的目的。

(2)橱窗的类型

①综合式橱窗陈列,是将许多不相关的商品综合陈列在一个橱窗内,以组成一个完整的橱窗广告。综合式陈列方法主要有:横向橱窗陈列,即将商品分组横向陈列,引导顾客从左向右或从右向左顺序观赏;纵向橱窗陈列,即将商品按照橱窗容量大小,纵向分布几个部分,前后错落有致,便于顾客从上而下依次观赏;单元橱窗陈列,用分格支架将商品分别集中陈列,便于顾客分类观赏,多用于小商品。

②系统式橱窗陈列,适用于橱窗面积较大,可以按照商品的类别、性能、材料、用途等因素分别组合陈列在一个橱窗内的大中型卖场。具体又可分为同质同类商品橱窗、同质不同类商品橱窗、同类不同质商品橱窗、不同质不同类商品橱窗。

③专题式橱窗陈列,是以一个广告专题为中心,围绕某一特定的事情,组织不同零售店或同一零售店不同类型的商品进行陈列,向媒体受众传递一个诉求主题,例如节日陈列、事件陈列、场景陈列。

④特写式橱窗陈列,是运用不同的艺术形式和处理方法,在一个橱窗内集中介绍某一零售店的产品。例如,单一零售店商品特写陈列和商品模型特写陈列等,这类陈列适用于新产品、特色商品的广告宣传。主要有单一商品特写陈列、商品模型特写陈列。

⑤季节性橱窗陈列,是根据季节变化把应季商品集中进行陈列,如冬末春初的羊毛衫、风衣展示,春末夏初的夏装、凉鞋、草帽展示。这种陈列方法满足了顾客应季购买的心理特点,有利于扩大销售。

(3)橱窗设计的原则

①突出商品特点。商品在橱窗中处于主角地位,是宣传的对象。因此,要多方面展示商品的特点,使消费者在观赏中感到商品的魅力,形成深刻的记忆。为此,首先,要选择适当的商品。一般而言,卖场主营商品、特色商品、推销商品、新上市商品都应是陈列的对象,这些商品极易引起消费者注意与观赏。其次,要注意陈列商品与顾客的视线角度。陈列商品的最佳部位应在人们的视平线内,以充分欣赏到商品,超过或低于视平线,顾客都要通过

仰视或俯视来观察商品,这样会降低商品的美感。再次,要注意商品摆放位置。商品被置于橱窗的中心位置,容易使商品被发现,且最具吸引力。

②合理放置陪衬物。商品是橱窗中的主角,橱窗中的背景装饰物、模特、模型都是对商品的陪衬物。这些陪衬物既要美观,但又不能喧宾夺主。例如,某丝绸店的橱窗,中心是用吊环将丝绸垂吊散开,橱窗的一角放置一个侧着身子的女模特,她身着丝绒旗袍,外披裘皮大衣,手摸着丝绸,双目凝视丝绸,给人以丝绸的华贵感,这里突出的就是丝绸;如果将女模特由侧面改为正面,模特的手没有触摸丝绸,其效果就会喧宾夺主。

③美化橱窗构图。橱窗的构图要遵循构图的对称与均衡、比例与均匀、反复与节奏、变化与统一相结合,以及虚实、疏密、明暗、对比等原理,使布局得当、比例协调,整体上给人以美感。在现代商业活动中,橱窗既是一种重要的广告形式,也是装饰卖场店面的重要手段。一个构思新颖、主题鲜明、风格独特、手法脱俗、装饰美观、色调和谐的卖场橱窗,与整个卖场建筑结构和内外环境构成的立体画面,能起美化卖场和市容的作用。

卖场橱窗设计 1

卖场橱窗设计 2

4.3　卖场形象设计

在今天的零售卖场环境中,商品和服务的竞争高度同质化。当消费的其他条件相同时,消费者进行决策的一项重要标准便是卖场形象,即对卖场品牌及卖场经营者的评价。卖场要想成功,必须传播一个明确、清晰和始终一致的形象。一旦其形象在顾客心目中建立起来,卖场就与竞争者形成了某种明显的差异,并获得一定的竞争优势。

4.3.1　卖场形象概述

1. 卖场形象的概念

形象(image)的概念起源于 Boulding(1956),他认为人类的行为并非完全由知识与信息所引导,而是由其所感觉到的形象所影响,亦即行为常是形象的产物,也就是说,人类的行为并非反映真实的事情,而是反映其相信的事实。Martineau(1958)首先将形象的概念用于商店卖场的研究。他认为商店的个性和形象(store personality or image)是购物者心中定义商店的方式,受到功能品质(Functional qualities)和心理属性(psychological attributes)的影响,从此开启了对商店卖场形象的相关研究。

Kunkel 和 Berry(1968)认为,一个人在某一商店购物,可能获得对该商店的整体概念并增强其预期,所以商店卖场形象是过去在此商店环境下购物的结果,过去的经验是形成商店形象的重要因素。Hirschman(1981)提出商店卖场形象是"商店形象的形成与发展过程",他认为商店形象是消费者对某一个商店相对于其他商店的看法,且必须和消费者独有的认知框架(cognitive framework)相一致的主观现象。Rogers,Gamans 和 Grassi(1992)认为商店形象是消费者对一家商店或服务的总体感觉。Berman 和 Evans(1995)综合各学者的定义后指出,商店形象是由功能的(实质的)与心理的(情理的)要素所组成。这些要素被消费者加以组合后,纳入其知觉框架,此知觉框架决定了消费者对某商店整体的期望①。

综合以上学者对商店形象的定义,本书认为,卖场形象就是经营者对卖场进行定位和设计,从而使其能在目标顾客心目中占有一个独特的、有价值的位置的活动结果,是消费者对卖场的整体印象与评价。消费者对卖场的印象由两个方面构成:一是卖场的功能特征,如商品功能、服务功能和环境设施功能;二是对卖场的感情特征,即消费者对卖场的心理感受。

具体来看,卖场形象的概念包含以下几层含义:

①卖场形象是消费者主观的印象,因人、因卖场的不同而不同;

②卖场形象是一个具有多元属性的综合体,包括功能性属性和情感性属性;

③卖场形象的形成是消费者和卖场之间的一个互动过程,消费者过去的经验和判断会对消费者今后的行为产生影响;

④卖场形象也是一个多层面的概念,和消费者的态度相比,卖场形象的形成过程更为复杂,一旦形成就会在较长的时间内保持稳定并持续地影响今后的卖场选择行为。

2. 卖场形象的地位与作用

形象战略是整个卖场经营管理战略的重要组成部分,是卖场的一笔无形资产和财富。因此,卖场形象在零售业中的地位是不言而喻的,其重要性体现在:

①优良的卖场形象可以为所售商品和服务提供质量保证,增强竞争力,成为开拓市场的动力。如果一个卖场在消费者心目中留下深刻、美好的印象,这种预存的印象会使消费者在进店之前就对卖场产生强烈的认同感,并在随后的购买行动中起主导作用。

②优良的卖场形象有助于稳定职工队伍,激励士气,吸引、招徕更多的优秀人才。具备优良的卖场形象,可以赢得众多人的青睐,从而保证卖场吸收到更优秀的人才;同时,能够增强职工的向心力和凝聚力,使内部职工保持一种团结向上的士气和旺盛的斗志。

③优良的卖场形象能为卖场的经营创造一个良好的外部环境。塑造良好的形象,卖场就会取得社会公众的信任与肯定。这样就会提高顾客的回头率,并吸引潜在顾客,进而促成卖场经营的成功。同时,优良的形象也有助于卖场找到可靠的商品来源,甚至吸引优质商品的委托销售,争取到更多的合作者和支持者,提高卖场在同行业中的竞争力。

④优良的卖场形象,可以把卖场的经营方针传达给消费者。卖场一般是根据目标市场

---

① 吴长顺,范士平.百货商店与综合超市形象影响因素差异性研究.现代管理科学,2004(8).

的需求制定经营方针与战略,包括卖场的经营宗旨、经营方向、经营范围、经营结构、经营特色等,通过卖场形象的塑造与宣传,就能够把这些方针传达给消费者,使其获得印象,并对此产生反应。总之,在卖场与消费者的所有沟通中,卖场形象是最基本、最系统的沟通方式。消费者从构成卖场形象的各种因素中综合起来,获得对某类或某一卖场的具体印象,从而增强忠诚于该卖场的信心。

4.3.2　卖场形象设计的内容

卖场形象是一个内涵丰富的概念,因此卖场形象设计是一项复杂而又艰巨的任务,它既包括商品、设施等微观层次上的设计,也包括卖场使命、口号等宏观理念的设计;既包括卖场实体的有形展示,也包括卖场服务及声誉等无形展示,如图 4-1 所示。总体说来,设计一个良好的卖场形象,应该包括以下三个方面的内容:理念识别、行为识别和视觉识别。通过这三个方面的设计,卖场能够从内到外展示一致的形象,并向消费者传递统一的理念,使卖场与消费者心目中的需求相一致。

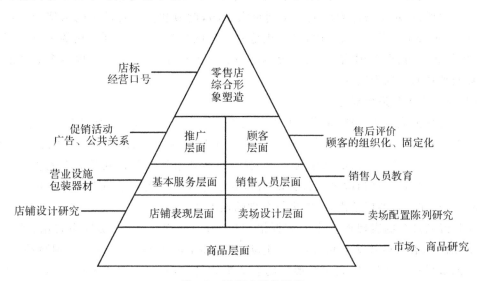

图 4-1　零售店形象要素

资料来源:屈云波.零售业营销.北京:企业管理出版社,1996:404.

1. 理念识别

理念识别(mind identity,MI)是卖场形象设计的核心和建设所在。作为现代卖场管理的术语,mind 主要是指卖场的经营思想、经营理念,它是卖场的灵魂;identity 既包含了卖场理念的统一性,即卖场内外上下都必须一致,又包含了独立性,即每个卖场的理念要区别于其他卖场的独特性,只有具有独立性才能达到识别的目的。因此,卖场理念识别体现了卖场的自身个性特征,反映了卖场明确的经营思想和价值体系。卖场理念对卖场活动、卖场形象的传达具有指导性。没有理念的卖场只是一具空壳、一盘散沙,不能形成一种体系。卖场理念识别包含以下内容:

(1)卖场使命

卖场使命即卖场存在的意义,是卖场由于社会责任、义务所承担或卖场自身发展所规定的任务。它包含两层含义:一是经济使命,卖场作为一个经济实体,是以追求一定经济效益而存在的,这是卖场最基本的目的,丧失这一使命,卖场就失去了发展的动力;二是社会使命,除了追求利益,卖场还必须承担对社会应尽的责任,与内外环境相协调,互容互利,才能取得长远发展。在现代社会中,卖场必须具有超越利润的新观念才能获得长远发展,为此必须处理好追求经济效益与承担社会责任这两个使命之间的相互关系。

（2）卖场精神

这是卖场认定的在生产经营活动中应该遵循的根本原则及共同的理想信念,集中体现了卖场共同的价值观、经营哲学和道德规范。它是卖场员工的群体意识,对卖场员工具有巨大的导向和激励作用。例如,它可以使卖场价值观、卖场信念、卖场经营哲学等是上进、乐观、积极、开拓的,也可以使它们是退缩、悲观、消极、封闭的。因此,卖场精神是卖场理念中的决定性因素。具有积极意义的卖场精神,既要符合时代精神,又要与卖场战略相吻合,并且要善于把卖场理念贯穿于所有的卖场活动中,形成统一的理念。

（3）卖场价值观

这是卖场理念的基础,是卖场内部形成的、全体成员共同认同的对客观事物的认识和观点,即卖场认为什么最有价值、什么没有价值,以及这种价值观念的明晰程度。价值观作为一种意识形态,对卖场行为产生一系列重大影响,调节和控制着员工的情绪、兴趣、意志和态度,决定着员工的信念、道德标准,规范着员工的行为,并贯彻到卖场的生产、销售、服务、广告等各个方面,如财富观、人才观、竞争观、审美观、时间观等。一般每个成功的卖场都有鲜明独特的卖场价值观。

（4）行为准则和道德规范

它是卖场价值观的表现,是指导和调节员工从事生产经营活动、处理人际关系、确立交往关系的行为要求。行为准则是卖场内部员工涉及卖场经营活动的一系列行为标准、规则;道德规范是卖场在经营活动中自然形成的,对客观事物及各种利益关系的善恶、荣辱、是非、真伪的判断、评价和取舍。行为准则和道德规范的功能就是约束卖场全体员工的行为,使其保持在一定的规范内,可以进行合理的预测和控制。

卖场经营理念的表现形式主要有标语、口号、广告、卖场歌曲、卖场座右铭、条例与守则。卖场的标语与口号基本相似,多是生动有力、简洁明了的句子,能够达到激动人心、一呼百应的效果;广告则是树立卖场形象的有效形式之一,它可以根据不同产品、不同时期、不同地域、不同环境加以灵活改变;卖场歌曲则通俗易懂,能够感染情绪,激起人们团结、奋发向上的激情;卖场座右铭本质上是卖场信条、卖场标语和价值观,准确地说,就是卖场经营者遵循的准则;把卖场价值观、行为准则和道德规范等列为若干条例,作为文件、守则在卖场内部公布,使它具有某种制度性的作用和效力,成为卖场的一项规则。卖场理念的应用范畴和表现形式还有许多,如信念、警语、卖场高层管理人员的重要讲话、言论等。一个卖场的各种理念应形成系列,各有不同的侧重点,而不局限于一种表现形式。

小链接

沃尔玛的经营理念

世界著名零售商巨头美国沃尔玛(WAL-MART)的成功,源于它的零售基础理念:低廉的价格和保证满意。沃尔玛的创始人山姆认为"低价销售能打动顾客"。对大多数消费者来说"十个便宜九个爱",薄利多销能使零售企业获得竞争优势。物美价廉成了零售商吸引顾客的主要原因。沃尔玛进入中国市场伊始,就向消费者打出了"一切为您省钱"的旗号,宣扬"天天新鲜、天天平价"的经营理念。世界零售业排名第二的法国家乐福(Carrefour)的宣传口号是"天天都便宜"。家乐福进入中国市场,把厂家的回扣用于降低商品售价,顾客得到实实在在的好处,使众多的顾客成为回头客。高质量、低价格的商品与优质的服务是零售企业制胜的"法宝"。

资料来源:谢非.外资零售企业经营理念初探.中北大学学报(社会科学版),2006(5).

2. 行为识别

行为识别(behavior identity,BI)是卖场实际经营理念与创造卖场文化的准则,是对卖场运作方式统一规划而形成的动态识别形态。它以经营理念为基本出发点,对内建立完善的组织制度、管理规范、职员教育、行为规范和福利制度;对外开拓市场调查、进行产品市场拓展,通过社会公益文化活动、公共关系、营销活动等方式来传达卖场理念,以获得社会公众对卖场识别认同的形式,为树立卖场良好的形象服务。行为识别既要注意保持卖场一切活动上下、内外一致,与卖场理念保持一致;又要具有独特性,即卖场活动的策划和运作应当体现与其他卖场不同的个性,以达到识别的目的。

(1)卖场内部行为识别

①卖场内部组织传播。将已确定的卖场形象理念普及、推广,从观念接受、情感内化到行为贯彻,其宗旨在于使卖场理念价值共有化,即将卖场理念化为每位员工精神的一部分,贯穿于员工的言行之中,并通过这种共有化加强卖场的凝聚力与向心力。行为识别不是员工自发的,而是要经过多种形式的传播和教育才能实现。主要方式有卖场形象说明书、内部员工教育用幻灯片、员工手册、卖场内部的宣传海报和卖场内部的沟通等。

②卖场行为规范化。将卖场的理念、价值观贯彻在卖场的日常运作、员工行为中,关键的问题是确立规范以及通过管理机制来实施这些规范,即卖场和员工的行为,必须用规范化的制度来管理,大到卖场决策与指挥的规范化管理,小至仪容仪表、电话礼貌、谈话礼节的规范化约束,都必须有一个大家共同遵守的行为规范。

(2)卖场外部行为识别

卖场外部行为识别包括市场调查、产品开发、促销、广告、公共关系、宣传沟通、公益文化活动等。

3. 视觉识别

视觉识别(visual identity,VI)是以卖场标志、标准字体、标准色彩为核心展开的完整且系统的视觉传达体系的设计形式,是将卖场理念、文化特质、服务内容、卖场规范等抽象语意转换为具体符号的概念,塑造出独特的卖场形象。视觉识别包括两个部分:基本要素和应用要素。基本要素即识别符号,包括卖场与品牌名称、卖场与品牌标志、卖场与品牌标准字、卖场专用印刷字体、卖场标准色、卖场造型与象征图案、卖场宣传标语与口号等。应用要素即基本要素的传递媒体,包括办公事务用品、产品包装、服装、环境空间与标识、交通工具、广告媒体与传播等。

(1)视觉识别的基本要素

①名称,包括卖场名称和品牌名称,是用文字表现的识别要素,但不仅仅是一个简单的文字符号。它是卖场或产品的个性借助文字表现使之形象化,是卖场理念的缩影和体现。它在宣传促销、扩大影响、树立形象、创造品牌等方面发挥着较大的影响。在其他条件类似

的情况下,好的名字能够给卖场带来更加丰厚的利润。例如,"家乐福"的命名,在法语中表示"十字路口"的含义,很好地再现了超市选址的特征;中文中又带有购物的乐趣与满足之含义,因此这一名称受到消费者的极大认可。

②标志,包括卖场标志和品牌标志,是卖场或商品的文字名称、图形或文字图形两者结合的一种设计。标志是用以区别不同经营者及其商品或劳务的标志,它通过形象、生动、独树一帜的视觉符号将卖场(或商品)的信息传递给公众。标志按照表现形式又可分为文字标志、图形标志和组合标志。在设计标志时表现标志的形式有两种:表音符号和表形符号。表音符号是指直接借用语言符号作为标志,是表示语言因素及其拼合的语音的视觉化符号,包括连字符号、组字符号、音形符号三种;表形符号是通过几何图案或象形图案来表示标志,其形象性强、标识性好,有抽象符号、象形符号、形征符号三种。

③标准字,包括中文、英文或其他文字。它几乎涵盖了视觉识别的各种应用设计要素,其出现的频率较图形标志有过之而无不及。由于文字本身具有明确的说明性,可直接将卖场、品牌的名称传达出来,通过视觉、听觉同步传送,因而具有更强的传递作用,能强化卖场形象和品牌形象的诉求力。标准字更加注重造型设计,强调整体风格和个体形象,可以通过笔画形状、背景颜色、字体的配置、字距的幅宽和线条的粗细搭配等设计,并加以视觉的修正调整,来丰富和增强文字的表现力。

④标准色,是指卖场选定的代表卖场形象和产品形象的特定颜色,一般由1~3种颜色组合而成。标准色一般与标志、标准字等相配合。色彩具有很强的视觉冲击力,各种颜色对人的注意力、潜意识、思维甚至行为都会产生很多的影响,人们对不同色彩可以产生不同的联系和抽象情感,因而色彩成为卖场成功塑造个性形象的有力武器。例如,IBM被称为"蓝色巨人",可口可乐的红色洋溢着青春、健康和欢乐的气息。标准色的设计要突现卖场理念和卖场形象,要迎合消费者的心理,并且具有鲜明的个性,能够区别于竞争对手。

⑤卖场造型,是指为强化卖场标志,活跃卖场个性而设计的具体图案,也就是常说的"卖场吉祥物"。这种造型与象征往往采用漫画式的夸张手法加以表现,生动活泼,给人以直观、随和、亲切感,具有人情味,有助于卖场与消费者之间的沟通。如滑稽可笑的"麦当劳叔叔"、憨态可掬的"康师傅"等。卖场造型也要考虑卖场形象与个性、风俗习惯等因素的关系。

(2)视觉识别的应用要素

①办公事务用品系列。如员工证件、胸卡、臂章、标牌、徽章、卖场票据、单证等。

②产品包装系列。包括包装平面视觉要素与容器基本造型、运输包装、分类产品销售包装、包装系列设计延伸、礼品包装与配套包装、包装附属印刷品、专用礼品包装纸与标签等。

③广告媒体与传播系列。如报纸广告、杂志广告、电视广告、广播广告,户外广告系列,广告吊旗、各种POP广告,展示、展销、博览会促销广告系列,卖场宣传画册、宣传印刷品,产品样本与目录,广告年历、贺卡、DM广告、广告礼品、纪念品、促销视听软件、广告音乐主题等。

④服饰系列。包括卖场管理层西服、导购人员工作服、勤杂员工制服、保安人员制服、统一T恤衫、卖场运动服、专用领带、统一工作帽、统一工作包等。

⑤交通工具系列。如卖场小汽车、班车、大小巴士、货车、服务车、小推车、特殊车辆、生产场所的运载车辆等。

⑥环境空间与标识系列。如各种建筑物外观与装饰,办公室与写字环境空间设计,会

议室、接待室、陈列室环境空间设计,销售点环境空间设计,公共环境标识系统设计等。

⑦其他用品系列。如其他出版物、印刷品、接待用品、礼物等。

卖场的形象设计必须要求其经营思想、行为举措、视觉形象都能串联起来,进行协调,营造最佳的经营环境,体现思想上一致、行动上协调、视觉上统一的形象战略。卖场应建立一整套能够广泛而迅速传播的识别符号,将卖场文化融入其中,传达给公众,这犹如给卖场增添了"心"(理念)、"手"(行为)、"脸"(视觉),形象鲜活、生动,易于识别。

"卡其爱"童装展厅视觉设计　　　　　　　　灯饰卖场的造型设计

4.3.3 卖场形象的塑造及影响因素

1. 卖场形象的塑造

卖场的形象塑造可以分为四个阶段:

(1)外部情报的提供阶段

在这个阶段,卖场要展开强大的广告和公关攻势,将有关本店的一些情报、信息传播给广大的消费者,使他们对卖场有所了解和认识。同时还必须在卖场的外观上下一番工夫,使观众对此有深刻的印象。还要注意社会上对本卖场的各种议论,注意信息的收集,并基于此作出相关应对。这一阶段是顾客对卖场产生感情的开始。

(2)良好的卖场印象阶段

要让顾客获得美好的卖场印象,就必须结合卖场所售商品的特性进行卖场设计,创造一种购物氛围;另外,商品的包装和装潢也能给客户深刻的印象。同时还要对销售人员最基本的礼节知识进行规范和培训,并在服装上加以统一。通过商品的魅力、卖场设计和销售人员的仪态表现,就能够使顾客产生强烈的好感和购买欲望。

(3)销售行动阶段

销售行动阶段即如何通过形象塑造来使顾客的购买欲望变成现实的购买行动。这既是卖场塑造形象,又是卖场创造业绩的大好机会。这时候,商品的质量及功能适用性、销售人员的销售技巧尤为重要;同时还必须提供包装、送货等辅助措施,让顾客顺心、满意,获得购物的舒适感和满足感。

(4)购买后感情的建立阶段

此阶段即通过卖场的各种维护措施、售后服务及销售人员给顾客留下的良好形象来建立与顾客长期的、稳定的感情,使其成为卖场的忠诚顾客。这一阶段要尤其注意顾客意见的收集、处理和反馈。经由以上四个阶段的演变和连接,就可使消费者在购买过程中逐步形成对卖场的整体印象和评价,即卖场形象,如图4-2所示。

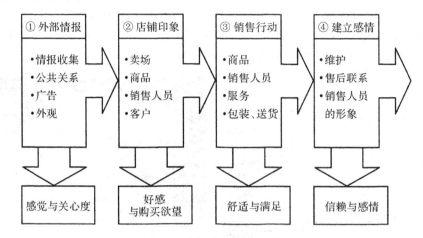

图 4-2 卖场形象的形成过程

资料来源:屈云波.零售业营销.北京:企业管理出版社,1996:402.

2. 卖场形象的影响因素

Kunkel 和 Berry 研究了女性消费者对百货公司形象的评价,在被访消费者所回答的商店形象内容中,有近99%包含在事先假设的12个因素当中,它们是商品价格、商品质量、商品种类、商品的流行性、销售人员、店址的便利性、其他便利因素、服务、促销、广告、商店气氛与赔偿方面的信誉等。类似的结论也可以从 Lindquist 的研究中获得。他在分析了北美地区有关商店形象的19项研究之后,在31个影响商店形象的因素中归纳出了9个层面的因素:商品、服务、顾客、商店设施、便利性、广告促销、商店气氛、组织和购后满意度。这9大因素对消费者商店选择行为的影响也在 Mueller 和 Beeskow 的研究中得到证实。

结合中国零售卖场的现状,影响卖场形象的因素归纳起来主要有以下四项:

(1)商品形象

商品是卖场经营的核心。商品形象是商品质量、价格、性能、造型、商标、包装等在消费者心目中的形象,它是卖场形象的基础,商品质量的优劣直接决定着卖场形象。卖场通过选择、组合商品,并与自身的资源相匹配,有利于开展错位经营,获得竞争优势。

①主辅商品的搭配。一般遵循二八原则,即选择20%的主力商品及80%的一般商品,结合自身经营特色,把握商品定位,确立和强化自身的主力商品经营。

②商品的分类。科学合理的商品分类能够更好地安排和美化卖场布局,帮助顾客按类别方便地寻找所需商品,刺激顾客购买欲望,达到销售目的。

③保证商品的质量。商品质量的高低是影响卖场形象的重要方面。其中,商品合格率是最重要的一部分,如果售出变质失效的商品会使卖场形象受到很大的影响。

④创建自有品牌。自有品牌成功的前提是消费者的认可和购买,消费者的认可和购买又以消费者对自有品牌感知质量的评估为基础。由于卖场形象与自有品牌感知质量为正相关关系,卖场要激发消费者购买的欲望,可以通过塑造和维护良好的卖场形象来提高消费者对自有品牌感知质量的评价。

（2）氛围形象

自 20 世纪 90 年代以来，卖场的买方市场逐渐形成，市场营销策略的思路也随之转变为以消费者为中心。卖场的设计从消费者的角度出发，大体可分为生理体验层面的设计和心理体验层面设计。生理体验层面就是可以让消费者对产品进行挑选和购买，心理体验层面就是让消费者在购物过程中享受到心理上的放松、愉悦以及情感认同和联想[①]。

①卖场空间设定和环境布局。这是直接影响卖场氛围营造的主要因素。日本零售专家发放了 2000 份调查问卷展开研究，在回收的 1600 份有效问卷中，顾客对零售店铺有关项目的关心程度表现为：商品容易拿到（15％）、开放式容易进入（25％）、购物环境清洁明亮（15％）、商品丰富（15％）、商品标价清楚（13％）、服务人员的态度（8％）、商品价格便宜（5％）。其中前三项正是卖场设计的具体内容。不同的空间和环境给人不同的心理感受，或开阔、自由、轻松，或狭窄、压抑、紧张。卖场经营者应该根据目标顾客的需求特征及卖场的风格进行空间的设定和环境的布局，以营造不同的购物氛围。

②色彩效果与灯光照明。颜色能唤起人们的情感认同，卖场通过对顾客感情和心理因素的分析来运用色调与灯光，可以为卖场氛围的营造增光添彩。例如，范思哲店铺奢华的金碧辉煌色彩，阿玛尼旗舰店极尽简约、硬朗、深藏不露的黑白色调都迎合了奢侈消费族的心理感受。另外，照明灯将光定向或扩散地发射出去，可以画龙点睛地烘托出商品的形象，卖场内的照明灯有上照灯、下照灯、射灯、吸顶灯、吊灯和嵌装灯等，运用不同的组合可以形成不同的装饰效果，营造不同的氛围。

③细节装饰与音像氛围。细节装饰的处理最能体现卖场设计的独具匠心，也能够从点滴之处渲染卖场氛围，提升卖场的品位和情趣。例如韩国的服装品牌依恋（E-LAND）的卖场设计中，大方格布做的灯罩、用旧了的皮箱以及牛皮色的沙发都无不体现出客厅般的温暖和熟悉，使顾客感受到家一般的氛围。视觉和听觉是顾客购物时的生理体验，在卖场的展示设计中，音乐及动态画面能够吸引顾客的注意力、调节顾客的情绪、调动顾客的兴趣，回旋在卖场中的背景音乐中，还可以舒缓顾客的购物疲劳。

（3）服务形象

服务形象，是指卖场与其职工在商品销售和服务过程中给消费者留下的印象。服务对消费者卖场选择的影响同样是显而易见的，它的功能主要表现在减少消费者的购买风险上。在现代营销当中，服务事实上已经完全成为产品的有机组成部分，构成商家为消费者创造价值增值的重要内容。高水平、高质量的服务，会使消费者对卖场产生良好印象。

①售前服务。在提供售前服务时，及时向消费者提供有关产品品种、质量、性能及操作方法等多方面的信息，以便消费者正确决策。例如，每月为会员免费邮寄彩页信息资料，使消费者在第一时间了解卖场信息，也能使消费者对未来的购物场所产生较好的初始印象。

②售中服务。在提供售中服务时，主动热情，认真展示、介绍商品，真正做到"百拿不厌、百问不烦"就能激发顾客购买欲望。研究结果表明，顾客对销售人员的信任更多地表现在对他的态度而不仅是专业素质上。例如，在低价卖场、折扣店和价格促销活动中，服务人员应以热情的态度坚定顾客的购买信心，激励消费者作出购买决策。

③售后服务。在提供售后服务时，免费送货、安装和调试、包退包换、跟踪服务，能够解

① 张春明.居家氛围服装卖场的设计研究.江南大学学报(人文社会科学版)，2007(3).

决顾客购买后可能出现的问题和麻烦,有效降低顾客的购物风险,从而更好地完善服务,使卖场的形象更加深入人心。

(4)价格形象

近几年,消费品市场日趋饱和,同质化竞争、个性化需求给卖场带来了巨大的成本压力,使得价格成为卖场的一种重要营销工具。研究结果表明,在所有影响消费者购买行为的因素中,价格对消费者购买行为的影响最大。

价格形象,指的是消费者对一个卖场在其商品总体价格吸引力和合理性上的感受,这种感受是基于与其他卖场相对比的基础上得来的(Biswas,Pullig,Yagci&Dean,2002)。价格形象对于经营日用品的卖场来说尤为重要,因为这些产品的差异在逐渐减小,卖场而非产品品牌的选择成为影响消费者购买决策的一个重要因素(Alba,Broniarczyk,Shimp&Urbany,1994)。一旦消费者形成卖场价格的初步印象,哪怕以后在具体商品上感受到不同甚至是矛盾的价格信息,这个初步印象在相当一段时间内也不会改变(Cox&Cox,1990)。

影响消费者形成卖场价格形象的因素有以下几个[①]:

①价格宣传。卖场在宣传中给出目前商品的价格,同时也给出参考价格,即此商品在该店的前销售价格或者厂家建议零售价格,并提供和参考价格相比的减让幅度,如"30%折让"、"节省5角钱"等,这是较为通行的价格促销宣传手段。它不仅能有效塑造低价印象和超值感,而且可以显著地影响消费者对卖场整体价格水平的印象(Cox&Cox,1990)。有研究表明,遵循天天低价的卖场(every day low price)在所促销商品上实行低价,而在其他商品上实行高价,以此获取利润,但是这种策略确实会使消费者对卖场整体价格有偏低的感受。

②参考价格的高低。消费者对于商品价格的感受会影响到他们所感受的卖场整体价格印象,即参考价格的高低以及可信度对于卖场价格形象有间接影响(Desai&Talukdar,2003)。过高的参考价格会使消费者产生负面感受,进而影响到卖场的整体价格可信形象。

③折扣幅度。卖场所宣传的折扣幅度会影响消费者对于促销信息的关注程度。一个适中的幅度会增加消费者对于折扣信息的关注,而过小和过大都没有理想的效果。一些实证研究发现,相比没有提及折扣幅度或者幅度较小(如10%)的促销信息来说,30%左右的折扣幅度的促销广告会显著增加消费者的关注程度(如 Grewal,Marmorstein&Sharma,1996)。

④价格促销中包括的商品数目。在价格促销宣传中,促销的商品数目越多,越容易获得消费者的偏爱或倾向性选择(Inman,McAlister&Hoyer,1990)。实证研究认为在卖场的价格促销宣传中,促销的商品种类的数量相对于促销幅度来说更加重要。

⑤商品的种类和商品的品牌。消费者通常还依靠价格以外的商品种类丰富程度、商品品牌的吸引力来形成对卖场整体价格水平的判断,即消费者可能从少量商品的价格线索推测卖场整体价格水平。但是,不同的消费者所依据的商品种类和品牌是有差异的。

值得注意的是,国内学者的实证研究也表明,价格促销对品牌资产的影响仍是负面的(江明华、董伟民,2003)。价格促销不仅会损害老顾客的卖场忠诚,而且很难培育寻求低价

---

① 张黎.价格促销对商店整体价格形象的影响:理论与实证研究回顾.商业经济与管理,2006(5).

消费者的卖场忠诚。顾客基础受损使卖场的销售额下降,为了保持或提高销售额,卖场需要吸引新顾客。所以,在建立价格形象方面,卖场应充分重视消费者对商品价格和折扣的感知程度,研究消费者对购物场所的心理预期,避免盲目地跟风,根据自身的经营特色和目标消费群的需求特点,确立与竞争对手有差异的价格形象。

4.4 主题卖场设计

在现代零售业中,卖场形式多种多样,除了传统的街铺、综合商场、便利店等形式的卖场外,主题卖场已悄然成为卖场发展的一种新趋势。主题卖场就是针对某种消费对象、以某种类商品及相关商品为经营范围的卖场,由于其实施开放、有序、统一的管理,故而能使小规模经营融入大规模经营的背景之中,从而获得最大效益。与其他一般卖场相比,主题卖场的店铺面积相对较大,而且店内销售的商品不是单一的品牌,也不是单一的商品,而是汇集了针对同一消费群体的各种相关商品。它是一种只突出一个主题的个性化专业卖场。

4.4.1 主题卖场的兴起

随着社会的发展,消费主体的消费诉求越来越复杂。消费者不仅要买到商品,还要得到商品的品牌、购物的服务、购物过程的快乐、购物环境给人的愉悦感。购物的过程也更多地变成休闲的过程,除了选购商品,还要消费娱乐、饮食、运动和知识教育等,因此产生了娱乐消费、文化消费、体验消费等模式。正是由于人们生活方式的改变,使购物成为生活的一项内容,主题卖场的出现就不可避免。

主题卖场,也被称为主题式购物公园,是指在毗邻的建筑群或一个大建筑物中,由一个管理机构组织协调和规划,把一系列零售商店、服务机构组织在一起,提供购物、休闲、餐饮、娱乐、旅游、文化等各种服务的一站式消费购物场所。

主题卖场起源于欧美20世纪50年代,是目前世界上最先进、最高级的巅峰级商业形态。在欧美主要发达国家,主题卖场正处于蓬勃发展阶段。其零售商品总额占这些国家的50%以上,已经演变成欧美等发达国家的主流零售商业形态。一个主题卖场的有效商圈可以覆盖200~300公里,能够对一个区域的经济产生巨大的拉动作用。

主题卖场好比一个大型的综合性的专卖店,其综合性往往围绕某一个消费内容而言。主题卖场与传统百货商场最大的不同,就在于它以专业经营为特色,小到儿童用品、女士服装,大到家具、汽车等,只突出一个主题,在这个主题下,商品价格、款式具备一定的梯度,可以满足不同消费者对同类商品不同层次的需求。在国外,主题卖场已经成为一种较普遍的商业形态,著名的瑞典宜家(IKEA)商场就是专业经营家居用品的主题卖场,在全球28个国家开有超过125家分店。国内像北京、上海、广州、深圳等大中城市,主题商业也较为发达,例如,深圳华强北商业街,男人世界和女人世界比邻而居,而且每天都是顾客盈门。

4.4.2　主题卖场的特点

主题卖场不同于其他卖场类型,它有着与时代相符合的一系列特点。

1. 有效商圈大

一个具有鲜明主题特色的卖场,其商业辐射范围往往能够突破其所在商圈的辐射能量。不仅可以吸纳周边的主力消费客群,还可以成为旅游观光的目标站点。据调查,一般主题卖场的有效商圈覆盖达 200～300 公里。由西雅图 Collision Architects(凯里森建筑师事务所)担纲设计的日本东京郊外的 Garden Walk 购物中心,虽然其商业功能与传统购物中心并无大异,但是通过将“城市花园”的主题融入整个购物中心,创造一个耳目一新的景观环境,大大增强了购物中心的辐射穿透力。项目开业至今,不仅吸纳了周边的主力消费客群,同时也成为旅游观光的目标站点,不到 15000 平方米的购物中心,年客流总量却超过500 万。

2. 产品种类丰富、相关性高

主题卖场以专业经营为特色,不同的专业便是其不同的经营主题,比如汽车、家电、居家用品、服装、化妆品,这些主题大多以商品的自然门类划分。同一主题下,商品品类众多,既有国外品牌,也有国内品牌,商品价格呈现梯度特征,以满足消费者对高、中、低档商品的需求。由于商品属于同一主题,因此具有较高的关联性,容易促使顾客产生商品的连带需求。例如,近年兴起的零食店、头饰店等。

3. 主题定位清晰

与百货商店相比,主题卖场的定位是非常清晰的。有些主题卖场以顾客的不同来确定主题,如佛山市“宝宝龙”儿童城,是一家集购物、休闲、娱乐于一体的专业化儿童主题卖场。卖场本着“一切为了孩子”的经营理念,根据不同的消费对象进行商品卖场布局,分成八个主题购物区,分别为儿童服装区、玩具区、童鞋区、婴童用品区、游乐区、孕妇服……有些主题商场则是以商品的种类来确定主题。例如,以家居用品为主题的卖场——宜家,以家电产品为主题的卖场——国美、苏宁等。

4. 体验式购物

主题卖场从“以人为本”、“关心人、尊重人”的角度出发,营造温馨、舒适的购物环境,形成以大量、多元、多层次的真正“一站式特色消费”,使消费者在购物中休闲和玩乐,在游玩的愉悦中购物。例如,香港宜家在一年中会安排若干款待消费者的活动,名为“宴客新意思”的活动会在连续几周的时间内教顾客烹饪的新式手艺,让顾客家的餐桌赏心悦目;名为“新子月”的活动是多款儿童房间的展示,表明宜家家私对儿童的钟爱;而名为“有条有理大行动”的活动则是教顾客如何令家居布置井井有条,且不必花费太多。通过这些体验教育,可以加强消费者对宜家家居的认知与喜爱程度。在传统的商业卖场,大家都只会关注零售和服务,在娱乐休闲方面做得比较少,未来的消费是以休闲娱乐消费为基本特征的模式,主题卖场的体验式购物氛围的营造,能够有效带动消费者。

家居主题商场的诞生

由于百货公司一般不经营建材用品,而建材市场一般也不经营家用电器等家居用品,这种泾渭分明的格局害苦了为购置新房、装修新家的消费者,他们往往得在这两类市场间奔忙。百货公司与建材市场之间的市场缺口,使得家居主题商场应运而生。从 1996 年开始,京、津、沪、穗等城市,一种定位独特的商场——家居主题商场如随风潜入夜般,悄悄地诞生于这些大都市的街头,它不温不火、不媚不俗,虽然没有重型广告的狂炸,却以家园、温情打动人心。家居主题卖场的出现解决了两类市场的缺憾,形成一个独特的卖场领域,在零售商业大环境竞争激烈的情况下,犹如商界一枝奇葩,其特色的商品定位切合了市场需求,吸引了众多消费者,销售额节节上升。

资料来源:家居主题商场的诞生. http://365u. com. cn/WenZhang/Detail/Article_93479. html

4.4.3　主题卖场设计的内容

主题卖场的设计应该根据其所在区域的顾客的购物需要、消费心理特点、地域文化等确定卖场主题,同时在空间处理、环境塑造、形象设计等方面,按照主题的要求进行设计,使卖场能够符合消费者"体验性消费"的需求。

1. 卖场的主题设计

主题卖场与传统的百货卖场最大的不同,在于它以专业经营为特色,整个卖场的商品只突出一个主题。例如,一家以户外旅行为主题的卖场,其店内的颜色一般就是接近大自然的颜色,店内的产品和装饰品将会给人以质量优异、坚强可靠、不花哨、能够经受住恶劣环境考验的感觉,因此,设计每一个要素时都必须考虑能否给人这种感觉。一个好的主题会成为主题卖场的灵魂,无论是产品的选择、陈列的方式、色彩的运用、店面空间的划分、店内装饰品的选择,乃至海报的设计、工作人员的服装等,所有要素都要围绕主题展开,都必须与主题保持和谐,所有不符合主题的要素都必须被剔除出去。

对卖场主题的选择可以从以下两个方面来考虑:

(1)文化主题

商业与文化的交流,形成了社会最重要的组成部分之一,两者是互为补充的。21 世纪的经济更是文化的经济,由于文化对商业的介入是全方位和多层次的,商业文化变得与商业经济同等重要,所以开发和运营主题卖场就离不开文化。没有文化的商业是没有竞争力的,没有文化主题的卖场是没有吸引力的。文化主题通常有历史文化和商品文化两种形式。

①历史文化主题。在主题卖场的主题设计中,融入历史文化元素,不仅可以向消费者再现历史风貌,感受历史文化蕴涵,而且由于历史文化的独特性,还可以增强卖场的个性特征及吸引力。例如,上海浦东唐人国际购物中心,其主导思想就是在国人和世界人民面前,展现上下五千年文明古国的精湛手工艺瑰宝,展现中华民族博大精深的古老文化。据此对整个卖场进行了大胆的创新设计:将工艺礼品、旅游纪念品上展架展示,让顾客像"逛超市"一样任意选购、把玩;主楼一楼为中国工艺礼品快速购物超市式服务,商品涵盖国内所有旅

游工艺品,极具中国各地民族特色;主楼二楼是中国高档工艺精品馆暨非物质文化遗产展示厅,既有商品展销,又有制作过程的现场展示;主楼三楼是上海优唐家具公司展示厅,集中展示不同时期各式古典家具风貌和精湛的工艺,同时还为客户提供整体式家具的解决方案,针对全球客户提供定制化产品和服务,甚至派出设计师上门设计等多项服务措施。

②商品文化主题。从表面上看,商品文化是商品形式的文化,但实际上,它是文化形式的商品。商品文化亦即商品中所蕴含的人文价值,由于参与了商品的生产、交换、消费的全过程而获得的商品的一切属性。在中国的商品文化中,比较具有代表性的有茶文化、酒文化、烟草文化等等。今天,强调商品的独特文化成为主题卖场的又一个亮点。例如,2008年4月28日,中国首个以茶文化为主题的卖场——满堂香中国茶文化体验中心(茶主题Mall)在北京马连道茶叶特色街落成。它首次将博物馆、茶艺馆、科普课堂和商场四种功能融合在一起,起到了集参观、娱乐、学习和购物于一体的多功能文化推广作用。顾客可以在此品茶道、买茶叶、赏茶具、学习知识等。此外,茶文化体验中心还定期组织绿色健康社区行、茶乡游等活动;配备了英语、俄语、日语等多语种翻译,以保障国际接待能力。再如,北京"国粹苑"把潘家园的古玩、琉璃厂的字画以及博物馆的珍品等五大类文化艺术品"搬到"一处,打造了一个以国粹文化为主题的卖场,它首次将各类国粹文化商品与休闲、娱乐、旅游集为一体。

(2)产业主题

在许多著名的主题卖场中,卖场的主题或是以满足某一群顾客的一系列相关产品的销售而设,或是以主要销售某一种产品的同时辅以销售与此产品相关的周边产品,以此体现卖场的经营主题。这种卖场的主题就是以产业为导向的。例如,北京动漫城是国内第一家经营卡通动漫游戏及周边产品的专业商场,面积1200平方米,目前已有101家商户,其中进驻的顶级娱乐品牌产品有迪斯尼、暴雪(Blizzard)、万代(BANDAI)的博物馆和升级的游戏体验连锁店ACONX等。在这里,从畅销不衰的MICKEY、哆啦A梦、HELLOKITTY、SNOOPY,到少数精锐收藏的可乐罐、闪灵、NBAPLAYER;从经典怀旧的圣斗士、变形金刚、龙珠,到新鲜火热的火影忍者、头文字D、超人总动员,卡通形象无所不包;从巨型的绒布抱枕、全套COSPLAY服装,到细小的贴纸、钥匙扣,从静静的宫崎骏、吉卜力动画周边,到热血沸腾的CS、魔兽游戏制品、网游RPG装备,商品类别无所不有;从简单参与的手绘风格的T恤、鞋子、个人VI设计,到颇为专业的COS摄影、个人MVSHOW;从动漫迷个人原创作品大赛、收藏品展卖,到大师真迹展览、专业卡通制作用具、职业战队现场表演、名校动漫课堂,业态范围无所不新。

2.建筑规划及装修设计

卖场主题外在表现于建筑上、墙上、地上,乃至整个商业空间。在主题卖场的设计过程中,从建筑的外观到建筑里面的街区、广场,及装修效果,都要能体现卖场的主题特色。

例如,美国恺撒宫购物中心是世界上最具创意特色的罗马文化主题购物中心。它成功嫁接了"古罗马"、"亚特兰蒂斯之谜"两大文化题材,让时空、光影、神话都成为主题诠释的道具。首先是仿古罗马式建筑,建筑材料使用印花混凝土制成,图案看似罗马街道的粗糙地面;外观上装饰成罗马街道的异域景观,配备具有古罗马建筑风格的百叶窗、阳台、灯笼和瓦片屋顶等建筑小品。其次,幻化罗马神话喷泉广场。让巴克斯、阿波罗、维纳斯和冥王星浦鲁托的雕像在音频动画的奇特效果下复活,使顾客在7分钟的时间里感受这一奇特效果。同时,在喷泉广场周围分布了大量的高档购物精品店,周边设置露天咖啡吧,让顾客在亦真亦幻的环境里实现超值消费体验。再次,虚拟地中海碧海蓝天。街道上方的拱形屋顶被绘成布满云彩的天空,电脑控制的照明装置每小时循环地将"天空"由菊黄的黎明照成湛蓝的晴空,再转为紫色的黄昏,给顾客更加独特的感官体验。目前,恺撒宫购物中心因其独特的创意主题与丰厚的文化底蕴成为拉斯维加斯首屈一指的购物中心,成为居民与游客的娱乐、文化、休闲生活的一部分。据统计,目前每天吸引观光游客已经超过 5 万人次。

3. 氛围设计

主题卖场是一种全新的理念,为了烘托主题,卖场要特别注重购物氛围的设计。所以在卖场主题确定后,要强调对"主题体验"和人性备至的购物空间理念。一般来说,主题卖场的氛围营造可以从商品的陈列、广告宣传及卖场设施的摆放等方面来进行。

例如,总部设在美国华盛顿的玩具反斗城,一直努力成为玩具和婴儿产品的专家。玩具反斗城给顾客提供不同种类的玩具、游戏、运动商品、电子产品、软件、婴儿和大孩子衣服以及青少年家具。虽然商品种类繁多,但其展示技术十分高明,不仅没有因为商品多而让人感觉空间狭窄,而且还巧妙地利用产品突出了卖场的特色。例如,利用儿童喜欢的乐高(Lego)积木搭建了纽约标志性的建筑自由女神、帝国大厦和橄榄球队的帽子;在糖果城(Candy Land)中,运用糖果形状来形象显示卖场主题,并用儿童喜欢的粉红色突出糖果城的温馨甜蜜与浪漫;在侏罗纪公园展厅里,通过模仿电影《侏罗纪公园》,放一只高 20 英尺、长 34 英尺、会不时发出吼叫、摇头晃脑的恐龙实物造型,以引起孩子们的关注并增强其好奇心。由于玩具反斗城模拟了真情实景,缩短了与孩子们的距离,使他们获得了与现实生活不同的体验,因此受到全球几乎所有儿童的喜爱,并使他们流连忘返。

本章小结

1. 卖场设计要遵循以下原则:顾客导向、展现自身特色、提高管理效率、经济性和生动性。卖场设计要特别考虑消费者的生活方式、卖场经营理念、商品的陈设等多项要素。

2. 卖场外观设计向消费者传达了卖场的第一印象,因此应注意以下原则的使用:易识别、风格独特、适应性。设计时要充分考虑到消费者的动作习惯、第一通道的应用等等。

3. 卖场外观设计的内容,包括卖场建筑设计、卖场门面设计、卖场招牌设计、卖场出入口设计和卖场橱窗设计。设计要遵循实用、美观的原则,要与卖场形象相呼应。

4. 卖场形象就是经营者对卖场进行定位和设计,从而使其能在目标顾客心目中占有一个独特的、有价值的位置的活动结果,是消费者对卖场的整体印象与评价。卖场形象有助于增强对顾客的吸引力,提升卖场的业绩,因此具有十分重要的地位。

5. 卖场形象设计的内容包括三个方面:理念识别、行为识别和视觉识别。

6. 卖场理念识别包含卖场使命、卖场精神、卖场价值观、行为准则和道德规范;卖场行为识别可以分为内部行为识别和外部行为识别;卖场视觉识别则包括基本要素和应用要素两个部分,其中,基本要素包括卖场名称、标志、标准字、标准色、卖场造型等,应用要素则包括办公事务用品、产品包装、服装、环境空间与标识、交通工具、广告媒体与传播等。

7. 卖场形象塑造分为四个阶段:外部情报的提供阶段、良好的卖场印象阶段、销售行动阶段、购买后感情的建立阶段。

8. 影响卖场形象的因素有:商品形象、氛围形象、服务形象和价格形象。

9. 主题卖场,也被称为主题式购物公园,是指在毗邻的建筑群或一个大建筑物中,由一个管理机构组织协调和规划,把一系列零售商店、服务机构组织在一起,提供购物、休闲、餐饮、娱乐、旅游、文化等各种服务的一站式消费购物场所,它是一种只突出一个主题的个性化专业卖场。主题卖场具有以下特点:有效商圈大、产品种类丰富且相关性高、主题定位清晰,及体验式购物。

10. 主题卖场设计的内容,包括卖场主题设计(文化主题和产业主题)、建筑规划及装修设计和氛围设计。

思考题

1. 卖场设计应该遵循什么原则?
2. 卖场外观设计的内容有哪些?
3. 为什么说"橱窗是卖场的眼睛"? 怎样利用橱窗设计提升卖场形象?
4. 卖场形象设计的内容包括哪些? 举例说明。
5. 简述卖场形象塑造的过程。
6. 结合实例分析影响卖场形象塑造的因素。
7. 什么是主题卖场? 主题卖场的特征是什么?
8. 如何设计一个主题鲜明的主题卖场?

【案例 4.1】　　　　　　　　"好时"食品公司的独特卖场设计

"好时"食品公司由贺西创办。在经历了几次经营失败后于 1900 年开始生产棒状和圆片等形状的巧克力。由于采用大规模生产,每单位巧克力的成本大大降低,使得一度仅为富人享有的奢侈品——巧克力变成了所有人都能购买得起的商品。1956 年,好时巧克力公司收购里斯糖果公司,于 1968 年改名为现在的"好时"食品公司。目前,"好时"食品公司处于休闲食品业的领先地位,它是北美地区最大的巧克力及非巧克力类糖果的制造商,同时还是领先的坚果产品加工商。年销售额超过 40 亿美元,公司产品出口 90 多个国家,在全球拥有超过 1.3 万名员工,旗下汇聚众多家喻户晓的品牌,如 kisses 巧克力、趣滋巧克力、巧克力排块等。

在卖场设计方面,好时有自己独特的见解:

一、室外装饰

好时的室外装饰个性鲜明,富有创造力。该店的正面是高 215 英尺、宽 60 英尺的招牌,这是时代广场所建的最大永久性招牌,上面放置了 34 个小道具、4 个蒸汽机、4000 多个雕刻灯等等;小道具包括两个烟囱、一个巨型杯子,各种好时品牌的巧克力的实物造型,很容易就让人想起该商店的特色,给人的印象十分深刻。

二、商品陈列

好时的商品排列错落有致、秩序井然、数量丰满,给消费者提供众多选择,大部分商品都裸露陈列,使顾客看得见、摸得着。顾客如果看得清楚,用手摸一摸商品,就会刺激顾客的感官,使顾客产生心理体验,引起潜在的购买欲望。好时向消费者提供最好的产品,强调消费者一进入商店,就有一个展示在他们面前的甜蜜世界。消费者光顾了该商店,就能体验到一种交互式的甜美体验。消费者可以在商店的每一处买到精美的礼品,听装、罐装的巧克力,有收藏意义的好时纪念品、衣服、玩具等等。

三、消费者服务

好时的消费者服务方面主要包括三个方面的内容:(1)提供方便的服务。即要使消费者在购物的过程中始终能感到方便,容易寻找到想要的食品,自由地挑选,在方便的时间和地点实现购物。(2)售货员的接待服务。好时的售货员在与消费者的接触和交易过程中,能以良好的态度欢迎消费者,一视同仁地接待消费者,诚恳、耐心、周到地为消费者购买提供服务,使消费者乘兴而来、满意而去。(3)提供个性化的服务。消费者甚至可以用公司提供的机器制作个人的糖果组合和个性化巧克力。在定制化服务上更是别出心裁,如 kisses 巧克力是好时的一个名牌产品,它有一个出神入化的飘带深受消费者喜爱,通常这个飘带上注明的都是 kisses 的品牌,但如果消费者愿意多花些钱,就可以用自己的名字替代 kisses,而成为节日和生日晚会上招待客人的别致礼品。

四、音乐播放

好时商店的音乐基本上是节奏较为舒缓、优雅的名曲,能使主、顾心情更加舒畅,放慢顾客行动的节奏,延长顾客在商场的停留时间,增加较多的随机购买几率,也使销售人员的服务更加到位。在好时商店为了避免消费者在排队付款时的枯燥乏味,还专门为消费者安置了一台大屏幕的电视,介绍好时企业的发展历史、产品特色等,一来缓解消费者因等待而不安的情绪,二来借机让消费者更多地了解企业,一举两得。

五、购物环境

好时把店堂环境塑造成清新、优雅、美妙的世界,并营造良好的商场景点,集艺术性、娱乐性、欣赏性为一体,使消费者视购物为乐事。好时在购物环境中,刻意营造一个温馨的购物氛围。在美国,好时的产品不仅是消费者平时喜爱食品,还是人们送礼佳品和过节如万圣节孩子们在玩"Trick or Treat"游戏时必不可少的应节食品,由此奠定了其温馨、浪漫、快乐的商店氛围。为此,好时在消费者一进入商店时,就形象化地拟人设计了 kisses 娃娃,此 kisses 娃娃笑容可掬并张开双臂热情洋溢地在欢迎着你,不仅渲染着浓烈的购物气氛,而且还恰到好处地宣传着企业的产品,装扮了购物环境。

六、色彩搭配

由于好时食品公司以巧克力享誉全球,而巧克力制作主要原料是可可与牛奶,因而棕色和白色成为他们在店面色彩搭配上的主色调,如在商店中悬挂的好时时代广场的商店招牌与整个商店的白色墙壁相映成趣,相得益彰。

资料来源:周延风,黄光,刘富先.美国零售商店店面设计和形象促销的启示.企业活力,2005(10).

案例问题:

1. 结合案例分析,一个对消费者具有吸引力的卖场应该从哪些方面进行设计?
2. 在食品卖场的设计中,主要考虑哪些因素?

【案例 4.2】　　　　　**ESPRIT 济南专卖店开业形象策划**

ESPRIT 系国际知名品牌,ESTRIT 济南专卖店是其特许专卖店。ESPRIT 多年形成的卓越的服装设计制造水平,不断提升的品牌形象,以及完整的企业理念、行为规范和统一形象识别,给济南专卖店提供了科学、规范的设计、技术和管理保证。

一、ESPRIT市场分析

济南作为一个中等城市,真正的国际品牌专卖店和销售专柜十分缺乏,市场上摆放和销售的,多是国内品牌。国际名牌杰尼亚、马狮龙、朗万、范思哲、PRADA、PORTS等在济南是闻所未闻,即使进入济南市场的皮尔·卡丹、花花公子等国际品牌,因为服装风格、价位、地点、营销均不到位,所以没有上乘表现。

ESPRIT进入济南市场,可以说是寻找到了一个空隙。但要树立自己的形象,引起消费者的关注和购买,还需要在所售服装类型及价位、广告宣传和营销手段这些方面,付出一定的努力。ESPRIT作为一种品位、价位都较高的品牌,在济南进行销售和推广,也有一系列的困难。首先是济南的消费水平和人们的消费观念,都处于一个较低的水准。ESPRIT面对的是一个小众市场,并非大众市场。虽然ESPRIT系国际知名品牌,但济南的消费者对它知之甚少,甚至从未听说。因此,ESPRIT在济南市场上,存在着一个知名品牌再创知名度的问题。其次就是ESPRIT济南专卖店的位置。位于顺河街的济南专卖店虽然处于人流量较高的地段,但这条街上缺少像样的精品商店,因此只能靠专卖店自身的努力吸引顾客;另外,济南市政府拟定在顺河街建立高架桥,势必会给专卖店造成正、负面影响。

二、产品分析及消费者定位

ESPRIT的产品在国际时装界,一直以朝气蓬勃、活泼开朗的形象独树一帜,其产品的设计风格具有浓厚的加利福尼亚色彩,充满加州的沙滩、阳光的韵味和无拘无束的感觉。ESPRIT的产品,主要是领导生活时尚的高档休闲系列,有专为职业女性和现代男士设计的休闲装,还有运动休闲装、牛仔装、童装、鞋袜及饰品等。这些产品的国际性、时尚性、休闲性,及每季数百款的产品推出,符合现代成功人士的需求。在济南,具有经济实力的中产阶层会成为需求者。此外,ESPRIT服饰款式多样、风格别致,并不断有新品种推出,可以使消费者感到物有所值,满足对服饰独特、别致的需求。ESPRIT在店面外观和内部装饰、员工职责、视觉形象、产品品位等诸方面,都为品牌形象的塑造提供了一定的基础。

三、广告宣传策略及广告目的

ESPRIT济南专卖店开业初期的广告目的,是让济南的社会大众知道、了解这个国际性品牌,了解它的发展过程、服饰风格及品牌内涵,从而对这个品牌产生信任、尊重和向往。由于ESPRIT的价位等原因,消费者不会看到广告后马上购买,他们往往去专卖店观看、了解、衡量产品的价位、款式,及其与品牌知名度的对应关系。因此,初期的广告宣传,要将ESPRIT这个国际品牌的高品质、高质量、多款式表现出来,使有钱的人以拥有它为荣耀,使暂时没有钱的人向往它,渴望得到它。

四、广告方式及媒介选择

ESPRIT济南专卖店开业之时的广告,需要详细地、理性地、富有诱惑力地向人们介绍这个品牌,因此应以选择报纸媒介为主。待人们对这个品牌有了基本认识之后,才可以选择电视、杂志等媒介传播品牌知名度和品牌形象。一年以内的广告宣传,应以报纸为主,在报纸上制作通栏广告、刊登系列小文章,陆续介绍这个服饰品牌的方方面面,让消费者在不知不觉中了解和接受这一品牌。

五、广告内容及广告创意

以下广告标题,可选择其一用在报纸广告上:在世界各地,提起加利福尼亚,人们就会想到金门大桥、好莱坞、沙滩和ESPRIT;休味休闲、享受"加利福尼亚的阳光";让"加利福尼亚的阳光"照到济南。以下广告内容,是用于报纸广告标题下面的广告文案。

①ESPRIT 是遍布五大洲 30 多个国家的国家著名的服装品牌,其总部设在美国加利福尼亚州旧金山市。在旧金山及德国杜塞尔多夫,都设有服装设计中心,广招全球各地的设计专才,设计表现 ESPRIT 风格的服饰。每季要推出符合国际时尚的上千种服装款式,经由香港的设计家根据亚洲消费者的喜好加以选择,推出最适合您的款式和色彩。

②在这个女人需要柔美,男人需要轻松的年代,休闲装大行其道。但是,并非所有的休闲装都是国际名牌。ESPRIT 休闲装出自美国加利福尼亚,设计风格体现出充满阳光的加州色彩,突出休闲装给人的无拘无束的感受,使您如同在加州的沙滩上享受阳光。ESPRIT 主要是符合国际时尚的高档休闲系统,有专为优雅女性和现代男性设计的休闲装,也有运动类、牛仔类、童装、鞋袜及饰件等系列休闲产品。塑造自我形象,体验休闲生活,享受"加州阳光",请您来 ESPRIT 专卖店。

运用以上标题和文案设计广告时,如果配用 ESPRIT 的时装图片,务必要注意图片的清晰程度,及在报纸上印出的效果。如果图片模糊,会使消费者对这个品牌本身产生误解和怀疑,也可配用手绘时装画,依靠时装画的规矩、细致,表现 ESPRIT 的多种款式和浪漫情调。

六、系列文章(用于报刊发表,借服饰知识传播 ESPRIT 品牌的知名度)

①休闲装的起源。休闲装起源于美国,最早首推布制的牛仔装、衬衣和夹克,最早是作为工作服使用。第二次世界大战之后,因美国娱乐界明星推崇,休闲服逐渐成为欧美人所接受的服装。20 世纪 60 年代的嬉皮士,崇尚回归自然,休闲服理所应当成为服装主流。20 世纪 70 年代初,休闲服开始成为世界时装界的一个重要部分,并在 20 世纪 90 年代形成不可阻挡的潮流,强烈影响着人们的穿着风尚。势不可挡的休闲潮流,使很多人开始青睐休闲装。

②休闲装的发展。休闲装在造型上往往呈现一种中性状态,男女均可穿用;在规格上属于宽松型,胖瘦都可兼容,因此适应性较为广泛。过去对休闲装的认识和理解,停留在休息、娱乐和旅游时的穿着上,现在人们则认为,休闲服可以让身体尽量放松,让心情得以调节,因此不仅是休息时可以穿,上下班以及正式的礼仪、外交场合都可以穿,这使休闲服获得一种综合性的概念。世界著名的 ESPRIT 休闲系列,就包括男女休闲装、运动休闲装、牛仔休闲装、童装、鞋袜、饰品等内容。

③名牌的分类。就服装而言,名牌不仅意味着它的知名度,也意味着可靠的质量、时尚的款式,同时也是身份的象征。就名牌分类来讲,有设计师名牌,如 YSL 代表圣洛朗,皮尔·卡丹、夏奈尔等;有名人品牌,如李宁牌运动装;有商品性名牌,如培罗蒙西服、红都服装;还有公司名牌,如国际知名的 ESPRIT。这个美国品牌借用法文 ESPRIT 为品牌名称,意思是年轻活泼、富有朝气,其服装注重给人无拘无束的感觉。

④休闲潮流。"闲"是"忙"的反义词,忙碌的时候才渴望休闲。面对快节奏的工作生活,身处都市的拥挤和喧闹,人们自由支配的时间和无拘无束的空间极其有限,人们期望心情的放松和节奏的调节,让身体去掉束缚,让肌肤得到呼吸。同时,人们又不可能在穿着打扮上花去太多时间和精力。于是,穿着舒适、款式简洁、自由大方、随意自然的休闲装成为人们的首选。给女人一份柔美,给男人一份放松,这便是休闲装的追求。ESPRIT 休闲系列强调"ESPRIT 概念在乎的是心态而非年龄",吸引着对时尚敏感的人士。它的消费对象成

熟而活跃,有品位而不落俗套,勤奋而不拘谨,这正是对所有喜好休闲装人士的精神写照。

资料来源:刘超.卖场策划.北京:中国发展出版社,2008:45—51.略有改动.

案例问题:

1. ESPRIT 济南专卖店是如何打造自身卖场形象的?

2. 卖场形象塑造对消费者行为有怎样的影响?

第5章
卖场的布局

◆ **学习要点**

1. 卖场布局的含义及原则；
2. 卖场布局的类型；
3. 卖场的形状与层次,及卖场面积的分配；
4. 卖场的基本空间及其三要素；
5. 卖场空间类型与空间布局；
6. 卖场设施布局；
7. 卖场通道的类型；
8. 卖场通道设计的原则与方法；
9. 磁石理论与磁石卖场的形成。

◆ **重要概念**

卖场布局　卖场通道　主通道　副通道　卖场空间　磁石商品　磁石卖场

5.1　卖场布局概述

经济快速发展的中国市场,零售业竞争早已经摆脱了单纯的硬性价格竞争,转而上升到了服务等各个层面的"软实力"竞争。如何留住顾客,如何在卖场的门面、通道、设备摆放、空间分配等布局上更加适合顾客的"口味",如何提高顾客在卖场中的购物欲望,进而提高客单价,是当前每家卖场都在思考和不断探索改进的问题。一个科学而合理的卖场布局可以充分利用卖场的空间条件,引导顾客购买商品、方便顾客选购商品,可以最大限度发挥卖场对顾客眼球的吸引力度,从而间接起到销售促进的作用;同时,合理的卖场布局还可以使顾客保持愉快的购物心情,使员工保持较高的工作热情和积极的态度。总之,卖场布局在很大程度上左右了顾客的购买行为。

卖场布局研究的正是卖场内部的格局与规划问题。卖场布局与构成卖场的各种要素密切相关,例如卖场的选址、卖场的外观、基本设施、商品陈列及配置、店内装饰、销售人员等。结合这些因素和卖场布局的促销性质,本章探讨的卖场布局包括以下内容:卖场布局的类型与方法、卖场空间布局、卖场设施布局、卖场通路设计、卖场磁石理论及优质地带的选择等。有关商品的配置及卖场内装饰、展示等内容参见相关章节。

5.1.1 卖场布局的含义及意义

1. 卖场布局的含义

所谓卖场布局,是指为了达到刺激顾客需求的目的,对包括商品、设备、用具、通道等在内的卖场整体,根据明确的计划进行合理的配置。

卖场布局是一种重要的促销手段,它的水平如何对店内顾客的购买行为会产生十分重要的影响。在零售业,卖场的合理布局通常要与各种营销策略配合使用、缺一不可,从而起到间接销售的促进的作用。同时,卖场的布局要以卖场整体为对象,综合考虑构成卖场的各个要素及其相互关系,合理搭配、统一协调,充分利用好每一部分资源,留给顾客一个完整美好的印象。因此,卖场布局应该是有计划开展的。合理的卖场布局并不是偶然产生的,而是商家根据事先严密而明确的计划设计而成的。卖场布局通过一系列物理和心理方面的有计划、有目的的设计,对入店顾客进行有效的诱导和控制,以最大限度地激发顾客的购买欲望,使卖场的效率和效益最大化。

2. 卖场布局的意义

卖场布局的目的是让顾客进入卖场之后,充分游览卖场中的商品,便利地选购商品,从而提高卖场的销售业绩。因此,卖场布局具有十分重要的意义。

(1)增强品牌力,提高产品附加值

合理有效的卖场布局能够赋予商品特定的品牌文化与形象内涵,并加深消费者对品牌的印象和信赖,从而提高产品附加值,使卖场获得更高的利润,增强卖场的竞争力。

(2)维护卖场信誉,树立卖场形象

良好的卖场布局有利于维护商家信誉,使消费者全方位感受到商品的信息,增强对商品的印象,形成潜在购买力。良好的卖场布局若能与灯光、器具、宣传品等形成巧妙的搭配,则能使商品的外形、质感、特色得以突出体现,增强顾客的购买欲,从而提升销售额。终端卖场的整体布局从侧面代表着整个卖场品牌的形象,树立良好的终端形象,可以为卖场的长远发展打下基础。

(3)深挖顾客心理,创造休闲空间

卖场布局的核心是迎合消费者的心理。现代消费者更多地把购物看成一种享受和休闲娱乐活动,卖场布局如能恰当运用某些情节、环节,如布置一个精致的吧台、宽敞的休息区等,就能够较好地使消费者放松心情,轻松购物。

(4)合理配置资源,充分利用空间

合理的卖场布局能够最大限度利用卖场拥有的一切资源,制造繁华的购物景象,也尽可能避免闲置资源的浪费。同时,有效利用卖场中的空间和区位,不让卖场内留有死角或空地,给予消费者美好的购物环境印象,进而提升销售额。

日本商店的"六易"

商店容易看到:即商店的地点应选择在人流集中的街道和路旁,店铺的设计布局应具有直观视觉效果;商店容易进来:顾客在发现商店之后,很快产生一种亲和力,能很轻松地踏入商店而不至有任何抵抗因素;店内容易走动:店内布局合理,顾客进入之后有一种宾至如归的亲切感,可以自由地走动而没有任何束缚感;商品容易看到:商品的陈列强调视觉效果,使顾客很容易看清商店主营的商品,并从中发现自己所需要的商品;商品容易拿到:橱架的高矮适宜不同的消费者,男士用的商品、女士所用的商品、儿童商品都伸手可及;商品容易买到:店内货物陈列齐全,经营商品的品种、花色齐备,能满足不同消费者的需要,且价格适度,贴进顾客的消费水平。

资料来源:联商网。

5.1.2　卖场布局的原则与注意事项

每一个卖场都会存在着一些顾客几乎看不见的死角,比如传统的冷冻柜,顾客视线容易集中在俯瞰落眼点最佳的最下一层位置,而与视线平视的层面则往往成为购物的死角。当然还有一些死角位于卖场的各个区域,消费者因为难以到达常常掉头而去,许多商品一旦进入这些区域,几乎就等于被顾客遗忘。因此,卖场的布局要能够科学合理地组织利用空间资源,使顾客合理流动,促进购买行为的实现。

1. 卖场布局的原则

(1)方便的原则

卖场的出入口、通道、货架摆设要使顾客容易进出和走动,便于顾客挑选商品。尽管卖场内的商品很丰富,价格很便宜,但如果顾客不愿进来或不知道怎样进来,一切努力都将是白费。只有让顾客进来了,才是生意的开始,才创造了营业的客观条件。因此,卖场的出入口布局要避免存在障碍,通行或停车较为方便;切忌拥挤、吵闹、堵塞等情况,以免干扰顾客购买的心情。例如,应避免过于狭小的入口,出口太少,处在拥挤的十字路口等。通道的设计和货架的摆放,要符合顾客身体、心理上的习惯,方便顾客看到、拿起商品,例如,在相应的地方放置购物篮或购物推车,设置休息之处等。

(2)情境制造的原则

为顾客创造良好的购物环境,要特别注意保持卖场的明亮整洁,同时,有效利用灯光、色彩、味道、音响效果等的配合,为顾客营造一个舒适、温馨的购物环境。因此,卖场的布局不能仅仅停留在物理空间的分配与使用,还应该从顾客心理出发,满足顾客的情感体验和精神需求,让顾客在不知不觉中完成愉快的购物历程。例如卖场随着节假日的到来,适当调整卖场的格局,在圣诞节来临时,可以开辟圣诞礼品专区、播放圣诞音乐、树立圣诞老人卡通形象吸引孩子等。

(3)专业性原则

卖场整体的布局要服从卖场的主题和经营理念,充分展示卖场的专业性,例如卖场的风格、卖场的主营业务、卖场的性质等等,不能一味地求新求奇,以免带给顾客杂乱无章的感觉,进而不能在顾客心目中产生共鸣。为此,卖场的布局应该尽量参考专业设计、采购、装修等方面的专业人士的建议,充分了解自身所在行业的特性、商品的性质、消费者心理等因素,使卖场的表现符合顾客的心理诉求。卖场一定要具备别具一格的经营特色,使顾客一看卖场外观便驻足观望,进而产生进来购物的愿望,同时一进入卖场,就产生强烈的购买欲望和种种新奇的感受。

（4）优化、系统的原则

卖场布局是对卖场内的商品、货架、区位、人员、背景、通道等多个要素的整体配置和运用,具有较高的系统性和全局观。卖场布局必须在以顾客为中心的前提下,使主要商品和次要商品得到不同程度的展示;使顾客通道的设计和商品的摆放符合顾客走动的习惯;用尽每一寸空间、展示每一样物品,使每个顾客都能够按照自己的意愿进行购物。例如,在楼层边角地区设置婴儿哺乳室,既满足顾客的需求又充分利用空间;在购买结束终端设置餐饮专区,使餐饮与购物合理搭配,有效解决顾客长时间购物的顾虑。

（5）安全的原则

一个成功的卖场布局,不仅要注重商品陈列、购物的方便、灯光等背景的运用,还要兼顾安全防范的原则。例如,在开放式卖场布局中,应使贵重商品始终处于卖场人员监控之下,以降低卖场商品失窃的可能性;在人流量较大的地方安放电子监控设备;货架的高度和商品的陈列不能遮挡视线,以免偷窃行为有可乘之机;减少不必要的出入口,如果不能满足要求,可把一些出口改为紧急出入口;在墙面、地面上粘贴警示语,或温馨提示语句等等。总之,卖场的布局在追求美观、吸引、便利等目标的同时,要充分考虑布局的安全性,以免因小失大。

2. 卖场布局的注意事项

在卖场布局的实际工作中,不可避免地会出现这样那样的问题,以下几点特别值得注意。

（1）应注意顾客的意识

顾客的意识是具有整体性特点的,它受刺激物的影响才可能产生,而刺激物的影响又总带有一定的整体性,因此,构成了顾客意识具有整体性的特点,并影响着顾客的购买行为。为此,在售货现场的布局方面,就要适应顾客意识的整体性这一特点,把具有连带性消费的商品种类邻近设置、相互衔接、给顾客提供选择与购买商品的便利条件,并且有利于售货人员介绍和推销商品。

（2）应注意顾客的无意注意

顾客对商品的注意可分为有意注意与无意注意两类。顾客的无意注意,是指顾客没有明确目标或目的,因受到外在刺激物的影响而不由自主地对某些商品产生的注意。这种注意不需要人付出意志的努力,对刺激顾客购买行为有很大意义。如果在售货现场的布局方面考虑到这一特点,有意识地将有关的商品柜组,如妇女用品柜与儿童用品柜、儿童玩具柜邻近设置,向顾客发出暗示,引起顾客的无意注意,刺激其产生购买冲动,诱导其购买,会获得较好的效果。

（3）应考虑商品的特点和购买规律

如销售频率高、交易零星、选择性不强的商品,其柜组应设在顾客最容易感知的位置,以便于他们购买、节省购买时间。又如,花色品种复杂、需要仔细挑选的商品及贵重物品,要针对顾客求实的购买心理,设在售货现场的深处或楼房建筑的上层,以利于顾客在较为安静、顾客相对流量较小的环境中认真仔细地挑选。同时应该考虑,在一定时期内调动柜组的摆放位置或货架上商品的陈列位置,使顾客在重新寻找所需商品时,受到其他商品的吸引。

（4）应尽量延长顾客逗留卖场的时间

据一项市场调查,进店之前具有明确购买意向的顾客仅占顾客总数的 25%,而 75% 的顾客都属于随机购买和冲动型购买。因此,如何使顾客进店看见商品,在店内停留足够长的时间,能够快速、方便地找到、取到商品至关重要。商品丰富会给顾客更大的选购余地,顾客停留越久,就可能买更多的东西;通道宽敞、人员流动性高,能够增加顾客选购的自由度和便利性,拥有较好的购物心情,从而在店内逗留的时间较长。例如,家乐福门店分为上下两层,进入卖场后先是随扶梯上二楼,然后才能下一楼交款,不能直接在一层购物,这样的目的在于将顾客在卖场内的逗留时间延长,以便有更多的机会向顾客展示商品;又如,昆明百货大楼内的电梯设计,采用上下分开的传统设计,不管顾客继续上或下,都必须在同一楼层绕过一圈,这样就延长了顾客的客动线,增加了顾客看到商品的机会。

5.1.3　卖场布局的类型

根据卖场占有空间格局的不同,卖场布局的类型各有千秋,它直接关系到顾客的购买率。据日本连锁超市的市场调查:顾客对商品价格的重视程度只占 5%,而关注开放式易进入的连锁超市的占 25%,重视商品丰富、选择方便的占 15%,重视明亮清洁的占 14%。由此可以看出,顾客对卖场的重视程度主要集中于卖场的布局上。结合实际,我国卖场布局通常采用以下几种类型:

1. 沿墙式布局

这种布局是将柜台、货架等设备沿墙布置,由于墙面大多为直线,所以柜架也成直线布置,这是较普遍的设计形式。采取这种布置方式,其售货柜台较长,能够陈列、储备较多的商品,可以节省人力,方便卖场人员互相协作,并有利于安全管理。

2. 岛屿式布局

这种布局是将柜台以岛状分布,用柜台围成闭合式,中央设置货架,可布置成正方形、长方形、圆形、三角形等多种形式。这种形式一般用于出售体积较小的商品种类,它可以充分利用营业面积,在保证顾客流动所需占用面积的条件下,布置更多的售货现场,采取不同的岛屿形状,装饰和美化营业场所。岛屿式布局的柜台周边较长,陈列商品较多,便于顾客观赏、选购,顾客流动较灵活,视野开阔。由于岛屿式布局中售货现场与辅助业务场所隔离,不便于在营业时间内临时补充商品,同时,存货面积有限,不能储备较多的待售商品,因此会增加续货、补货的劳动量。

3. 斜角式布局

即将柜台、货架等设备与营业场所的柱网成斜角布置。斜向布置能使室内视距拉长而显得更为深远,使室内既有变化又有明显的规律性,可使营业场所获得良好的视觉效果。

4. 陈列式布局

即把工作现场敞开布置,形成一个商品陈列出售的营业场所,卖场人员与顾客没有严格界限,在同一面积内活动。它利用不同造型的陈列设备,分类分组,随着客流走向和人流密度变化而灵活布置,使店内气氛活泼。它的特点是便于顾客参观选购商品,充分利用营业面积,疏散流量,也有利于提高服务质量,是一种比较先进的设计形式,也正为越来越多的经营者所采用。

5. 格子式布局

这是一种十分规范的布局方式。在格子式布局中,所有的柜台在布置时互成直角,构成曲径式通道。这种通道与出入口的合理结合,能产生顾客形成的消费流由入口经过布满商品柜台的曲径通向卖场出口的一种动力效果。超级市场和某些杂货卖场大多采用格子式布局。这种布局使整个卖场内结构严谨,给人以整齐规范、井然有序的印象,很容易使顾客对卖场产生信任心理。格子式布局大都用于敞开售货,顾客可以沿通道两侧的敞开货架自由挑选和浏览商品,而自选式售货恰恰能满足顾客现代的需求。格子式布局使整个卖场整齐划一,从经营管理角度看,格子式布局更便于安全销售和保持卖场卫生,而且整体投入较低。但顾客走在除了商品还是商品的环境中,会产生孤独、乏味的感觉,而且由于布局的规范化,店内装饰形成的购买情趣效果难以显现。此外,由于在通道中自然形成的驱动力,选购中的顾客常常有一种加速购买的心理压力,浏览和休闲的愿望常被大打折扣。

6. 专业商店式布局

专业商店式布局在卖场中已被广泛采用。专业商店式布局可以按照顾客"一次购齐"的心理设置。例如,顾客在买皮鞋、西装、领带时,就能在一个部门得到满足。专业商店式布局依靠的是相关的商品能给顾客带来方便。

7. 自由流动式布局

自由流动式布局是以方便顾客为着眼点而进行设计的,也是能把商品最大限度地展示在顾客面前的布局方式。这种布局是根据商品和设备特点形成的各种不同的组合,或独立,或聚合,没有固定或专设的布局形式,销售形式也不是固定不变的。它给顾客以宽松的气氛,顾客能自由来往,但从空间利用效果来看,自由流动式布局比格子式布局和专业商店式布局要差。在实际布局中常见的有条形(或矩形)、环形、马蹄形、三角形等多种。这类布局中,通道一般比较宽敞或在卖场中央留有较大的空间,用于装饰如卖场中喷泉池、休息娱乐场地等处。百货商场、专业卖场等多采用自由流动式布局。它能利用装饰布局创造较好的环境气氛,对各种类型的顾客都能产生一定的吸引力,大大刺激顾客的非计划性购买,其利用环境促销的作用十分明显。但是,这类布局如果布置不好,会给人卖场布局混乱不清的感觉;同时,由于费用投入较高,会影响卖场整体价格水平;对经营者而言,卖场的安全管理和清洁卫生的难度也较大。

在实践运用中,卖场采用哪一种形式的布局,要综合考虑方方面面的因素,一旦选用某一种布局,在一段时期内要保持不变,但如遇到经营品类转向、节假日庆典等情况时,则应灵活调整卖场的布局。此外,卖场的布局也要随着销售方式的不同而改变。例如,贵重商品和易污损的商品适合采用隔绝式销售方式,那么,卖场就要考虑采用格子布局更为恰当;如果销售的是廉价的日用品,为了方便顾客的自由选购,卖场一般采用敞开式货架,这时亦选用自由流动式布局。通常来说,小型卖场采用单一的布局形式即可,大型卖场则可根据各个楼层经营内容的不同而选用多种不同类型的布局方式。

前沿话题

我国服装卖场形式及卖场布局的演进

年　代	零售业态	卖场布局	布局特征
20 世纪 80 年代前	百货商店	"回式"卖场	货柜划分店员与顾客,形成两大空间
80 年代到 20 世纪 90 年代初	个体商贩 百货商店	"门式"卖场 "井式"卖场	数十平方米的独立经营场地,完全开放的陈列样式,顾客与店员空间合二为一;"龙门架+陈列柜"作为推销服装的基本手段,开放性的购物环境
20 世纪 90 年代中后期	专卖店 百货商店 大型超市	"同式"卖场	设有收银台,规范导购空间,带有 S 形购物路径
21 世纪初	专卖店 百货商店 购物中心 大型超市	"闯式"卖场	大卖场四周采用高架作展示,中间通过划分品牌大类的若干区域,通过设计 S 形、P 形或 X 形的顾客流向通道,形成卖场中心展示区、收银区、货架销售区和休息区等。

资料来源:陆嫣华.基于现代市场营销思想的服装卖场系统研究.东华大学硕士学位论文,2005.

5.2　卖场整体布局

5.2.1　卖场形状选择

卖场形状的选择首先取决于卖场选址的地形。根据第 3 章的内容,在三角形、鳗鱼形细长土地、L 形土地、R 形土地上建造的卖场,会受到土地形状的严重制约,从而在卖场布局上不能够随心所欲。因此,一个视觉效果较好的卖场形状首先必须具有良好的地理形状。通常来讲,无论卖场经营内容是什么,卖场的形状达到 1:1.8 的黄金分割比例是最好的,如图 5-1 所示。也就是说,接近于香烟盒比例大小的卖场形状最有利于卖场内部通道、货架、商品的布局,卖场人员能够随心所欲地摆设商品,直到满意为止。

如果超出这个比例,那么卖场的布局就要受到限制,例如出现一些死角、浪费空间等,进而影响卖场的经营。在目前国内的卖场中,纵深和宽度的比例超过 1:3 的并不少见,这是因为很多卖场是由其他用途的建筑大厦改装而成,在设计卖场格局时显然要受到原来建筑规划的影响。于是,不管卖场布局如何设计,都无法充分利用空间资源,或者商品摆放不尽合理,如图 5-2 所示。

之所以选用规则形状的卖场或符合 1:1.8 比例的卖场形状,是因为这样的卖场布局有利于把顾客引向卖场深处,让顾客毫无顾虑地花更长时间在卖场内游逛,增加达成销售的机会,如图 5-3 所示。图 5-3(A)是从卖场左侧开设入口,而图 5-3(B)、(C)是从卖场右侧开设入口。从图中可以看到,这种格局的卖场形状大大延长了顾客的线路。

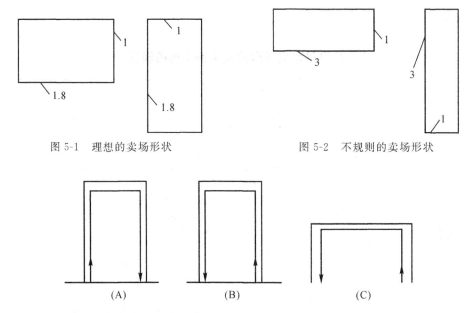

图 5-1　理想的卖场形状　　　　　　图 5-2　不规则的卖场形状

图 5-3　正规卖场的诱导方式

在正规卖场的诱导设计中,要尽量避免在卖场门面处出现顾客与卖场人员视线相对的情况,否则,容易使顾客产生某种抵抗感而不愿进入卖场。同时,应该把沿墙一面的货架、货柜前的通道设计为主要通道(宽度通常在 90 厘米以上),这是因为人们有沿着墙壁一面在室内行走的习惯。除此之外,还应该在卖场外以及卖场内各部分放置具有吸引力的主力商品或畅销品,以激发顾客的购买心理和欲望,使顾客把在卖场内的游逛行动变成购买行动。

在实际生活中,卖场的形状通常有以下六种:U 形、N 形、C 形、A 形、T 形和 H 形,如图 5-4 所示。U 形卖场因其像英文字母 U,所以被称为 U 形卖场;N 形卖场属于瘦长形;C 形卖场是比 U 形卖场浅,又比 N 形卖场宽的卖场;形状比较奇特,面积不规则的卖场则是 A 形卖场,这种卖场的门头很大,但越往里越小;另外,还有 T 形卖场和 H 形卖场,也属于形状不规则的卖场。

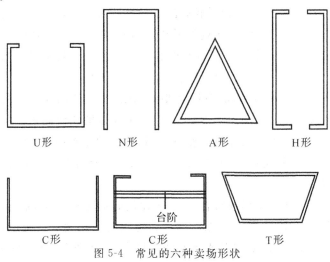

图 5-4　常见的六种卖场形状

相对来说,U 形卖场的格局更加有利于卖场的布局和设计。这是因为,C 形卖场虽然门头宽,容易引起客人的注意,但是很不利于内部的布局;N 形卖场则太深,往往会出现客人不容易往里走的问题;A 形卖场不好布置,需要花费一番心思才行;T 形卖场的角落处不宜摆放货架、商品,容易形成死角,造成空间的浪费;H 形卖场两头都临街,这种类型的卖场更不留人,亦不留财,在选择卖场时也要尽量避免。另外,卖场内尽量不要出现有台阶的情况,因为台阶的设置容易让里面的区位成为一个死角,同时还会造成顾客在心理上的阻断。由此可见,卖场形状的选择应是越规则越好。

5.2.2　卖场层次组合

在传统计划经济时代,由于实行商品定量定价销售,因此卖场布局简单雷同。现如今,卖场作为一个为顾客提供商品和服务的立体空间,其布局不能仅仅停留于平面的规划,还要充分利用立体设计的技术技巧,加入情境的因素,使卖场布局具有独特的风格和美的享受。为此,卖场布局要讲究层次的搭配使用。

1. 卖场平面布局

平面布置是整个卖场布局的基础。一旦有了平面设计图,卖场的雏形或构架就展现出来了。通常运用各种空间分割方式来进行平面布置,包括各种商品或陈列器具的位置、面积及布局、通道的分布等。合理的平面布置是在对经营商品种类、数量、经营者的管理体系、顾客的消费心理、购买习惯,以及卖场本身的形状大小等各种因素进行统筹考虑的基础上形成的量化平面布局图。例如,根据顾客的购物习惯、消费心理、格调品位来安排货位;根据人流物流的大小方向、人体力学等来确定通道的走向和宽度;根据经营商品的品种、档次或关联性来划分销售区域等等。

2. 卖场立体布局

三维立体空间设计是现代化卖场布局的主要内容。在立体空间中,卖场要针对不同的顾客及商品,运用粗重轻柔不一的材料,恰当适宜的色彩,及造型各异的物质设施,对空间界面及柱面进行错落有致的划分组合,创造出一个使顾客从视觉与触觉都感到轻松舒适的销售空间。例如,男士商场中的柱子采用带铜饰的黑色喷漆铁板装饰,以突出坚毅而豪华的气势;同时辅之以同样素材的展示架,构成一种稳重大方的氛围。而对于相同建筑结构的女士商场来说,则要采用喷白淡化装饰,圆柱设计立面软包的模特台,并辅之以小巧的弧型展架,以创造一种温馨的环境。

3. 卖场动态布局

卖场动态布局强调的是卖场不仅仅是一个客观物质环境,它要受到各种外在因素的影响和制约,因此,卖场的布局务必要顺应时代的特点、展现卖场的生动性。所以,卖场的布局不能是一成不变的,也不能是呆板僵硬的。为此,卖场布局应随着人们生活水平、风俗习惯、社会状况及文化环境等因素的变迁,而不断标新立异,时刻走在时代的前沿。同时,在卖场中采用运动的物体或形象,不断改变处于静止状态的空间,形成动感景象,从而打破卖场内拘谨呆板的静态格局,增强卖场的活力与情致,激发顾客的购买欲望及行为。例如,自动电梯不间歇地运转、输送顾客;电子显示屏不停息地播送着各种广告及信息;美妙的喷泉,尤其是音乐彩灯喷泉,随着韵律节奏的变动,制造出各种优美动人的造型及色彩。通过这种动态设计,卖场能够充分满足顾客购物、娱乐、休闲等多种需求。

4. 卖场情境布局

卖场的布局是卖场形象的具体展示。它是卖场经营者根据自身的经营范围和品种、经营特色、建筑结构、环境条件、消费心理、管理意图等因素,确定卖场的理念信条或经营主题,并以此为出发点进行相应的卖场规划与设置。因此,卖场内部的一切设置除了符合科学规范的设计之外,还要追求一定的艺术性,用富有情境的空间和氛围来与顾客内心产生共鸣。

例如,北京赛特购物中心在以"人"为中心的理念下,在寸土寸金的销售黄金区域,坚持通道的宽敞,主通道不低于 2.3 米,自选区设施间的距离亦在 1.3 米以上;为形成视野宽敞的商品展示,所有陈列设施高度在 1.4 米左右;柱面实施简单喷白处理,整个卖场宽阔异常,具有强烈的通透感;采用多层次的立体照明,组合光线柔和明亮,进一步强化卖场明亮的格调,使顾客产生舒适、亲切感。在这种环境下,顾客能从卖场内任何位置纵观卖场整体布局,宽广的视野令顾客精神振奋愉悦,多了一份自信,从而在理想精神状态的支配引导下,不知不觉就产生购买行为。又如,西单购物中心优美的环境无不使人倍感温馨——高矗的玻璃大厦,银白的不锈钢柱子彰显一种爽洁气派;厅内四季翠柏郁郁葱葱,白色的泰山石铺就出一份典雅,棕榈鲜花悦目可人,一片生机勃勃的自然景观,整个货位布局与艺术观赏性融为一体,美在其中。购物中心还将一些宽敞的地区留给顾客,把部分有效的空间作为顾客休闲场所,提供各种服务设施,比如设置边沿休息椅,在贵重金银首饰柜台放置试金椅,为顾客提供放大镜、鉴定仪等设备,服务台备有安康小药箱等等。

5.2.3 卖场面积分配

一般来说,卖场的面积可分为三块,即营业面积、仓库面积和附属面积。各部分面积划分的比例应受卖场的经营规模、顾客流量、经营商品品种和经营范围等因素的影响。合理分配卖场的这三部分面积,保证卖场经营的顺利进行,对各零售卖场来说是至关重要的。在安排营业面积时,既要保证商品陈列销售的需要,提高营业面积的利用率,又要为顾客浏览购物提供便利。通常情况下,卖场面积的细分大致如下:

1. 营业面积

营业面积包括陈列、销售商品面积,顾客占用面积(包括顾客更衣室、服务设施、楼梯、电梯、卫生间面积、用餐厅、茶室等)。

通常,营业面积应占最大比例,大型卖场的营业面积占总面积的 60%～70%,实行开架销售的卖场营业面积的比例更高。确定卖场营业面积具有重要意义,商品货架空间的设置就是根据各类商品所占卖场营业面积的比例来确定的(见表 5-1)。

表 5-1　超市商品卖场面积的配置

商品类别	面积比例(%)	商品类别	面积比例(%)
水果、蔬菜	10～15	糖果饼干	10
肉食品	15～20	调味品、干货	10
日用品	20	小百货与洗涤用品	10
一般食品	15	其他用品	10

资料来源:周文.连锁超市经营管理师操作实务手册——店铺开发篇.长沙:湖南科学技术出版社,2003:234.

2. 仓库面积

仓库面积包括店内仓库面积、店内加工区面积、店内商品收货处面积、整理分装间及冷藏室、操作间的面积等。

仓库面积一般占卖场面积的 15%～20% 左右,而且由于这些部门通常处于卖场最里端,因此,有效分配仓库面积可以充分利用卖场的空间。各个部门在进行仓库面积分配时,应注意要有利于行走和处理、搬运、寻找商品等。可以借助商品组的分隔和存货的适当排列,消除因超量搬运带来的寻找商品的麻烦,同时还可以大大节省空间的浪费,充分使用卖场的每一点面积。当然,也不能一味追求面积的节约与充分利用,而忽视了划分面积的合理性。例如,生鲜食品的加工区就应与销售区连接在一起,才便于商品的进入、加工与装卸。

3. 附属面积

附属面积包括办公室、休息室、更衣室、存车处、饭厅、浴室、楼梯、电梯、安全设施等占用的面积。

从原则上讲,附属面积不应超过总面积的 15%,如果该店为总店,总部设在总店里,则附属面积会相应增大。为了节省占地面积,可以在卖场周围再盖一个多层结构的大楼作为办公、休息场所;也可以在不改变建筑物稳定性的情况下,设置错层、跃层结构作为附属面积,这样极大地扩充了卖场的面积。此外,由于大型卖场楼层高、面积大、客流多,顾客在购物时极易产生生理和心理上的疲劳,因此,为了增强卖场的亲切感,经营者不能太吝惜卖场内的面积,增加一些休息、娱乐和摆设的场所是必要的。例如,有些卖场借助于室内造园的手法,在卖场内布置奇山异石、移种花草树木、引进喷泉流水,既满足人们回归自然的心理需求,又成为卖场内的一个景点留影纪念。近年来,一些卖场的经营者本着为消费者服务的宗旨,还特意为儿童设立了游戏场所,并配有玩具和各种游乐设施,派专人看护,以方便带小孩的顾客购物。这样做虽然占用了一些营业面积,但也带来了不可低估的经济效益。

5.3　卖场空间布局

5.3.1　卖场的基本空间及其三要素

卖场的空间布局是指设计者对已有的卖场空间进行整体规划、分割和合理调配,使其符合该卖场商品的销售习惯,以及顾客的购物习惯。在设计过程中,必须对空间的大小形状、室内环境的温度、采光、照明、背景音乐以及本地区人们心理感受作出综合的判断和分析,营造出功能合理、舒适、优美、理想的购物环境。

1. 卖场的基本空间

现今,卖场经营的成败与卖场的布局越来越密切相关。随着零售行业的业态变化趋势,卖场的位置、形状、规模、结构、装潢设计等都各具特色。但不管怎样,首先要把握的是卖场的三大基本空间,即商品空间、卖场人员空间和顾客空间。卖场种类多种多样,空间格局五花八门,实际上,都只不过是这三大空间组合变化的结果。

（1）商品空间

所谓商品空间，是指卖场中陈列展售商品的场地。而卖场空间有各式各样的形态，例如柜台、橱窗、货架、平台等。设置商品空间的目的在于让顾客便于挑选商品、购买商品。

（2）卖场人员空间

所谓卖场人员空间，是指卖场人员接待顾客时所使用的地方。因为各个卖场的经营方针不同，对卖场人员的要求也就不同。有的卖场把卖场人员空间和顾客空间划分得很清楚，有的卖场人员空间则是和顾客空间相重合的。

（3）顾客空间

所谓顾客空间，是指顾客参观展售商品、挑选商品的地方。由于各商品卖场的设计不同，所以有些卖场将顾客空间设于卖场内部，有些则设于卖场外部，更有些卖场内部、外部都设有顾客空间。

在卖场布局中划分空间时，要尽量将这三个空间结合起来，而不是让它们相互孤立。例如，沃尔玛在布置商品展示时，就已经把工作人员考虑进去了。因此，沃尔玛的员工一律在胸前佩戴一个笑脸的标志，有时又让工作人员拿着某种商品辅以适当的演示，如此一来，会引起顾客的好奇，卖场也因此生机盎然起来。这个时候，便是所谓的三种空间的有效结合。卖场人员充当了卖场和商品展示的功能，商品空间与卖场人员空间合二为一，会令卖场人员忙碌起来，顾客被这样的活力所感染，又有好奇心理推动，自然会在卖场中流连忘返。

2. 卖场空间的三要素

卖场室内空间的三个基本要素是商品、顾客和建筑，把握住这三个基本要素是卖场布局成败的关键。

（1）商品与卖场布局

检验卖场布局优劣的标准就是商品销售的业绩。因此，让顾客最方便、最直观、更清楚地接触商品是卖场布局的首要目标。在进行卖场室内布局时，首先要对所售商品的形态与性质进行分析，而后利用各种人为设计元素去突出商品的形态和个性。对商品的分析大致可从以下几点考虑：

①商品变化的大小及范围。变化幅度大的商品，陈列起来造型丰富，但也易造成凌乱，布局时应强调次序，减少人为的装饰元素；变化幅度小的商品排列起来整齐，但易陷于单调，布局时应注重变化，增加装饰元素。

②商品的形态。同类商品的外形、层次变化多，卖场空间会感觉很有生气，如果所售商品差异不大，卖场空间就应注重变化以免使人感到呆板。此外，还要兼顾商品外形的可变性。

③商品的色彩和质感。有的商品色彩灰暗，有的则色彩鲜艳，这就要求布局时尽量突出商品的色彩。例如，沃尔玛超市的水果区域，在布局时不仅考虑了水果的特性、顾客挑选的方便性，还特别考虑了不同色泽的水果的相互搭配，以求更好地抓住顾客的眼球。

④商品的群体与个体。商品是以群体出现还是以个体出现，这对顾客的购买心理有很大影响。小件商品的群体可以起到引人注意的作用，但过多的聚集也会带来"滞销"的猜测。不对称的群体如果处理巧妙，会给人以"抢手"的印象。至于贵重的商品，只有严格限制陈列数量才能充分显示其价值。对以群体出现的商品，室内布局时应配以活泼生动的气氛；对以个体出现的商品，布局则要追求高雅舒展的格调。

⑤商品的格调。商品的格调决定了卖场室内布局的风格。同是卖场,高档商品卖场的清新优雅与中低档卖场的无拘无束应截然不同。卖场布局的风格与经营特色的和谐与否,会直接影响到商品的销售。

(2)顾客与卖场布局

在进行卖场布局时,如果没有考虑与顾客之间的沟通是万万不行的。卖场布局的重点就在于,通过何种布局来获得与顾客的直接对话及展示商品信息,以充分扩展沟通的空间。

展示窗或展示空间可以对目标客户提供充分的前卫流行信息,在柜台区及其他空间区摆设期望商品群、日用杂货等,因此必须确保拥有充分的沟通空间。大型卖场中,必须开放最后空间及沟通空间作为等待空间,同时也可将其视为各区域的入口。对于不同的入口,对商品陈列应有不同的策略,主要有以下两种情形:一是对于较窄出入口,可混合多样化色彩的商品和质地朴素的商品,作为展示重点;壁面要在风格上多下工夫;在角落成立一个待客空间,可以魅力倍增。二是对于较宽的出入口,正面纵深较浅,横向的动线较纵向的动线为强,因此要在中央地区陈列柜的形式及陈列方法上多下工夫。

另外,还可以结合卖场的主题,形成展示空间。例如,桌子的摆放和风格要随季节而变,高度以适合于用手拿取为佳,然后以一个主题、一个品位加以统一,从而增添卖场整体的生活形态,与顾客产生心理共鸣。又如,中央空间可作为试用品的展示空间,墙壁则按照产品尺寸、颜色、材料、质地等不同而有所区分,以求最大限度地体现商品的丰富多样性,以及顾客选购的便捷性。

(3)建筑与卖场布局

同样的商品,人们往往会认为摆在卖场里的要比摆在夜市地摊上的价值高,这正是卖场建筑装修给顾客造成的眩晕感。面临着市场的竞争,卖场必须以建筑装修的突出特色去迎合顾客的心理。为此,卖场的建筑布局上要注意:

①创造主题意境。在卖场内部布局中,依据商品的特点确立一个主题,然后围绕该主题形成室内装饰的一套手法,创造一种意境,容易给顾客留下深刻的感受和记忆。例如,在某家儿童服装卖场中,卖场的主题是林中乐园,因此,卖场内布满了绒布动物,在树上爬着、躺着、靠着,显得十分活泼可爱。这样的布局虽然朴素,但对小顾客的吸引力丝毫不弱。

②重复主题。一些专门经营某种名牌产品的卖场,常利用自己的商标作装饰,在门头、墙面、陈列装置、包装袋上反复出现,以强化顾客的印象。经营品种较多的卖场也可以以某种图案为主题在装修装饰中反复运用,以加深顾客的记忆。

③灵活变动。由于消费潮流不断变化,所以卖场应随时调整布局。国外有的卖场每星期都要做一些调整,给顾客以常新的印象。一些可灵活使用的设计也大量出现,例如,一些卖场的天花板被设计成网格型轨道,陈列架是从轨道上倒挂下来的钢丝架,它可以随意变换位置,使卖场调整起来非常便利。

5.3.2　卖场空间分类与空间布局

1. 卖场的空间分类

卖场的空间布局分为两类:一类是在大型卖场中划分出商品展示区,设计师按照规划好的空间进行布置,这类布局受建筑结构的限制性少,也不用考虑室内气候环境和采光问题,比较容易按照之前的设计做好照明、商品陈列、通道设计和橱窗等的布局;另一类是对已有的卖场进行改造,这就要受到租用的卖场面积和内在结构的限制,往往还要对原有的结构进行改造。在零售业发展初期,零售商很少重视卖场布局,许多零售卖场给人以相同的感觉,缺乏创意,缺乏吸引力;现在的零售卖场则充分意识到卖场布局对顾客吸引力的作用,纷纷创新个性化卖场,以吸引顾客,创造较高的商誉价值,让顾客感受到卖场的与众不同。所以,成功地利用卖场的空间,不仅可以吸引顾客的注意力,保证顾客出入方便、顺畅,也可保证卖场内商品陈列优雅、环境舒适、格调协调一致。为此,可以把卖场的空间分成五种类型:

(1)开放空间

此类空间布局的特点,在于采用侧面、卖场门面对街道开放或半开放,强调卖场内和卖场外环境的交流渗透,形象直观。邻街一楼的卖场多用此空间设计,以便于和顾客交流。对小型的卖场来说,通过开放的空间,可以弥补租用卖场面积过小所带来的狭小、局促的感觉。

(2)封闭空间

其特点在于被实体(如墙体)包围,隔离性强,安全感强,与周围的环境流动性差,在卖场租用中要尽量避免。例如,卖场租用的空间在二楼,则应尽量采用灯窗、人造景窗和镜面来扩大视野和增加空间的层次。中档次的系列专卖店在繁华街道开设时,经常会碰到此类问题。

(3)动态空间

引导顾客从“动”的角度观察环境,多利用机械化设施、旋转地面、人体模特、道具和可调节的屏风,避免孤立静止的组合,形成丰富流畅的动态线条,有条理地组织人流的方向,这种方式适合于休闲商品专卖场或比较前卫的品牌商品卖场的布局。

(4)静态空间

静态空间即在空间的分割上,利用直线或水平线,装饰简洁、视觉转换平和、色调淡雅的布局,能够使人感觉安静而高雅,档次较高的专卖店布局可采用静态空间感。

(5)虚拟空间

运用没有实体的隔离形态,靠形体本身的启示给人以联想,实体空间和非实体空间是连续的、非隔断的。例如,有的专卖店在店内借助地毯,形成一个小空间,地毯上摆放坐椅供顾客休息。也可以借助家具、绿化、水体、色彩、吊架等材料来制造出不同的空间,以避免空间单一造成顾客的心理压力和疲倦感。

2.卖场的空间布局

根据卖场空间类型的划分,卖场的空间布局呈现出四种形态:

(1)接触型商店

接触型商店即商品空间毗邻街道,顾客在街道上购买物品,店员在店内进行服务,通过商品空间将顾客与店员分离。

①店员空间狭窄的接触型商店。这种类型的空间格局,是一种传统店铺形式,没有顾客活动的空间,顾客在路边与店员接触、选择和购买商品。它有三大特征:一是店员空间狭窄;二是顾客活动区在店外;三是商品空间在店面。这种类型要求店员有独特的服务形式。如果店员呆立于柜台前会疏远顾客,而过于积极又会使顾客产生硬性推销的感觉,佯装不知道的态度才是成功的秘诀。这种格局形式适于经营低价品、便利品和日常用品的专卖商店,它的经营规模小,带有早期店铺的种种特征。

②店员空间宽阔的接触型商店。这种空间格局同样是将顾客置于店外,店员通过柜台与顾客接触。与店员空间狭窄接触型的区别,在于店员的活动空间大。其特征表现为:店员活动空间宽阔,顾客活动于店外,商品置于店面。因为接触型商店是在行人往来的通道上陈列商品,所以接触型商店大多是店员空间狭窄型,但也有一些较为宽阔,这种商店适合销售无需费时、无需顾客认真挑选,便于携带的商品或小礼品的情况。此种形式可使店员适当与商品保持距离,顾客挑选商品时自由随意,没有压迫感和戒心。店员切忌整排站在柜台前,而应运用宽阔的空间做各种工作,这样能给商店带来蓬勃的生机,吸引顾客购买。

(2)封闭型商店

封闭型商店即商品空间、顾客空间和店员空间全在店内,商品空间将顾客空间与店员空间隔开。

①店员空间狭窄的封闭型商店。这种类型的商店,顾客进入店面才能看到商品,店员空间较狭窄,大多设立于繁华地区,顾客较多,店员所占场地降到最低限度。这种格局一般适合经营贵重物品和礼品之类的商品,也有些饼干、糖果、茶叶等专卖商店采取该种格局,并辅以部分接触型。在封闭型商店里,店员的行为对顾客购买决策起着重要作用。空间狭窄的封闭型商店,店员的一举一动异常明显,如店员僵立于柜台前,一定会使顾客失去购买兴趣;而摆放商品、擦拭橱窗、统计数字等行为,既可以引人注目,又可以缓解店内的呆板气氛。

②店员空间宽阔的封闭型商店。这种类型的商店是顾客、店员、商品空间皆在室内,店员活动空间较宽阔,顾客活动空间也很充裕。最为常见的是面向马路的商店,它非常适合销售贵重礼品和高级商品。店内店外分割得很清楚,没有购买欲望的顾客很少进入。宽阔的顾客空间可使人们自由地参观和选购,商店整体布局给人的印象是:欢迎参观,即使不购买也如此。此类门店要努力制造店内的热络气氛,靠环境的渲染提高顾客的购买情绪。

(3)封闭、环游型商店

封闭、环游型商店即三个空间皆在店内,顾客可以自由、漫游式地选择商品,实际上是开架销售。该种类型可以有一定的店员空间,也可没有特定的店员空间。

①有店员空间的封闭、环游型商店。封闭、环游型商店的特征是店面不陈列商品,顾客进入商店后,犹如漫游于商品世界之中,进行参观与选购。有店员空间的封闭、环游型商店,店员空间被限定在一定范围的柜台内,他们一般不走入顾客的空间,只有顾客将选好的商品带到收银台时,店员才会主动服务。顾客可在不受打扰的情况下,悠闲自在地在店内选购、参观,甚至阅读杂志。适合经营食品店、杂货店,以及经营唱片、流行服饰等休闲商品的商店。这种格局的最大特色是向顾客发出"店员不对顾客推销商品"的信息,这是因为销售的是普通商品,顾客有能力进行挑选,店员不必过于热情,更不能用狩猎的目光盯着顾客。

②无店员空间的封闭、环游型商店。这种类型的商店,通常在店门前摆高商品,不了解该店的顾客是不会轻易进入的,店员活动空间与顾客活动空间不加以区分,是专为销售高级精品而设计的。因此,这种格局本身已将顾客进行了严格的过滤和挑选。同时,这种商店经营的商品价格昂贵,顾客购买时较认真、仔细,常需要店员从旁说明,充当顾客的顾问。所以,店员不能只做收款工作,而应活动于顾客中间;销售行为应追求轻松自然,店员位置切忌固定在店中央等待顾客招呼。

(4)接触、封闭、环游型商店

接触、封闭、环游型商店即在封闭、环游型商店中加上接触型的商品空间,即顾客拥有店内和店外两种空间。这种类型也包括有店员空间和无店员空间两种形态。

①有店员空间的接触、封闭、环游型商店。这类商店在店面和店内有许多店员。店面陈列商品,可吸引顾客,给人普通的感觉;店内陈列商品,采取环游式布局,顾客进店后可随意地进行挑选。这种布局一般适用于销售商品量大且价格便宜的商店,要求空间宽敞,能陈列齐全的商品,例如,销售图画和某些流行性商品,顾客不必频频询问店员,完全由自己进行判断和挑选。店员只在收银台内,不干扰顾客的购买行为,即使进入顾客的空间,也不要加以招呼。不过,在店内空无一人时,会给人以萧条的感觉,客人很难上门。此时店员最好走到顾客的空间,忙碌一番,以引起顾客的注意。

②无店员空间的接触、封闭、环游型商店。这种类型商店展示的虽不是最高档的商品,但常需要店员对顾客进行商品讲解、说明并提供咨询。一般适用于普通的流行服饰店,如皮鞋店、皮包店等。它们大多采用大众化价格,商品种类繁多,给人以大众化的印象。对于此种格局来说,店员不可挤在入口处,给人守门的感觉;当顾客挑选商品时,不要站在旁边审视,而应佯装不知,在顾客有问题时,马上出现在他们面前。

封闭、环游型商店与接触、封闭、环游型商店的结构极为相似,但店面气氛截然不同。前者是高级贵族化商店,后者是普及型的大众化商店,因此在店员的行为、服务方式等方面都有很大的差异。

5.3.3 卖场设施的布局

把握了卖场布局的原则,了解了卖场三大空间,以及空间的分类及布局,并不等于说就可以按此布置出一个优质高效的、能够吸引顾客的卖场。实际上,还应该特别注意卖场设施的布局,这是卖场布局中的细节之处,如果处理不当,即会前功尽弃、事倍功半。

1. 收银设施的布置

在实际工作中,由于卖场的形状、卖场内的柱子等原因,收银台的位置并不那么好决定。而且根据收银台数量的不同,设置方法也不尽相同。每天的客流量以及每位顾客购买商品的金额也对设置收银台的位置有所影响。

卖场的收银台通常设在出入口处,由收银台在出入口处分隔成出入口通道。结账通道(出口通道)及收银机可根据卖场规模的大小设置,在条件许可的情况下,还可以设置一条作为无购物的顾客的专门通道,以免在出入口地方造成拥挤。结账通道的宽度一般设计为1~1.2米,长度一般为6米,即扣除收银台本身约为2米的长度之外,收银台与最近的货架之间的距离至少应该有4米以上,以保证有足够的空间让等候的顾客排队。

此外,收银台应依序编号,可根据现场的实际情况采用单线排或双并排的方式。每台收银机每日可处理5万~10万元营业额,卖场经营者应该依照营业计划中的营业预估,事先做好准备。而在开业之初,生意通常是正常状况的3~4倍,所以应争取得到供应厂商的最大支援,以免让顾客久候不耐。目前,在卖场的收银台处,都配有电子扫描器和电子计算机联网系统。顾客自选商品到收款台付款时,服务人员只要将扫描器对准商品的条形码照射,计算机就能够显示出商品的数量和金额,使顾客快速通过收款处。要特别注意的是,卖场收银台本身不能做过于繁杂的装修,台面上不要堆放过多东西。但要用灯光效果突出背景板或形象板,这样和卖场形成一个明与暗的对比,烘托卖场的形象,以便于顾客的记忆和宣传。如何布置卖场收银台的台面,具体还要根据所销售商品的风格和卖场目标顾客的特点来确定。

2. 服务设施的布置

(1)服务台的布置

服务台大多位于卖场入口处,主要具备以下几种功能:受理退货、退款业务,为顾客办理送货服务,替顾客包装商品,投诉、索赔窗口,发行招待券等。根据行业和经营状态的差别,有的卖场没有设置服务台,而是通过收银台代行服务台的部分职能。此时,就需要张贴POP 广告向顾客宣传服务的具体内容。目前,服务台作为与顾客交流、接触的窗口,其地位变得越来越重要。使自身卖场的服务台具有特色,创造与其他卖场不同的特点,是满足顾客需求、将顾客固定下来的好方法。例如,经营家用电器、家具这种需要送货上门以及提供维修服务的卖场,就必须通过服务台向顾客明确介绍送货的区域范围、送货费用、送货时间、维修内容等售后服务的具体事项;对于经营礼品的卖场来说,包装服务的好坏直接关系到卖场的效益,如果卖场的包装服务能够推陈出新,必然使顾客对其留下深刻的印象。总而言之,服务台的作用就是向顾客宣传除商品以外本卖场在服务方面的特色。

(2)洗手间的布置

所有大型卖场都有一个共同点,那就是洗手间必定非常清洁卫生。卖场的洗手间是为顾客准备的,它给顾客留下的是卖场整体印象的一部分,而且洗手间里微小的瑕疵都特别容易给顾客造成不好的印象。特别是餐饮卖场中的洗手间,由于顾客使用的频率比较高,那里也成为宣传卖场形象的一个重要窗口。对于洗手间,经营者应该随时检查:①洗手间的位置是否有明确标示;②是否明亮整洁;③卫生纸的补充是否及时;④是否为顾客设置了放物品的地方;⑤是否有不干净的地方。另外,在使用洗手间的时候,不少顾客都会稍作休息,因此,许多卖场会在洗手间中张贴购物指南、宣传单等,向顾客进行宣传,这里张贴的宣传材料往往都会起到显著的效果。

(3)存包处的布置

存包处一般设置在卖场的入口处,配备 2～3 名工作人员。顾客进入卖场时,首先存包领牌,完成购物以后再凭牌取包。有些大型卖场中,配有顾客自助式的存包处,顾客在卖场内领取存贮柜钥匙,自己存包,自己取包,减少了等待时间。但不论采用何种存包方式,都应该是免费的,否则会引起顾客的反感,而直接影响到卖场的声誉。

(4)休息室和吸烟室的布置

购物是一件比较劳累的事情,因此对于卖场来说,设置休息室也是必要的。现在一般的卖场内都是禁止吸烟的,为的是照顾广大顾客的身体健康以及防止火灾的发生,但为了方便那些吸烟的顾客,就需要专门为他们开辟吸烟室。

3. 陈列设施的布置

卖场的主要目的就是销售商品,与此同时,商品的陈列设施是卖场所不可或缺的,摆放商品的用具有平台、货架、玻璃橱柜、挂钩等,根据不同商品的不同形态,摆放它的用具也有很多种类。在决定卖场布局时,用具的数量以及种类是非常重要的一个问题,可以说用具的使用直接关系到卖场销售额的变化。事实证明,一旦将摆放商品的用具使用错了往往会使商品变得滞销。因此,依据各项商品的特性以及其在卖场中的位置,选用各种不同的陈列设施,才可与商品展现相得益彰。卖场经营者在选用陈列设施时,首要考虑的就是让商品很容易能被顾客看到以及方便取放。无论选用哪种陈列设施,都须考虑以下问题:①陈列橱柜的位置、排列、形态、大小是否适当;②橱柜内的商品看起来是否显眼,顾客在购买时是否容易拿取;③商品陈列是否考虑到顾客的视线与视觉;④商品陈列架的高度、宽度是否适当;⑤陈列架是否干净明亮;⑥陈列架上的商品标示是否一目了然;⑦陈列架上的商品是否易于挑选和整理。

4.标示用设施的布置

标示用设施,是指在卖场内引导顾客行走、购买商品的设施。它们可以是悬挂在高于人头顶位置的纸制牌子,也可以是贴在墙上的箭头符号,还可以是直接放在过道两旁的斜立的导购图。总之,标示用设施的形式是多样的,但目的只有一个,那就是方便顾客的购买、消费。良好的标示,可指引顾客轻松购物,也可避免卖场死角的产生。标示用设施是卖场经营必不可少的设施。因为在大型卖场中,其面积大、商品种类庞杂,顾客要购齐自己所需的商品往往会花费很多的时间,而如果还要把时间花在寻找商品上,很容易会让人烦躁、失去耐心,因而有可能会放弃选购商品。从短期看,可能只是卖场少了几件商品的利润,但从长期看,就很可能会失去这一个客户。

常见的标示用设施的种类有:①入口处的卖场配置图,它可以让顾客在进门前就初步了解自己所要买的商品的大概位置;②商品的分类标示,目前很多卖场都有较矮的陈列架,商品的确切位置一目了然;③各商品位置的机动性标示,如特价品销售处悬挂的各种促销海报;④店内广告或营造气氛用的设施;⑤介绍商品或装饰用的照片;⑥各部门的指示标示;⑦出入口、紧急出口等引导顾客出入的标示。不管使用何种标示,都要特别注意以下问题:出入口、紧急出口等引导顾客出入的标示是否显而易见,各部门的指示标志是否明显,广告海报是否陈旧破烂,气氛布置设施是否容易使用。

5.楼梯和电梯的布置

卖场在设计楼梯时,决定它的位置是一件十分困难的事情,这需要卖场根据这一层楼的客流线进行设计。即使考虑得非常周到,设计得十分完美,也不能完全保证所有顾客都会利用楼梯去上一层。因此,卖场设置楼梯时应该在其入口处张贴POP,向顾客介绍二楼、三楼经营的商品项目。同时,为了便于顾客找到楼梯的位置,还可以在地板上、楼梯的侧面张贴POP,以引导顾客找到楼梯。如果想进一步提高顾客上楼的兴趣,可以拿一部分楼上的商品或推荐品到楼下展示。还有一种方法是在楼梯的第三级处设置一个展台,在展台上布置一些具有吸引力的商品,被这个展台吸引的顾客登上三级台阶后,也许很自然地就上了二楼。

基于楼梯的重要性,卖场经营者应该仔细考虑楼梯的设置。另外,在较大的分层卖场中,至少应有两处楼梯,在使用时,应上下道分开,这样有利于顾客流的形成和循环。否则,上下楼顾客混合,容易造成拥挤,使人感到不便。在现代卖场中,自动扶梯的使用很好地解决了这一问题,对促进顾客的合理循环起到了积极作用。还有为了防止大量顾客进入卖场后出现拥挤的现象,自动电梯应离入口处远一点。

6.通风空调设施的布置

(1)通风设备的设置

当卖场中的顾客流量很大时,空气极易污浊,所以对于一些有条件的卖场,在建造之初就应普遍采用紫外线灯光杀菌设施和空气调节设备,用来改善卖场内部的环境质量,为顾客提供舒适、清洁的购物环境。卖场应采用空气净化措施,加强通风系统的建设,以此来保证卖场内的空气清新通畅、冷暖适宜。通风方式可以分自然通风和机械通风,采用自然通风可以节约能源,保证卖场内部适宜的空气,一般小型卖场多采用这种通风方式。另外,卖场环境还要保持一定的湿度,空气湿度参数一般保持在 40%～50%,最好在 50%～60%,通风量不能低于 10 立方米/人,这样才能保持空气的清新和舒适。

（2）空调设备的设置

卖场内的温度对于顾客和商品保管都有极大的影响,因此,有条件的卖场应该考虑配置空调设备。尤其目前有很多卖场位于地下室,空调设施更不可缺。一般而言,空调本身只有通风和调节温度的功能,但有的空调设备还有空气净化、灭菌功能,选用空调来改善营业场所环境质量,可为顾客提供一个舒适、清新的购物环境。卖场安装了空调设备可鼓励顾客在炎热季节前来购物,增加商品的销售量,而且空调设备还可提高营业人员的士气和效率,有助于保持店内空气和商品的清洁。卖场配置空调设施应当遵循舒适性原则,夏季应使卖场温度达到凉爽而不骤冷,冬季应使温度达到暖和而不燥热。

卖场选择空调设备时应注意几点:①充分考虑卖场规模的大小,大型卖场应采用中央空调系统,中小型卖场可以设分立式空调,特别要注意解决一次性投资的规模和长期运行的费用承受能力;②空调系统的热源选择既要有投资经济效益分析,更应注意结合当时的热能来源,如果有可能的话最好采取集中供热;③空调系统冷源选择要慎重,选择风冷还是水冷,离心式还是螺旋式制冷,都要进行经济论证,特别要注意制冷剂的使用对大气是否会造成污染;④卖场进行选择之前必须考虑电力供应的状况,要详细了解电力部门对空调系统电源的要求,以免影响正常使用。

7. 后方设施的布置

卖场后方设施的主要功能是服务于卖场员工的劳动、生活以及商品的加工处理与进货等事宜。后方设施大部分是员工以及厂商活动的空间,担负着为前场提供支援、补给以及指挥服务的责任。员工们大部分的工作时间也都是在后场里,因此其生活所需的设施不可缺。

①办公室。办公室通常是店长或店内主管办公的工作场所。此外,店内的财务、人事以及监视系统、背景音乐播放系统等,都应在此管理。

②作业场。作业场是卖场从事商品化的场所,也就是将原材料加以分级、加工、包装、标价的场所。常见的有果菜、水产、畜产以及日配品等的加工处理场所。作业场的设置应注意与前方的连接,以使工作舒适与流畅。

③生活设施。有关员工的生活设施主要有卫生间、休息室、浴室、食堂等。优良的生活设施不仅有利于员工的招募,更可提高员工的工作效率。

④仓库。这是对一些商品,如干货,作为进货后暂时存放的场所。需注意的是商品在仓库只是短暂储存,一般存放周期为 1～2 天。目前,由于物流公司的功能越来越强,可为卖场提供快捷的服务,因此后场的仓库面积有逐渐缩小的趋势。

⑤建筑工程。主要包括电气设备、卫生设备、给排水设备、煤气设备以及防灾设备等。设置建筑设备时应考虑:照明是否充足;商品的特征与照明效果是否相得益彰;照明的效果、商品本身的色彩是否有变化;天花板上的日光灯位置是否适当;店内的明亮度是否比邻近场所明亮;整个卖场的色调是否协调统一;照明与色彩是否协调;空调的温度、湿度是否适当;音乐的选择是否大众化;音响效果是否太嘈杂;是否有紧急疏散楼梯;避难用器材是否齐全;是否有紧急求救的警铃设备;灭火器是否齐全,是否在有效期内;紧急出口是否随

时可用;是否有卫生消毒的措施等。

⑥器具。后场有关的器具主要有通信器具、搬运用器具、保鲜的设备、计量用器具、商品化的处理设备、包装器材等,其规格及种类繁多,可视实际需要逐次采购和配备。

5.4 卖场通道布局

通道是顾客出入卖场的路线,直接影响着顾客的流动。一般而言,卖场的通道是由货架分隔而成,货架的高度与顾客的自然视线持平或略高一些,避免顾客产生视觉疲劳或看不到商品;同时,通道不能太宽,若通道宽度超出顾客手臂或者视力所及范围,那么顾客就会只选择单侧商品;反之如果通道太窄,则会使购物空间显得压抑,影响顾客走动的舒适性,从而产生拥挤感。因此,良好的通道布局应该符合顾客习惯的浏览路线,还要能够引导顾客按照设计的自然走向,走向卖场的每一个角落,有机会接触到所有的商品,使卖场的空间得到最有效的利用。

5.4.1 卖场通道设计的原则

为了尽可能延长客流线,增加顾客在卖场内逗留的时间,保证顾客能够走到卖场的最深处,保证顾客看到每一种商品,在进行卖场通道设计时应遵循以下主要原则:

1. 最里面的位置

卖场通道设计的主要目的是诱导顾客至卖场最里面的位置。通常卖场的最里面是指与入口处呈对角线的区域(见图 5-5),这个区域是诱导顾客的最理想的区域,因为到达这个区域至少可以使顾客经过卖场内大半的主通道,有力地促进了主通道两侧主力商品的销售;同时,也增加了顾客流动的长度,最大限度地使顾客浏览了卖场,增加了顾客与各种商品接触的机会,极大地提高了购买的可能性。此外,把绝大部分的顾客诱导至卖场最里面的区域,然后再使顾客分散,这样可以使顾客在卖场内的流动更趋平衡,减少卖场内的死角,提高卖场单位平方米的销售额。

因此,为了把顾客诱导至卖场最里端,卖场应积极采用相应的营销手段,例如,利用强灯光照明、摆放主力商品或畅销品、使用 POP 广告刺激等,以激发顾客进一步了解商品、购买商品的欲望,使顾客在好奇心的驱使下不知不觉完成购买行为。

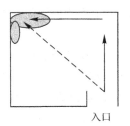
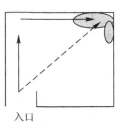

图 5-5　卖场最里面的位置

2. 足够的宽度

所谓足够的宽度,即要保证顾客提着购物篮或推着购物车都能与同样的顾客并肩而行或顺利地擦肩而过。一般来讲,卖场中通道的最低宽度应该是三个成年人在通道上能并排通过的宽度,也就是说,如果一个成年人上半身的横宽为 0.6 米的话,那么通道的宽度不应小于 1.8 米。适当的通道宽度不仅便于顾客找到相应的商品货位,而且便于仔细挑选,也有助于营造一种宽松、舒适的购物环境。

当然,对于不同形态的卖场来说,由于经营内容、营业面积、顾客流量等各方面均有所不同,因此,卖场设计的通道的宽度均不一样(见表 5-2)。同时,要适当放宽收银台周围通道的宽度,以保证收银处的顾客排队的通畅性。此外,如果通道中间放置堆头,那么,堆头至两侧货架至少要各留出 1.2 米的距离,否则通道会过于拥挤,既不利于商品的摆放与展示,也不利于顾客的流动与选购。

表 5-2　卖场通道的宽度标准

单层卖场面积(平方米)	主通道宽度(米)	副通道宽度(米)
100	1.5	0.9
300	1.8	1.0
1000	2.1	1.2
1500	2.7	1.4
2500	3.0	1.6
6000	4.0	3.0

3. 通畅没有障碍物

卖场通道要通畅,走向要明确。通道是用来引导顾客多走、多看、多买商品的,应尽量避免留有死角。因此,在卖场通道内不能陈设、摆放一些与陈列商品或特别促销无关的器具或设备,以免阻断卖场的通道,破坏购物环境。同时,要充分考虑到顾客走动的舒适性和非拥挤感。如果卖场的门口是进出合一的,就要保持通道的宽敞、通畅,以减少拥挤和堵塞,避免出入卖场的顾客的相互干扰;如果是进出分道的门口,则应注意卖场内通道的走向一定要明确,不要因通道的误导,使顾客形成回流现象。所以,在通道上不能随意摆放购物车或购物篮,通道上休息专用的设备应布置合理,堆头、模特的摆放不能阻碍顾客的行进路程,各种指示标牌或提示用语要张贴于显眼处,并且解释要简单明了等等,这样顾客就能够自助顺利地完成购物的过程。

4. 通道要平坦

通道平坦,是指通道地面应保持在同一层面上,不应该出现上坡、下坡或者台阶等物理性障碍。在实际生活中,欧美绝大部分卖场都是经过事先精心的设计而建成的,不管是大卖场、仓储式超市还是家居中心,基本以单层卖场居多,最多只是两层,因此卖场内的格局都比较规范,通道也十分平坦。但是,我国大城市中的许多卖场,出于低成本扩张的考虑,大部分都是租用现成的商用建筑或改造旧式百货店、仓库、车间、车库、地下室等来开设卖场。这样,就导致许多卖场存在诸多先天不足的缺陷,例如柱子过多、层高过低、地面坡多不平坦等,还有些卖场由两个建筑物改造连接起来,通道途中要上或下几个楼梯,有"中二层"、"加三层"之类的情况,令人晕头转向。例如,由旧式百货店改造而成的超市,由于百货店的电梯或台阶基本设在卖场中间,这就给超市布局和通道设计带来了非常大的困难。昆明原来的西南商场在 20 世纪盛极一时,但随着营销观念的深入,它在昆明市场上的领先位置逐渐下滑,其中一个典型的问题就是卖场通道布局的不合理,商场内有半层楼的设计和布局,这使得顾客从 A 区到 B 区要换乘不同的电梯,走不同的通道,有些顾客根本找不到方向,使得购物的路径受到阻断。一个明显的事实就是,西南商场内 B 区(半层楼)通道上的客流远小于 A 区的客流。

5. 通道要笔直,避免太多的拐角

卖场通道要避免迷宫式的布局,应尽可能地将通道设计成笔直的单向道。在顾客购物的过程中,尽可能依货架排列方式将卖场设计成商品不重复、顾客不回走的布局,使客在购物过程中可以一次游览完整个卖场。尤其是在开放性卖场中,笔直的通道能够引导顾客按照卖场设计好的路线有序地游览,凌乱的通道布局则容易使顾客行走的方向发生改变,不仅不能很好地把顾客诱导至卖场深处,还会引起顾客烦躁、抱怨的情绪。

通道的设计还要避免过多的拐角。卖场中的拐角过多,特别是在主通路中,如果 90°或 45°的拐角过多,非常容易造成顾客行走方向的分散。过多的拐角,不仅割断了商品之间的关联性,而且拐弯处非常容易形成死角,致使顾客不易到达或者必须折回才能到达不同货位的地方,这非常不利于死角处的商品的销售。卖场中避免太多的拐角,强调的是通道途中可拐弯的地方和拐的方向要少,如果有必要,可以借助连续不间断的商品陈列线来调节。

6. 收银终点原则

在进行卖场通道的设计时,应首先让顾客浏览各类商品组和货架,最后到达收银台。因此,收银台应是顾客流动线的终点。按照这一原则设计通道,既可以使顾客少走弯路,为其最终交款提供方便,又可以刺激顾客步行一圈后再离开卖场。

5.4.2 卖场通道的类型及设计方法

1. 卖场通道的类型

卖场的通道是指顾客进入卖场后,为进行购物而行走的路线。卖场通道的设计是否合理将直接影响到顾客能否顺利地购物,并且影响到卖场的商品销售业绩。在实际业务中,卖场中的通道可分为直线式通道、回形通道、斜线式通道和自由型通道四种类型。

(1)直线式通道

直线式通道,又称单向通道,或格子式通道,是指将货架和通道平行摆放于店堂,各通道的宽度一致。这种通道的起点是卖场的入口,终点是卖场的收款台,顾客依照货架排列的方向单向购物。在设置该种通道时,以商品陈列不重复、顾客不需要走回头路为设计原则,以使顾客在最短的线路内完成商品的购买行为。

直线式通道布局的优点是:①布局规范,便于顾客找到货位地点;②通道根据顾客流量设计,宽度一致,能够充分利用场地面积;③能够创造一种富有效率的气氛;④易于采用标准化陈列货架;⑤便于快速结算。

直线式通道布局的缺点是:①容易形成一种冷淡的气氛,特别是在营业员犀利目光的观察之下,常常使人感到手足无措,限制了顾客自由浏览的时间,只想尽快离开卖场;②规范化的布局,使得卖场发挥装饰效应的能力受到限制,因此难以给顾客营造轻松的购物环境;③卖场货品容易产生失窃的风险;④快速的人流,会给顾客带来加速购买的心理压力,从而不利于卖场商品的出售。

（2）回形通道

回形通道又称环形通道,这种通道布局以流畅的圆形或椭圆形按从右到左的方向环绕整个卖场,使顾客能依次浏览、购买商品。在实际商业活动中,回形通道又分为大回形通道和小回形通道。

一般讲,大回形通道适合于营业面积在 1600 平方米以上的卖场。顾客进入卖场后,从卖场的某一边缘,沿四周回形通道浏览后,再进入中间的货架。它要求卖场内部一侧的货位一通到底,中间没有穿行的路口。相比之下,小回形通道主要适用于营业面积在 1600 平方米以下的卖场。顾客进入卖场内,从一侧前行,不需要走到尽头,就可以很容易地进入中间货位。

（3）斜线式通道

斜线式通道,曲折延伸、纵横交错、富于变化,带给人以较灵活和随意的感觉,这种通道能营造活跃的卖场气氛,使顾客能方便、随意地浏览卖场的商品,从而极大地增加顾客购买机会,但是这种通道的缺点是造成了卖场场地面积的浪费。

（4）自由型通道

自由型通道通常呈现出不规则的线路分布,货位布局灵活。

自由型通道布局的优点是:①气氛活跃,可增加即兴购买机会;②便于顾客自由浏览,不会产生急切感;③顾客可以随意穿行各个货架或柜台。

自由型通道布局的缺点是:①顾客难以寻找出口,易导致顾客在店内停留时间过长,不便分散客流;②浪费场地面积,且不便管理。

2. 卖场通道的设计方法

按照顾客流动的方向和浏览的习惯,卖场通道分为主通道和副通道。其中,主通道是引导顾客行动的主线,而副通道是顾客在店内移动的支流。良好的通道设计,能够引导顾客按设计的自然走向,走向卖场的每一个角落,接触到所有商品,卖场空间得到最有效的利用。

（1）主通道的设计

卖场中的主通道是欢迎进店顾客的重要通道。所谓主通道,是指 80% 以上的进店顾客必须通过的卖场内通道。主通道必须笔直延伸到卖场内最深处,没有凹凸不平和障碍物,而且必须是卖场内最宽的通路。主通道不仅是诱导顾客进入卖场最里面的最重要的手段,而且由于主通道两侧是卖场主力商品最集中的区域,因此通常视其为卖场经营的生命线。对于有竞争力的店铺来说,主通道两侧主力商品的销售一般应占其销售总额的 70%～80%。如果达不到这一标准,就说明其主通道的设计或商品组合的某些方面存在明显的缺陷。

让顾客进入第一主通道,有助于使其明确了解本卖场的特点。为了使主通道能充分发挥其诱导顾客进入卖场内的作用,在设计卖场的主通道时必须满足以下条件:

1）卖场主通道的设计条件

首先,卖场主通道要宽广。主通道是卖场中最宽的通道,宽广代表着欢迎,而狭窄的通道就表示只欢迎一个人。卖场的服务对象是大众,因此,卖场要以宽广的主通路及其两侧富有特色的、充满吸引力的商品来欢迎顾客。

其次,卖场主通道必须以入口处为起点(可在入口相反的侧面设置出口),且必须呈直线,主通道必须平坦,无任何障碍物(如坡、台阶等),同时,拐角必须是直角,而且拐角数量要尽量少。

最后,主通道的两侧是卖场中的第一磁石点(主力商品)。卖场主通道两侧陈列的商品要起到让顾客进入卖场后感到惊讶和兴奋的作用。因此,在卖场主通道两侧要陈列对顾客具有极大吸引力的热卖商品、畅销品或新产品,例如卖场的副食、休闲服饰、家电等,其目的是让顾客在卖场内购物拥有喜悦、兴奋的感觉。

2)卖场主通道的难题

通常讲,大中型卖场的主通道应呈"冂"形,在距卖场两侧墙壁7～12米的位置设置(业态不同,其距离也不同),小型卖场的主通道最好呈"匚"形。无论是何种类型的卖场,在主通道的设计过程中,通常会遇到两个难题。

首先,柱子和主通道的关系。在卖场的建筑阶段,通常只考虑用多少柱子来保证建筑物的安全,很少考虑这种设计是否适合某种业态的经营。因此,在卖场的整体布局中,只能通过对主通道的精心设计才能尽量避免柱子对卖场经营的影响。例如,如果柱子占用了主通道的部分空间,就会使主通道产生曲折,这样不仅阻挡了顾客的视线,而且容易使顾客行走方向分散;如果柱子紧靠主通道,则会使主通道商品陈列线中断,从而影响顾客的关联购买;即使柱子距离主通道比较近,也会影响行走中顾客的视线,并且往往造成卖场通透性较差。

其次,不规则卖场的主通道设计。要特别重视两个方面的问题,即入口应设在内侧纵深最长的一侧,要采用"匚"形主通道。具体设计要点是:①主通道的起始点一定要从卖场的入口处开始,起始直线一定要长,避免入口选择在相反方向,造成主通道直线太短,或卖场相当面积为死角区或冷区;②主通道一定要沿纵深最长的墙面设计;③主通道尽头的拐角一定要呈90°直角;④主通道的起始拐角处应配置重要的磁石商品,并配置较强的光源,以便诱导客户拐弯进入卖场最里面;⑤入口处的对角线区域是卖场最里面的区域,也是主通道的终点,把顾客诱导至这个区域是不规则卖场主通道设计的根本目的。

(2)副通道的设计

卖场的副通道,就是指主通道以外的其他通道。副通道一般由主通道所引导,用于布置辅助及普通商品,具体的方案一般参照卖场自身的需求及空间特点来决定。事实上,每个卖场都想把通道设计得宽敞、舒适一些,但是根据卖场的实际情况,比如说面积、陈列的商品、成本支出等,卖场通道的设计宽度与长度必然有所不同。设计的关键是不仅使通道便于顾客行走,还要尽量多地陈列商品,以供顾客选购。副通道的设计必须与主通道相适应,在这两者之间找到一个最佳的结合点,尽量做到既不浪费卖场空间,又让顾客容易通过。

例如,根据成年人的肩宽标准,通常一个人能够通过的通道最窄限度是60厘米,因为人的肩宽一般是身高的1/4。考虑到人在行走时还要摆动双臂,所以就在左右再分别多留出10厘米,结果就需要60厘米。因此得出通道的最窄限度为60厘米。另外,当一个顾客面向货架挑选商品,而后面如果要再通过一个人的话,那么至少需要90厘米的宽度。再有,如果两个人擦肩而过的话,就需要60厘米+60厘米=120厘米的宽度。根据陈列商品的种类,通道的宽度也是有所变化的。如果以 60 厘米、90 厘米、120 厘米为条件进行设计的话,那么,如果副通道为 60 厘米,主通道则需要 90 厘米;如果副通道为 90 厘米,则主通道就需要 120 厘米。除了宽度的设计要求之外,卖场设计副通道要以必要、便利、有效为原则,避免设计凌乱复杂的副通道,使顾客在卖场中不易辨别方向而失去购物的兴趣,避免商品的堆放缺乏规律性和科学性,不便于顾客的选购。

5.4.3　卖场通道的关联设计

卖场通道的关联设计,指的是在卖场通道的设计中要遵守商品关联性配置的原理,使通道的布局更加有效。而关联商品是指在用途上密切联系的商品,例如皮鞋和鞋油、羽毛球拍和羽毛球等。通道设计中运用关联商品,目的是适应顾客在购买活动中图便利的消费倾向,同时可以增加主力商品的销售,扩大商品销售量。

1. 货位布局中的商品关联

在竞争日益激烈的商业环境下,卖场内的货位布局已不单纯是商品货架、柜台的组合形式,它已承担着重要的促销宣传作用。合理独到的货位布局,能够吸引更多的顾客前来购物,并能诱导他们增加购买数量,提高顾客对于卖场的认同感。有效的货位布局主要考虑商品的关联性,以便于激发顾客的需求和选购的便利性。一般应注意以下问题:

①交易次数频繁,挑选性不强,色彩造型艳丽美观的商品,适宜设在出入口处。如化妆品、日用品等商品放在出入口,使顾客进门便能购买。另外,将特色商品布置在入口处,也能起到吸引顾客、扩大销售的作用。

②贵重商品、技术构造复杂的商品,以及交易次数少、选择性强的商品,适宜设置在多层建筑的高层或单层建筑的深处。

③关联性商品要邻近摆放,相互衔接,充分便利选购,促进连带销售。例如,将妇女用品和儿童用品邻近摆放,将西服与领带邻近摆放。

④按照商品性能和特点来设置货位,例如,把互有影响的商品分开摆放,将异味商品、食品、试音及试像商品,单独隔离成相对封闭的售货单元,以集中顾客的注意力。

⑤将冲动性购买的商品摆放在明显部位以吸引顾客,或在收款台附近摆放些小商品或时令商品,顾客在等待结算时可随机购买。

⑥可将客流量大的商品部、组与客流量较少的商品部、组相邻摆放,借以缓解集中的客流量,并可诱发顾客对后者的连带浏览,增加购买机会。

⑦按照顾客的行走规律摆放货位。我国消费者行走习惯于逆时针方向,即进商店后,自右方向左观看浏览,因而可将连带商品按此顺序排列,以方便顾客购买。

⑧选择货位还应考虑是否方便搬运卸货,如体积笨重、销售量大、续货频繁的商品应尽量设置在储存场所附近等。

2. 主通道两侧的商品关联

(1)主通道两侧主力商品的配置

在大型卖场中,主通道不仅宽幅大,而且陈列线很长,有时最长可达数十米以上,这就对主通道两侧不同商品群的关联配置提出了很高的要求。实际经营活动中,顾客在一个商品部门完成购买行为过渡到下一个商品部门时,其思绪往往还停留在刚才上一个部门的购物过程中,即出现思维滞后的现象。在这个极其短暂的过程中,顾客会对刚才所购买商品的使用目的、质量、功能、价格等进行评价和反省。虽然这个反思过程只有短短的数秒钟,但顾客可能会行走出一定的距离,这就意味着,在主通道中,部门与部门连接点的位置常常容易被顾客忽略。因此,卖场经营者应该利用部门与部门转换中的空间,陈列一些特卖商品或具有强力磁石效果的主力商品,以刺激顾客的视觉,在一定程度上缩短和消除顾客的思维滞后时间,以激励和维持顾客刚入店时的购物兴趣,从而提高主通道的销售效率;应该将主通道两侧的不同商品群完全错开配置,这样一侧的销售区域结束后,恰好是通道另一侧销售区域的中间,使顾客感觉到陈列线中商品配置的连续性,否则,如果商品群完全按照对称方式分别陈列于主通道的两侧,很容易给顾客一种商品群分段的感觉,不利于诱导顾客前行。

(2)主通道两侧的商品堆头

所谓商品堆头,是指通过单品大量陈列的方式,向顾客宣传商品的性能或进行特卖的有效促销方法。目前,许多卖场的主通道中央或两侧都摆放着大量的商品堆头。但是,如果主通道中的商品堆头过多、过密,则会大大影响主通道两侧商品的关联性,造成卖场商品配置混乱、通透性差、通道诱导作用降低等,进而降低卖场的整体经营效率。

例如,如果卖场的主通道达不到 4 米的宽幅,卖场就必须注意商品堆头不能过大、过多、过密,否则会迫使顾客沿主通道一侧行走而忽略另一侧,大大降低主通道的促销作用。因此,卖场在主通道两侧摆放堆头时,要特别注意:①在主通道中不要摆放过密的商品堆头,以免使主通道两侧的商品部门难以形成关联,主通道两侧的商品区域成为盲区;②在主通道拐角处摆设商品堆头,主要是具有强吸引力的商品,以使顾客被商品吸引而呈直线拐弯行走,避免顾客抄近路斜向穿过,造成商品销售不畅的现象;③在横向主通道起始位置摆设商品堆头,需要距内侧的第一磁石卖场至少 2.5 米的间距,距外侧端架至少应有 2 米的距离,这样才能使区域商品的关联不受太大影响。

(3)主通道内外侧的商品配置

在卖场主通道外侧至墙壁 10 米左右的空间里,如何合理地配置商品,对顾客印象的形成以及部门的商品销售额,都会产生极大的影响。经营者在进行主通道布置时,要把顾客的购买心理和商品管理有机而巧妙地结合起来,使行走在主通道的顾客在不知不觉中深入卖场内部,同时给消费者顾客留下商品丰富的良好印象。一般来讲,主通道外侧一般经营各种服装、床上用品等,而内侧一般经营小家电、玩具、文具、内衣等。对于主通道内侧的商品区域,基本应位于卖场中间的位置。卖场经营者在进行主通道内侧的区域商品配置时,一定要避免卖场中间空心化,特别是对于大型卖场来说更是如此。使卖场中心部聚集人气的方法有两种:一种是合理的商品组织和商品配置;另外一种是卖场主通道内侧的商品部门之间和商品之间的关联关系。

3. 副通道两侧的商品关联

副通道两侧商品部门间的关联,实际上是指陈列架两侧的商品之间的关联。目前来说,副通道商品相互关联中最合理的配置,是使陈列架两侧相同商品品种或相同价格带之间形成关联。正是由于这种相互之间的关联,才能使顾客在两侧货架之间呈蛇形行走,从而使货架两侧的商品配置达到最佳效率。但是在现实中,很多卖场采取的商品配置的方法是在货架两侧采取对称型陈列,这种陈列方法容易使顾客产生商品陈列线突然中断的感觉,因此,不利于顾客在货架间的前行。在副通道两侧的商品关联配置中,最失败的设计是货架两侧的商品在品种和价格带上毫无关联关系,这样容易导致顾客在副通道中呈直线行走,使副通道两侧的商品陈列效率大大降低。对于这种不合理且低效率的配置方法,在实际的卖场运营中应尽可能地避免。

5.4.4 磁石理论与磁石卖场的形成

1. 磁石理论

磁石理论,主要是研究卖场布局中,如何通过对磁石商品的搭配和磁石卖场的分散而有序地划分卖场布局,从而在心理上达到有效诱导顾客的目的。所谓磁石,就是指卖场中最能吸引顾客注意力的地方,因此,磁石点就是顾客的注意点。在卖场中运用磁石理论的意义在于在卖场中最能吸引顾客注意力的地方配置最适合的商品,从而达到引导顾客逛完整个卖场,进而增加顾客冲动性购买比率的目的。

磁石商品与磁石卖场有不同的含义。磁石商品,是指对顾客具有特殊魅力的、能够强烈地吸引顾客注意力的卖场中陈列的商品。卖场中磁石商品的存在必然会形成对顾客具有较强吸引力的卖场。磁石卖场有时也称为磁石点,是指能引发顾客兴趣并且充满活力的销售区域。磁石商品和磁石卖场必须有计划地统筹设计、相互间密切结合、有机配置,才能达到从心理上有效诱导顾客的目的。

任何零售业态的卖场都有磁石商品和磁石卖场,只不过其分布模式会根据业态的特点和顾客购买习惯的不同而各有其特点。对于一般百货店、食品超市、大卖场、综合超市、家居中心等业态来说,其磁石商品和磁石卖场基本上属于分散型配置。特别是对于面积超过3000平方米的单层大型卖场来说,磁石卖场有序的分散配置可以使顾客在店内的流动更趋平衡,从而可以大大提高卖场的使用效率和顾客对商品的识别率,促进卖场整体销售的提高。而便利店的磁石商品就不可能像大超市那样分散配置,而需要相对集中,以方便顾客购买。

2. 磁石卖场的类型

在卖场经营中,常见的磁石卖场主要有以下五种,如图 5-6 所示。

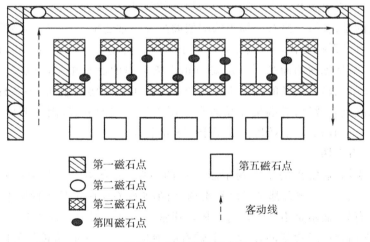

▨ 第一磁石点	□ 第五磁石点
○ 第二磁石点	
▩ 第三磁石点	┇ 客动线
● 第四磁石点	

图 5-6 磁石卖场的类型

（1）第一磁石卖场

第一磁石卖场是所有磁石卖场中最重要的磁石点，它位于卖场主通道两侧，是顾客必经之地，也是商品销售最主要的地方。如果主通道呈"∏"形，那么第一磁石卖场也将呈"∏"形；如果主通路呈"Γ"形，那么第一磁石卖场也将呈"Γ"形。第一磁石卖场配置的商品，主要是顾客消费量多、购买频度高的主力商品，这类商品是顾客随时需要，又时常购买的商品，因此销售量较大。例如，沃尔玛、家乐福、华堂商场等大部分食品卖场，第一磁石卖场基本是以水果和蔬菜为起始点，配有日常所需的加工食品、乳制品饮料等，这些都是第一磁石卖场中重要的磁石商品。第一磁石卖场的商品配置一旦脱离了消费量大、购买频度高、入店频度高、消耗性强的商品特性，也就失去了在卖场中对顾客进行心理诱导的作用，当然也就不可能创造出充满活力的卖场气氛。

（2）第二磁石卖场

第二磁石卖场穿插在第一磁石卖场中间，分段引导顾客向前走。第二磁石点应具有超强的吸引顾客的特征，使行走在主通道的顾客能从较远的地方感受到其存在，并受其诱导逐渐深入卖场最里面。第二磁石卖场在第一磁石卖场的基础上摆放商品，主要配置流行商品、畅销商品、人气旺的商品和季节性强的商品。第二磁石卖场需要超乎一般的照度和陈列装饰，以最显眼的方式突出表现，让顾客一眼就能辨别出其与众不同的特点。同时，第二磁石卖场的商品应根据需要隔一段时间便进行调整，以保持强吸引力的特征。特别指出的是，入口处的第二磁石卖场极为重要，它对顾客有较强的视觉和嗅觉上的吸引力和诱惑力。

（3）第三磁石卖场

第三磁石卖场，指的是卖场中央主通道的陈列货架两头的端架位置。端架是卖场中顾客接触频率最高的地方，其中一头的端架对着入口，因此配置在第三磁石点的商品，就要刺激顾客，留住顾客，通常使用平台、柜台、模特等来展示第三磁石卖场的商品。第三磁石卖场配置的商品主要有特价商品、高利润商品、季节性商品和供应商促销商品。其主要目的是吸引主通道的顾客进入副通道（货架之间的通道）。由于副通道中有部分主力商品和大部分辅助商品，如调味品、奶粉、酒类等，而且这些商品的毛利率都较高，因此必须通过第三磁石卖场的布置，吸引顾客进入副通道，并延长顾客滞留的时间。

值得一提的是：①第三磁石卖场中的端架商品要经常变更，一般1～3周变更一次，以使卖场第三磁石点既保持变化，又有连续性；②第三磁石卖场要突出商品广告，以吸引主通道顾客的注意；③端架陈列的商品不一定要与相连货架内的商品相关，重点是突出端架陈列商品的特色；④第三磁石卖场的端架所陈列的商品种类一定要控制在1～3种，因为太多种类的商品会削减磁石效果；⑤端架商品通常采用大量陈列的方式，因此要保证商品的稳定性和安全性，突出的商品不能妨碍主通道上顾客的行走。

（4）第四磁石卖场

第四磁石卖场，通常指的是卖场中副通道的两侧，是充实卖场各个有效空间的摆设。上面讲到的第一、二、三磁石都是指磁石卖场，而第四磁石实际上是指货架中具有强力磁石效果的某品项商品，而不是指某一销售区域。通常在一排货架中间设置1～3个磁石品项最为合适，有时在两台连续货架间设置一个磁石品项也可以。在商品长长的陈列线中，第四磁石点要能够引起顾客的注意，在商品的配置上就必须以单项商品来规划，即以商品的单个类别来配置，主要有热门商品、有意大量陈列的商品、广告宣传的商品等。大型卖场设置第四磁石的主要目的,是吸引通道中行走的顾客,并通过直线诱导使顾客能深入货架中去。因此,第四磁石的直线诱导构成了卖场布局中单方诱导的重要组成部分。因此,第四磁石通常在具有较长陈列线的大型卖场中使用,在小型超市、百货店等陈列线较短的业态,第四磁石的设置几乎没有什么效果。

为了促进第四磁石商品的销售,要特别注意:①为了使第四磁石商品能吸引顾客的注意,醒目而具有创意的 POP 广告是不可欠缺的,如货架上贴有"店长推荐产品"、"秋季新上市商品"、"本店最畅销商品"等广告;②为了突出第四磁石商品的特点,有意地大量陈列是十分必要的,即在一个品种内某个品项的纵向陈列面要尽可能地大,比起周边其他品项的陈列面,这种纵向陈列面至少应多出 4～5 倍,这样才能真正体现出大量陈列的魄力。

(5)第五磁石卖场

第五磁石卖场,是指位于收银处前的中间卖场,是可根据各种节日组织大型展销、特卖活动的非固定卖场。其目的在于通过采取单独一处多品种大量陈列的方式,造成一定程度的顾客集中,从而烘托卖场气氛。同时通过促销主题的不断变化,给顾客带来新鲜感,从而达到促进商品销售的目的。

本章小结

1. 卖场布局,是指为了达到刺激顾客需求的目的,对包括商品、设备、用具、通道等在内的卖场整体,进行明确合理的配置。它对提升卖场业绩、塑造品牌形象具有重要的意义。

2. 卖场布局要遵循以下原则:方便、情境、专业、优化及系统、安全的原则。布局中要注意顾客的意识、顾客的无意注意、商品的特点和购买规律,要尽量延长顾客逗留卖场的时间。

3. 卖场布局的常见类型有沿墙式布局、岛屿式布局、斜角式布局、陈列式布局、格子式布局、专业商店式布局和自由流动式布局七种。

4. 卖场整体布局包括卖场地形的选择、卖场层次组合及卖场面积的分配三个方面。一般来说,卖场外形呈正方形,或接近 1∶1.8 的比例较为理想。卖场在层次组合上不仅要突破从平面布局到立体布局,还要突出布局中的情景和动态效果。卖场面积的分配则要视卖场业态、商品种类、部门设置等因素而定。

5. 卖场的基本空间包括商品空间、顾客空间和卖场人员空间三部分。卖场室内空间的三个基本要素是商品、顾客和建筑,把握住这三个基本要素是卖场布局成败的关键。

6. 常见的卖场空间有开放空间、封闭空间、动态空间、静态空间和虚拟空间。

7. 卖场布局呈现四种形态:接触型商店,包括店员空间狭窄型和店员空间宽阔型;封闭型商店,包括店员空间狭窄型和店员空间宽阔型;封闭、环游型商店,包括有店员空间的和无店员空间的两种;接触、封闭、环游型商店,包括有店员空间的和无店员空间的两种。

8. 卖场设施的布局包括收银设施、服务台、洗手间、存包处、休息室和吸烟室等服务设施,以及陈列设施、标示用设施、楼梯和电梯、通风空调设备和后方设施的布局。

9. 卖场通道设计要遵循以下原则:诱导顾客至最里面位置的原则、足够宽度的原则、通畅没有障碍物的原则、通道平坦的原则、通道笔直的原则以及收银终点的原则。

10. 在实际业务中,卖场中的通道可分为直线式通道、回形通道、斜线式通道和自由型通道四种类型。它们各具优缺点,适用于不同的卖场布局中。卖场要根据实际条件,制定主通道和副通道的设计方案,设计中要特别注意商品关联性的运用。

11. 磁石商品,是指对顾客具有特殊魅力的、能够强烈地吸引顾客注意力的卖场中陈列的商品。磁石卖场,又称磁石点,是指能引发顾客兴趣并且充满活力的销售区域,包括第一磁石卖场、第二磁石卖场、第三磁石卖场、第四磁石卖场和第五磁石卖场五种类型。磁石商品和磁石卖场必须有计划地统筹设计,相互间密切结合、有机配置,才能达到从心理上有效诱导顾客的目的。

思考题

1. 结合实际,谈一谈卖场布局及其意义。

2. 举例说明各种类型的卖场布局的优缺点。

3. 如何有效利用卖场外形及整体布局来增加卖场对顾客的吸引力?

4. 什么是卖场的基本空间?

5. 卖场空间的三要素是什么? 如何使其发挥作用?

6. 结合实例,分析卖场的空间形态及其对顾客的影响。

7. 如何合理布局卖场内的设施?

8. 卖场通道设计的基本原则是什么? 如何设计有效的卖场通道?

9. 卖场通道的常见类型及利弊。

10. 什么是磁石商品和磁石卖场? 如何有效发挥磁石卖场的作用?

【案例 5.1】 多层大型卖场的布局

某卖场布局图如下:

第一层 家电区

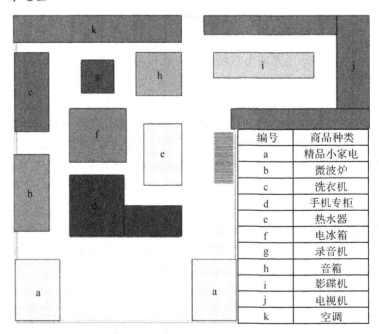

编号	商品种类
a	精品小家电
b	微波炉
c	洗衣机
d	手机专柜
e	热水器
f	电冰箱
g	录音机
h	音箱
i	影碟机
j	电视机
k	空调

第二层　超市

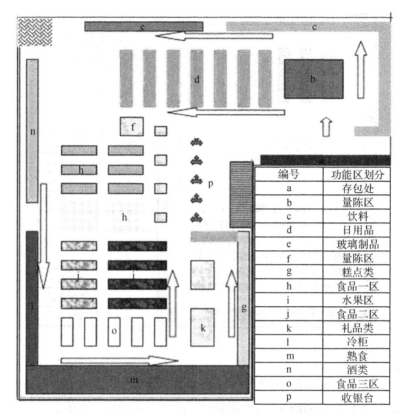

编号	功能区划分
a	存包处
b	量陈区
c	饮料
d	日用品
e	玻璃制品
f	量陈区
g	糕点类
h	食品一区
i	水果区
j	食品二区
k	礼品类
l	冷柜
m	熟食
n	酒类
o	食品三区
p	收银台

第三层　男装

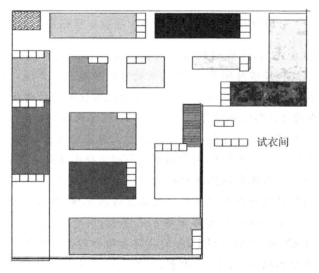

试衣间

第四层　女装与第三层类型相似。

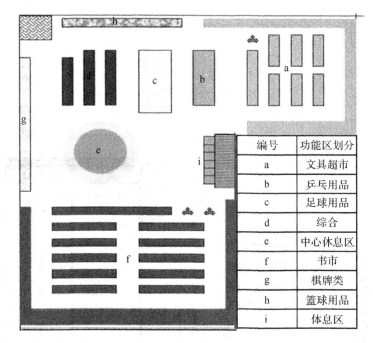

编号	功能区划分
a	文具超市
b	乒乓用品
c	足球用品
d	综合
e	中心休息区
f	书市
g	棋牌类
h	篮球用品
i	休息区

案例问题：

1. 在多层的大型卖场布局中，要考虑哪些因素才能设计一个合理有效的卖场？

2. 如何通过各楼层之间的布局，来诱导顾客游览卖场的每一个角落？

【案例 5.2】　　　　　**SISLEY 和 FORNARINA 品牌卖场布局**

　　服装卖场作为零售终端，是吸引顾客进入并引起购物欲望的最快速有效的行销工具。顾客在卖场内行走路线和停留时间越长，其购买的可能性越大。卖场产品的陈列不同，对顾客产生的吸引力也不同，而当顾客走入卖场，应尽可能地留住他们的脚步，让他们在游走的同时尽量延长在卖场内的行走路线和停留时间，从而刺激顾客的购物欲望，提高营业额。一个看似简单不经意的布局，实则包含了丰富的内涵。位于上海来福士广场相邻而居的 SISLEY 和 FORNARINA 品牌卖场以此为出发点，对卖场布局与顾客行走路线进行了探索。

　　上海来福士广场紧靠人民广场地铁站和南京路步行街，是 3 条地铁线路的交汇点，拥有良好的地理位置。商场内拥有众多时尚知名服装及饰品品牌，使得它在年轻的服装消费者中具有较大的影响力。这一区位的品牌卖场人流量大，消费者相对集中，有良好的销售现场和人流环境。SISLEY 和 FORNARINA 的品牌卖场分别位于来福士广场 1 楼相邻的 15 号和 14 号商铺，营业面积相等，约 49 平方米，具备相同的基本条件。两个品牌卖场位置相邻，客流相似，面积大小相同，但内部布局不同，从而消费者行走路线不同（如图 1 所示）。

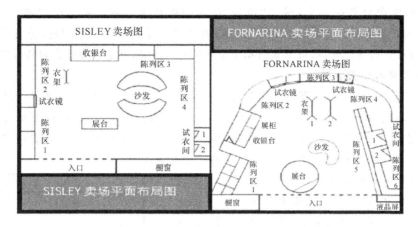

图 1　SISLEY 和 FORNARINA 卖场基本陈列对比

从图 1 可以看出，两个卖场在基本形状、展示台、试衣间、收银台等方面的设施都基本一致，不同之处在于：SISLEY 卖场布局整体简单明了，陈列区域的范围和陈列道具的数量都不及 FORNARINA 卖场；FORNARINA 卖场布局相对紧凑，将有限的卖场空间充分划分。

卖场是服装商品陈列、展示并完成销售的场所。卖场的构造和陈列道具将空间划分为几大区域，从而预留出一定的顾客通道。顾客通道是服装卖场空间规划的重要组成部分，也是决定顾客在卖场中的运动状态和空间规划是否舒适合理的关键因素之一。卖场通道的形状及宽度设计是否合理，直接影响顾客的走向和购物心理，进而影响其购买行为。

一、主副通道合理划分

SISLEY 品牌在入口处重点营造橱窗展示，从而缩小了入口，使顾客进出比较集中。卖场内的主要服装陈列都放置于四周，从而营造了一个 O 形的卖场主通道，如图 2 所示。

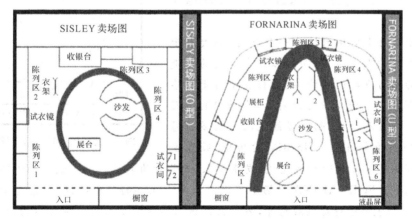

图 2　SISLEY 的卖场通道　　　　图 3　FORNARINA 的卖场通道

SISLEY 卖场以 O 形这样一个封闭式的设计形成了一个相对围合的空间，使得顾客的流动性大大增加，不会使卖场产生死角。位于中间位置的陈列可以成为卖场陈列的焦点位置，同时也可以确保中空四周的有序互动。FORNARINA 卖场则采用开放式的店面设计，入口宽敞，使得顾客从店外都能够对卖场的整体陈列一目了然。并且通过货架的摆放为顾客营造了一个 U 形的卖场主通道，如图 3 所示。U 形也被称为辐射型，这样的设计，使顾客在视觉上产生纵向拉长的感觉,通过"欺骗"顾客的眼睛来达到扩展延伸室内空间的目的。FORNARINA 卖场巧妙地渲染空间视觉效果,改善狭小空间的拥挤单调感,并引导顾客沿着卖场设计的最长路线行进,从而浏览到几乎全部的陈列商品,以达刺激顾客购物心理的目的。

二、延长试衣购买通道

从试衣到购买的过程是有一定购物意向的顾客才会发生的动作,因此这一过程也极为重要。从试衣间的位置来说,两个店铺都将其放置于购物通道的末端,使得顾客在经过试衣间之前有充分接触服装的机会。而收银台的位置也远离试衣间,使顾客在决定购买的过程中还可以再次浏览到其他商品,增加继续购买的可能性。

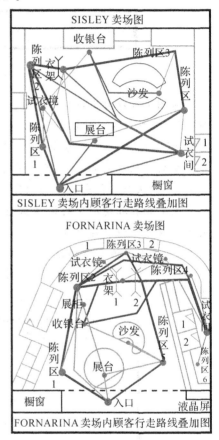

图 4 卖场内的顾客行走路线叠加图

SISLEY 的试衣间位于卖场的右下端。消费者在进入试衣间之前,需要经过几乎全部主通道,因此有机会接触所有陈列服装,而决定购买后需要返回到卖场最深处的收银台位置,在卖场通道中再次行走;FORNARINA 的试衣间地理位置比较特别,顾客为了进入试衣间,不得不脱离原本 U 形的主通道,而选择另一条通往试衣间的辅通道,从而有机会看到分布于主通道之外的产品陈列,决定购买时需要返回至接近入口处的收银台位置,所经过的通道更加长。两个卖场的设计都尽可能延长了顾客在卖场内的行走路线。

三、立体空间吸引顾客

在对进入这两个卖场中的 200 名顾客行走路线和停留时间的调研记录中,可以发现顾客都在某一区域做重点停留,且有的路线人流重叠很多,如图 4 所示。

图 4 中将每个区域浓缩为一个点,点越大表示在该区域经过的人流越多;而顾客在卖场内的行走路线简化为点与点之间的线,线越粗表示行走该路线的人流越多。从图 4 中可以看出,卖场内的所有可行的通道都被利用了,而顾客经过次数最多的通道还是卖场内的主通道。SISLEY 卖场中,顾客主要围绕四周陈列区行走 O 形主通道,发生试衣、购物行为的顾客会从试衣间返回试衣镜位置或去收银台。FORNARINA 卖场中可以分为两条主要的行走路线:一条是没有购买的顾客沿着 U 形主通道行走然后离开,另一条是试衣的顾客走入陈列区背后的试衣间,行走出一个大的 U 形。FORNARINA 陈列区域相对较分散,因此辅通道的利用率也比较高。从顾客行走路线的长度来看,FORNARINA 的卖场巧妙地把两间试衣间和一个陈列区隐藏在了另一堵墙的后面,增加了整体的立体感,吸引顾客走近想一探究竟,同时使得需要试衣购买的顾客必须脱离主通道,走入更深的卖场空间,大大延长了顾客在卖场内的行走路线和停留时间。

从表 1 的统计结果可以看出,SISLEY 卖场内的顾客停留时间集中于 1~15 分钟,占全部进入卖场的顾客人数的 72%。而 FORNARINA 卖场内的顾客停留时间较平均的分布于 1~30 分钟,占进入卖场的顾客人数的 77%。分析卖场内停留时间较长的"＞60 分钟"、"31 ~60 分钟"、"16~30 分钟"和"6~15 分钟"的时间段中,FORNARINA 卖场均比 SISLEY 卖场的顾客比例高;而在卖场内停留时间较短的"＜1 分钟"、"1~5 分钟"时间段中,SIS-LEY 卖场均比 FORNARINA 卖场的顾客比例高。由此来说,顾客在 FORNARINA 卖场内的停留时间比 SISLEY 卖场内的停留时间长。

表1 顾客在卖场内的停留时间表

卖场内停留时间	SISLEY	FORNARINA
＜1 分钟的消费者(位)	9	14
1~5 分钟的消费者(位)	42	22
6~15 分钟的消费者(位)	30	32
16~30 分钟的消费者(位)	14	23
31~60 分钟的消费者(位)	5	6
＞60 分钟的消费者(位)	0	2
总　计	100	100

这一结论验证了前文中的结论:FORNARINA 卖场比 SISLEY 卖场层次丰富,顾客通道更复杂,这也说明了适当增加服装卖场空间规划的层次性,有助于延长顾客在卖场内的停留时间。

通过上述的调研分析,可以看出:SISLEY 和 FORNARINA 两个卖场拥有相似的地理位置、相似的卖场面积和基本陈列,不同之处在于卖场通道布局,两者的优劣势显而易见。通过对两者的对比研究可以得出以下结论:卖场内的顾客通道可以通过卖场陈列布局进行规划,消费者在卖场内的行走路线主要按照主通道路线行走,试衣间远离主通道、延长收银台和试衣间之间的距离等方法,有助于延长消费者在卖场内的行走路线,特别是能够使有购买意向的消费者在卖场内的行走路线增长,陈列布局有一定复杂度的卖场要比陈列简单的卖场更容易延长消费者在卖场内的行走路线和停留时间。

资料来源:鲁成.终端卖场如何留住消费者.中国纺织,2008(02):64—66.

案例问题:

1. 比较 SISLEY 和 FORNARINA 的品牌卖场布局的异同。

2. 根据 SISLEY 和 FORNARINA 的布局,分析卖场空间与通道布局对顾客购买行为的影响。

第6章
卖场印象管理

◆◆ **学习要点**

1. 卖场总服务台的工作内容；
2. 卖场存包管理的程序及意外事项的处理；
3. 商品退换货的原则及流程；
4. 赠品发放的程序及派送的方式；
5. POS 的概念及工作流程；
6. 条形码的定义及种类；
7. 扫描器的定义及扫描失败的原因；
8. 消磁系统及消磁例外；
9. 防损的概念及损耗产生的原因；
10. 安全管理的重要性及主要内容；
11. 设备管理的对象及要求；
12. 环卫工作的重要性及要求。

◆◆ **重要概念**

退货　换货　赠品　POS　条形码　扫描器　消磁系统　防损　损耗　安全管理
绿化管理

6.1　卖场前台管理

6.1.1　总服务台管理

服务台位于卖场的出入口,顾客来卖场购物时,往往需要商家提供购物以外的服务,以增加所购物品的附加值。总服务台的服务内容主要有以下几方面:

1. 接听电话

通常情况下,电话铃响起的三声之内,必须接听电话,接听电话时,必须带笔与纸张在旁边,以便将接听的重要内容做记录。接听电话的态度应亲切礼貌,标准的语言是"某某商场,您好! 早上好! /下午好! /晚上好!"或者"您好! 这里是某某商场! 有什么为您服务的?",并请经常使用"请"、"谢谢"、"对不起"、"请稍等"、"让您久等了"等文明用语。

当接到顾客投诉电话时,必须做顾客投诉记录并记下顾客的联系方式,以便追踪。

接通电话的过程中,应适时发出"嗯"的声音,好让对方明白你正在仔细聆听电话。通话完毕后,应将听筒轻轻放下。

找人的电话应每隔一分钟予以确认是否已经接通,并请对方稍等;如果超过两分钟无人接听时,应请对方留言或留电。

2. 顾客咨询接待

卖场总服务台顾客咨询接待工作,关系到顾客对商场的第一印象,因此,卖场通常都要对咨询接待工作的责任人、接待原则及相关要求进行规范化管理。咨询接待工作的责任人为全体员工,主要责任人为顾客服务员。

顾客咨询的问题一般有:营业时间有多长?在哪里可以存包?有哪些特价商品?什么商品在几楼?可以广播找人吗?等等。回答顾客的这些咨询时,使用语言应该清晰、简单、具体、发音标准、语速音调适中;面带微笑、体姿端正,必要时使用手势。在以手势说明方向时,应将手心朝上,不可漫不经心或随手一指;态度要积极、有耐心又富有热情,回答完毕时要感谢顾客。

卖场前台咨询接待的主要原则是:永远不要对顾客说"不!""顾客永远是对的!";态度要热情、耐心,交谈时要有礼貌;仔细倾听顾客的疑问,眼望对方,频频点头称是;对于有关公司机密的问题不便回答时,可委婉地告知顾客"对不起,您提的这个问题涉及公司机密,不便于回答,请您原谅!";解答顾客问题时,要告知顾客明确、最终的答案;不能用"不知道"、"不清楚"等语言敷衍顾客,对确实不知道的问题可以请有关同事或店长协调解答;不得用手指或笔杆等物指顾客或为顾客指示方向;指第三者时不能讲"他",要称"那位先生"或"那位女士"。当有一个以上的顾客提出疑问时,要按照先后顺序依次解答顾客的问题。对不能及时给予接待的顾客要用委婉的语言向其道歉,请其稍等。

3. 接受顾客投诉

总服务台接受顾客投诉包括顾客的电话投诉,并处理一般性的顾客投诉。属于较难处理的顾客投诉,则在顾客服务办公室进行处理。

4. 帮助顾客

总服务台帮助顾客的情况一般有以下四种。

(1)售卖电话卡之类的商品

卖场的服务台通常不设外线电话服务,因此,售卖电话卡可以方便顾客使用公用电话。在每日与现金室结账时,交接班应办理款项清点手续,所售电话卡应与所收款项一致。

(2)广播找人

广播找人应将顾客广播要找的顾客的名字、性别、大致年龄,是小孩还是老人,工作单位等情况问清楚并做记录。之后,通知广播室进行广播,连续广播三次。

(3)儿童丢失

总服务台当接到顾客报"儿童丢失"时,首先要镇静,并尽量安慰顾客的紧张情绪。同时迅速记录儿童的特征,如姓名、年龄、性别、身高、着装以及生理特征等,并通知广播室发布"儿童丢失"广播,连续广播三次,以引起全店工作人员的注意,协助寻找。同时,通知进出口处的保安和工作人员以引起特别关注。儿童找到后,要取消广播。

（4）失物招领

总服务台经常会遇到失物招领的情况,面对不同情况的失物招领,应以不同的方式进行处理。如果是商品的招领,即在收银区发现顾客已经结账但忘记拿走的商品,此时应将商品拿到总服务台存放登记;存放的时间为当日晚营业结束前,如果超过时间仍然没有顾客领取,则生鲜食品要进行销毁,其他商品要返回卖场并签字;不进行广播和布告;顾客凭小票进行领取,并能说出遗漏商品的品名、数量等信息;经总台人员确认后,顾客办理认领手续并签字。

如果是一般物品的招领,即属于卖场内客人丢失的物品,可以明确判断是客人遗失,此时应将物品拿到总服务台存放登记。存放的时间为一周,超过当日未领取的,则在物品上登记日期和编号,存放在总台的柜子中,超过时限未领取的,则进行销毁程序;进行广播和布告;顾客领取时,必须能够详细说明遗失物品的特征;经总台人员确认后,顾客办理手续并签字。如果是贵重物品的招领,如皮包、手机、钱包、首饰、手表、支票、重要文件证件等,则应当先拿到总台存放登记;总台存放时间为当天,超过当日未领取的,则在物品上登记日期和编号,存放现金室中;进行广播和布告;顾客领取时必须提供本人相关证件,并能够详细说明物品特征、提供必要证据证明;经总台人员确认后,顾客办理认领手续并签字。

5. 大宗货物的处理

当顾客按照件、箱、桶等单位进行批量购买时,收银台一般不再提供更加牢靠的包装服务,这时,顾客为了方便提拿货物就会到总服务台进行捆、扎等处理工作。因此,大宗货物的捆绑、包扎及运送是总服务台工作的一项内容。

总台服务员首先应该使用礼貌用语,热情接待顾客;进行捆绑、包扎、装箱时,要注意与购物单据核对、清点商品的数量及品种;要特别注意捆绑、包扎的结实性、安全性及顾客提拿的安全性;如果是符合免费运送的商品采购,总台服务人员需要确认送货的各项信息,并填制单据;最后还应该尽量避免遗漏商品、毁损商品的情况发生。大宗货物处理完成之后,在顾客离开之前,总台服务人员应在核对完毕的电脑收银小票上,用笔或其他工具划单确认,然后送顾客离开卖场,使顾客享受到完整的卖场收银服务。

小链接

卖场广播日常工作内容

时　间	内　容
员工早班时间	每日早安问候语,提醒员工例行工作
开店前5分钟	提醒收银员、客服员与全体员工做好开店准备,并迎接顾客
开店时	播放迎宾曲、开店问候语、商场介绍等
开店中	播放背景音乐、促销信息、卖场的规章制度、安全广播
营业结束前5分钟	提醒顾客尽快结束购物
营业结束时	播放送宾曲及关店问候语
关店前5分钟	播放营业结束通知
晚班结束前5分钟	播放感谢词,提醒员工例行结束工作

注:通常还要播放一些紧急内容,例如火警、儿童丢失、紧急疏散、雷暴、停电等的通告;播放提醒事项,例如提醒顾客防偷防盗、看护好儿童,注意帮助寻找人员等。

资料来源:杨哲,杨卫.商场超市店铺开发与经营.深圳:海天出版社,2005:246,略有修改。

6.1.2　卖场存包处管理

存包是总服务台管理的一项主要工作。存包管理的关键是在"存"、"取"时保证号码牌与物品相一致,以免换错顾客的物品或者遗失。

1. 存包管理的流程

(1)接待

当顾客到达卖场购物时,通常都要按照卖场的规定将随身携带的物品放到保管处寄存。此时,总台服务人员应当面带笑容,使用礼貌用语进行询问和交流;要提醒顾客将贵重物品随身携带,本卖场不负责保存;将顾客物品放入保管箱中以后向顾客发放寄存牌,并提醒顾客小心保管好寄存牌以免丢失,如不慎丢失,则请顾客在第一时间通知总服务台以防冒领。

(2)保管

顾客购物期间,总台服务员要小心保管顾客物品;不得私自动用顾客存放的物品,也不得损坏顾客存放的物品,更不能发生被偷或丢失的情况。总之,总台工作人员要恪守自己的工作职责,履行好看守保管的义务,使顾客可以放心地在卖场购物。

(3)领取

顾客完成购物离开卖场之前,会到总服务台凭寄存牌取回自己存放的物品;总台服务人员要仔细核对寄存牌,对号取出顾客寄存的物品,双手交给顾客并使用礼貌用语。如果顾客不慎遗失了寄存牌,总台客服务员应根据顾客提供的商品明细情况进行认真的核对,以确认顾客提供信息的准确性,如果无误就可以将寄存的物品交换顾客;如果顾客遗失了寄存牌且有贵重物品,则需马上通知店长并将顾客领到店长办公室,让顾客提供寄存物品的明细情况,并留下联络电话、地址,提供身份证原件、单位证明,填写登记表,需签收每件物品。最后,还应该请顾客确认寄存物品是否完好无损。

(4)复核

总台服务员交接班时,需检查所有保管箱,确认寄存物品保管的完整性;如果是下班,则需再次检查所有保管箱,查看是否有顾客遗留的物品,如果有,则需要备案登记加以注明,并将物品交由店长处理。

2. 意外事故的处理

(1)丢失的处理

如果顾客声称包或包内东西丢失,首先要以冷静的态度进行核实,然后立即通知管理层和保安部。在尚未得到最终核实解决之前,不能作出任何形式的承诺。

(2)未取包的处理

对顾客在当日营业时间结束前尚未取走的寄存物品,应进行登记,如果是生鲜食品应立即销毁,一般物品则需做好标记之后保存一周,存放在存包处的柜子里,一周后如若无人认领则可销毁;如果是贵重物品则需要参照贵重物品的失物招领办法进行。此外,如果顾客领取过期寄存的物品时必须出示存包牌,无牌者则需请示总台负责人。

(3)存包牌丢失的处理

如果顾客丢失了存包牌,首先应进行广播寻找,因工作丢失了存包牌,应在"存包牌丢失记录本"上做记录,以便补充;确认存包牌丢失的,顾客又能够详细准确回答出他寄存的是什么物品时,首先要求顾客交纳一定金额的工本费,再办理取包手续;最后还应该将顾客证件的影印和交费单据,保存在存包牌丢失的记录本中。

6.1.3 商品退换货管理

1. 退换货的概念及标准

退货,是指顾客在购买商品后的一定时间内,对确有质量问题的商品要求商家给予退调商品和退还等价的现金。换货,是指顾客以某种理由要求商家予以更换商品,或商家对顾客购买的有质量问题的商品按照国家有关法律只能作换货处理。

一般来说,购买 30 天内可以办理退换货。例如,家电商品自售出 7 天内,发生质量问题可以退货;8~15 天内可以换货;超过 15 天则作代理保修处理。退换货的标准是:

①有质量问题的商品在退换货的时限内可以退货,超过退货时限而在换货时限内的,可以换货;如果超过退换货时限则不能再退换货。

②一般性商品无质量问题,但不影响重新销售的,可以换货;一般性商品无质量问题但有明显使用过痕迹的,不能退换货。

③经过顾客加工或特别为顾客加工之后,无质量问题的,不能退换货。

④因顾客使用、维修、保养不当或自行拆装造成损坏的商品,出售后因自然灾害造成损害的商品,不能退换。

⑤原包装损坏或遗失、配件不全或损坏、无保修卡的商品,不能退换。

⑥个人卫生用品,如内衣裤、睡衣、泳衣、袜子等,不能退换。

⑦清仓品、消耗性商品如电池、胶卷、化妆品、香烟、白酒等,不能退换。

⑧无质量问题的已经售出的生鲜食品,不能退换。

⑨赠品,无本卖场的收银小票或发票,或非卖场售卖的商品,不能退换。

2. 退换货的处理原则

一般来说,当顾客要求退换货时要遵循以下原则:

①属于"三包"的商品,按"三包"规定办理退换货手续。产品自销售之日起 7 天内,发生性能故障的,消费者可以选择退货、换货或修理。退货时,销售者应按发票金额一次性退清货款。产品自销售之日起 15 天内,发生性能故障,消费者可以选择换货或修理。换货时,销售者免费为消费者提供同型号、同规格的产品。在"三包"期间,修理两次仍然不能正常使用的产品,凭修理者提供的修理记录和证明,由销售者为消费者免费调换同型号、同规格的产品或退货。在"三包"期间,符合换货条件的,因销售者不能提供同型号、同规格的产品,消费者不愿意接受其他型号规格的产品而要求退货的,销售者应予以退货;有同型号、同规格的产品而消费者不愿意调换要求退货的,销售者应予以退货,按规定收取一定的折旧费。换货时,凡是残次商品、不合格商品、修理过的商品,不能提供给消费者。

②属于公司维修的商品,如超过双方约定期限 30 天未能修复时,公司应按照规定的折旧率作适当的折旧后给予退换。

③因超过保质期而变质、不符合质量标准、不能正常使用的商品,消费过程中发生不适的商品,收银员操作失误等原因都会导致顾客要求退换货。

④以下商品在售出后无质量及品质问题概不退换：美容化妆品，护肤品，食品，药品，卫生用品，内衣，有像或空白录像带，原音或空白录音带，摄影胶卷，象牙，金银或镶嵌饰品，玉器，宝石，文房四宝，字画，美术品，陶瓷，仿古制品，以及其他构造比较复杂、精密且价值较高、难以检测的商品，一次性特价、处理价出售的商品等。

3. 退换货的步骤

①接待。当出现顾客退换货时，服务员应通知前台主管到物品寄存区进行接待。

②判别。前台主管通过购物小票及要求退换商品，根据《顾客退换货规定》判别商品是否可退换。

③处理。如果顾客所购商品属于可以退换的商品，前台主管及顾客需在小票上签名，并咨询顾客退换货的要求，指示顾客到指定的收银机处进行退换处理；如果顾客要更换同样的商品，则不需重新打电脑小票，前台主管只需帮助顾客换货即可；如果顾客需要重新选购商品，那么收银员需要收回原有小票，另外打印一张电脑小票给顾客，退货金额必须等于或大于原有购买金额；如果顾客直接退货，则应要求顾客收到退款后在退款单上签名确认。

例如，当顾客要求退货时，首先要受理顾客的商品、凭证，即接待顾客，并审核顾客是否有本卖场的收银小票或发票，购买时间、所购商品是否属于家电商品或不可退换商品；细心平静地听顾客陈述有关的抱怨和要求，判断是否属于商品的质量问题；判断是否符合退货标准，结合公司政策、国家的法律以及顾客服务的准则，灵活处理，说服顾客达成一致的看法。如果不能满足顾客的要求或者顾客一直坚持自己的意见，则应请示上级主管进行处理；在商量处理方案时，尽量让顾客选择换货；如果顾客一定要退货，则需判断退货的金额是否在处理的权限范围内。之后应填写《退货单》，复印顾客的收银小票或发票；在收银机现场现金退货（如果是换货，则要遵从多退少补的现金法），并将交易号码填写在《退货单》上；其中一联与票证复印件一起装订以备查；最后，把退还商品放在退货商品区，并将《退货单》的一联贴在商品上，如图 6-1、图 6-2 所示。

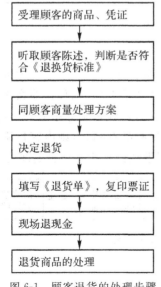

图 6-1　顾客退货的处理步骤

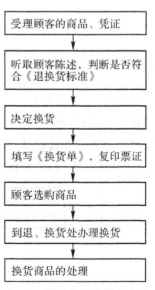

图 6-2　顾客换货的处理步骤

6.1.4 赠品发放管理

赠品是销售者或供应商为促进某商品的销售,对购买一定数量该商品的顾客给予奖励性质的搭赠物品。通常由供应商或者客户服务中心发放。

1. 赠品发放的原则

①卖场内不许任何厂商现场发放赠品及广告活页;

②赠品的发放必须以告示及传单所公布的发放方法为准;

③赠品凭购买小票发放,发完为止,发出的赠品不予退换;

④赠品的发放需有台账记录,有相关人员及顾客的签名,活动结束后要进行清点。

2. 赠品发放的流程

(1)供应商提供赠品的发放流程

供应商提供赠品的发放流程(见图6-3)如下:首先,应由供应商提出发放赠品的申请和方案,报请采购部门批准,采购部批准之后,将赠品清单及方案提前一周传到运营部门;然后,在商品上贴上赠品标签,并填写赠品携入、携出明细表;同时,收货部将赠品和明细表中的客服联送至客服中心,清点后归仓;最后,顾客凭购物小票领取赠品,客户服务中心人员画线盖章,注明"画线商品赠品已发"。活动结束后,客户服务中心应在当天与卖场主管核对赠品数量,剩余赠品由供应商取回;如果没有取回,则移交企划部处理。

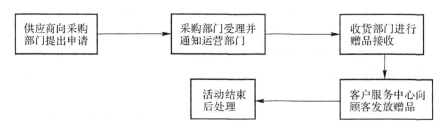

图6-3 供应商提供赠品的发放流程

(2)卖场提供赠品的发放流程

卖场提供赠品的发放流程(见图6-4)如下:首先,应由采购部或卖场经理批准促销活动所需发放的赠品数量、品项及发放金额;如果需要的赠品是卖场的商品,那么卖场主管必须执行库存更正程序,商品在电脑行政中心粘贴标签之后,与顾客服务中心作实物交接,由客户服务中心按照活动规则发放赠品;活动结束时,如果赠品有剩余,则由客户服务中心拿回电脑行政中心,申请库存更改,去掉标签,由卖场收回继续销售或移交企划部处理。

图6-4 卖场提供赠品的发放流程

3. 赠品的派送

(1)包装赠送

包装赠送具体分为包装内赠送和包装外赠送。与其他赠品分配形式相比,包装赠送的好处在于:促销活动开始之前即可预知赠品数量,便于控制促销成本;赠品随产品直接传达给顾客,不需要其他程序;顾客购买商品可以顺利得到赠品,即赠品的到达率较高,而且简便及时。其缺点是对赠品的限制性太大。包装赠送的赠品只能是体积较小、形状适宜的产品,否则难以包扎;同时还要考虑赠品与产品包装在一起是否会影响产品的品质;此外,如果赠品出现损坏,也不容易被及时发现。

(2)邮寄赠送

邮寄赠送即顾客将商品的购物凭证或赠券邮寄给卖场,卖场直接将赠品邮寄给顾客。这种做法的优点是:赠品的分发不会给卖场带来麻烦,同时还能够为卖场获得顾客的某些资料。缺点是:邮寄容易产生误差,顾客可能会因此收不到赠品,或者赠品在邮寄过程中被损坏,这些都会导致顾客的极度不满,因为顾客往往负担着高昂的邮寄费用。

4. 免费赠品

免费赠品实质上是一种折价销售,精美的赠品可以增强对顾客的吸引力。一般来说,赠品有三种:一是超市的特制品,另一种是与销售产品相关的商品,还有一种是与促销产品无关的商品。为了增强赠品对顾客的刺激和吸引力,赠品应该符合顾客的兴趣,要具有一定的商品独特性和时代特色,要能够与促销活动的主题相吻合,同时还应该尽可能降低赠品促销的成本费用。通常在以下这些情况时需要提供免费赠品:

①介绍和推广新产品或改良产品,鼓励顾客采用公司的系列产品;

②减少现有商品的存货,抑制市场销售额的下降;

③对抗同类产品的价格竞争,并在消费淡季掀起购物热潮;

④在销售成绩不佳的地区推广销售,或开拓新的销售区域;

⑤对特定的目标客户群实施奖励或诱导,如在各种节庆日举办赠品发放活动,往往能够提升品牌的销售业绩;

⑥激励销售队伍,帮助其完成当前的销售目标。

卖场实施免费赠品发放的做法可以实现商品品牌的差异化,能够有效地增加商品销售量;有利于维护商品形象,促进新产品的推广试用。缺点是:如果赠品选择不当,则容易让顾客失望,从而引起不满;赠品容易被某些人扣留,从而影响促销的效果。为了提高免费赠品的促销效果,卖场可以加强对顾客的广告攻势,可以对产品进行再次包装;同时还应该强化购买现场的 POP 广告,进行现场充分展示,使赠品能够获得更多的顾客关注力,并且也能够顺利到达顾客的手中。

6.2　卖场收银管理

6.2.1　收银基本常识

零售业的卖场不仅是顾客与商品联系的场所,同时也是各种经营信息高度汇集的场所。顾客从进入店内接触商品、挑选商品、把商品放入购物篮,到收银台结账付款,其整个购买过程都伴随着信息的传递与流通。这些信息不仅对零售业制定营销战略极为重要,而且对零售卖场进行商品管理、开发新产品、核算利润,以及管理顾客都具有十分重要的意义。

1.POS 收银系统

对于零售业来说,卖场销售管理最具革命性的变化就是 POS 系统的出现及其广泛应用。卖场中采用 POS 收银机,使零售业从传统的管理向单品管理转变,从经验管理向数字化科学管理转变得以实现,从而大大提高了销售管理的效率。

POS 是 point of sales 的缩写,即销售点终端,又叫做销售时点信息,它是由早期的电子收款机(ECR)发展而来的。零售卖场中的 POS 收银系统(见图 6-1),是指通过自动读取设备在销售商品时的相关商品销售信息(如商品名、单价、销售数量、销售时间、销售店铺、购买顾客等),并通过通信网络和计算机系统传送至有关部门进行分析加工以提高经营效率的系统。POS 系统由 POS 终端、网络设备、主机及辅助设备等部分组成,其外显设备包括客显、票据打印机、刷卡器、钱箱及扫描设备。

图 6-1　卖场 POS 收银机

POS 系统节约了原来用于手写、保管各种单据的人工成本和时间成本,简化了操作流程,提高了员工的工作效率和积极性,提高了收银工作的正确性和准确率,使各级主管从繁重的传统式经营管理中解脱出来,将工作重心上移至管理层,从而提高了工作效率。此外,采购人员可以利用查询,更直接、有效地获得商品情况,了解商品畅销/滞销状况;销售人员可以根据商品的销售情况预估下次销售计划;财务人员能清楚地了解库存情况、账款余额、毛利贡献等财务数据,更好地控制成本和费用,提高资金周转率;管理者能够把握住商品的进销存动态,对企业各种资源的流转进行更好的控制和发展。

POS 系统是第一线的便民服务系统,系统网络的覆盖面广,服务网点多,能提供实时的、全天候的电子资金信息及付款和转账服务,便于卖场根据储存的数据资料进行科学的信息管理。通常设置在超市、商场、酒店等购物消费场所或收费站点的收款处,其实质是把金融业务扩大到了商业网点。

2.条形码

(1)条形码的概念

条形码是商品上可以看到的由一组规则排列的条、空及对应的字符组成的标识,用以表示一定的商品信息的符号,如图 6-2 所示。其中,"条"是指对光线反射率较低的部分;"空"是指对光线反射率较高的部分,其对应字符由一组阿拉伯数字组成,供人们直接识读或通过键盘向计算机输入数据使用。通过特定设备的扫描识读,这些条和空就被转换成与计算机兼容的二进制和十进制信息,从而达到商品信息数码化,使计算机能够随时随地读取和处理各种销售信息。

条形码的编码遵循唯一性原则,以保证商品条形码在全世界范围内不重复,即一个商品项目只能有一个代码,或者说一个代码只能标识一种商品项目。不同规格、不同包装、不同品种、不同价格、不同颜色的商品只能使用不同的商品代码。条形码的标准尺寸是

37.29mm×26.26mm，放大倍率是0.8~2.0。当印刷面积允许时，应选择1.0倍率以上的条形码，以满足识读要求。放大倍数越小的条形码，印刷精度要求越高，当印刷精度不能满足要求时，易造成条形码识读困难。由于条形码的识读是通过条形码的条和空的颜色对比度来实现的，一般情况下，只要能够满足对比度（PCS值）的要求的颜色即可使用。通常采用浅色作空的颜色，如白色、橙色、黄色等，采用深色作为条的颜色，如黑色、暗绿色、深棕色等，当然，最好的颜色搭配是黑条白空。根据条形码检测的实践经验，红色、金色、浅黄色不宜作为条的颜色，透明、金色不能作为空的颜色。

图6-2 商品条形码

资料阅读

条形码技术的产生

条形码的技术最早出现于20世纪40年代，美国乔·伍德兰（Joe Wood Land）和贝尼·西尔弗（Beny Silver）两位工程师开始研究用代码表示食品项目和相应的自动识别设备，并于1949年获得了美国专利。这种代码图案很像微型射箭靶，称为"公牛眼"代码。在原理上，"公牛眼"代码与后来和条形码符号很相近，遗憾的是当时的商品经济不十分发达，而且工艺上也没有达到印制这种代码的水平。20年后，乔·伍德兰作为IBM公司的工程师成为北美地区的统一代码——UPC码的奠基人。吉拉德·费伊赛尔（Girad hissel）等人于1959年申请了一项专利，将数字0~9中的每个数字用七段平行条表示，但是这种代码机器难以阅读，使用不方便。不过，这一构想促进了条形码码制的产生与发展。不久，E·F·布林克尔（E.F.Brinker）获得了将条形码标识在有轨电车上的专利。20世纪60年代后期，西尔韦尼亚（Sylvania）发明了一种被北美铁路系统所采纳的条形码系统。之后，条形码技术在工业发达国家得到了广泛的推广应用，它已成为商品独有的世界通用的"身份证"。

资料来源：http://baike.baidu.com；中国物品编码中心 http://www.ancc.org.cn。

（2）条形码的常见类型

卖场中常用的条形码类型有：

①美国商品代码系统（UPC）。这种码制主要在美国、加拿大等国使用。UPC条形码共有5种版本，超市商品中常用的是UPC－A。它由12位字符组成，第1位字符（国别码）代表商品的国家和地区，第2~6位字符（厂商码）代表商品的生产厂家，第7~11位字符（产品码）是代表商品的代码，第12位字符（校验码）是扫描成功的依据。

②国际通用商品代码系统（EAN）。该代码由国际物品编码协会制定，通用于世界各地，是目前国际上使用最广泛的一种商品条形码。我国目前在国内推行使用的也是这种条形码。EAN条形码分为EAN－13（标准版）和EAN－8（缩短版）两种。EAN－13通用商品条形码一般由前缀部分、制造厂商代码、商品代码和校验码共13位字符组成。其中，第1~3位字符（国别码）是代表商品的国家、地区，第4~7位字符（厂商码）代表商品的生产厂家，第8~12位字符（产品码）是代表商品的代码，第13位字符（校验码）是扫描成功的依据。EAN－8商品条形码是指用于标识的数字代码为8位的商品条形码，由7位数字表示的商

品项目代码和1位数字表示的校验符组成。其中,第1~2位字符(国别码)代表商品的国家、地区,第3~7位字符(产品码)是商品的代码,第8位字符(校验码)是扫描成功的依据。

③店内码系统。在商品销售中,有些商品(如水果、蔬菜、烤鸭、熟肉制品、乳酪、鲜鱼等)是以随机重量销售的,这些商品的编码不由生产企业承担,而由零售商完成。零售商进货后,对商品进行整装,用专用设备进行称重,并自动变成条码,然后将条码粘贴或悬挂在商品上。由零售商编制的商品条码系统,只能应用于商品内部的自动化管理。因此,这种条形码称为店内码,相比之下,前两种系统下的条码又可以称作自然码。

条形码是迄今为止最为经济、实用的一种自动识别技术。它为提高商品流通率、提高销售管理效率发挥着积极的作用,现代社会已离不开商品条形码技术。例如美国超级市场商品种类约为22万多种,每年约有1万种新商品进入市场,1万种老商品清除,"引新除旧"的比例高达50%。如此繁重的工作量,没有条码,没有POS系统的应用是难以应付的。而在日本,目前已有4.8万个制造厂家约有1亿种商品项目采用了EAN码标识,有效地帮助生产厂家及时、准确地了解商品销售、购买情况和价格等信息,便于厂商及时组织货源、调整销售计划、进货情况等。

据统计,目前我国已有50万种产品使用了国际通用的商品条形码。由于采用条形码技术,消费者从心理上对商品质量产生了安全感,同时减少或消除顾客购货后结算和付款时出现排队拥挤的现象。实践表明,卖场采用条形码系统管理所带来的直接效益可达营业额的6.12%。因此,条形码技术势必成为未来商业流通领域中的重要技术支持手段,它将渗透到更多的技术开发与商品管理活动中。

3. 扫描器

POS的最大特征是配有条码或OCR码(optical character recognition 光字符码)终端阅读器,即扫描设备,具有现金或易货额度出纳的功能。扫描设备的工作原理是利用光线反射来读取条码反射回来的光源,转变成可以识别的数字以确认商品代码。常用的扫描器有三种形式:一种叫光笔,一种叫手握式扫描器,还有一种是固定式扫描器。光笔和手握式扫描器的优点是价格便宜,移动性强,且适用于较重或标签位置不易看到的商品扫描;缺点是扫描感较差,扫描动作重复多次才有感应,而固定式扫描器正好相反。

进行商品扫描识别时,通常会出现一些障碍或事故,收银员要具体分析其原因,及时采取有效措施解决问题。

①条码失效。这可能是因为条码被损坏,或有污渍、磨损等;也可能是条码印刷不完整、不清楚造成的。这时,收银员应当在同样商品中找到正确的商品条码,用手工扫描方式解决问题;如果是生鲜条码则需重新计价印刷。

②条码无效。编码出错、条形码重复使用、应用假码,都会导致条码无效。在这种情况下,收银员应进一步核实商品的售价,并以价格销售的方式售卖商品,再将情况记录下来,由卖场负责人进行跟踪解决。

③多种条码。如果商品的包装改变,如买一赠一,或者促销装商品的赠品条码有效,那么收银员就会碰到多种条码的情况。这时,首先要核实正确的条码,然后由卖场负责人处理所有的非正确条码,必须予以完全覆盖。

④无条码。也许是商品本身无条码,或自制条码脱落、丢失,造成收银工作的停止,此时收银员要迅速找出正确的条码,用手工扫描,再由卖场负责人跟进剩余商品的条码检查。

4.消磁系统

电子商品防盗系统是利用声电、声磁原理所设计的专门用于卖场防盗的设备,主要通过系统的特定标签在通过检测装置时相互作用发出警报来达到防盗的目的。通常卖场中采用的防盗标签有两种:一种是软标签,另一种是硬标签。软标签主要用于化妆品、保健品、酒类、电池、糖果类商品,其特点是一次性,不能循环使用,具有隐蔽性。硬标签主要用于服装、内衣、皮鞋、皮具、酒类、高档食品等商品,其特点是具有永久性,可以循环使用,不具备隐蔽性。

收银员在进行商品消磁作业时,要遵循快速、无漏消磁、保护商品的原则。常用的消磁方法有两种:一种是机器消磁,即用消磁器进行消磁的方式,这种方式适用于软标签,通常是在顾客付款后,通过收银机消磁系统进行消磁,报警功能随即消失;另一种是人工消磁,即收银员采用手工进行消磁作业,这种方式适用于硬标签,通常是在顾客付款之后,由收银员手工使用特定工具将标签取下收回。

消磁是卖场防盗的重要措施,因此,正确的消磁是收银员工作的主要内容之一。消磁工作要求其准确性达到100%,以尽量减少顾客的投诉和出口处稽核的工作负担。但是,收银员在消磁过程经常会发生一些例外。

所谓消磁例外,指的就是商品经过出口处防盗门时引起报警的情况。主要有两种形式:一种是漏消磁,另一种是消磁无效。当商品没有经过消磁程序时就会出现漏消磁,这时收银员必须对商品进行重新消磁,特别是对硬标签的商品类别,尽可能不要遗漏消磁的环节。如果对商品消磁的方法不正确,或者是超出了消磁的空间,那么消磁就会无效。此时,收银员应该结合消磁指南,掌握正确的消磁方法,进行重新消磁,特别是对那些软标签的商品来说,应该尽量避免消磁无效的出现。

6.2.2 收银作业流程

尽管收银作业并不是整个卖场营运的最后环节,但是良好的收银作业规划,能够确保为销售所作的各项努力得以有效回收,并且让顾客愿意再度光临。从某种意义上讲,收银员和收银作业就是卖场的"窗口",是顾客了解卖场服务的主要途径之一。收银作业不只是单纯为顾客提供结账服务,收银员收取了顾客的货款之后,也并不代表整个卖场的销售行为就此结束。因为在整个收银作业的流程中,还包括了收银员对顾客的商品包扎作业、礼仪态度、信息的提供、现金作业的管理等各项前置和后续的作业。因此,一个设计良好、管理到位的收银作业,不仅有助于收银工作迅速而正确地展开,还能够有效地通过收银员的优质服务提升卖场的经营形象,树立良好的市场声誉。

通常来讲,卖场收银作业是针对每天、每周、每月来安排流程。

1.每日作业流程

每日作业流程可以分为营业前、营业中和营业结束后三个阶段。

(1)营业前的作业准备

①清洁、整理收银作业区和责任区域;

②整理补充必备的物品,如购物袋、电脑打印纸、手工账本、笔、回形针、订书机、胶带、纸币等,并打开验钞机;

③认领备用金并清点确认,准备好零钱以备找零;

④按顺序逐个打开 UPS 电源、收款机、打印机等,检查收银设备是否运转正常,检查收银机当前日期时间是否正常,如有异常报告公司信息部;

⑤了解当日的变价商品和特价商品,以及当日的促销品及促销活动事项;

⑥整理仪容、仪表,佩戴好工号牌,进行上岗仪式(或班前会);

⑦打开收银通道,正式开始收银工作。

(2)营业中的作业安排

①收银员要接待顾客并进入工作状态;

②完成商品扫描、结账和装袋工作;

③正确使用各种结算方式及操作技巧;

④配合促销活动的收银处理;

⑤合理解决顾客抱怨的问题,对顾客进行适当的引导;

⑥进行营业款的缴纳,并进行交接班。

资料阅读

收银"五人原则"的规定

1. 原则上只要有未开机的收银台,每台收银机前等候结账的顾客以不超过 5 人(含 5 人)为限,一旦顾客排队等候的人数超过 5 人时,收银主管要及时开放新的收银台以疏导客流,不允许以人力不足作为借口而不执行收银台"五人原则"标准;

2. 当出现结账顾客严重分布不均时,收银主管或组长负责疏导顾客,减少个别收银台过分拥挤的现象。

客服部门要根据收银的人力状况,适时从客服部门和其他部门中培训一批兼职收银员工,使其具备基本的收银技能,作为应付收银紧急情况的人力储备。门店店长、助理店长、部门经理必须掌握收银流程,具备在紧急状况下上台收银操作的工作能力。

(3)营业后的作业内容

①整理各类发票及促销优惠券,结清账款,填制清单;

②结算营业额,在其他人员的监督下把钱装入钱袋交值班长;

③整理收银作业区,关闭收银机并盖好防尘套,清洁、整理各类备用品;

④协助现场人员做好结束后的其他工作。

2. 每周工作流程

收银作业每周工作流程包括:收银作业必备物品的申领,清洗购物车、购物篮等设备,更换特价宣传单,确定本周收银员轮班班次,兑换零钱,整理传送收银报表等。

3. 每月工作流程

收银作业每月工作要做好以下几项安排:准备发票,准备必备用品,协助会计申报营业税,整理、汇总、传送收银报表,定期维修收银机等。

小链接

收银员的服务规范

服务步骤	服务用语	行为规范
迎接顾客	欢迎光临（请问有没有积分卡或会员卡）	1. 面带笑容，与顾客的目光接触； 2. 等待顾客将购物篮，或是购物车上的商品放置在收银台上； 3. 将收银机的活动屏幕面向顾客。
登录商品	逐一念出每项商品的金额	1. 左手取商品，并确定该商品的售价及类别代号是否无误； 2. 右手按键，将商品的售价及类别代号正确地登录在收银机上； 3. 登录完的商品必须与未登记的商品分开放置，避免混淆； 4. 检查购物车底部是否还留有商品尚未结账。
结算商品金额，告知顾客	总共×××元	1. 拿开收银台上的空的购物篮，叠放在一旁； 2. 若无他人协助商品装袋工作时，收银员可以趁顾客掏钱时，先行将商品放入购物袋中，但是在顾客用现金付账时，应立即停止手边的工作。
收取顾客货款	收您×××元	1. 确认顾客支付的金额，并检查是否有假钞； 2. 将顾客的现金压在收银机的磁盘上； 3. 若顾客未付账，则应礼貌性地重复一次，不可表现出不耐烦的态度。
给顾客找零	找您×××元	1. 正确找零钱； 2. 将大额面钞放在下面，零钱放在上面，双手将现金连同发票交给顾客； 3. 待顾客没有疑问时，立即将磁盘的现金放入收银机的抽屉内，并关上。
商品装袋	请您核对物品	根据装袋原则，将商品依次放入购物袋内。
感谢、送客	谢谢！您走好，欢迎下次光临！	1. 一手提着购物袋交给顾客，另一手托着购物袋的底部，确定顾客拿稳后，双手放开； 2. 确定顾客没有遗忘物品； 3. 面带笑容，目送顾客离开。

资料来源：杨哲，杨卫.商场超市店铺开发与经营.深圳：海天出版社，2005：192—193。

6.2.3 收银作业管理重点

由于收银工作对卖场经营极为重要，因此对收银作业的管理最好细化到收银作业流程的每一个程序、每一个动作及每一句用语，以确保收银作业的完整、安全、顺利开展。为此，确定收银作业管理的重点是十分必要的。

1. 严明的作业纪律

①收银员身上不可带有私人现金，以免引起不必要的误解和可能产生的公款私挪现象；

②在进行收银作业时，收银员不可以擅离收银台，以免造成钱币损失，或引起等候结算的顾客的不满与抱怨；

③不可为自己的亲朋好友结算收款,以免引起不必要的误会和可能产生的利用收银职务的便利谋取利于他人的私利,避免可能产生的内外勾结"偷盗"现象;

④在收银台上,不可放置任何私人物品,以避免与顾客退换或临时决定不购买的商品混淆,从而引起误会;

⑤不可任意打开收银机抽屉查看数字和清点现金,避免引起他人注意并引发不安全因素,也会使别人产生对收银员营私舞弊的怀疑;

⑥不启用的收银通道必须用链条拦住,否则会发生个别顾客不结账就将商品带出卖场的现象;

⑦在营业期间不可看报与谈笑,要随时注意收银台前和视线所见的卖场内的情况,以防止和避免不利于卖场的异常现象的发生;

⑧要熟悉卖场内的商品尤其是特价商品,以及有关的经营状况,以便顾客提问时随时作出正确的解答。

2. 装袋作业管理

将结算好的商品替顾客装入袋中是收银工作的一个环节,装袋工作完成不好往往会使顾客扫兴而归。尤其是在大型超市和便利店内,装袋作业要特别控制以下操作重点:

①硬与重的商品垫底装袋;

②正方形或长方形的商品装入包装袋的两侧,作为支架;

③瓶装或罐装的商品放在中间,以免受外来压力而破损;

④易碎品或轻泡的商品放置在袋中的上方;

⑤容易溢出或味道较强烈的商品,应先用其他购物袋装好,再放入大的购物袋内,或经顾客同意不放入大购物袋内;

⑥装入袋中的商品不能高过袋口,以避免顾客提拿时不方便,一个袋中装不下的商品应装入另一个袋中;

⑦超市在促销活动中所发的广告页或赠品要确认已放入包装袋中;

⑧装袋时要绝对避免不是一个顾客的商品放入同一个袋中的现象;

⑨对包装袋装不下的体积过大的商品,要用绳子捆好以方便顾客提拿;

⑩提醒顾客带走所有包装入袋的商品,防止遗忘商品的情况发生。

装袋往往与核对单据同时进行,收银员需要根据顾客购买商品的大小、多少确定袋子的大小,要注意的是不同性质的商品通常应该分开包装。进行商品装袋操作时,收银员还应该同时核对电脑收银信息,检查商品是否都已经扫描录入电脑收银系统。如果发现有商品没有录入电脑结算,则应该询问顾客是否还愿意购买该商品,如果顾客愿意购买,则由防损员将未过机的商品拿到为该顾客收银的收银员处,将商品过机结算,顾客补交漏打单的商品的金额,收银员同时在《漏打单登记表》上签名确认;如果顾客不愿意购买该商品,则由防损员将商品拿到收银员处,由收银员在《漏打单登记表》上签名确认,再将商品退回货架。帮助顾客将所有商品装袋之后,收银员应当使用礼貌用语送顾客离开。

3. 收银员离开收银台的作业管理

①离开收银台时,收银员要将"暂停收款"牌放在收银台上;

②用链条将收银通道拦住;

③将现金全部锁入收银机的抽屉里,钥匙必须随身带走或交值班长保管;

④将离开收银台的原因和回来的时间告知临近的其他收银员；

⑤离开收银机前，如还有顾客等待结算则不可立即离开，应以礼貌的态度告知后来的顾客到其他的收银台结账，并为已经等候的顾客结账后方可离开。

4. 卖场商品的重点管理

卖场采用集中结算的原则，就是要求凡是通过收银区的商品都要付款结账，因此要有效控制商品的出入，商品的进入如无特殊需要，一般不经过收银通道。有些商品的出店，如工厂或配送中心的退货，应从指定地方退出，不得通过收银通道，这样可以避免厂商人员或店内职工擅自带出商品，造成损失。对厂商人员来说，还应该按照卖场的要求以个人的工作证换领卖场内自备的识别卡，离开时再换回。对于贵重物品、大额资产、易毁损商品，卖场应该制定严格的商品进出管理制度，执行重点商品管理的措施，杜绝给卖场带来的巨额损失。

当遇到顾客退换商品和要求退款的作业时，收银员要严格按照卖场规定，引导顾客到指定地点进行商品退换、退款服务，不能私自承诺顾客的任何要求，擅自调换商品。此外，还应该对顾客要求退换及退款的理由进行核实并做记录，以作为核检工作的依据。

5. 会员购物作业管理

实施会员制的卖场，或者说拥有部分会员的卖场，必须使每一位服务人员明确会员制的服务规范，明确会员卡的作用，特别要熟悉每期会员所享受的权利与责任。收银员要熟悉特价商品的品项、种类及会员卡的有效日期，遇到顾客购买会员商品时，应当主动热情地要求顾客出示会员卡；对不是本卖场会员的顾客（即非会员），要耐心解释，并告知非会员不能享受会员价的原因；对使用购物券、礼金券、代金券购物的顾客，应认真记录会员卡号、小票号、消费金额等销售信息，以便结账时进行查核。

6. 支付手段的使用及管理

当顾客使用信用卡结算时，收银员应请顾客出示身份证原件，与信用卡核对无误后输入购物金额，当刷卡机打印结算清单后，应请顾客在结算清单上签名确认，收银员打印的电脑收银小票应连同信用卡及结算清单顾客联一起双手交给顾客；顾客使用银行借记卡结算时，收银员收取顾客银行借记卡，通过刷卡进行结算，输入顾客购物金额后请顾客输入密码，当刷卡机开始打印结算清单后，证明已经成功入机，可将电脑收银小票打印，并连同银行借记卡及结算清单顾客联一起双手交给顾客。

当顾客使用外币进行结算时，收银员应要求顾客尽量使用人民币。如果顾客没有人民币，并坚持使用外币时，收银员要告诉顾客本卖场限制使用的币种有哪些，并将商品挂单，把顾客带到前台主管处；待前台主管确认外币的真伪后，按规定的汇率予以结算，找零时使用人民币，并打印电脑收银小票，请顾客到出口处包装。

当顾客提出使用支票进行结算时，收银员应将顾客带到前台主管区处理。前台主管要告知顾客，如果使用支票购买商品需等到支票到账后才能拿到所购买的商品；如果顾客同意先支付支票再取商品，前台主管应请会计人员进行支票的审核，并确认填写是否规范，同时请顾客留下联系电话，让顾客先回去等候，待支票到账后再通知顾客前来领取商品。

7. 营业款的移交管理

①收银员交班时，应由前台主管安排收银员逐个清理收银机。

②收银员应将现金、购物券、代金券等结算的营业收入款项交给前台主管（通常结算时间在下午3点至4点之间，这样可以避免营业的高峰期，也可以在银行营业结束之前进行解

款),前台主管、防损员与收银员应当当面点清营业款数额,并填写"实收营业款移交款单";将实收数额与电脑系统信息进行核对,如有差额,就要填写营业款短款收据,录入短款数,电脑确认后,收银员方可离开;如果实收款数额大于清机数额,则将多余的款项作为营业外收入处理。

③进行封包、封箱工作。前台主管需要按照银行出纳制度整理清点完毕的现金钞票,分面额百张成把、十把成捆、零钞另置,然后用封条封装,并签名盖章注明金额数量;在防损员的陪同下将现金封包、支票封包及填写规范的银行进账单、支票清单放入保险柜后,经店长确认之后方可离开。

④移交工作。封签通常是在押运公司到来的前半小时完成,钱箱的钥匙由前台主管保管;当进行钱箱交接时,前台主管和会计员要核对押运公司人员的证件,核对无误后方可办理钱箱交接手续;钱箱交接的地点应设在本卖场内录像监控的位置;双方应仔细核对箱数、钱箱编号、封签的完整与规范,如果发现异常要及时处理,明确责任归属;交接核对无误后,双方各自在对方的签收本上签收移交钱箱。

⑤差错处理。银行通常会在钱箱内设置差错登记本,详细记录各种长短款、假钞及其他错误情况发生的接受时间、清点时间、钱箱编号、卖场名称、面额、支票票号等内容,卖场授权人应按照规定时间到银行进行差错的确认签章,并在《营业款差错记录簿》上进行登记。通过监控录像拍摄的录像资料为交接和清点的现场资料,上交给店长保管15个工作日,以作为双方产生差错异议时的重要证据。

6.3 卖场后台管理

6.3.1 防损管理

1. 基本概念

所谓损耗,是指那些看得见的已经被损坏并且不能再出售或折价出售的商品(促销商品不在此内)与看不见的丢失商品,包括由于商品品质等原因出售后又被顾客退回来的商品等。广义地讲,损耗就是卖场的损失;狭义地讲,损耗是卖场进货时商品的零售价与售卖后取得的零售价之间的差额,也就是会计上说的账面库存额与实际盘点库存额之间的差额(美国食品营销协会《超市防盗手册》),它可以是正数,也可以是负数。针对损耗的发生所采取的预防措施就是防损。防损有两方面的含义:一是控制损耗,二是提供安全保障。通常情况下,大型的卖场都要设置独立的防损部,配备专门的防损员开展防损工作。

据保守估计,北京华普超市一个月单店的损耗是5万~6万元,它在北京有9家分店,那么每个月的损耗总额就是40万~50万元。2002年我国零售业损耗高达250亿元,其中大部分来自超市。美国希尔斯摩天大楼就是因为员工偷盗严重产生巨额损耗,使财务陷入困境。通常情况下,一个单品的损耗要5个商品的销售利润才能弥补,如果卖场的平均毛利不到10个点,那么损耗造成的危害就是致命性的。由于损耗极大地影响了卖场的赢利水平,甚至会威胁到卖场的生存和持续性经营,因此预防损耗成为卖场管理一项重要任务。但是,现代卖场面积越来越大,经营范围日益广泛,购物环境也比较复杂,给防损工作带来了难题。

小链接

卖场中常见的损耗

大分类	中分类	小分类
作业错误	1. 验收不正确	品名;品号;数量、质量、重量;成本价;有效期间;品质;包装规格;单位;标价;搭赠品;发票金额
	2. 调货	调出或调入单位未入账;调出或调入单位对成本的认定不一致
	3. 退货	未及时处理以致过期;未与财务单位的付款程序配合,无货款可扣
	4. 变价	新旧标签同时存在;POP或价格卡与标签的价格不一致;促销后未恢复原价;没有管制变价权限
	5. 销货退回	商品按特价卖出,却按原售价退回;销货退回的商品未能办理进货退回手续;销货退回的商品未妥善保管
	6. 自用品领用	未登记;未节约使用
	7. 兑换品、赠品管理	兑换券未妥善保管,造成遗失
	8. 自行用现金采购商品	未经过正常的验收渠道
	9. 外卖、外送	未经检查带出;未开发票;未先收现金
	10. 坏品处理	未登记;未仔细点数;未及时办理退货
	11. 收银作业	找钱错误
	12. 盘点错误	货号;单位;数量少盘;品种漏盘
	13. 有效期间管理	未设定进货验收的期限;销售中对有效期限的检查不力;没有制定对快过期商品的处理规定
	14. POS系统的使用	电脑存储的价格与标签不一致;价格录入错误;店内条形码标签贴错
偷窃	1. 顾客偷窃	随身夹带;皮包夹带;购物袋夹带;换标签(高价低标);换包装盒;偷吃(边买边吃)
	2. 厂商偷窃	随身夹带;随同退货夹带
	3. 员工偷窃	随身夹带;皮包夹带;购物袋夹带;废物袋夹带;商品价格低标;偷吃;烟酒柜没有上锁;顾客兑换的奖品、赠品被员工据为己有;与亲友串通,购物未结账或少计金额;将顾客未取走的发票作为作废发票处理
意外损失	1. 自然意外事件	水淹;火灾;地震;停电
	2. 认为意外事件	抢劫;夜间保安不力;食物中毒
处理损耗	1. 步留率低	训练不足;人员流动率高;没有标准的制作规格书
	2. 商品鲜度管理不佳	温度管理不当;陈列方法、陈列设备不当;未做好加工处理
其他	厂商调整差价	厂商临时调低售价,导致店内库存损失(如进口烟酒降价);厂商临时调高成本,店铺无法及时转移损失

资料来源:周文.连锁超市经营管理师操作实务手册——店铺运营篇.长沙:湖南科学技术出版社,2003:62—63.

2．损耗发生的原因

损耗发生的原因很多，总括起来，大致有以下三种类型。

（1）变价损耗

变价损耗即商品作竞争促销时，为吸引顾客数量而将商品低价出售所产生的降价损耗。通常有五种类型：

①固定促销变价。由于举办定期特卖、周年店庆、开业庆典等活动时进行的变价促销。

②临时促销变价。为了与竞争店展开竞争而进行临时降价，或为了尽快出清生鲜存货而进行的降价销售。

③厂商调降市面零售价。当厂商降低市面零售价时，卖场的存货将因此而产生降价损耗。

④即将过期商品的促销变价。因商品的食用期限或使用期限已经超过 2/3 以上的时间时，为了增加销售量而设立特价区进行降价销售所发生的损耗。

⑤为减少库存而实施的变价销售。在月底或年关将近时，卖场为减轻库存压力而进行的促销变价所造成的损耗。

（2）报废损耗

报废损耗即因商品订货过多或保存不当等因素，导致商品因鲜度不良或损坏等原因而报废所产生的损耗。以下九种情况的发生都会导致报废损耗。

①节庆商品（如粽子、月饼等）逾期未售完。

②国外进口商品（如进口葡萄柚、加州李、美国进口牛肉等）因无法退货，容易产生报废损耗。

③自有品牌。有的卖场为了建立自身的形象，开发自有品牌，但因无法退货从而产生报废损耗。

④订货不当。由于订货不正确或不准确，使商品过剩却又无法退货时而产生的报废损耗。

⑤管理不当。包括商品管理不当和仓库保管不当所造成的损耗。例如，没有彻底执行先进先出的原则而导致商品过期变质，或者因为仓库环境潮湿、鼠虫撕咬等而导致商品被损坏。

⑥冷藏库、冷冻库的设备损坏。因机器设备发生故障而导致商品变质产生废弃品。

⑦偷窃、偷吃产生的报废损耗。例如孩子边走边吃，留下空盒；顾客将包装盒留下，取走里面的商品。

⑧商品遭到破坏而不太退货产生的损耗。顾客或员工因为一时疏忽毁损商品，卖场却无法退还给供应商。

⑨商品技术加工不当造成的损耗。例如，因处理不当使商品无法出售，或因作用时间过长而使商品鲜度不符合要求等。

（3）不明损耗

除了以上两种损耗，因门店管理问题产生的其他无法归类的损耗均列为不明损耗。一般来讲，卖场的管理水平越高，其不明损耗就越低，反之亦然。常见的不明损耗主要有：

①订货损耗。产生订货损耗的原因主要是因为在订货过程中厂牌错误、品项错误、规格错误、数量错误、重量错误、品质错误、有效期限错误等而发生的。

②收货损耗。收货损耗是不明损耗中产生最多的，而且因人为疏忽很容易发生的一种

损耗。一般来说,收货损耗主要是验货品质要求不严,把次等货当好货收进来,增加了报废的几率而造成;商品点数不准、过磅不准,在验收生鲜商品时,没有确认计算净重所造成;还有输入数据错误,比如把 10 当 100,把单位"个"当成"箱"所造成的损耗。

③搬运损耗。商品从收货进来到仓库再到卖场货架,是一个连环的过程,因运输过程的不当也会产生损耗。例如,进货运送受损、暂存搬运受损、补货受损、顾客打破商品等等,这些在运送过程中发生的损耗均由卖场承担。

④堆放损耗。商品从进货到售卖是有一个过程的,在这个过程中,商品都是以整箱或单个的形式堆放起来的,如果因销售不佳、陈列面积过大、陈列时间过长、商品陈列方法不当往往会造成堆放损耗。例如,堆放过高会摔坏、压坏商品;商品堆放过多,翻堆工作没有及时进行从而降低底部商品的周转,增加了损耗的几率,这些都属于堆放损耗。

⑤库存损耗。订货量的准确与否决定了库存损耗的多少。因为进货量不足会导致缺货、影响销售,而进货量过大又会带来大量的库存,占压资金,增加经营压力,管理不佳还会导致库存堆积产生损耗,所以,库存损耗不可避免。

⑥盗窃损耗。盗窃损耗是卖场损耗中的很大一部分,主要表现在顾客偷吃(喝、拿)、内盗外盗混合盗,发生的原因有可能是内外互相串通,也可能是防盗硬件不配套,给窃者可乘之机,从而产生盗窃损耗。

⑦制作损耗。对于加工类的商品来说,往往要根据销售情况来安排加工制作量,通常对制作量的预估都是不太准确的,由此造成销售不佳、商品变质、未严格控制报废都是制作损耗的表现。

⑧技术损耗。对于生鲜商品,技术的原因会影响制作或加工的质量,从而产生技术损耗,如生鲜技术不佳,导致步留率偏低(冻品)、包装不当而浪费包材,进销存管理不当,生鲜品在生命周期内不能周转,或生产未按计划进行都会产生技术性损耗。

⑨收银损耗。收银是卖场实现销售的关键环节,在这个过程中也会有损耗发生,比如收银机故障产生收银不准,员工工作疏忽产生漏扫、扫描错误等收银错误,还有可能是收银员与他人勾结故意发生错误,都属于收银损耗。例如,原本比较贵的 A 商品被贴上了价格便宜的 B 商品的条码;10 元钱的商品被装在 5 元钱的盒子里卖掉等等。

⑩时间损耗。也就是商品在进、销、存过程中由于时间点的控制不当而产生的损耗,比如生鲜或冷冻商品未及时收回,造成升温解冻导致商品变质无法售卖而产生的损耗;如果退货不及时,造成商品过期或变质而要报废,也属于时间损耗。

此外,还有一种常见的损耗叫做机会损耗。商品的销售是需要机会来实现的,使顾客看到、满意并且能买到商品才能实现销售,如果因为缺货、陈列量不足、商品不合顾客需求,就会丧失销售机会。这种由于缺乏市场经验和判断力,从而丧失销售机会而造成的商品报废就是机会损耗。

小链接

超市春节高峰期的防损管理

春节将近,正值购物旺季,也是超市商场损耗发生的高频时期。为了避免给超市及工作人员造成不必要的损失,以下几方面是超市防损管理要特别注意的。

一、超市欺诈的几种行为表现

1. 利用假烟、假酒骗专柜的同类商品；

2. 扮成有钱人、政府职能部门工作人员诈骗商品；

3. 利用买贵重商品付款时抽取现金。

二、各种欺诈的处理措施

1. 欺诈事件的特点

欺诈事件有两个共同特点：一是作案时一般为专柜的贵重商品；二是作案场所为单独收银的柜台。

因此，首先要加强对这些重点部门的员工的防损培训，同时要对大量现金的交易过程进行全程跟踪，提高员工的防范意识。

2. 预防欺诈的基本方法：

预防欺诈的基本方法包括：

(1)在对方未将现金给付之前，不要将商品随意放在柜台上或交给顾客；

(2)在商品没入柜台前，不要接待另一顾客，除非现场还有其他员工协助；

(3)不要一味地满足顾客提出的要求，特别是这些要求有明显的支开卖场员工的意图，这时还应该通知同事给予帮助；

(4)当顾客将商品退回时，要及时打开商品进行检查；

(5)当顾客要求重数现金时，必须通知其他同事到场作证，把现金存放之前还应该重新清点一遍；

(6)当同时面对几个顾客时，最好不要把贵重商品放在柜台上，一旦放在柜台上就必须高度警惕，不要受其他人干扰；

(7)当顾客携带有背包、塑料包裹等可以方便储物的备件时，要特别留意。

3. 欺诈事件的处理

欺诈事件的处理包括：

(1)必须向当地派出所报案，当事人要向公安机关如实反映整个过程；

(2)通知保险公司到现场以便事后索赔；

(3)对相关责任人进行处理通报。

资料来源：http://www.cswdw.cn，2008-12-25.

6.3.2 安全管理

由于卖场经营涉及大量的现金交易与流转，以及开放式、自由出入的空间设计，因此安全成为卖场管理中不可忽视的一个环节。

1. 卖场安全管理的含义及重要性

(1)卖场安全管理的含义

卖场安全管理包括的范围相当广泛。在地点方面，除了购物区域之外，还包括公共用地以及员工的工作场所；在安全对象上，除了人(如顾客、员工、厂商、邻居、行人以及歹徒等)的安全管理之外，还包括财物的安全；在事件上，除了突发事件之外，还有日常的例行作业；在时间上，安全事件更是随时有可能发生。总体概括起来，卖场的安全管理包含三个层次的含义：

第一层：卖场以及进店顾客、本场职工的人身和财务的安全。在卖场所控制的范围内要保证其不受侵害，卖场内部的生活秩序、工作秩序、公共场所秩序等内部秩序保持良好状态。

第二层：卖场安全不仅指卖场及其人员的人身和财产不受侵害，而且指不存在其他因素导致这种侵害的发生，即卖场安全就是卖场内不发生危险以及对潜在危险因素的排除。

第三层：卖场安全是把卖场各方面的安全因素作为一个整体加以反映，而不是单指卖场某个方面的安全。

（2）卖场安全管理的重要性

在安全管理上，卖场除了要按照国家要求配备相应的硬件设备之外，还应该对卖场所有人员进行定期的安全管理培训，提高卖场作业人员处理突发事件的应变能力，这对于卖场取得良好的市场经营环境至关重要。

①能够为员工提供安全的工作环境。整个卖场的安全作业及设备的完善与否，与员工的身体健康和生命安全息息相关。良好的卖场安全管理除了可以为员工提供安全的工作环境，减少工作上的焦虑感和压力，进而提高员工的工作效率之外，还可以使员工树立正确的安全管理观念，强化卖场安全管理意识，使员工积极主动参与安全管理工作。

②能够确保顾客购物的安全。吸引力较高的卖场除了能够向顾客提供丰富的商品供其选择之外，还向顾客提供了优美、舒适的购物环境享受。因此，安全的卖场可以确保顾客在整个购物过程中得到充分的物质和精神满足。由于进入卖场的顾客数量因时段而有所不同，顾客的构成也多样化，顾客购物的动机及其购物方式也各有差异，因此，从顾客进入卖场的那一刻开始，卖场就要对顾客的人身及财产安全负责。

③可以减少公司的财物损失或损耗。一旦发生意外事故或自然灾害，卖场承担的就不仅仅只是卖场装潢、设备、商品等各方面的财务损失，还要承担巨额的员工、顾客及众多受害者的赔偿金，这对于任何一家卖场来说，既造成直接经济利益的损失，同时又带来市场名誉的毁损，使卖场形象在人们心目中大打折扣。因此，"预防重于治疗"，完善的安全管理措施可以最大限度地降低意外事件发生的概率，从而将卖场的各项损失尽可能降到最低点。

④可以协助卖场建立良好的社区关系。由于卖场在进出货的作业方面不仅规模较大，而且次数频繁，再加上人员出入比较复杂，因此卖场的各项经营活动都会直接或间接地影响卖场四周的居民及过往行人。特别是那些门店选址在居民住宅区内或人口密集地段的卖场，如果它们的经营作业或管理工作侵犯了他人的权益和安全，那么，卖场面临的不仅是影响正常经营作业和营业收入，甚至会遭到居民的联合抗议与抵制，从而破坏卖场的社会形象，同时形成负面口碑，使卖场与顾客之间的长期关系难以维持。因此，完善的安全管理对于卖场建立良好的社区关系是十分必要的。

2. 安全管理的具体内容

（1）公共安全管理

①消防安全管理。卖场属于人流高度密集的营业场所，除了应该配备符合国家规定的或经过消防部门审核认可的各种消防安全设施设备之外，还应该制定一套完整的消防作业应变程序，以便在火警发生时能够及时保证财产、员工及顾客的安全。消防安全管理工作的具体内容包括火灾预防及抢救、各种消防安全设备的定期检查和管理、消费水源的定期检查和管理、消防安全的教育与督导。

②卖场陈列安全管理。不安全的卖场设备容易使顾客在购物活动时发生意外事故,卖场陈列安全要特别注意:货品陈列安全,货品陈列过高或是摆放不整齐时,容易因地震或人为碰撞而使商品倒塌或掉落,造成顾客或员工的意外伤害;卖场装潢安全,指的是卖场装潢使用的材料,尤其是装饰性材料,质量要有保证,安装稳固、扎实,不至于发生脱落、破碎等伤害到顾客和员工的情况;货架摆设安全,如果货架摆放位置不当、不稳固或是有凸角,都有可能使顾客在购物时发生意外事故;地面安全,特别是当地面湿滑或有水渍时,若没有及时清理就会造成行走过程中的人员伤害。

③员工作业安全管理。员工作业方式不对可能会造成顾客或员工本身的伤害。例如,补偿作业不当、大型推车使用不当、卸货作业不当等均可能造成商品掉落,从而砸伤或压伤顾客和员工。

④自然灾害安全管理。自然灾害是指像台风、地震等造成的危害。自然灾害是不可抗拒的一种危害,当其发生时,卖场应该及时采取以下应变措施:随手关闭使用中的电源,防止发生火灾;大声提醒周围人员保护自身安全,切勿慌张进出建筑物,远离窗户、玻璃、吊灯、粗笨家具及货架等,避免坠物伤人,应该就地寻找避难点;将大门打开,确保逃生出口通畅,尽快把避难处的门打开,以免门被震歪夹紧,无法逃生;要注意火苗的产生,若已经着火应迅速灭火;切勿使用电梯,以免受困;切勿涌向平安门、逃生出口、逃生楼梯,以免造成人群拥挤受伤。

(2)内部安全管理

①开(关)店的安全管理。卖场有必要对开店、关店的作业加以规范,以确保卖场的夜间安全。具体内容包括:第一,开(关)店必须由特定人员(如店长、副店长或其他管理人员)在规定的时间打开(关上)保安设备,并依照正常的作业规定开(关)店门,负责人除了必须在记录本上登记并签名之外,还必须有至少两位人员附属签名,以作证明;开店后,值班主管应检查正门入口、后门、金库门及所有门窗是否有异状,要确保一切正常,没有被破坏的迹象。第二,关店前,要认真清点现金,检查收银机、金库、店长室并上锁;除必需的电力外,应关掉其他不必要的电源,拔掉所有的插头;检查店内的每一个角落,包括仓库、作业场、机房、员工休息室、厕所等,防止有人藏匿在店内;进行员工安全检查,核查员工是否携带店内商品离开;开(关)门时应提高警觉,注意周围是否有可疑情况。

②保卫安全管理。对于卖场发生的任何保卫事件,例如偷窃、抢劫、火灾、顾客财物损坏以及其他意外事件,经理(店长)均应在了解事件发生的原因之后,迅速向上级相关主管报告,以便采取进一步的措施,进行更有效的处理或追踪;向警方或上级主管所作的任何保安报告,内容都必须简短、明确,包括人、事、时、地、物等要素,以使对方能迅速了解所发生的情况;卖场主管要熟记常用电话,例如119火警电话、110报警电话、当地派出所电话、当地电力局电话、上级主管的电话等,并将其抄录张贴在电话机旁、公布栏或其他指定地点。

③钥匙安全管理。店门、店长室和金库应备有钥匙,并分别交由正、副店长或相关人员妥善保管,未经许可不得任意打造;金库的保险锁密码应当只有必要的相关作业人员才知道,当店长职务更换时,应当随时更换保险锁的密码,以防意外事件的发生;所有钥匙均应编号,以便于管理和控制,一旦发生意外事件可以及时追查责任。

④金库安全管理。当卖场更换门店负责人时,必须立刻重新设定金库的密码,并且只有店长和副店长两人知道;金库是机密要地,除必要人员外,其他不相关的人员不可随意进

入；金库的门应当随时关上并上锁；每天上班后、下班前，店长都要检查金库门是否上锁，是否有异常情况发生，如果有任何问题，应立即向上级反映。

⑤顾客的扰乱行为管理。每天进入卖场的顾客人数众多，且层次不一。有些顾客到卖场并不以购物为主要目的，而是带有其他恶意的目的来扰乱卖场秩序，或为实现不可告人的目的而使用暴力行为，例如谩骂、借酒闹事、打砸商品、蓄意破坏、言语纠缠等等。此外，精神病人也可能扰乱卖场的正常营业秩序。为此，卖场必须配备足够的保安人员，进行各种突发、意外事件的应急处理；同时，加强保安监控系统的使用，做到及时处理各种扰乱行为，及时向上级反映，以维护卖场的正常秩序。

⑥专柜的安全管理。有些大型的卖场中为了提高经营效率、增加有代表性品牌的吸引力而设立了专柜。如果专柜发生安全问题，卖场也无法幸免于难。因此，卖场除了提供必要的包围设备之外，还必须将专柜人员视同卖场其他营业人员一样，一同进行安全管理与培训，并组织演习，以确保卖场的整体安全。

⑦攻击事件的安全管理。卖场经营中还会遇到一些具有攻击性的威胁，例如偷窃、抢劫、恐吓、诈骗等。目前卖场面临商品被偷的情况日益严重，已经成为卖场安全管理的主要内容，为此卖场除了加强白天的防范，还配有夜间保安系统，但是以往的案例表明，大多数参与偷窃的人员，都是曾经在卖场工作过，或是参加过卖场的构建与装潢的人员，他们利用对卖场空间结构的熟悉巧妙地进行偷窃。由于卖场每日收银都要处理大量的现金流，因此非常容易引起歹徒的注意，歹徒对卖场的抢劫除了针对现金，也可能针对顾客随身所带物品，这样的危险是对物对人的直接伤害。随着犯罪形式的多样化，卖场受到不法分子的恐吓事件也是屡见不鲜，这对于社会、企业、顾客都是极大的威胁，因此，制定一套有效的应对程序，把危机事件造成的伤害降到最低点是十分必要的。除此之外，诈骗也是卖场中常见的一种威胁，诈骗的手段多种多样，诸如，要求兑换金钱、送货、以物抵物，或声称贵重物品遗失等等，卖场作业人员要特别警惕这些对卖场和人身都具有攻击性的危险事件的发生，把财产损失降到尽可能控制的范围。

⑧停电的应变处理。电力是卖场经营的必备条件，一旦停电，不仅需要低温保存的商品会变质，致使整个卖场无法营业，而且还会给一些不法分子可乘之机，引起不必要的财产损失。因此，卖场必须对停电制定出一套应变的作业程序，一旦发生停电马上采取应变措施，以尽量减少损失。

6.3.3　设备管理

1. 打价机管理

打价机管理的要求包括：①按照打价机说明书中的装纸要求将打价纸装入机内，合上打价机底盖，使用打价机时严禁用力过大；②核对实物和标价签无误后，按照标价签上的编码和价格调出相应数字，并核对打出的价格、编码是否正确；③调校数时，要轻轻拉动数字调节器的尾端，将指示箭头对准所调数字的位置后，再转动数字调节旋钮，调出所需数字，当箭头在两位数字中间位置时，严禁转动调节旋钮；④打价机使用完毕后应放在指定位置，严禁随手放在商品、货架或地板上；⑤当打出的字迹不清楚时，必须给油墨头加墨，加墨量一次在2～3滴。

2. 封口机管理

封口机管理的要求包括:①封口机用于压封商品塑料包装袋;②每次压封时间应控制在10秒以内,严禁超时;③压封强度不宜过大,且应待塑料袋冷却后方可取出;④严禁空压机器;⑤应经常用干抹布擦拭机身,保持接口处的电热丝洁净,清洁时必须切断电源。

3. 打印机管理

打印机管理的要求包括:①必须保持打印机摆放整齐、清洁卫生;②严禁私自拆卸或随便移动打印机;③按照操作规范正确使用打印机,严禁在换打印纸、色带、墨盒及撕纸时蛮横操作,严禁在针式打印机上打印图形文件;④使用多层打印纸时,控制按钮要调到相应的数字指示位置,如果发生卡纸应立即停机处理;⑤未经许可严禁使用网络打印机;⑥若发现打印机有异常,应立即和电脑部联系,严禁自行维修。

4. 电子秤管理

电子秤管理的要求包括:①电子秤不能摆放在高温、潮湿或多油烟处,应当摆放在规定的位置上,放置要平稳,严禁随意挪动;②使用时要先打开电子秤总开关,再打开秤面开关,观察机器自检状况是否正常,如果出现异常,应及时通知电脑部进行修理;③电子秤的称载重量严禁超过其额定称载量,托盘及待称商品要注意轻拿轻放;④经常清洁电子秤的托盘、外壳、显示屏上的油污和水渍,保持干净的卫生状况;⑤未经电脑人员许可,严禁随意拔插电源线、数据线等外围设备配置;⑥检查每日显示和打印的日期是否正确,如果条码打得不清晰、不规范,收银台无法进行扫描,就要立刻通知电脑部人员前来处理;⑦营业结束后,应按照先秤面开关、后总开关的顺序将电子秤的电源关闭;⑧电子秤应根据国家的规定进行年审。

5. 购物车管理

购物车管理的要求包括:①购物车由商品还原人员负责整理和保管,顾客使用完毕后,应及时将购物车(篮)还原到指定位置;②还原人员必须每天检查购物车的使用状况,清除车轮上缠绕的异物,检查是否出现破损情况;③不允许发生蹬踏购物车、站立于车身、推着购物车奔跑,把购物车推上自动扶梯等现象;④营业结束后由防损员负责清点购物车(篮)的数量,如有丢失应由当班防损员负责赔偿。

6. 婴儿车管理

婴儿车管理的要求包括:①婴儿车是专门提供给带婴儿的顾客使用的,员工应指导顾客如何正确使用婴儿车,以确保婴儿的安全;②婴儿车应每半个月由清洁工清洗一次,如有明显的污渍则要随时进行清洁;③婴儿车在营业前、后要及时放回指定位置;④营业结束后由防损员负责清点婴儿车的数量,如有丢失应由当班防损员负责赔偿。

7. 平板车管理

平板车管理的要求包括:①使用平板车运载商品时,重量严禁超过额定的承载量,堆放的高度严禁超过1.5米(单件大电器除外),超过1米时需要有人扶住;②平板车在行进过程中严禁奔跑,避免与周边人员、商品、设施发生碰撞和摩擦,转弯时速度要放慢;③暂时不用或使用完毕的平板车应集中有序地摆放在指定地点,如果是拼装式平板车应注意各个板块的保存是否完好,接口处是否吻合;④设备保管人员应定期(每月)检查平板车的使用情况、磨损情况、毁损情况,发现问题并及时修理或解决问题,同时还要进行定期的卫生清洁、车轮加油等保养工作;⑤如果其他柜组或顾客借用平板车时,要由专人负责借入借出的管理,实行领牌并登记管理的制度。

8. 电梯管理

电梯管理的要求包括：①卖场内的货梯应由专人负责，严格按照货梯的使用说明开启、关闭及正确使用，严禁超载、长时间占用货梯或者作为代步设施使用，如果遇到不安全因素应按铃求援，不得随意毁损；②自动扶梯由卖场管理人员统一开启和关闭，除非遇到紧急情况，否则不得随意按紧急停机，并且严禁使用自动扶梯搬运货物，也不得将杂物等堆放在扶梯上；③观光电梯也是由卖场管理人员统一开启、关闭，并定期清洁电梯，严禁使用观光电梯搬运物品，严禁在电梯内乱张贴广告纸，严禁损坏电梯内一切设施及玻璃围墙。

9. 冷库管理

冷库管理的要求包括：①商品在放入冷库之前应进行严格的质量检查，变质的商品不能入库，存放时应根据商品的不同种类和不同的储存温度分别摆放，避免混放发生串味或污染其他商品；②操作人员每小时应检查一次温度，并记录在登记卡上，每天应对冷库设备及周边环境进行清洗和消毒，每周应对冷库进行一次全面的大清理，以保证冷库的正常使用；③取出或放入商品时应轻拿轻放，进出冷库时要及时关门避免冷气外漏，每天营业结束后应将冷库的照明灯电源关闭，库门紧锁；④严禁在冷库板和地面上进行敲打钻孔，严禁运货平板车碰撞冷库设备。

10. 厨房设备管理

厨房设备管理的要求包括：①设备必须按照说明书规定的程序运行，严禁违章操作，例如燃气阀门的开关应按照标牌的指示进行，禁止硬器敲击损坏；②遇到炉火意外熄灭时，应分别关闭炉头气阀、火种气阀、排除残留气体后再重新点火；③蒸柜、蒸炉严禁胆内缺水开炉，以免烧坏炉具，应经常检查排气阀是否堵塞，确保排气管畅通；④炉具的所有设备应经常清洗，防止油污沉积影响炉具正常使用；⑤营业结束后，应关闭炉具的所有阀门，切断电源。

11. 电子防盗设备管理

电子防盗设备管理的要求包括：①营业前卖场相关作业人员应检查消磁板电源、防盗门电源是否插好，硬标签、软标签通过时能否正常报警；②收银员扫描商品之后，高度不超过 10 厘米的商品应直接放在消磁板上消磁，高度超过 10 厘米的商品则应将商品放在消磁板上多次翻转消磁，以确保商品已经消磁；③防盗门应保持连续通电工作，严禁随意断电，如有特殊原因断电后必须间隔 5 秒后再开启；④防盗门周围 0.5 米范围内不能有金属物品或装有防盗标签的商品。

6.3.4　环卫管理

1. 卖场环境卫生管理的意义

环境卫生管理是卖场现场管理中的一项重要任务，尤其是对于以食品经营为主的超市、便利店等卖场更为重要。这是因为，低层次的竞争是卖场间的价格竞争，而高层次的竞争则是服务竞争，能否为顾客提供一个清洁、文明、舒适、满意的购物环境，是高层次竞争的重要内容。因此，卖场必须重视环境卫生管理工作，其重要意义体现在以下三个方面：

①重视卖场的环境卫生管理，是显示卖场形象的需要。顾客到卖场进行购物活动，希望看到的是一个干净、整洁的环境，并由此去评价卖场管理者的管理水平。清洁高雅的购

物环境,能给顾客留下好的印象,为增加回头客奠定了基础。

②重视卖场的环境卫生管理,可以增加顾客对商品质量和服务质量的信心,并能够激发其购买欲,产生购买行为。

③重视卖场环境卫生管理,是吸引顾客、促进销售的重要手段。

2. 卖场环境卫生管理要求

(1)进出口员工个人卫生要求

①入口处设有鞋刷池,并备有鞋刷;两边的墙壁钉有清洁液架,以放置清洁液或肥皂。

②消毒室的墙面须贴白瓷砖以利于清洗。

③两边设置洗手台,并安置数个肘压式的水龙头及毛刷;洗手台的下方设置消毒池,池深约20厘米,消毒池内泡消毒剂,并每日更换;洗手台后侧墙边放置纸架或毛巾架。

④设置手肘或脚踏式门,防止手部再污染,毛巾架后侧设手指消毒器。

(2)卖场场地设施要求

①卖场地面要求。卖场地面应用不透水材料铺设,要有适当的斜度以利于排水,并借以防止地面积水孳生细菌,或造成湿滑以影响作业安全,作业场地应在每天作业前、后及午休前冲洗,以维护场地卫生。

②卖场墙面要求。卖场墙面须贴有一定高度的白瓷砖或粉刷白色漆,以利于清洗;天花板应完整无破损、积水、尘土、蜘蛛网或凝水的现象;干燥清洁的环境可以防止细菌的生长与繁殖。

③卖场排水设施要求。为利于排放废水,卖场内需设有排水沟,并有适当的坡度,借以畅通排水;为防止排水管道堵塞,其出口处应设有滤水网,以防止较大的废弃物、蟑螂、蚊虫等进入排水沟,破坏卖场环境卫生。

④卖场场内堆放物的要求。场内不得堆放无关的物品,否则不仅影响作业,还会造成管理上的死角,并发生意外事件。

⑤卖场内照明和空气调节设施要求。卖场内要注意灯管、灯泡的保护,以免破碎时掉入生鲜食品中;为了保持物品的鲜度,卖场内的作业温度应维持在15℃～18℃;为维持空气的新鲜,场内应控制湿度,维室内干燥。

⑥卖场内病媒防治设施的要求。一般所谓病媒防治是指蚊、蝇、蟑螂、跳蚤、鼠等动物的防治。防治的方法主要有两种:一种是设置纱门、黑走道、空气帘、水封式水沟,以防致病源侵入作业场地;另一种是使用化学药品毒杀或使用捕虫灯、捕鼠器等捕捉病媒。

⑦卖场冷冻、冷藏设施的要求。为了保持生鲜商品的鲜度,生鲜食品的原料、半成品、成品等应减少暴露于常温的时间,并迅速进行冷冻、冷藏。冷藏的温度一般在0℃～2℃之间,而冷冻温度一般维持在-18℃以下,并经常检查其温度是否符合要求。

(3)卖场店堂的卫生要求

①大堂卫生。要做到电话机无污渍;盆景、花槽无烟头、纸屑,盆架无灰尘;地面无纸屑,无明显污渍及脚印;墙面干净,没有非营业性告示;天花板及吊灯、筒灯无积尘、无蛛网,灯饰无锈蚀。

②玻璃卫生。大门玻璃上不得有手印;门架装饰板无灰尘、蛛网;玻璃窗无明显灰尘,窗框、滑槽内无积物;门地弹簧无污渍和油渍。

③吸尘卫生。地毯上无纸屑、痰迹,无局部明显污渍;吸尘后的地毯无明显沙粒;地脚

线无污渍,无灰尘;装饰画无积尘,无破损。

④电梯卫生。电梯内无蜘蛛网、灰尘;内壁无污渍、无手印、无灰尘;电梯门无手迹、污迹;电梯内的地毯无废纸、烟头等。

⑤洗手间卫生。洗手间内的镜面无水渍、斑点;镜灯箱没有积尘;壁盆无锈迹、杂物;排风口、空调出风口无积尘;烘手器无污迹、水迹;洗手间标志牌无脏物,灯箱无灰尘。

⑥橱窗及招牌卫生。卖场应设有专人每天清洁橱窗和招牌,达到有光泽、无水迹、无乱张贴广告、无积尘,光线明亮、字迹完整清楚的要求。

3．卖场绿化管理

近年来比较流行在卖场内摆放绿化盆栽,以增添整个卖场的美感。绿化的自然美增加了人工环境的美,既活跃了店内的气氛,又使顾客感受到宽松、温馨、和谐愉悦的购物环境,从而激发顾客的购物欲望,并给顾客留下美好印象。而且,优美的店内环境还能够提高卖场的竞争档次。卖场进行绿化管理工作要注意:

①通常应选用季节性植物、观赏性植物以增强眼球吸引力,但是各种花草、乔木、灌木之间应进行合理配置,力求做到四季常青,鲜花常开,达到绿与美的效果。

②要定期进行花木的管理,如养护、更换、修剪、浇水、施肥、除尘、杀虫、补缺等,以保持花木的青、绿和生机。

③实施卖场绿化工作的记录,记录内容包括:卖场内广场、裙楼、天台的绿化工程情况,绿化带位置、面积、品种及种植时间;各楼层摆放绿化的品种、位置、放置时间、更换时间;绿化物的名称、种类习性、养护责任人等。

④卖场花木的摆放一般要在不影响顾客流动及购物的原则下进行,通常可以在卖场的门外、楼梯间、走廊、边角位置、卫生间等地方摆放花木。当然具体摆放在什么位置还要取决于花木的习性,及卖场的空气、湿度、温度、光照等条件。

本章小结

1．卖场前台管理工作的主要内容有:总服务台管理、存包处管理、商品退换货管理及赠品发放管理。其中,卖场前台管理的工作内容有五项:接听电话、顾客咨询接待、接受顾客投诉、帮助顾客以及对大宗货物的处理。卖场存包工作流程的四个步骤是接待、保管、领取和复核。卖场存包工作的重点是对寄存物品丢失、未取包、存包牌丢失等意外事故的处理。

2．退货,是指顾客在购买商品后的一定时间内,对确有质量问题的商品要求商家给予退掉商品和退还等价的现金。换货,是指顾客以某种理由要求商家予以更换商品,或商家对顾客购买的有质量问题的商品按照国家有关法律只能作换货处理。卖场前台处理退换货商品时必须严格遵照相应的原则、标准和持续进行。

3．赠品发放可以分为供应商发放和卖场发放,派送的途径可以是包装赠送或邮寄赠送。卖场应特别重视对免费赠品的使用,因为这有利于增加卖场对顾客的吸引力。

4．POS收银系统,即销售点终端,又叫做销售时点信息,是指通过自动读取设备在销售商品时的相关商品销售信息,并通过通信网络和计算机系统传送至有关部门进行分析加工以提高经营效率的系统。POS系统由POS终端、网络设备、主机及辅助设备等部分组成,其外显设备包括客显、票据打印机、刷卡器、钱箱及扫描设备。

5．条形码是商品上可以看到的由一组规则排列的条、空及对应的字符组成的标识,是用以表示一定的商品信息的符号。国际上常用的条形码类型有美国商品代码系统(UPC)、国际通用商品代码系统(EAN)和店内码系统。

6. 常用的扫描器有三种形式:光笔、手握式扫描器和固定式扫描器。扫描过程中遇到的障碍有条码失效、条码无效、多种条码及无条码等。

7. 消磁系统中使用的防盗标签有软标签和硬标签两种。消磁例外指的是商品经过出口处防盗门时引起报警的情况,主要有两种形式:一种是漏消磁,另一种是消磁无效。

8. 收银作业流程可以分为每日作业流程、每周作业流程和每月作业流程三种。

9. 收银作业管理的重点是作业纪律、装袋作业、收银员离开收银台作业、卖场商品、会员购物、支付手段及营业款移交七项管理。

10. 卖场后台管理内容包括防损管理、安全管理、设备管理和环卫管理四项。

11. 所谓损耗,是指那些看得见的已经被损坏并且不能再出售或折价出售的商品(促销商品不在此列)与看不见的丢失商品,包括由于商品品质等原因出售后又被顾客退回来的商品等。防损有两方面的含义:一是控制损耗,二是提供安全保障。

12. 发生损耗的原因有三种:变价损耗、报废损耗及不明损耗。其中,产生不明损耗的原因有订货损耗、收货损耗、搬运损耗、堆放损耗、库存损耗、盗窃损耗、制作损耗、技术损耗、收银损耗、时间损耗等。

13. 安全管理对于卖场员工与顾客的人身安全、卖场财产安全及创造良好的卖场环境具有重要意义。卖场公共安全管理工作包括消防安全、陈列安全、员工作业安全、自然灾害安全等;卖场内部安全管理工作包括开(关)店安全、保卫安全、钥匙安全、金库安全、专柜安全、顾客扰乱、攻击事件、停电等。

14. 卖场设备管理主要是针对一些硬件设备的管理,包括打价机、封口机、打印机、电子秤、购物车、婴儿车、平板车、电梯、冷库、厨房设备、电子防盗设备等。

15. 卖场环卫工作对个人卫生、卖场场地、店堂卫生都提出了具体要求。加强卖场的绿化管理有助于改善卖场空间环境条件,有利于提升卖场形象,增强卖场吸引力。

思考题

1. 卖场前台管理工作经常遇到的情况有哪些?

2. 如何处理卖场存包管理工作中的意外事故?

3. 什么是商品的退货和换货?

4. 赠品发放的形式和途径有哪些?

5. 什么是 POS 收银系统?

6. 什么是条形码? 国际上通用的条形码有哪些?

7. 请描述扫描器的三种形式。如何处理扫描过程中的障碍?

8. 什么是消磁? 简述产生消磁例外的原因。

9. 收银作业管理的重点是什么?

10. 什么是损耗及防损? 结合实例分析卖场发生损耗的原因。

11. 举例说明卖场安全管理工作的内容及重要意义。

12. 卖场设备管理的对象有哪些?

13. 结合实例说明卖场环卫工作对提升卖场形象的意义。

【案例 6.1】　　　　　　　　**"四舍五入"风行超市**

　　5 月 10 日上午,南昌市叠山路大众购物中心刚开门迎客,就惹上了一桩麻烦事:一些消费者无意中发现该超市在对散装商品结算时没有"据实结算",遂与收银员发生争执。当时,南昌市宁小姐在大众购物中心购买了 0.34 千克豆干,称重后标价为 15.69 元,但超市在结算时却采取了"四舍五入"的结算方式,要求宁小姐支付 15.70 元。接过超市的购物票据,宁小姐发现超市多收了她 1 分钱。"我也不是在乎这 1 分钱,而是顺口问收银员为什么多收这 1 分钱,可收银员态度却很强硬地回答:'超市规定就是这么收的!'"于是宁小姐不高兴了,她认为,超市并未在收银台处明示"四舍五入"字样,在未告知消费者的前提下非法占有消费者的钱款,属于侵害消费者的财产权行为。多收钱款属于不当得利,超市应予以找回。但尽管宁小姐据理力争,商场收银员仍置之不理。

　　通过对南昌天虹商场等多家商场的调查发现,商场生鲜部蔬菜的标价大多精确到分,而大多数超市在结账时遇到有分币零头的情况,通常采用"四舍五入"的计费方式。零头小于 5 分钱时忽略不计,而零头大于或等于 5 分钱时则按 1 角钱收款。在顾客不知情的情况下,超市的"四舍五入"计费方式已经大行其道。实际上,不仅超市里购物不找零,电话卡余额也不找零,坐出租车付钱也不找零,"四舍五入"已经成了众多商家约定成俗的行业惯例。

　　一些业内人士称,超市对零钞"四舍五入"早已成为零售业一种行业潜规则,消费者大多持理解态度。然而有消费者却提出质疑,认为此举违反我国《价格法》,且有违公平交易原则,多收钱款应属不当得利。超市工作人员表示,四舍五入计费方式并非商场有意"揩油",而是收银机的程序默认。"未超过 5 分钱就舍去零头,超过 5 分钱就视作 1 角钱,没办法,收银机结算程序就是这样设计的。"对于找给顾客分币,南昌万事达百货周经理也说出了自己的苦恼:"现在别说是分币,就是角票的兑换我们也很头疼,银行是唯一能大批量兑换的渠道,但超市每天进进出出上万个顾客,对分币的需求特别大,银行也很难满足。另一方面,现在分币很少用得上,就算找分币给顾客,大多数人也都不会要。我们也想解决这个问题,但始终没有突破。"

　　问题是"四舍五入"将利益的天平倾向了谁?有人算了这样一笔账:表面看来,超市"四舍"和"五入"扯平了,但 1、2、3、4 这 4 个数和 5、6、7、8、9 这 5 个数,按概率算,"舍"的概率为 44.44%,而"入"的概率为 55.56%——超市盈多亏少。据披露,仅北京一家普通的超市,凭此做法每天就能多收入近千元的"不义之财"。

　　有专家说,由于商品的定价权在超市,它可以利用"四舍五入"规则使商品售价更有利于自身。在超市中很容易找到标价为 0.98 元、1.65 元之类的商品,却很少发现价位是 0.94 元、1.63 元的商品。很显然,"四舍五入"规则舍了消费者权益,而将利益的天平倾向了商家。并且,"四舍五入"规则等于让一部分消费者出钱为另一部分消费者埋单,但消费者之间并没有这种义务。超市在收钱时采用"四舍"的方法,即少收一部分,是它对权利的部分放弃,具有自主权。而超市在标价上有意避免了"四舍"的同时又单方面实施了"五入",这就增加了消费者的支付义务,显然有违《消费者权益保护法》公平交易原则。由于我国现行法律对于"四舍五入"计费方式并无明文规定,相关部门接到消费者投诉后,也只能凭小票力劝商家为消费者据实结算、找补。

　　近日,重庆市商委出台了一项新规定,即从今年 6 月 1 日起,重庆市内超市收取分币时不得再实行"四舍五入"计费,而应据实结算、找补。这一做法虽出于维护消费者权益,但各方人士对此仍莫衷一是。赞同的认为这是维护公平交易的法理原则,反对的则认为这是小题大做,因为现实的货币流通中,分币确有慢慢被淘汰出局之势。毕竟,"四舍五入"计费方式具有一定的隐形性,很少有消费者会为"几分钱"打官司,这在无形中为"行业惯例"的形成"奠定"了基础。

资料来源:梁东波、蒋孝玉.超市收银"四舍五入"涉嫌侵权.http://www.ca315.com.cn,2009-05-20.根据资料整理修改.

案例问题:

1. 举例说明零售业收银工作中的"四舍五入"现象,并分析其产生的原因。
2. 卖场应当如何处理收银过程中的"四舍五入"问题?

【案例 6.2】 易初莲花 VS 沃尔玛退货

随着三鹿奶粉三聚氰胺污染事件的扩大升级,蒙牛、伊利、光明等品牌液态奶纷纷落马。上海市工商、食药监部门会同农工商、联华、华联超市在全市增设了 56 个定点退货点。那么,除此之外非指定退货点——各大超市执行退货的情况怎样呢? 通过记者的走访发现,易初莲花、沃尔玛等卖场超市的退货标准不一,部分超市仍要求提供收银条才予以退货。

一、易初莲花:无条件退货

在易初莲花杨高北路店的退货处,前来退货的消费者络绎不绝。退货处墙上张贴着国家质检总局曝光的问题奶制品的具体批次。伊利、雅士利、南山倍益等厂家人员驻守退货处,帮助顾客办理退货。超市顾客服务中心负责人说,"只要是曝光的问题批次的产品,消费者凭包装袋,没有收银条也可以办理退货。""哪怕你拿空袋子都可以退货,甚至废品回收的袋子,只要符合问题批次,都给予退货。不过至今还没有碰到这种恶意退货的情况。"

那么,不是在易初莲花购买的产品,也可以在这里退货吗? 该负责人表示,"只要我们这里曾经销售过的,不论在哪家超市购买,都可以就近退货,我们只是负责召回产品,然后统一退回经销商处理。"该人士表示,目前,三鹿奶粉退货最多,已经退了几十箱。"很多来退货的都没有收银条,外地人来退货的也有。但是,有的来退货的产品我们从未销售过,这种是不能退的。"

二、沃尔玛:提供收银条予以退货

与易初莲花宽松的退货政策不同的是,大部分超市都表示,对于无收银条的消费者,只有确认是本超市销售的才可以退货。

记者在农工商凌河路店、华联超市凌和路店、文峰千家惠超市走访时,售货员均表示,对于问题批次的奶制品,可凭收银条退货,如果没有收银条的,可以从包装条码上核对销售记录,只要确认是在该店销售的,也可以接受退货;大润发黄兴路店则表示,购买问题奶制品的消费者,可凭会员卡或购物小票办理退货,会员卡可以查询相关的销售记录。而对于三鹿奶粉,则可无条件退货。非定点退货点的世纪联华及联华超市也坚持凭收银条才能退货。该店销售人员表示,可以接受在该店购买过问题批次奶粉和液态奶的消费者前来退货,但必须凭收银条,否则无法证明从该店购买,不能办理退货。

而沃尔玛五角场店则明确表示,购买问题奶制品的消费者,必须要凭收银条退货,没有收银条的一律不能退货。

对此,上海市工商局表示,对于仍坚持凭收银条退货的超市,工商部门建议消费者直接至所购奶粉公司指定的超市或门店退货,目前凡指定超市、门店都可以仅凭包装袋退货,具体名单可上网查询或致电奶粉厂家获得。此外,也可以拨打工商、质监、食药监等相关部门热线查询。

资料来源:肖蓓,吴洁瑾,俞凯,李祎.卜蜂莲花无条件退货 沃尔玛仍须提供收银条. http://www.to-pretailing.com, 2008-09-21. 根据资料整理修改.

案例问题:

1. 什么是退货? 如何处理商品退货?
2. 比较易初莲花与沃尔玛的退货政策,分析退货行为对卖场及消费者的影响。

第 7 章
商品品类管理

◆ 学习要点

1. 商品的分类体系及中、美、日三国的商品分类体系比较；
2. 商品的构成与商品的结构；
3. 价格带及价格线的定义及调控；
4. 主力商品、辅助商品和关联商品的调整；
5. 商品的配置及常用策略；
6. 商品组合及组合要素；
7. 商品组合最优化的常用方法；
8. 商品陈列展示的重要性及基本要求；
9. 商品陈列展示的几种重要方法；
10. 商品的鲜度管理和有效期管理。

◆ 重要概念

商品分类　品种　品项　价格带　价格线 商品构成　商品结构 关联商品　商品组合 商品配置 鲜度管理　有效期管理

卖场是以满足消费者对基本生活用品的"一站式"购足需要为经营宗旨,是一种经营品项较多的零售业态。对品种繁多的商品进行分类,是卖场科学化、规范化管理的需要,它有利于将商品分门别类进行采购、配送、销售、库存、核算,提高管理效率和经济效益。卖场可以在商品分类基础上,根据目标顾客的需要,选择并形成有特色的商品组合,体现自身的个性化经营特色,以求得经营的成功。

7.1　商品的分类、构成与结构

7.1.1　商品的分类体系

随着消费主义时代的来临,顾客的消费需求、生活方式和价值观念发生了很大的变化,特别是随着年轻消费阶层的消费意识不断向个性化、多样化、感觉化方向转变,促使许多新商品、流行商品不断涌现,商品生命周期也变得越来越短。这就使得现代零售卖场在商品组织和管理过程中,必须建立起一整套以顾客为中心的新的商品分类体系。

商品分类从字面上理解,是把商品分开、区别的意思。但是,在商品分类中的"类"更应该理解为"物以类聚",即有共同特性的商品间的聚合、聚集。也就是说,商品可以根据其自身某些相同的特性,分为若干个不同层次的单位,如图 7-1 所示。

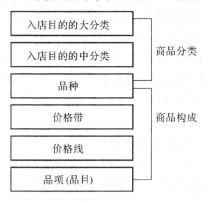

图 7-1　商品分类体系的构成

商品分类就是以商品的最终使用目的为基准,将形成了若干层次的单元,按其集聚的规模从大到小编制成一个体系。在零售卖场中,可以将使用目的相同的单品集聚在一起形成一个小的单位;若干个使用目的相同的小单位就汇集成一个较大的商品单位;而若干个较大的单位的集合则可以形成一个大的品群或部门。当集聚了若干层次单位的品群汇集在卖场里,商品的分类体系就可以在视觉上以空间形态表现出来,如图 7-2 所示。

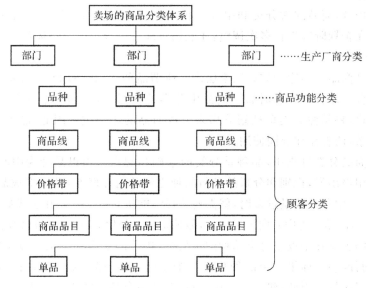

图 7-2　卖场的商品分类体系

资料来源:韩光军,崔玉华.超市营销.北京:首都经济贸易大学出版社,2008:134.

1. 商品的大分类

商品的大分类类似于百货店的部门分类,它以顾客的最终使用目的为基础,由广泛而相互关联的商品群构成,因此有时也称为"商品群分类"(merchandise groups)。商品的大分类是卖场中最粗线条的分类,是商品中分类的集合。大分类的主要标准是商品特征,如畜产、水产、果菜、日配加工食品、一般食品、日用杂货、日用百货、家用电器等。为了便于管理,卖场中的大分类一般以不超过10个为宜。

在进行商品大分类时,必须充分注意两方面的问题:

①商品的大分类是根据店铺的经营规模、商品数量的不同而改变的。对于不同业态的卖场来说,应该根据顾客的购买频率、进店频度、商圈人数进行商品大分类的划分。

②要按照顾客的购买目的进行分类。顾客都是为了某种商品的最终使用而进入店内的,因此,应站在顾客购买、使用的立场,从方便顾客购买出发对商品进行分类,最好不要以业种、生产商类别、商品功能类别、材料等为标准对商品部门进行划分。

2. 商品的中分类

商品的中分类是根据生活常识将用途相同的商品集合而成的商品群,是继商品大分类之后的第二个层次的分类。如饺子皮和饺子馅,从原材料到生产厂家完全不同,但由于两者具有相同的使用目的,因此成为同一类别的商品。可见,对商品进行中分类时,要以顾客的生活常识和商品的用途为基础,对商品的特性以及品种与品种之间的连带关系进行识别和分析,进而形成一个由各个品种类别构成的商品群。

在进行商品中分类时,必须充分考虑以下三个方面的问题:

①必须认真考虑商品的宽幅和价格带。如果简单地按用途进行分类,往往会造成品种过多或价格带过宽,其结果不仅使货架使用效率低下,而且给顾客的挑选造成障碍。

②坚持 TPOS 分类,即以商品使用的时间、场所、动机、生活方式等消费者的生活实态为标准进行划分。

③在很多场合,商品的大分类和中分类相互牵动、密切联系,往往很难区分。因此,就需要商品部门在企划阶段进行多次调整,才能构筑起一个合适的分类体系。

3. 品种分类

品种分类是商品分类序列的第三个层次。所谓品种,是指使用目的相同,可比较、可代替的品项的集合。品种分类有时属于商品中分类的一部分,但如果中分类过大,就有必要将中分类细分化,将品种分类单独划分出来形成商品的小分类。因此,品种分类与中分类有着密切的联系,两者往往混同使用。

在具体的商品分类过程中,品种是分类的基础和起点。当以品种为中心向上分类时,就需要从商品用途出发,识别和分析品种与品种之间的内在联系,从而形成品种商品群,即商品的中分类;当中分类数量过多时,就需要从最终购买目的角度将中分类归纳为更高层次的商品大分类;当以品种为中心向下发展时,品种将被细分化为价格带、价格线、品项(品目)。

品种分类的关键在于设定每个品种的价格带(售价的上限和下限),以及决定品种的价格线(销售价的种类)。如果一个品种只有一个品项,即不存在所谓的价格带与价格线,也无法对商品进行比较。因此,建立一个可比较、合理的商品群结构是品种分类的前提。

4. 品项分类

所谓品项分类,是以满足特定顾客最终使用目的,以可互换、可代替的商品为基础的分类。一般的品项分类主要包括:①商品的型号、规格、容量、大小;②商品的色彩;③细分化的商品样式;④商品的产地、厂家等。品项分类既是商品分类的最小单位,也是商品构成的重要基础,是商品组合中的核心问题。

(1)品项的构成问题

当商品品种确定后,品种内的品项构成就将成为商品组织中的核心问题。这时,不仅要认真考虑组织什么样的品项,而且要重视每个品项应该组织多少。

(2)品项与陈列展示量的组合问题

在品种内组织什么样的品项,每个品项的陈列展示量应该是多少,即品项与陈列展示量之间如何适当地组合,决定了卖场的经营水平。

需要特别强调的是,商品的分类体系并不是一成不变的,在对商品进行大分类、中分类和小分类的过程中,要对现有的分类体系进行即时调整。首先,零售店铺需要不断对商品的中分类进行适当的调整和修正,以适应日益变化的消费需求;其次,要根据一年中的节日和季节的变化,有计划地对品种分类进行调整,并以此带动卖场布局的调整;最后,对商品分类的任何调整都应该建立在卖场基本的商品政策基础之上。也就是说,分类的调整或变化都应该结合商品的价格带和价格中心线进行。

7.1.2　商品的分类比较

卖场经营的商品范围广泛、种类繁多,如何对商品进行分类,设计一个合理的商品结构,形成独具特色的商品组合,确定商品经营的范围是至关重要的。目前零售业采用的商品分类的标准和方法是多种多样的。既可以根据商品的材料、品种(商品属性)、厂家(商品品牌)、功能进行分类,也可以根据商品的用途、使用目的、价格、消费者的年龄、购买行为等对商品进行分类。此外,为了使顾客有效地识别商品,也可以按照商品的不同型号、样式、色彩、产地等对商品进行更细致的分类。实践表明,以商品的用途、顾客的购买行为和习惯为标准建立起来的商品分类体系,可以最大限度地满足消费需求的变化。

1. 中国式零售商品分类(如图 7-3 所示)

(1)根据商品的耐用性和有形性,可分为耐用品、消耗品和服务

①耐用品,是指使用时间至少在 1 年以上,无需经常购买的产品,如电冰箱、汽车、电视机、机械设备、家具等。这类商品的特点是使用时间长,价格相对较高,顾客购买慎重,需要更多的销售服务和销售保证,如维修、运送、"三保"等,以坚定顾客的购买心理。

②消耗品,又称非耐用品,一次性消费或使用时间很短的消费品,如手纸、糖果、牙膏等。这类商品的特点是消耗快,产品单位价值较低,利润也相应较小,消费者往往经常购买、反复购买,大量使用,经营这类商品的主要宗旨是方便顾客购买。

③服务是非物质实体商品,服务的核心内容是向顾客提供效用,而非转移所有权。服务与有形商品比较具有以下特点:首先,服务基本上是无形的;其次,服务内容不易标准化;最后,提供服务是与其消费过程同时进行的,服务具有易逝性和不可重复性[①]。

(2)根据商品的用途,可分为消费品和资本品

①消费品,亦称"生活资料"或"消费资料",是用来满足顾客物质和文化生活需要的那部分社会产品,即顾客直接用于最终消费而购买的商品。购买消费品的顾客大多数都不是专家,

---

① Zeithmal,服务营销.北京:机械工业出版社,2004.

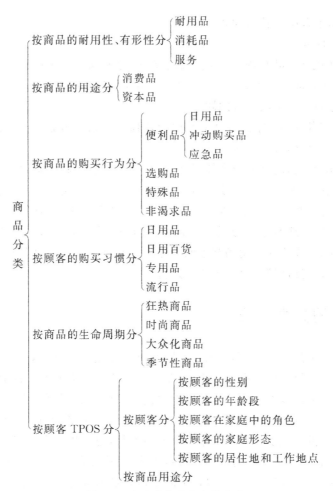

图 7-3　中国式的零售商品分类

所以他们不一定按"性价比"进行选择和决定,而更多的带有心理方面的特点。

②资本品,即顾客为了生产而购买的商品,其目的不是用于最终消费。购买资本品的顾客往往是具有专门知识的行家,购买决策多数带有科学性,因此在销售资本品时,必须掌握用户决定意向的审批机构,销售人员应对商品性能、价格等方面具备必要的知识。

(3)根据顾客的购买行为,可分为便利品、选购品、特殊品和非渴求品

①便利品(convenience goods),指顾客要经常购买、反复购买、即时购买、就近购买、惯性购买,且不愿意多花时间进行比较和选择的商品。

②选购品(shopping goods),指顾客在购买时花费时间较多,进行仔细观察、询问、比较后才决定购买的商品,如家具、家电、服装、首饰等。

③特殊品(specialty goods),指具有特定品牌或独具特色的商品,或对消费者具有特殊意义、特别价值的商品,如具有收藏价值的收藏品、结婚戒指等。

④非渴求品(unsought goods),指顾客不熟悉,或虽然熟悉,但不感兴趣,不主动寻求购买的商品,如环保产品、人寿保险以及专业性很强的书籍等。

(4)根据顾客的购买习惯不同,可分为日用品、日用百货、专用品和流行品

①日用品(articles of everyday use),又名生活用品,是日常生活使用的物品,即生活必

需品。顾客购买次数较多,购买时要求价格便宜,选择标准一般为方便、坚固与美观,对质量要求不是特别高,顾客一般到附近的商店购买。经营日用杂品,越接近居民区越好。

②日用百货,是顾客经常使用和购买的价值较低的商品。顾客对日用百货商品的选择标准是质量好、感觉好和种类丰富。

③专用品,是指顾客具有特定用途的商品。专用品一般价值较高,如体育用品、绘图仪器、剃须刀、首饰等。专用品的购买次数少,顾客购买时相当谨慎。

④流行品,是由于某些因素影响,而在短时期内出现大量需求的商品。流行品的消费在一定时期表现为一种时尚。

(5)根据商品生命周期的变化,可分为狂热商品、时尚商品、大众化商品和季节性商品

①狂热商品,是指在相对较短的时间内,一般是不到一个季节,就能产生很大销售额的商品。狂热商品一般无逻辑可言,也很难预测。

②时尚商品,一般是能持续销售多个季节,且销售额随着季节剧烈变化的商品。当某一特定样式的商品只销售了一季或更少的时间时,时尚商品与狂热商品就很难区分了。

③大众化商品,又称基本商品,是指一些在很长一段时间内都有连续不断的需求的商品。例如,经过模仿与流行,某些名牌商品也会走向衰退,成为大众化商品。

④季节性商品,是指销售额随季节的变化而剧烈波动的商品。时尚商品与大众化商品也有季节波动性。

(6)顾客 TPOS 分类

根据顾客 TPOS 对商品进行分类是一种全新的分类方式,是消费者市场细分化的必然要求。所谓 TPOS,是指 T(time)——顾客在什么时间购买;P(place)——顾客在什么地方购买;O(occasion)——顾客出于何种动机购买;S(style)——顾客为了满足什么样的生活方式需要,或在何种价值标准支配下购买某种品牌的商品或服务。可见,TPOS 分类更能体现目标市场的趋势性,是市场需求导向化的具体体现。卖场经营者按照 TPOS 法对销售的商品进行分类时,具体有两种参照因素。

1)按顾客分类

按顾客分类也就是依据顾客的统计性特征,即顾客的年龄、收入、学历、家庭人口、职业等因素进行分类。这些方面的差别会造成顾客购买活动上的别样性,但在卖场营销中,用以下标志性特征对商品进行分类更具有现实意义:顾客的性别、顾客的年龄段、顾客在家庭中的角色、顾客的家庭形态、顾客的居住地和工作地点。以顾客在家庭中的角色为例,卖场中的商品购买者并不一定是商品使用者。例如,儿童用品、男性内衣的购买者多为家庭主妇,使用者则是她的家人;而女性用品、化妆品的购买者就是使用者。将以上特征因素结合起来对商品进行分类,更能体现目标市场的实际需求,为卖场经营者制定营销决策提供客观依据。

2)按用途分类

前面我们已经对按用途进行商品分类作了阐述,这里对其进行补充。按用途对商品进行分类的出发点就是根据顾客的购买特点,调查顾客日常生活的实际状况,了解顾客对商品选购的偏好,进而将这些品种归为一类,进行统一管理、统一陈列展示。

2. 美国式零售商品分类

美国全国零售联合会(NRF)制订了一份标准的商品分类方案,该方案详细界定了各类

商品的范围以及它们的组合方式,如图 7-4 所示。目前,美国的大型百货连锁店、专营连锁店、权力零售商、折扣商店都采用这一分类方法。

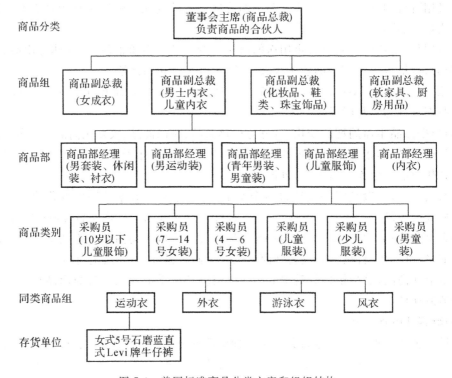

图 7-4　美国标准商品分类方案和组织结构

资料来源:曾庆均.零售学.北京:中国商务出版社,2005:232.

(1)商品组

商品组(merchandise group),是指经营商品的大类,类似于国内的商品大类,是 NRF 商品分类方案中最大的商品分类等级。负责商品的副总裁又称为商品总经理(GMM),负责管理商品组。这些商品经理一般负责几个部,如负责男装、童装、内衣。

(2)商品部

商品部是将某一大类商品按细分市场再次分类,是商品分类的第二级。每位商品部经理负责一个商品部,并且接受副总裁的领导,如商品部经理只负责儿童服装。

(3)商品类别

商品类别(classification),这是根据商品用途或细分市场进一步划分的商品分类,是商品分类的第三级。在大型零售卖场中,一般每一类商品由一位采购员负责管理。每位商品部经理负责监管许多名采购员,如儿童服装部经理负责监管 6 名采购员,每名采购员负责由供应商提供的某一类商品(一组类似的商品)。当然,有些采购员也会负责采购几类商品。

(4)同类商品

同类商品(category),是指顾客认为可以相互替代的一组商品,是商品分类的第四级。每名采购员负责采购许多组同类商品。如负责采购 4—6 号女童装的采购员就负责采购几组同类商品,包括运动衣、外衣、游泳衣等,也可能包括几家制造商生产的产品。

(5)存货单位

存货单位(stock keeping unit,SKU),是存货控制的最小单位,是根据商品的尺寸、颜色、规格、价格、式样等进行区分的单品。当指出某个存货单位时,营业员与管理者不会将其与任何其他商品相混淆,例如,一条女式石磨蓝 Levi 牌牛仔裤就是一个存货单位。

3.日本式零售商品分类

日本零售业对商品的分类方法有些不同,它是根据商品概念来分类的。例如,日本将商品主要分成食相关商品和居住相关商品,食相关商品又分成生鲜食品、加工食品和一般食品,居住相关商品又分成家庭杂货和居住文化品,如图 7-5 所示。

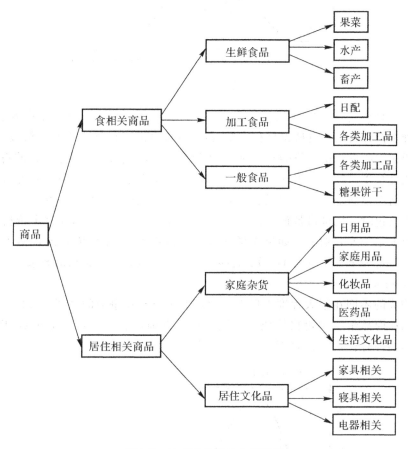

图 7-5　日本商品概念分类体系

资料来源:曾庆均.零售学.北京:中国商务出版社,2005:232—233,有所改动。

7.1.3　商品的构成

商品的构成是指具体的商品组织,即在特定的品种范围内,为顾客提供可供选择的范围和程度。具体地说,商品构成的着眼点主要是,解决特定品种内不同品项间的价格构成。这是商品体系中最重要、最基本的问题。

1. 价格带与价格线

所谓价格带,是指某个特定品种内零售价格的上限与下限之间的全部价格。所谓价格线,是指零售价格的种类,它反映的是品项的销售量、陈列展示量与售价之间的关系。价格带与价格线的关系如图 7-6 所示。

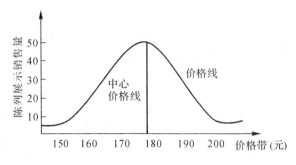

图 7-6　价格带与价格线的关系

在同一品种内包含一定数量的品项,各品项由于样式、材质、品牌、生产方法的不同而形成了多种价格种类。在这些价格种类中,销售量最多的价格称为中心价格线。如果能以中心价格线为中心形成销售量的左右对称,可以说是卖场经营的一种最理想状态。

价格线是基于对顾客过去的购买行为和经验的调查而设计的。一般来说,顾客在选定购买目标之前都会制定一个支出的范围,即锁定一个适合自己收入的价格带。例如,有些女性在选购皮包时会把价格带锁定在 150～200 元的范围内。但是,在这个价格范围内,每个顾客的要求是千差万别的。如果卖场在这个价格带内,取中间附近的价格进行设定,将价格中心线设定为 170 元或者 175 元,就能够满足大多数顾客对价格的要求。

2. 商品构成的特征

商品构成的不同在很大程度上反映了卖场的定位和竞争力的强弱。如图 7-7 所示,反映的是卖场在商品组织中价格构成的一般规律。纵轴代表销售量或品项数,横轴代表售价,并从左到右画出 A、B、C、D、E、F 六条价格线。

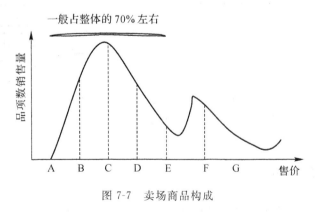

图 7-7　卖场商品构成

通过对商品构成图的解读可知,卖场在商品构成方面具有以下基本特征:

①卖场的商品结构应以中低价位的商品为主,从 A 至 E 的中低价位的品项数或销售量应占卖场(尤其是超市)整体的 70% 左右。

②卖场在商品组织中,应该把中心价格线右侧的 D、E 两条价格线尽量向左移动作为经

营中的努力方向。价格线的左移意味着 D、E 两类商品的价格更趋向于便宜和廉价,这也就意味着卖场的竞争能力和竞争水平的提高。

③F 类商品是卖场中价格较高的商品类别。对于这类商品,应该通过调整包装容量、自有品牌商品开发、分析商品新的用途等手段降低其价格,尽可能组织大众品牌的商品。

④B 类商品是顾客需求集中、购买频度高、购买量大的商品类别,如卫生纸、饮料、水等。由于顾客对这类商品的价格比较敏感,因此,降低 B 类商品的价格就非常必要。B 类商品非常适合于通过新产品开发降低其价格水平,如自有品牌商品开发和其他形式的新产品开发。另外,这一类商品也可作为特卖集中的商品,以增强聚客力。

⑤A 类商品一般属于低价格的商品,此类商品不适合产品开发,但可以定期对一些滞销品进行降价特卖。

3. 价格线设计的重要意义

价格线设计是卖场采购部门和销售部门极为重要的一项工作。价格线的设计,不是在事后统计时按商品的销售状况简单地划分为几条线,而必须是事前根据目标顾客的实际需求状况,对各品项进行精选、计划,并根据计划对商品进行一系列的组织。价格线的设计对于零售业的卖场营销具有特别重要的意义。

(1)便于顾客购买

如果卖场中商品的品项数和价格种类过多,就会给顾客的挑选带来很大的困扰。通过价格线的设计,可以突出少数价格适当的畅销品,使顾客在众多的商品中很容易就识别和挑选出自己喜好的样式、型号等,从而提高顾客的购买率。

(2)增加顾客的信任

根据顾客的实际需要组织价格适当的商品,可以最大限度地防止商品缺货和断档,使顾客可以随时购买到自己所需的商品,从而提高对商家的信任。

(3)便于商品管理

对价格线的设计促进了从商品采购、库存到销售过程的高度组织化和效率化。由于品项的减少,不仅提高了商品库存的合理化、效率化,缩短了上货时间,而且使卖场商品的管理变得简单而有效。

(4)加速商品周转

通过对商品价格的细分和精选,加快了对滞销品的淘汰,加速了商品的周转,避免了过多的甩卖和降价,提高了单品管理的水平,也提高了店铺的经济效益。

(5)提高商品采购的效益

通过对品项的精选以及对价格适当的畅销商品的组织,不仅使大量采购商品成为可能,而且优化了供应商数量,从而提高商品采购效率和效益。

4. 对价格带与价格线的控制

(1)收缩价格带

收缩价格带就是缩小同一品种内售价的上限与下限之间的距离,使之形成价格顶端。所谓价格顶端,是指在价格带中销售量或陈列展示量最多的狭窄的价格带,如图 7-8 所示。顶端价格带最突出的特征是所涉及的品项少,而销售量和陈列展示量最大。

在欧美一流的卖场中,顶端价格带基本集中 1～2 个品项,最多 3 个品项,而且价格顶端非常高。但是,目前国内许多卖场,由于品项过多、价格带过宽,造成每个品项的陈列展示

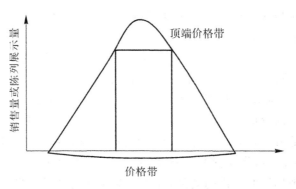

图 7-8　顶端价格带

量少而且均量,反映在商品构成图上即呈泡沫状,给顾客的挑选造成了很大的困难,如图 7-9 所示。顶端价格带的形成是商品构成的核心内容,它不仅反映了一个商店的价格特征和价格政策,而且对于提高顾客的忠诚度、增加顾客对卖场的信任会产生很大的影响。

图 7-9　泡沫状商品构成

（2）中心价格线的变更

中心价格线要随着消费者购买行为和购买意识的变化而不断左右移动。中心价格线移动方向的不同反映了卖场竞争能力的强弱。如果价格中心线向右移动,就意味着主力商品的价格提升,卖场竞争力弱化;如果中心价格线左移,则意味着主力商品价格降低,顾客数量增加,销售量也随之增加。中心价格线的不断左移,是目前国内洋卖场保持强大价格竞争力的原因所在,同时也反映了洋卖场在经营理念、商品采购、店铺运营等方面的能力与水平。

（3）中心价格线的维持

中心价格线是所有品项中销售量最大且陈列展示量最多的商品。由于中心价格线的商品销售量很大,因此经过若干时间后,商品构成图就会发生很大变化。如图 7-10 所示,最初中心价格线的设计是完全正确的,但经过若干时间后,中间品项的陈列展示量将大幅度减少,这意味着成为畅销品的中心价格线的商品没有得到及时的补充,需要进行采购。

可见,卖场采购工作的根本任务实际上就是对中心价格线的商品的追加补充。对中心价格线的维持和对畅销商品的追加补充是卖场采购工作的难点。由于中心价格线并不表现为单一品项,为了增加顾客的挑选范围,要尽可能在中心线附近组织多种类的品项,加大其深度。

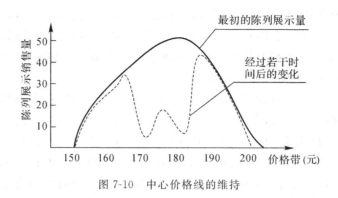

图 7-10　中心价格线的维持

7.1.4　商品的结构

商品结构是指卖场在一定的经营范围内,按一定的标志将经营的商品划分为若干类别和项目,并确定各类别和项目在商品总构成中的比重,即由不同商品种类而形成的商品广度与不同花色品种而形成的商品深度的综合。所谓商品的广度,是指经营的商品系列的数量,即具有相似的物理性质、相同用途的商品种类的数量,如化妆品类、食品类、服装类、衣料类等。所谓商品的深度,是指商品品种的数量,即同一类商品中,不同的质量、不同尺寸、不同花色品种的数量。由于商品广度和深度的不同组合,形成了目前卖场商品结构的不同配置策略,保持合理的商品结构,对于卖场的发展具有重要意义。

1. 商品结构在卖场经营中的重要地位

(1)合理的商品结构是实现卖场经营目标、满足消费需求的基础

卖场经营者满足消费需要的程度如何,关键取决于有没有适合目标顾客需要的商品。卖场不仅要保证顾客的基本需要、共同性需要,还要向顾客提供选择条件,保证不同需要的实现。如果商品结构不合理,应该经营的商品未经营,而不适合目标顾客需要的商品反占较大比重,这就不可能很好地实现企业的经营目标。

(2)确定商品结构是加强商品经营计划管理的基础

卖场组织商品购、销、存活动,必须研究确定商品结构,以保持合理的比例关系,这是加强商品经营计划管理的基础。从商品购、销、存的比例关系来看,进货比重、销售比重、库存比重三者之间是相互协调、相互适应的关系,即以销售比重为中心,掌握进货比重和库存比重,达到购、销、存之间的平衡。卖场经营者应研究确定并经常分析三者之间的比例关系,据以指导业务活动。

(3)确定商品结构是有效利用经营条件、提高经济效益的基础

一方面,确定商品结构,可以按照商品构成比重,合理调配人、财、物,集中力量加强主力商品的经营,突出经营特色,发挥经营优势;另一方面,通过商品结构的检查分析,及时对商品结构加以调整,以适应市场变化,减少经营损失。

2. 商品结构的分类与内容

卖场经营的商品结构,按不同标志可以分为不同类型。按商品自然种类划分,可以分为商品类别、商品品种、商品花色、商品规格、商品质量、商品等级、商品品牌等;按销售程度

划分,可分为畅销商品、平销商品、滞销商品;按经营商品的构成划分,可以分为主力商品、辅助商品和关联商品等。上述分类是从适应顾客不同需求特点和卖场的经营活动出发加以研究的。由于部分分类较易理解,在此不再展开。下面仅就按商品构成划分的主力商品、辅助商品和关联商品的内容作详细介绍。

①主力商品,是指在卖场经营中,无论是数量还是销售额均占主要部分的商品。主力商品体现了卖场的性质、经营方针及经营特点,甚至可以说,主力商品的经营效果决定着卖场营销的成败。一般来说,主力商品周转快,就可以保证卖场取得较好的经营成果;反之,就很难完成卖场的销售目标。因此,卖场营销首先要将注意力放在主力商品的经营上。

②辅助商品,是对主力商品的补充。卖场经营的商品必须有辅助商品与主力商品相搭配,否则会显得过分单调。辅助商品不要求与主力商品有关联性,只要是卖场能够经营,而且又是顾客需要的商品就可以。辅助商品可以陪衬出主力商品的优点,是顾客选购商品时的比较对象;同时,它可以使商品更加丰富,刺激顾客的购买欲望,促进主力商品的销售。

③关联商品,是在用途上与主力商品有密切联系的商品。例如,录像机与电视机、西服与领带等。配备关联商品,可以方便顾客的购买,可以增加主力商品的销售,扩大商品销售量。其目的是适应顾客购买中求便利的消费动机,这是现代卖场营销中的重要原则。

3. 商品结构的调整与完善

(1)主力商品、辅助商品、关联商品的配备要恰当

一般来说,主力商品的数量和销售额要分别占商品总量和全部销售额的 70%～80%,辅助商品和关联商品占 20%～30%。经营者在经营过程中,如果发现商品结构发生变化,应迅速调整,使之合理。

(2)高、中、低档商品的合理比例

高、中、低档商品的配备比例是由卖场目标市场的消费需求特点决定的。以高消费顾客为目标市场的卖场,应采取以高档商品、中档商品占绝大多数的政策,经营比重为:高档商品占 50%,中档商品占 40%,低档商品占 10%;以大众顾客为目标市场的卖场应采取低档商品、中档商品占绝大多数的政策,经营比重为:高档商品占 10%,中档商品占 30%,低档商品占 50%;以低消费顾客为目标市场的卖场,其经营比重为:中档商品占 30%、低档商品占 70%。

由于卖场中的某些商品会随季节的波动而形成周期性的商品交替,因此卖场也要随着季节的不断变化随时调整商品结构。特别要注意的是,由于商业的季节性比自然的季节性来得快一些,所以卖场应尽可能在商业季节到来前就调整好商品结构。

4. 影响商品结构的主要因素

(1)商品生产的发展

这是影响卖场商品结构变化的主要因素。商品生产发展得越快,新旧商品的交替就越频繁。卖场应扩大新商品的经营比重,减少、淘汰不适合市场需要的老商品,使商品结构不断更新。

(2)消费结构与消费习惯的变化

随着顾客购买力的提高,顾客的需求在不断变化,这种变化既反映在顾客对商品数量需求的增长上,同时也更多地表现在消费结构和偏好习惯的变化上。因此,卖场要有预见性地引导顾客的消费,及时调整商品结构。

（3）商品的季节性

为保证生产季节或消费季节的需要，卖场应调整季节性商品在各个时期的比重，既要保证满足顾客的需要，又要防止季节商品的积压。

（4）顾客构成的变化

根据划分顾客群体的依据如地域、收入、年龄、价值观等的不同，顾客的构成层次不一。卖场应根据顾客群体的变动情况随时调整商品结构。

（5）经济条件的变化

当卖场的经营规模扩大或缩小、员工增加或减少时，都应对商品结构进行相应的调整（增加或减少经营的商品种类）。另外，社会风气、生活习惯的改变以及政府某项政策的实施都会直接或间接地影响商品结构的变动。

经常进行商品结构的检查分析，能及时指导、协调各商品部的购销活动，合理使用人力、物力、财力，从而获得最佳的经济效益。比如，某类商品的经营比重与库存比重在一定时期内应大体一致，如果库存比重远远超过或低于其经营比重，就应进行检查分析。一般情况下，有问题商品的库存比重要有个最高限额，超过最高限额时表明购销业务活动出现了不正常情况，需要进行具体检查分析和处理。因此，即使是在正常经营条件下，卖场也应定期或不定期地进行清仓，检查库存结构，尽量压缩有问题商品的库存比重。

7.2　商品的配置与组合

7.2.1　商品的配置

卖场内的商品配置，是关系到卖场经营成败的关键。商品配置不当，会造成顾客想要的商品没有，不想要的商品太多，而且还浪费了卖场空间、资金积压，最终会导致经营失利。商品配置规划就是将所有的商品根据一定的规律在卖场中进行合理的安排。商品经过科学的配置后，会对整个卖场的营销活动起到推动的作用。

1．商品配置的基本原则

商品的配置需要从两个方面综合考虑。一方面是从顾客的角度出发，商品的配置要尽量吸引顾客、方便顾客购买活动的完成；另一方面是从管理的角度出发，商品的配置要使得卖场管理工作更加便捷，同时能够促进销售。为此，必须遵循以下基本原则：

①店面入口处，应稍加标示（如制简易的卖场平面图），以便顾客对店内商品配置有认识；

②在最靠近入口处所配置陈列展示的，必须是冲动性或购买性高的商品，对自助式消费者而言，能够尽快地开始购买商品是很重要的；

③在距离入口处次远的地方所配置陈列展示的商品，应该是能够吸引顾客视线，而且包装单位数量不是很大的商品；

④日常性消费品尽可能陈列展示在卖场的后方，相关的货品必须平均配置在临近的区域，畅销的产品必须平均配置在所有走道上；

⑤设计动线时必须使每个走道都能有一些吸引顾客的商品,顾客要能够辨别动线方向;

⑥属冲动性购买的商品,必须配置在主动走道上,或是靠近主动线走道的地方(包含结账区,但单价不宜过高);

⑦走道的宽度能够容许两部手推车交会而过,也就是说,最少要有 1.8 米,主要动线走道在大卖场最少要有 5 米的宽度。

2. 商品配置应考虑的因素

(1)秩序

秩序就是将卖场中的商品按一定规律进行排列和分布,即便是以打折形式随意丢放在货车中的商品,也必须采用价格或其他分类方式进行分类。这样才能使卖场规则有序、商品分类清楚、顾客易于寻找。如果卖场中的商品一片混乱,就容易挫败顾客的购买心理,同时对卖场的管理造成很大难度,更谈不上进行有计划的营销活动。

(2)美感

在卖场商品配置规划中考虑美感,目的是使卖场中的商品变得更吸引人。通常,人们对时尚感强的商品在美感上的要求要更高。商品的配置规划是否具有美感,在顾客的整个购买决定中占到很大的部分,它会影响顾客进入、停留和作出购物的决定。因此,卖场要把美感作为商品配置时首要考虑的问题,这样常常可以收到非常好的销售效果。

法国 LANCEL 店的浪漫色彩设计

AZONA 的立体美设计

(3)促销

卖场中的商品配置规划,还必须充分考虑和商品促销计划的融合。每个成熟的商品品牌在其初期的设计和规划阶段,一般都会对商品进行销售上的分类。如通常服装品牌都会将每季的商品分为形象款、主推款、辅助款等类别。同时在实际的销售中还会出现一些真正名列前茅的畅销款。

3. 商品配置的策略

(1)商品配置的面积分配

通常采用两种方法:一是陈列展示需要法,即零售店根据某类商品必需的面积来定,服装、鞋等商品的配置采用此法较适宜;二是利润率法,即零售店根据消费者的购买比例及某类商品的单位面积利润率来定,超市、书店采用此法较适宜,见表 7-1 所示。商品面积配置不是绝对的公式,由于每个地区的消费水平、消费习惯不尽相同,卖场需要根据其所处区域的特点进行商品面积配置的分配。

表 7-1　超市的商品配置面积分配比例

商品部门	面积比例(%)
水果蔬菜	10~15
肉食品	15~20
日配品	15
一般食品	10
调味品南北货	15
小百货与洗涤用品	15
其他用品	10

（2）商品位置的配置

卖场中各类商品的具体摆放位置，要依据商品在人们生活中的重要性递减的规律依次陈列展示。例如，大型综合超市中的商品位置要按照食品、日常生活用品、厨房用品等重要性递减的顺序进行配置，以符合顾客购买的基本顺序，如图 7-11 所示。

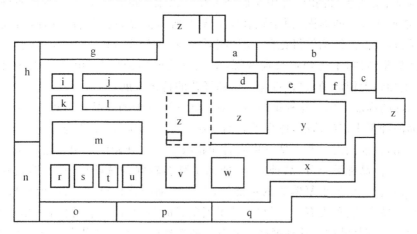

图 7-11　日本某超市的商品配置

注：图中各区商品配置为：a.茶叶区；b.药品区；c.快速冲印区；d.鲜花区；e.糕点区；f.烟酒区；g.面包区；h.糕点区；i.面包区；j.乳制品、水果区；k.饮料区；l.乳制品区；m.饮料、调味品、膨化食品、日式食品、酒、豆腐、泡菜区；n.鲜肉区；o.蔬菜区；p.鲜鱼区；q.家庭用品区；r.蔬菜区；s.冷冻食品区；t.冰淇淋区；u.鲜鱼冷冻区；v.推荐商品区；w.日用品区；x.厨房用品区；y.超市收银区；z.电梯区。

资料来源：韩光军，崔玉华.超市营销.北京：首都经济贸易大学出版社，2008：95.

（3）商品品种配置

卖场中商品配置的结构比例应该与消费者支出的商品投向比例相当，这就需要对消费者的购买比例作出正确的判断与分析。卖场商品品种配置的步骤如下：

①根据历史资料或市场调查计算商品库存比例，确定商品库存结构，即资金分配比例。

②根据销售数据分析消费者购买取向，从而确定各商品类别中的品种数。

③根据消费者购买比例制定的商品品种配置比例并不是固定不变的，它会随着经济形势、消费者偏好、流行趋势而调整。因此，需要在连锁总部设置"商品配置自动统计分析信

息系统",将各分店的每日销售信息进行统计分类,定期显示出变动曲线,并制定一定日期(一般为一个月)配置比例变动的上下限红线,及时提示相关部门对发生的变化作出反应。

④实行新品种的预留空间与旧品种的序列淘汰制。

(4)商品结构配置

①广而深的商品结构。这种策略是针对店铺选择经营的商品种类较多,而且每类商品经营的品种也较多的情况,一般为大型综合商场采用,广泛的商品类别和品种可以满足消费者"一站式"购物的需求。该策略的优点是:目标市场广阔;商品种类繁多,选择性强;商圈范围大,能吸引较远的顾客专程前来购买;顾客流量大,基本上满足顾客一次进店购齐一切的愿望;能培养顾客对商店的忠诚感,易于稳定老顾客。缺点是:商品占用资金较多,而且很多商品周转率较低,导致资金利用率较低;此外,广泛分散的商品结构使得主力商品过多而无法突出特色,容易形成企业形象一般化;同时,企业必须耗费大量的人力用于进货,由于商品比较容易老化,企业也不得不花大量精力用于商品开发研究。

②广而浅的商品结构。这种策略是针对店铺选择经营的商品种类多,但在每一种类中经营的商品品种少的情况,例如,对每类商品的品牌、规格、式样等给予限制。这种策略通常被廉价商店、杂货店、折扣店等中小店铺采用。该策略的优点是:目标市场比较广泛,经营面较广;能形成较大的商圈;便于顾客购齐基本所需商品;便于商品管理,可控制资金占用。缺点是:这种商品结构使得花色、品种相对较少,满足需要能力差,顾客的挑选性有限,很容易导致失望情绪,不易稳定长期客源,形成较差的店铺形象;由于不能突出商品的特色,即使店铺加强促销活动,也很难保证店铺经营的持续发展。

③窄而深的商品结构。这种策略是针对店铺选择较少的商品经营种类,而在每一类中经营的商品品种很丰富的情况,体现了店铺专业化经营的宗旨,主要为专业商店、专卖店等中小店铺采用,目前国内一些大型百货商店和超级市场也开始注重引入这种策略。该策略的优点是:专业商品种类充分,品种齐全,能满足顾客较强的选购愿望;能够较好地吸引有偏好选择的消费群,增加重复购买的可能性;形成店铺经营特色,突出店铺形象;便于店铺专业化管理。缺点是:种类有限,不利于满足消费者的多种需要;市场有限;风险大。

④窄而浅的商品结构。这种策略是针对店铺选择较少的商品种类以及较少的商品品种的情况,主要被一些小型商店尤其是便利店采用。在消费者想得到商品的地点和时间内,采取这种策略比较容易获得成功。该策略的优点是:投资少、见效快;商品占用资金不大,经营的商品大多为周转迅速的日常用品,便于顾客就近购买。缺点是:种类有限,花色品种少,挑选性不强,易使顾客产生失望情绪,商圈较小,吸引力不大,难于形成店铺经营特色。

7.2.2　商品的组合

1. 商品组合的内容

商品组合,是指一个卖场经营的全部商品的结构。它通常包括若干商品大类(或商品系列),每个大类又包括数目众多的商品项目(或商品品目)。其中,商品大类是指一组具有替代性、配套性,能满足人们某一类需要的商品,同类商品价格档次相同,目标市场和销售途径也相同。商品项目则是指某种商品大类中,不同型号、规格、款式、颜色的商品。

在实际的经营过程中,卖场可以根据自身营业面积的大小来选择是专门经营一个大类的商品(如食品),还是经营几种不同大类的商品(如食品、洗涤用品、音像制品等)。商品组合方式不同,就会形成卖场经营的不同特色。因此,认真研究商品组合策略,对于卖场开展经营活动具有十分重要的意义。一般来讲,卖场经营商品的组合如图 7-12 所示。

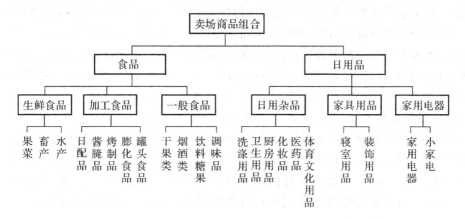

图 7-12　顶端价格带

资料来源:韩光军,崔玉华.超市营销.北京:首都经济贸易大学出版社,2008:144.

2. 商品组合的要素

一般来说,商品组合包括以下四个方面的要素:

①商品组合的广度。这是指卖场所拥有的商品类别的多少。卖场拥有的商品类别越多,说明商品组合的广度越大。同一类别的商品往往有某些相似的特征,如电磁炉满足顾客相同的需要,卖给同一类目标顾客,通过相同的渠道销售,价格较为接近等。

②商品组合的长度。这是指卖场所拥有的商品品种的平均数,即全部品种除以全部商品数所得的平均数。

③商品组合的深度。这是指商品类别中每个品种的花色、规格的多少。如卖场家用电器部中小电器类的台灯有 4 种样式和 5 种颜色,则台灯的深度为 20。

④商品组合的密度。这是指各类商品在最终使用、分配方式等方面的相关程度。如电磁炉、台灯等都是消费品,都要经过相同的商业网点进入市场,因此它们在分配方式上的密度较大,但在生产条件方面则差别较大,因此在生产条件上的密度较小。

小链接

海尔集团的产品组合

海尔集团现有家用电器、信息产品、家居集成、工业制造、生物制药和其他 6 条产品线,表明产品组合的广度为 6;海尔现有 1.5 万种不同类别、型号的具体产品,表明产品组合的长度是 15100;海尔集团的彩电产品线下有宝德龙系列、美高美系列等 17 个系列的产品,而在宝德龙系列下,又有 29F8D－PY、29F9D－P 等 16 种不同型号的产品,这表明海尔彩电的深度是 17,而海尔宝德龙系列彩电的深度是 16;海尔集团所生产的产品都是消费品,而且销售渠道相同,就产品的最终使用和分销渠道而言,这家公司产品组合的密度较大;但是,海尔集团的产品对消费者来说有各自不同的功能,就这一点来说,其产品组合的密度较小。

资料来源:祝文欣.卖场策划.北京:中国发展出版社,2008.

3. 最佳商品组合

商品组合策略只能从原则上提供商品组合的基本形态,由于市场环境和竞争形势的不断变化,商品组合的每一个决定因素也会不断变化,每一个具体商品项目也必然会随之发生分化:一部分商品获得较快成长并持续取得较高利润,而另一部分商品则可能趋向衰落。因此,卖场要经常分析商品组合的状况,判断各商品项目在市场上的生命力,评价其发展潜力和趋势,不断对原有商品组合进行调整,在变动的形势中寻求和保持商品组合的最佳化。

由于商品处在各自生命周期的不同阶段,因此不可能要求所有的商品项目都处于最好的状态,即使商品都处于最理想位置,这种情况也不能持久,而且是不太可能的。因此,卖场所追求的最佳商品组合,只能是在一定的市场环境和卖场的自身条件下,以及在可以预测的变动范围之内,能使卖场获得最大利益的商品组合。这种商品组合中必然包括:第一,目前虽然不能获利,但是具有良好发展前途的商品;目前已达到高营利率、高成长率和高占有率的主要商品。第二,目前虽然有较高的利润率但销售增长率已趋于降低的维持性商品;已经决定逐步收缩其陈列展示空间,进行销售调整,最终要退出卖场货架的商品。

4. 商品组合的优化方法

最佳商品组合决策是一个十分复杂的问题,许多卖场在实践中创造了不少有效的方法。目前,系统分析方法和电子计算机的应用,为解决商品组合优化问题提供了良好的工具。下面介绍几种经过实践证明的行之有效的方法。

(1)商品环境分析法

商品环境分析法是把卖场中的商品分为六个层次,然后分析研究每一层次的商品在未来的市场环境中,各自的销路潜力和发展前景。其具体内容有:

①卖场目前的主力商品,根据市场环境的分析,是否继续发展;

②卖场未来的主力商品(一般是指新商品投入市场后能打开市场销路的商品)在未来的市场环境中的销路潜力和发展前景如何;

③在市场竞争中,能使卖场获得较大利润的商品,在未来市场环境中的销路潜力和发展前景如何;

④过去是主力商品,而现在销路已日趋萎缩的商品,卖场应作出缩小或淘汰的决策;

⑤对于尚未完全失去销路的商品,卖场可以采取维持或保留的经营决策;

⑥对于完全失去销路的商品或者经营失败的新商品,一般应撤出陈列展示货架。

(2)商品系列平衡法

商品系列平衡法,是国外比较流行的一种商品组合优化的方法。它是把卖场的经营活动作为一个整体,围绕卖场目标的实现,从卖场实力(竞争性)和市场引力(发展性)两个方面,对卖场经营的商品进行综合平衡,从而作出最佳的商品组合决策。

商品系列平衡法可分四个步骤进行:

①评定商品的市场引力,具体包括商品的市场容量、利润率、增长率等;

②评定卖场的实力,具体包括卖场形象、卖场陈列展示能力、销售能力、市场占有率等;

③作商品系列平衡象限图;

④分析与决策。

(3)四象限评价法

四象限评价法,又称波士顿矩阵法,是一种根据商品市场占有率和销售增长率来对商品进行评价的方法,是由美国波士顿咨询公司提供的一种评价方法。根据市场占有率和销售增长率这两个指标,商品就会有四种不同的组合方式,如图 7-13 所示。

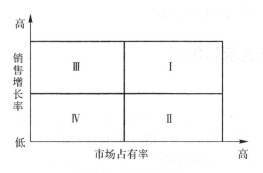

图 7-13　波士顿矩阵

①第Ⅰ类商品,是市场占有率高、销售增长率高的商品。这类商品处于生命周期的成长期,很有发展前途,是卖场中的明星商品。因此,卖场要在陈列展示空间及技巧、促销投入等诸方面给予支持和巩固,保证其现有的地位及将来的发展。

②第Ⅱ类商品,是市场占有率高、销售增长率低的商品。这类商品处于生命周期的成熟期阶段,具有稳定的市场需求,能带来很大的利润,是卖场的主要收入来源。由于这类商品是厚利商品,因此对这类商品应增加陈列展示位置,并运用 POP 促销手段来提高盈利能力。

③第Ⅲ类商品,是市场占有率低、销售增长率高的商品。这类商品处于生命周期成长期阶段,很有发展前途,但不具备生产优势,带有一定的经营风险,被称为风险商品或疑问商品。因此,卖场只需保留较小的陈列展示空间,多用 POP 促销手段扩大其知名度。

④第Ⅳ类商品,是市场占有率和销售增长率都低的商品。这类商品属于无利或微利经营,已处于商品生命周期的衰退阶段,卖场应果断地将其撤下货架。

(4)资金利润率法

资金利润率法,是以商品的资金利润率为标准对商品进行评价的一种方法。资金利润率把采购商品的劳动耗费、劳动占用和卖场的经营管理成果结合在一起,充分反映了卖场的盈利能力和投资回收能力,是对卖场经营效益的综合反映。

把商品资金利润率分别与银行贷款利率、行业的资金利润率、同行业先进卖场商品的资金利润率或卖场的经营目标及利润目标相对比,达不到目标水平的,说明盈利能力不高。还可以把卖场各种商品(或系列商品)的资金利润率资料按卖场经营目标及标准进行分类,结合商品的市场发展情况,预测资金利润率的发展趋势,从而作出正确的商品组合决策。

7.3　商品的陈列展示

陈列装饰技术的起源始于欧洲商业及百货业,是工业时代的产物,其主体是意大利的"巴洛克"与法国的"洛可可"风格。从流行一时的皇宫内部装饰到后来风起云涌的商业化商品陈列装饰艺术的诞生,标志着新型商业社会下新型商品经营时代的到来。商品陈列技术无疑是商业经济时代进步的一种标志。近 20 年来,商品陈列装饰技术在经济发达国家被广泛重视和应用,在我国也开始流行起来。在竞争激烈的零售业市场中,商品陈列展示是所有卖场获得成功的一种必要手段。通过陈列展示,卖场可以形象化地展示自身的经营范围和经营特色,从而引导消费者选购商品。

7.3.1　商品陈列展示的原则

1. 区分定位原则

所谓区分定位,就是要求每一类、每一项商品都必须有一个相对固定的陈列展示位置,商品一经配置后,商品陈列展示的位置和陈列展示面积就很少变动,除非因某种营销目的而修正配置表。这既是为了使商品陈列展示标准化,也是为了便于顾客选购商品。

实施商品区分陈列时要注意:一要向顾客公布货位布置图,表明商品大类或商品群的大概位置,我国目前大部分超市和便利店均采用平面式商标标示牌,如能按照商品类别与陈列位置的不同,改为斜面式标示牌(如设立便民服务柜),则可以增加顾客的关注程度;二要使相关商品货位布置邻近或对面,以便顾客相互比较,促进连带购买,如 DVD 机与影碟、录音机与录音带,照相机与胶卷,再如果蔬、肉禽蛋、调味品与肉制品等可存放在临近区域;三要把相互影响大的商品货位适当隔开,如串味食品、熟食制品与生鲜食品、化妆品与烟酒、茶叶、糖果饼干等;四要把不同类别的商品纵向陈列,即从上而下的垂直陈列,使同类商品平均享受到货架上各段位的销售利益;五要根据时间、商品流行期的变化,随时调整商品货位,但调整幅度不宜过大,除了根据季节以及重大的促销活动而进行整体布局调整外,大多数情况不作大的变动,以便利老顾客凭印象找到商品位置。

2. 变化性陈列展示原则

变化性陈列展示,要求卖场随着动线、促销或季节等因素的变化而调整商品的陈列展示,如大陈列展示、端架陈列展示、关联陈列展示、槽沟陈列展示、比较性陈列展示,这些陈列展示通常都有某种行销目的,期限不超过一个月,但却最能带动卖场的活性。

遵循变化性陈列展示原则,能够打破商品陈列展示的单调性,创立便宜店铺的形象,有利于调整商品库存,加强商品的广告效果。运用此原则时,要考虑以下因素:合理划分商品区域、对活动宣传介绍、配合季节性活动、拟订题目、有冲击力的商品/价格、抓住商机。值得注意的是,变化性陈列展示切忌商品摆放杂乱无章,而是要一品一架、定期更换,方便顾客拿取,能够较好地引导顾客购买。

3. 易见易取原则

所谓易见,就是要陈列展示的商品要容易让顾客看见,一般以水平视线下方 20°的点为中心的上 10°、下 20°范围为容易看见部分;所谓易取,就是要陈列展示的商品要容易让顾客触摸、拿取和挑选。

卖场重点推出的商品要尽可能摆放在货架的醒目位置,使顾客易于接触到。如果商品陈列展示稍有不清楚,就无法引起顾客的注意,商品销售就无从谈起。因此,商品陈列展示时不能有其他物品或障碍物挡住视线。遵循易见易取原则,能够激发顾客产生冲动性购买心理,也能促使顾客作出快速而正确的购买决定。

4. 满货架陈列展示原则

货架上的商品要时刻处于整齐放满陈列展示状态。满货架陈列展示的意义体现在:

①可有效地利用陈列展示空间；②如果货架不是满陈列展示，易使顾客形成"这是卖剩下的商品"的不良印象，从而降低销售额；③货物满放可以给顾客一个"商品丰富"的好印象，起到吸引顾客注意力的效果，利于提高商品自身表现力进而促进销售；④货架上放满了商品，可以提高货架的销售与储存功能，相应减少库存，从而加速了商品周转。

5. 先进先出原则

商品陈列展示的先进先出，是保持商品品质和提高商品周转率的重要控制手段，对于运用敞开式销售方式的连锁卖场应该特别重视这一原则。

当商品第一次在货架上陈列展示后，随着商品不断地被销售出去，就要进行商品的补充，补充陈列展示的商品就要依照先进先出的原则进行。其方法是先把原有的商品取出来，然后放入补充的新商品，再在该商品前面陈列展示原有的商品。也就是说，商品的补充陈列展示是从后面开始的，而不是从前面开始的，因此称之为先进先出展示法。由于顾客总是购买靠近自己的前排商品，所以如果不按照先进先出原则进行商品的补充陈列展示，那么陈列在后排的商品就可能永远卖不出去。此外，对于存在保质期的商品来说，采用该原则进行商品的补充陈列，就可以保证顾客买到新鲜的商品，保护消费者的利益不受损。

6. 关联陈列展示原则

卖场商品的陈列展示，相当强调商品之间的关联性。因为顾客常常依照货架的陈列展示方向行走并挑选商品，很少再回头选购商品，所以商品的陈列不应该在同一组双面货架的两侧。也就是说，遵照关联性原则，商品应陈列展示在通道的两侧，或陈列展示在同一通道、同一方向、同一侧的不同组货架上，切忌陈列于不同方向或同一货架的正、背面。

7. 同类商品垂直陈列展示原则

对于开放式经营的卖场来说，货架上同类但不同品种的商品摆放要做到垂直陈列展示，避免横式陈列展示。好处是：①顾客在挑选同类商品的不同品种时会感到很方便，因为人的视线一般是上下移动，而且垂直陈列展示能较好地体现商品的丰富感，会起到很强的促销效果；②同类商品垂直陈列展示会使得同类商品平均享受到货架上各个不同段位（上段、黄金段、中段、下段）的销售利益，避免同一商品始终处于一个段位上所带来的销售或好或差的现象，也避免降低其他商品应享受的货架段位的平均销售利益。

8. 主辅结合原则

在已有的商品群中，将主要商品和辅助商品加以调整，可组合成新的商品群。主辅调整时，成为主要商品的原辅助商品的商品项目（即规格、花色和品种）要精简，要突出重点；相反，由主要商品调整为辅助商品的商品项目则要扩充，以使消费者将注意力多停留在被重点突出的商品上，起到很好的促销效果。

9. 立体陈列展示原则

所谓立体陈列展示，就是要求陈列展示商品的排列应前低后高，呈阶梯状，使商品陈列展示既有立体感和丰富感，又不会使顾客产生被商品压迫的感觉。一般来说，过分强调满陈列展示的连续性，会增加顾客被商品压迫的感觉，而采取倾斜、凸出、凹进、吊篮、阶梯等多种方法，适当"破坏"商品陈列展示的连续性，反而能使顾客产生舒适感和亲切感。

以上所述的九项原则通常不是独立使用单一某项，而是针对不同商品、不同经营要求，在卖场的不同时段、区间综合采用多项原则。在实践中，还有其他一些原则，如季节性陈列展示、集中焦点陈列展示等。运用好商品的陈列展示，不仅可以吸引顾客，还有助于美化卖场空间布局,提升卖场整体形象。

7.3.2 商品陈列展示的要求

1. 商品陈列展示的基本要求

氛围是卖场经营成功的重要因素,卖场气氛与商品陈列展示有直接的关系。一般来说,卖场商品陈列展示要达到以下基本要求:

①宽阔感。卖场商品的陈列展示要有足够的宽阔感,既充分利用营业面积和卖场空间,又不给人以拥挤甚至压迫的感觉。这就要求在合理陈列展示商品的同时,配以足够的照明,在货架之间设置比较宽敞的通道。

②美感。商品陈列展示所体现的美感,应根据不同业态的卖场定位来决定,或是体现雍容华贵之美,或是透过色调与整洁营造朴素淡雅之美。例如,超市商品陈列若呈现出豪华之美,就会给消费者带来心理压力,而清爽淡雅的购物环境才是最适宜超市的。

③充实感。商品陈列展示给顾客的第一印象极为重要,货架一定要摆满,不能空置,要展现出商品的丰富与充足,品种齐全,琳琅满目,给人一种充实与富余之感。

④亲切感。卖场的形象往往是通过商品布局、排列方式以及货架POP广告体现出来。商品陈列展示的亲切感,取决于陈列展示的吸引力和取放商品的方便性,包括容易看清楚和判断商品的质地好坏、价格标签和条码,有关的商品信息齐全,顾客举手易取。

⑤关联感。顾客在卖场中由一个商品区域到清晰另一个商品区域时,其感觉应该是在关联中逐渐过渡。因此,关联性强的商品要靠近陈列展示,凡是邻近的商品区域或货架均要彼此关联,这样才能延长顾客的采购时间,使顾客走过尽可能多的商品区域,经过尽可能多的货架,从而提升销量增长的机会。

小链接

沃尔玛——尿片 & 啤酒的并列陈列

在美国沃尔玛超市的货架上,尿片和啤酒赫然摆在一起出售。一个是日用品,一个是食品,两者风马牛不相及,这究竟是什么原因? 原来,沃尔玛的工作人员在按周期统计产品的销售信息时发现一个奇怪的现象:每逢周末,超市里的啤酒和尿片的销量都很大。为了搞清楚这个原因,他们派出工作人员进行调查。通过观察和走访后了解到,在美国有孩子的家庭中,太太经常嘱咐丈夫下班后要为孩子买尿片,而丈夫们在买完尿片以后又顺手带回了自己爱喝的啤酒,因此啤酒和尿片销量一起增长。搞清原因后,沃尔玛的工作人员打破常规,尝试将啤酒和尿片摆在一起,结果使得啤酒和尿片的销量双双激增,为商家带来了大量的利润。

2. 商品陈列展示的具体要求

(1)要保持丰满、整齐、量感

在同一个柜台上中心焦点不宜过多,便于顾客在瞬间很快了解并接受商品陈列展示形式。商品丰满本身可以刺激顾客的购买欲,即使是同一质量的商品,顾客也愿意从丰富的商品中选择。但是,切忌商品陈列多而杂,给人造成凌乱的感觉。有时,卖场会采用不对称摆放的方法给消费者造成该商品抢手的感觉,但运用这种方法要适度,否则商品摆放不丰满反而会引起消费者的不良印象。

(2)充分利用营业场所,扩大陈列展示面积

在不影响顾客顺利流动的前提下,卖场商品陈列要尽量利用卖场的空间和壁面,以增加顾客接触商品的机会,并提高卖场空间的利用效率。同时,还要注意陈列展示场地的合理使用,要将最好的位置用于冲动性购买商品、重点推销商品的陈列展示,以充分发挥陈列展示场地的潜力;卖场内最好不要留有空旷的空地。

(3)要尽量突出商品的实用价值,促进购买欲望

例如,气味芳香的商品,应摆放在柜台上最能刺激消费者嗅觉的位置;样式新颖的商品,应摆放在消费者视觉最易感受的位置;用途多样的商品,应摆放在消费者最易于观察、接触的位置;新商品、流行商品、名牌商品,应摆放在显要醒目之处;玻璃制品,要摆在能充分显示其玲珑剔透质感的位置;黄金首饰,要摆放在显示出华贵高雅质感的位置。

(4)要注重季节性

随着季节的变化,人们对商品的需求也相应变化。卖场在出售商品时,也应按季节的变化随时调整商品的陈列展示。季节性商品的陈列展示应在季前开始,商店应了解顾客的潜在需要,根据天气的变化来改变商品的陈列展示,否则将丧失适时销售的良机。

(5)货架商品尽量裸露陈列展示,以使消费者产生亲切感

顾客若只透过玻璃看商品,会有种疏远感,而用手摸一摸,同其他商品比较一下,则会感到更亲切。因此,卖场商品陈列要尽量敞开展示,让顾客自由观看、选择和接触,国外零售业称此为"裸露陈列展示法"。

(6)商品陈列展示的高度适宜,易于消费者参观、拿放

畅销商品、重点推销、获利大、购买频率高的商品,应该注意在高度方面与消费者进店后无意识的环视高度相一致。按照不同的视觉、视线和距离,确定其合适的位置,尽量提高商品的能见度,使消费者对商品一览无余,同时便于拿取或放回商品(见表7-2)。

表 7-2　卖场货架商品的分段陈列

货架的分段	商品陈列高度	商品陈列特色
上段	男:180 厘米以上	这是消费者不易拿到商品的高度,商品陈列可以有一些色彩调节和装饰,但要注意陈列的安全性
	女:170 厘米以上	
次上段	男:160—180 厘米	这是顾客可以伸手拿到商品的高度,一般用于陈列次主力商品
	女:150—170 厘米	
中段	男:70—160 厘米	该段位为商品陈列的黄金位置,是顾客最容易拿到商品的高度,一般用于陈列主力商品、有意推广商品等
	女:60—150 厘米	
次下段	男:40—70 厘米	这个段位需要顾客屈膝弯腰才能拿到商品,因此较次上段更为不利
	女:30—60 厘米	
下段	男:40 厘米以下	这段位要求顾客弯腰甚至蹲下才能拿到商品,一般用于陈列低毛利、补充性和体现量感的商品
	女:30 厘米以下	

资料来源:http://blog.linkshop.com.cn,整理修改所得.

(7)陈列展示的商品必须有附加说明和价格标签

商品附加的说明卡是"不说话的推销员",将商品的突出之处三言两语简练地表达出来,能左右顾客的购买行为。尤其是开架自选的超市,没有营业员的介绍,写着商品的品质、特点、使用方法等有吸引力的说明卡,往往能唤起顾客心中的购买欲望。

(8)在形象、档次、性质上相差过大的商品不宜邻近陈列展示

这主要是避免展示商品之间的相互影响,尤其是低质、低价商品对高质、高价商品的影响,化学性质不同的商品之间的影响,普通商品对造型设计独特的商品的影响,这些商品一定要分区分隔陈列,如果一定要摆放在一起,则可以适当运用挡板、隔离板等材料。

(9)特殊品陈列展示在"特区"

这类商品往往价格昂贵、功能独特,是卖场中的名贵商品,如金银首饰、高级化妆品、手表、工艺精品、精密仪器(照相机)等。这类商品应摆放在环境比较优雅,离日常杂品较远的地方,以便于消费者安心地仔细挑选。一般采用封闭式玻璃柜台陈列展示,这样不仅可以突出商品的高贵与特殊,还可以确保昂贵商品的安全。

(10)选购品的陈列展示最好置于光线充足、区域大的地方

这类商品具有使用期长、挑选性强、供求弹性大、交易次数较少和价格高的特点,对质量、样式、色彩、功能等要求较严。因此,这类商品应集中摆放在店堂中央或光线比较充足、区域较大的地方,以便于顾客自由地活动和观看抚摸,并反复调试、挑选。

(11)便利品陈列展示应方便顾客购买

这类商品花色品种简单、价格低廉、挑选余地小,顾客对商品的一般用途、性能、特点较了解。因此,大多数顾客希望在选购便利品时方便快捷、即需即买,如果浪费顾客太多的时间,就会降低顾客下次进店的可能性。所以,便利品通常陈列在商店底层的进门处。

(12)日配品的陈列展示用具一般应以独立货架、冷藏柜为主

日配品是指蔬菜、水果类、肉类、水产类和调味品以外的副食品,如果汁、面包、饮料、冷饮、豆制品和乳制品等。这类副食品是顾客每日生活之必需品,陈列时要让顾客有廉价感、季节感、新鲜感和满足感,一般要使用专门的陈列用具如货架、冷柜、桶、箱等。

7.3.3　商品陈列展示的基本方法

商品陈列展示的基本方法分为陈列展示区分、货架陈列展示、非货架陈列展示、促销陈列展示和岛式陈列展示五大类,每一类又分为几种具体的陈列展示方法。

1. 陈列展示区分法

(1)定番陈列展示

所谓定番陈列展示(regular display),即定位陈列展示,也就是卖场里的一般性陈列展示,指的是商品一经配置后,除了配置表的修正外,商品陈列展示的位置很少变动。理论上,每一个商品都有一个固定的位置,采用前进式陈列展示,陈列展示数量不少于3排(依据商品体积大小而确定)。实行定番陈列展示要遵循商品分类原则、相关原则、集中原则、丰满原则、错落原则、安全原则及有效原则,如图7-14所示。

(2)动番陈列展示

动番陈列展示,也叫变化性陈列展示,指的是在定番陈列展示以外,因动线、促销或季

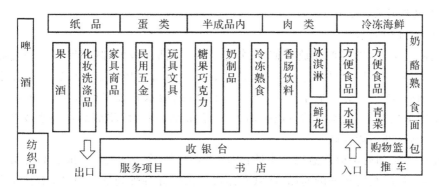

图 7-14　超市商品的区分定位陈列

节等因素变化而特别设计出来的陈列展示。常见的有大陈列展示、端架陈列展示、槽沟陈列展示、比较性陈列展示。通常运用于特卖商品或某种活动的陈列展示,时间为 3～5 天。

①大陈列展示,又称为堆箱陈列展示,即在卖场内开出一个空间,将单一商品或 2～3 个品项的商品作量化陈列展示。进行大陈列展示的诉求有:价格诉求、季节性诉求、行事或节庆的诉求、新上市商品的诉求和媒体大量宣传。

②端架陈列展示,即在货架两端堆放商品的展示法,这是销售力极强的位置。端架陈列展示可以是单一品项,也可以是组合项,后者效果更佳。但是,商品品项不宜太多,一般以 5 个为限,而且陈列在同一端架内的品项之间要具有关联性。通常会在几个组合品项中选择 1 个品项作为牺牲品,低价出售,以带动其他品项的销售。

③槽沟陈列展示,即在货架中把几块棚板除去,挑选一到两个品种做成半圆形的量感陈列展示,这种方法的陈列展示量是平常的 4～5 倍,可以很好地对顾客进行提示,吸引顾客的眼光,使卖场活性化。但是这种展示不宜在整个卖场出现太多,最多不超过 3 处,这样才能使新上市的商品或高利润的商品达到最好的陈列展示效果。

④比较性陈列展示,即把相同商品按不同规格、不同数量予以分类,然后放在一起陈列展示,以促使顾客更多地购买商品。例如,把单个装、6 个装、12 个装的可乐放在一起陈列展示,1 罐可乐售价 2 元,6 罐可乐售价 10.8 元,12 罐可乐售价 19.8 元,这样可以刺激顾客购买量多的包装,以达到促销的效果。进行比较陈列展示时,要多陈列展示包装量大的商品,而包装量小的商品要相应少一些,为顾客明确指出购买方向。并且,要事先计划好商品的价格、包装量和商品的投放量,以保证促销目的和整体盈利水平的实现。

超市商品的大陈列

超市商品的堆头陈列

2. 货架陈列展示法

(1)凸出陈列展示

凸出陈列展示,即将商品放在篮子、箱子、车子或凸出板内,陈列展示在相关商品的旁边销售,主要目的是打破单调感,诱导和招揽顾客。凸出陈列展示的位置一般在中央陈列展示架的前面,将特殊陈列展示凸出安置。凸出陈列展示有很多种做法,有的在中央陈列展示架上附加延伸架,据调查这可以增加180%的销售量;有的将商品直接摆放在紧靠货架的地上,但其高度不能太高。

实施凸出陈列展示应注意以下事项:适用于新产品、促销商品、廉价商品等希望特别引起顾客注意、提高其周转率的商品,冷藏商品避免选用此种陈列展示方法;不宜在窄小的通道内做凸出陈列展示,即使比较宽敞的通道,也不要配置占地面积较大的凸出陈列展示商品,以免影响通道顺畅;凸出陈列展示的高度要适宜,要能引起顾客的注意,又不能太高,以免影响货架上商品的销售效果;凸出陈列展示商品不宜太多,以免影响顾客正常的行动路线。

(2)悬挂陈列展示

将无立体感、扁平或细长型的商品,悬挂在固定的或可以转动的装有挂钩的陈列展示架上,就叫悬挂式陈列展示。悬挂式陈列展示能使顾客从不同角度欣赏商品,能增强商品的立体感效果,并增添商品变化的感觉,具有化平淡为神奇的促销效果。悬挂陈列展示的适用范围包括多尺寸、多形状、多颜色的商品,中小型轻量商品,常规货架上很难实施立体陈列展示的商品。

Esprit 的突出陈列展示　　　　　　　　　法国 LANCEL 旗舰店的悬挂陈列

3. 非货架陈列展示法

(1)散装或混合陈列展示

将商品的原有包装拆下,或单一商品或几个品项组合在一起陈列展示在精致的小容器中出售,往往在统一的价格或一个较小的价格范围内出售。这种方法使顾客对商品的质感能观察得更仔细,从而诱发购买的冲动。例如,上海各百货超市曾经流行的甘迪安娜糖果屋,正是采用这种方法一炮打响,诱人的散装糖果陈列展示在各种透明的容器中,十分引人注目。

(2)墙面陈列展示

用墙壁或墙壁状陈列展示台进行陈列展示的方法。这种陈列展示方法可以有效地突出商品,使商品的露出度提高。对于一些价格高,希望突出其高级感的商品,可以采用这种陈列展示方法,如葡萄酒等瓶装商品。

(3)交叉堆积陈列展示

这是一层一层使商品相互交叉堆积的方法。这种陈列展示方法可增加商品的感染力,具有稳定感。适用于此种陈列展示方法的商品有:预计毛利低、周转快、销售额高的商品,中大型商品,可放入箱、袋、托盘中的商品,希望充分发挥展示效果的商品。

(4)空中陈列展示

利用货架或柜台的上方等通常情况下不使用的空间进行陈列展示的方法。这种方法能够提高顾客对货柜、货架靠近率;易向顾客传达信息;可以提高卖场的整体形象;突出商品的效果十分显著。适用于此种陈列展示方法的商品有:能够提高卖场形象的商品;具有一定关联性的商品;中小型的而且在陈列展示架上具有稳定感的商品。

(5)投入式陈列展示

这种方法是将商品投入某一容器中进行陈列展示,给人一种仿佛是将商品陈列展示在筐中的感觉。投入式陈列展示容易造成价格低廉的感觉,即使陈列展示量较少也容易给人留下深刻的印象,因此,可成为整个卖场或某类商品销售区的焦点。投入式陈列展示法操作简单,陈列展示位置易变换,商品易撤换,陈列展示时间往往较短。适用范围有:价格、毛利低的商品,不易变形、损伤的商品,冲动性购买的商品,简便性较高的商品,中小型商品等。

(6)情景陈列展示

这是为再现生活中的真实情景而将一些相关商品组合陈列展示在一起的陈列展示方式。如用室内装饰品、床上用品、家具布置成一间室内环境的房间;用厨房用具布置成一个整体厨房等。目前,国外卖场十分注重这种情景陈列展示,尤其是家具专卖店。这种陈列展示使商品在真实性中显示出生动感,对顾客有强烈的感染力,是一种很流行的陈列展示方式。

上海芭比旗舰店空中陈列展示

床上用品专卖店的情景陈列展示

4. 促销陈列展示法

(1)端头陈列展示

所谓端头陈列展示,是指将商品陈列展示于双面的中央陈列架的两个端头。中央陈列展示架的两端是顾客通过流量最大、往返频率最高的地方,从视角上说,顾客可以从三个方向看见这一位置的商品。因此,端头是商品陈列展示的黄金位置,是卖场内最能引起顾客注意力的场所。同时,端头陈列还能起到接力棒的作用,吸引和引导顾客按店铺设计安排不停地向前走。所以,端头一般用来陈列展示特价商品,或要推荐给顾客的新商品,以及利润高的商品,可以是单一商品的大量陈列展示,也可以是几种商品的组合陈列展示。

(2)主题陈列展示

主题陈列展示,又叫专题陈列展示,这是将商品陈列展示在一个主题环境中的方法。主题选择有很多,如各种庆典活动、重大事件、各种节日等,营造一种特殊的气氛,吸引消费者的注意。如中秋节来临之际,可将各式各样的月饼及包装盒摆放成各种形状、样子,既给人一种可口的感觉,也渲染出节日的气氛。

主题陈列展示在布置商品时应采取各种艺术手段、宣传手段、陈列展示工具,并利用色彩突出某一商品。对于一些新产品,或流行产品,或要大量推销的商品,可以在陈列展示时利用特定的平台、展台、道具台等突出宣传。必要时配以集束照明的灯光,使大多数顾客能注意到,从而产生宣传推广的效果。主题陈列展示的商品可以是一种商品,如某一品牌的某一型号的电视、某一品牌的服装等,也可以是一类商品,如系列化妆品、工艺礼品等。

5. 岛式陈列展示法

在卖场的入口处,中部或者底部都不设置中央陈列展示架,而配置特殊陈列展示用的展台,这样的陈列展示方法叫做岛式陈列展示法。如果端头陈列展示架使顾客可以从三个方向观看的话,那么岛式陈列展示则可以从四个方向观看到,商品展示效果最好。岛式陈列展示的用具一般有冰柜、平台或大型的货柜,但是过高的展台会影响整个顾客的视野,影响陈列展示商品的透视度。为了使顾客能够环绕岛式陈列展示台(架、柜、筐)选购商品,应给予岛式陈列展示以较大的空间。

在空间不大的通道中间也可以进行随机的、活动式的岛式陈列展示。这时应采用展示台、配上轮子的散装筐等用具。这些活动式的货架可以在卖场内自由活动,以便根据需要而调整,所以能简单方便地配置在各种通道的任何地方。采用活动式的货架作随机型的岛式陈列展示,其促销效果相当明显,尤其是在卖场没有竞争商品的时候,效果更为突出,它会带动卖场整体的销售额上扬,即使撤下了活动货架,其促销的效果还会有一个滞后的效应。

7.4 商品的鲜度管理和有效期管理

7.4.1 商品的鲜度管理

商品的鲜度管理主要是针对生鲜商品而言,近几年已经成为卖场,尤其是超级市场经营管理的核心,是零售业内各方关注的热点。这是因为生鲜商品是超市重要的集客手段,它不仅成为超市新的利润增长点(平均毛利率超过 20%),更是塑造店铺个性化和实施差异化竞争的重要途径。商品的鲜度管理可以反映出整个超市的经营管理水平,同时也是超市经营管理的难题。如经营得当,可以吸引大批顾客,带动其他商品的销售,并获得可观的利润;若经营不善,则会加大损失,增大成本,降低利润,从而影响整个超市发展。

采用鲜度管理的商品一般包括:

1. 果菜的鲜度管理

通常情况下,果菜部门的营业额约占超市整体营业额的 8％～20％,果菜的品种一般为 50～100 种。由于果菜会随季节而变化,因此如何保持其鲜度并延长其保存期便显得十分重要。在实践中,果菜的鲜度管理通常采用温度管理和湿度管理的方法,通过冰水处理、冷盐水处理、复活处理、直接冷藏、散热处理等操作保持商品的鲜度。

2. 肉品的鲜度管理

由于不同国家、不同地区的人们对肉品有不同的偏爱,因此超市内肉品的种类很多,供需状况繁杂。肉品的最大性质是容易变质腐烂、滋生细菌,保质期极短。因此,实现鲜度管理时要慎重选择原料供应商,使用冷冻车、冷藏车运输原料,用冷冻、冷藏方式储存原料、半成品及成品,加工处理要迅速,采用适当的材质进行包装,勤于检查,及时处理。

3. 水产品的鲜度管理

水产品虽是超市最具开发潜力的商品,但在消费者自我保护意识逐渐增强之际,超市经营者只有提供鲜度佳、品种多的水产品,才能满足消费者的需要。为此,通常采用温度管理与卫生管理相结合的方法来经营水产品。同时,开展定期或不定期的鲜度检查,如通过官能检查法来判定水产品的品质,及时处理变质或不符合要求的产品等。

4. 日配品的鲜度管理

"日配品"(daily food)的名称来自美国,指鱼、肉、果菜、调味料以外的副食品,包括半生商品(如面、饺子等)、豆制品(如豆腐等)、果汁、饮料、简单的冷冻食品以及冰淇淋等。由于这些副食品是每日生活的必需品,以每日供应为原则,所以同样需要实行鲜度管理。在操作过程中,要遵循先进先出原则,定期检查日期,及时处理过期变质商品,如定期实行促销,以提高销售量,或向生产商退货等,避免日配品积压、变质。

7.4.2　商品的有效期管理

商品的有效期管理主要是针对杂货商品而言,对卖场商品质量的影响最大。所谓有效期管理,就是让消费者在商品的有效使用期限到期之前,将商品消费掉;换言之,就是避免让消费者买到或使用过期的商品。这一点对于卖场形象、质量承诺都很重要。如果一家超市因有效期管理不良而让消费者买到过期商品,其结果不但毁损超市的信誉和形象,同时也会因为安全问题侵犯到消费者的合法利益,引起更为严重的法律纠纷。

在实行商品有效期管理的过程中,需要强调的是有效期间前置的观念。所谓有效期间前置,是指在商品的有效期限到来之前,将其撤出货架,换上新进商品,使货价上所销售的商品保持新鲜的做法(表 7-3 列示了超市各种常见商品的有效期)。

表 7-3　杂货商品的有效期限

编号	类别	有效期限	编号	类别	有效期限
1	罐头食品	2～3 年	14	速食面	6～8 个月
2	酱油	2～3 年	15	速食调理品	1～2 年
3	沙拉酱	6～12 个月	16	糖果	1～2 年

续表

编号	类别	有效期限	编号	类别	有效期限
4	碳酸饮料	1 年	17	饼干	6～12 个月
5	果汁(易拉罐)	1～2 年	18	巧克力	12～18 个月
6	调味品	1～3 年	19	基础化妆品	3 年(少数 5 年)
7	油脂类	1～2 年	20	洗发精	3 年(少数 5 年)
8	南货	6～12 个月	21	香皂	3 年(少数 5 年)
9	奶粉	2～3 年(罐装)	22	洗剂类	3 年(少数 5 年)
	奶粉	12～15 个月(袋装)	23	杀虫剂	2 年(少数 3 年)
10	咖啡	1～3 年	24	豆干	14～180 天
11	奶精	1～3 年	25	蜜饯	180 天以内
12	麦粉、麦片	1～18 个月	26	花生(豆制品)	1 年以内
13	茶叶	1～2 年	27	面粉制零食	1 年以内

资料来源:安盛管理顾问 AMC 数据库。

例如,某商品的有效期限为 1 年,就应将该商品的陈列销售期限设为 10 个月,超过 10 个月,就应将该商品从货架中撤除,不再销售。为了避免杂货的撤架、报废、退货,当该商品的销售陈列期满 9 个月时,超市就应举办促销或向厂商提出换货(9 个月中,进货验收的允许界限为 3 个月,顾客对商品新鲜度的心理界限为 6 个月)。之所以这样做,是因为有些消费者购买商品回去后,并未马上食用,如果购买日期与失效日期太接近,很可能会产生商品质量问题。因此,为了谋求超市的长远发展、持续性经营,应将有效日期前置,而不应冒险陈列接近失效日期的杂货商品。

尽管各种商品的有效期限不尽相同,但均适用先进先出的做法,以充分保证商品的质量。此外,还应该开展定期检查活动,对商品的品质、标示、价格、规格、包装等进行重点检查,对滞销的商品及时进行退货处理。

本章小结

1. 商品分类就是以商品的最终使用目的为基准,将形成了若干层次的单元,按其集聚的规模从大到小编制成一个体系。商品的分类体系包括商品的大分类、商品的中分类、品种分类和品项分类。

2. 卖场商品分类有不同标准,本章比较了中国式、美国式、日本式零售商品分类体系。

3. 商品的构成是指具体的商品组织,即在特定的品种范围内,为顾客提供可供选择的范围和程度。通过收缩价格带、变更中心价格线、维持中心价格线等方法,可以对商品的结构和配置进行调整和控制,设计出最适合卖场的商品组合。

4. 所谓价格带,是指某个特定品种内零售价格的上限与下限之间的全部价格。所谓价格线,是指零售价格的种类,它反映的是品项的销售量、陈列展示量与售价之间的关系。

5. 商品结构是指在一定的经营范围内,按一定的标志将经营的商品划分为若干类别和项目,并确定各类别和项目在商品总构成中的比重。分析商品结构要考虑商品的广度和深度。通常把商品构成划分为主力商品、辅助商品和关联商品。

6. 商品配置规划就是将所有的商品根据一定的规律在卖场中进行合理的安排。商品配置的策略包括商品配置的面积分配、商品位置的配置、商品品种配置和商品结构配置。

7. 商品组合是卖场经营的全部商品的结构。商品组合的要素有商品的广度、商品的长度、商品的深度和商品的密度。卖场商品组合要达到最佳,通常采用的优化方法有商品环境分析法、商品系列平衡法、四象限评价法和资金利润率法。

8. 商品陈列是卖场为了最大限度地便利顾客购买,利用有限的资源,在卖场总体布局的指导下,实施货架顺序摆放、商品码放、店内广告设计,合理运用照明、音响、通风等设施,创造理想购物空间的活动过程。商品陈列的原则包括分区定位原则、变化性陈列原则、易见易取原则、满货架陈列原则、先进先出原则、关联陈列原则、同类商品垂直陈列原则、主辅结合原则、立体陈列原则等。

9. 商品陈列在整体上要满足宽阔感、美感、充实感、亲切感和关联感五项要求。商品陈列展示的具体方法包括陈列区分、货架陈列、非货架陈列、促销陈列和岛式陈列几大类。

10. 商品的鲜度管理和有效期管理已经成为卖场营销的核心问题。良好的鲜度管理和有效期管理可以反映出整个卖场的经营管理水平,更是塑造卖场个性化和实施差异化竞争的重要途径,对现代卖场营销有着重要意义。

思考题

1. 什么是商品分类? 比较商品的中国式分类、美国式分类、日本式分类的标准。
2. 分析商品的构成与商品的结构的不同。
3. 什么是价格带? 什么是价格线?
4. 如何调整商品价格带和价格线,以控制商品结构的合理性?
5. 简述商品构成的内容及意义。
6. 什么是商品的配置? 常用的商品配置策略有哪些?
7. 简述商品组合及组合要素。
8. 优化商品组合的常用方法有哪些?
9. 简述商品陈列展示的基本原则。
10. 结合实际,举例说明商品陈列展示的方法及其对卖场的影响。
11. 结合实际说明商品鲜度管理和有效期管理对卖场的重要意义。

【案例 7.1】　　　　　　　　　**香港华润超市品类管理**

目前,香港华润超市经营的商品有 7000 多种,共分为 300 个小类,对商品管理基本上还是以经验化管理为主。一间新超市开业前,先由发展部初步设计商品的摆放位置,开铺组再根据商品销售的整体情况,最后确定商品的陈列位置及陈列面的多少。但是,接下来的商品管理工作主要由超市主管负责,超市主管则根据市场需求及个人经验管理商品。随着时间的变化,超市商品陈列亦随着超市主管的替换而变动,逐渐形成自己的"陈列"特色。货架管理没有一套统一的、规范化的管理方法,将会对经营管理造成影响。因此,提高整体管理水平已经迫在眉睫。

华润超市是通过与极具实力的 AC 尼尔森（A.C.Nielsen）公司合作开展了品类管理工作，主要包括培训、测试及全面实施三个阶段。品类管理对华润超市来说还是一个新概念，负责这项工作的多数同事经验较少，有些甚至对基本概念很模糊，因此，员工的培训工作非常重要。为此，公司与 AC 尼尔森先后合作举办了数次专题培训，为品类管理的实施奠定了基础。

香港华润公司实施品类管理的前期准备工作主要包括四个方面：

(1)对所有门店的面积及货架进行测量，合理、有效地分配空间资源；

(2)根据门店坐落的地点和效益状态进行分类；

(3)根据门店商品销售数据，对门店的商品组合重新进行评定；

(4)确定不同的门店销售不同等级的商品。

品类管理是多部门参与的跨部门工作，需要采购、管理、发展及电脑等多部门间的合作与协调，因此，建立部门间良好的沟通机制，以公司利益为共同目标开展工作是十分重要的。

这还是一项长期的工作，它的效益体现在落实和执行的过程之中。华润超市在品类管理推广工作中也发现一些超市主管仍没有认识到品类管理工作的重要性，或在具体落实、执行工作中忽略了一些必要的看似细小的工作。例如供货不及时，造成超市缺货现象；没有严格按照货架陈列规定摆放商品等问题。品类管理在超市的推广是否成功，直接反映了超市员工的工作态度。做事是否用心、是否认真、是否做到从严细化管理等等，都反映了员工对品类管理的认识，反映了他们按品类管理的要求自觉做好工作的意识。

成功的品类管理意味着科学化的货架管理取代经验化管理。按品类管理要求，店内的货架数目确定后，哪一种商品组合达到最大效益，要由品类管理小组确定并统一下发货架陈列图，同时定期进行评估工作。这里，要求超市主管根据货架陈列图进行商品的管理。届时，同类别、同等级的超市，其货架陈列也将统一并标准化。而对现有的、不需额外投资的店铺，开展品类管理，不仅可以增加超市的销售额、降低库存，而且可使其内部管理及实际运作更规范、更科学。

资料来源：中国连锁经营协会.2002 年中国连锁经营年鉴.北京：中国商业出版社，2002.

案例问题：

1. 分析香港华润超市为何要引进品类管理？它的品类管理是如何实施的？

2. 实施品类管理的难点是什么？怎样才能做到成功的品类管理？

【案例 7.2】　　　　　　　　　　**7-11 的成功陈列**

1927 年创立于美国的 7-11，主要业务是零售冰品、牛奶、鸡蛋。1964 年，它推出了便利服务的"创举"，将营业时间延长为早上 7 点至晚上 11 点，自此，7-11 传奇性的名字诞生。1972 年 5 月，日本 7-11 的第一家门店在东京开业。从此，作为"儿子"的日本 7-11 在很短时间内迅速强大。而美国 7-11 却因市场操作失败而处在命运的十字路口。1992 年，作为加盟者的日本 7-11 正式当家作主。现在，它的业务遍及 20 多个国家及地区，共设立了 2.3 万多个零售点，每日为约 3000 万的顾客服务，稳居全球最大连锁便利店的宝座。在竞争激烈的流通业，7-11 是靠什么力量茁壮成长到今天这个规模？现在单从商品陈列来看 7-11 的过人之处。

一、7-11 的陈列原则

7-11 在进行商品陈列时,一般都遵循以下几个原则:

①商品陈列一定要简单明了、有次序,让顾客能在最短的时间内找到所需的商品;

②通道的宽度应设置在 80~90 厘米左右,不让顾客感到拥挤,方便选取商品;

③商品的大类摆放在一定时间内尽量保持不变,这样可以比较方便顾客购物;

④特价商品的堆头展示应醒目,要避免堆头过大、过杂,以免影响效果,降低便利店的单位面积的销售额;

⑤将不易挑选的商品和畅销商品分开陈列,根据销售高峰期合理安排,避免出现顾客堵塞通道,给其他顾客的购物带来不便的现象;

⑥注意充分利用两端端头的货架,因为顾客在这些地方的驻足时间最长,所以,7-11 摆设了一些高毛利的畅销商品;

⑦考虑到顾客需求,便利店货架一般要比超市低,最好不超过 6 层,中心货架尽量做到最高不超过 165 厘米。

二、7-11 的商品区域布局

7-11 的商品区域布局主要通过促进商品陈列革新来实现销售的增长。7-11 认为,大型商场超市存在消费者寻找商品和选择困难的弊端。故而其强调,便利店的商品陈列必须减少顾客盲目寻找的时间,要让消费者一进入店铺就能一目了然,清楚地看到大部分商品。所以,7-11 对商品的陈列区域作出了具体的规定。

1.杂货类商品

此类商品品种多而周转率不高。7-11 通常会从引进小规格的商品开始,配以妥善运用的副陈列架、开设特别的陈列区、专柜化经营等方法来规范。

2.杂志和读物

杂志和读物一般摆放在便利店的入口处,因为这里方便顾客翻阅。顾客就算是白看也无所谓,因为不仅能吸引回头客,还能给便利店带来"顾客喜欢的店"和"好进的店"等印象。

3.日用品和文具

这类商品通常摆放在 7-11 的便利店迎门的两排货架上,因为它们被日光直射也不会引起变质。

4.轻食品、点心、便当和包装蔬菜

这类商品摆放在再往里或靠墙的两侧。有的便利店还会放一台投币式复印机。

5.畅销品以及贵重物品

这类商品通常摆放在收银台的后面,一是收银员方便拿取,二是便于保管贵重物品,防止被偷盗。

6.即兴购买的商品

这类商品比如热饮料和日本人喜欢的卤煮菜、热包子等,通常放在收款台跟前。因为这些食品放在手边能引起食欲,店员也方便拿取。

7.酒类以及冷饮

它们一般是放在最里面的冷饮柜里。因为冰镇啤酒和冷饮都是畅销品,顾客会专门来买,所以放在里面。

三、7-11 的货架利用

1. 货架摆放位置的规定

为了避免取货时发生取错的现象,商品陈列也要注意在货架上的摆放位置,因此,7-11 对货架上商品的摆放也作出了详细的规定。

7-11 依据品类还对各类商品在货架上摆放位置作出了详细的规定,供各便利店参考:

①糖果类的商品一般摆放在货架底部的两端;

②食品类的质量比较轻的商品一般摆放在货架的上部;

③其他商品则分别依据性质和重要程度摆放在货架底部的中间部位或货架的中端部位;

④相类似的商品必须分开陈列,而不能摆放在一起。为了从根本上消除这种现象,有些便利店还在各类商品的中央竖着摆放一件样品,或者在两类商品间摆放一片生菜或绿叶等特殊标记用以区别,使店员在取货时做到一目了然。

2. 7-11 的货架优化管理

由于场地租金的不断增加以及 7-11 便利店传统的经营风格,店铺内货架和仓储空间十分有限,另外,据研究表明,有 76% 的产品是经"冲动式"购物方式售出的,而 80% 的商品是通过货架售出的,因此,货架对 7-11 便利店尤为重要,店铺必须对货架作出合理的安排。

7-11 优化管理的基本原则是商品的货架面积比例的分配与市场占有率相符。因此,实施货架优化管理使 7-11 降低了缺货几率,减少了补货次数,从而降低了人力成本,创造了最大的投资回报率和货架效率。最佳的货架留给销售最好的商品,还会给 7-11 带来其他管理上的好处:①使管理者易于分析,易于陈列符合市场需求趋势的商品;②使消费者轻松有效率地购物;③可以改善订货、补货、存货系统。

四、7-11 的特色陈列

7-11 在具体的做法上是每周总部都要给分店提供一本至少 50 多页的陈列建议彩图,指导各个便利店关于新商品的摆放,招贴画的设计、设置等,帮助它们提高商品陈列水平。7-11 还按月、周对商品陈列进行指导。比如,圣诞节来临之际,圣诞商品如何陈列、店铺如何装修等都是在总部指导下进行的。比如,足球世界杯期间,会将薯条、可乐、零食等陈列在显眼,易于顾客挑选、拿取的地方。除此之外,7-11 总部还在每年春、秋两季各举办一次仅仅面向 7-11 职员和各加盟店店员的、外人免进的商品展示会。总部在会上向各加盟店铺展示标准化的商品陈列方式,指出 7-11 半年内的商品陈列和发展战略。

资料来源:后东升,周伟.零售店商品陈列展示技巧.深圳:海天出版社,2007.

案例问题:

1. 7-11 的商品陈列采用了哪些指导原则?

2. 7-11 的商品陈列有哪些特色?

第8章
购物行为分析

◆◆ **重要概念**

购物者　顾客　消费者　购买模式　购买行为　购买心理　购买动机　购物过程
关键时刻　冲动性购买　非计划性购买

8.1　购物者的含义及其类型

卖场资源有限,市场商机无限。只有正确确定卖场的购物者是谁,深入研究购物者的购买行为过程及其特征,才能明确地制定和实施营销策略,做到有的放矢,有效地服务于购物者,最大限度提高卖场的经营业绩。

8.1.1　购物者

1. 购物者的概念

近年的营销实践中,发现仅针对消费者营销存在诸多局限,而购物者营销(shopper marketing)越来越多地被关注。

顾名思义,购物者指的是卖场内实际购买商品的人群,它不同于消费者、顾客等概念,它重点研究的是"购物"这一动作过程及其影响因素。购物者可以是个体、家庭,也可以是某一个具体的组织。提出"购物者"的概念,有助于具体考察卖场场景对入店群体的影响,从而改进卖场的营销策略,增加购物者的购物机会和频率。因此,对卖场购物者行为的研究是对传统意义上的消费者行为研究的具体化,是卖场确定市场定位、制定营销组合策略、提升竞争能力、实现稳定的客流和利润水平的基础和前提。

2. 购物者与顾客、消费者的差异

(1)购物者与顾客

按照营销学的定义,顾客指的是登门购买商品或服务的个人与住户。它是就一定时期里的整体进店群体而言,但是在某一次具体的采购过程中,顾客不一定会产生购买行为,而购物者指的是那些发生购买行为的群体。因此,顾客概念不完全等同于购物者,换言之,顾客包括了购物者。对购物者的研究可以更加具体地看出是哪一部分顾客对卖场利润的提升作出了贡献,从而制定合理的营销策略以激励不同的顾客群体。

根据顾客的购买条件不同,通常把企业外的顾客分为显著型顾客和潜在型顾客。由于潜在型顾客尚不具备足够的消费能力,或者是缺乏购买需求,这部分顾客就不一定会成为购物者,当然他们也可能随着周围环境的变化转变为显著型顾客,并产生实际支付行为变成真正意义上的购物者,直接对卖场的利益起到决定性作用。从时间上看,顾客还包括过去型顾客、现在型顾客和未来型顾客,对于卖场经营业绩而言,三者都具有一定的影响,但是现在型顾客的购买行为是至关重要的,他们就是卖场中的购物者,对卖场即期利益的影响十分重大,因此,卖场应针对不同的顾客采取不同的营销手段,尽力使过去型顾客和未来型顾客转变为现在型顾客,这是卖场立足市场生存、发展的基础。

(2)购物者与消费者

通常情况下,购物者不等于消费者。购物者只购买而不消费购买到的产品,如家庭主妇购买婴儿奶粉、男用剃须刀、老年人鞋帽等,但自己却并不使用、消费这些产品;购物者也可能同时是消费者,如家庭主妇购买的蔬菜、饮料等供全家食用的食品,自己也会消费这些产品;还有一部分人群,他们仅消费或使用商品,而不参与购买,如婴幼儿或家庭中不参与购买行为的丈夫或妻子,他们才是准确意义上的消费者。

由此可见,消费者侧重于对商品"使用"过程的研究,目的是改善消费者在"消费或使用"时的体验;而购物者侧重于"购买"过程的研究,目的是提升购物场景对购物行为的刺激与影响,诱发购买行为的产生。所以,消费者行为更多地受产品质量的影响,而"购物者"行为更多地受售卖点场景的影响,前者更多影响的是消费者的重复性购买,而后者既影响"购物者"的初次购买,也影响其重复性购买行为。例如,在大型超市购物环境中,购物者选购牙膏产品时,很容易受到商品外包装、促销打折、群体压力等环境因素的影响而作出购买行动,但是,就牙膏的使用而言,消费者更加注重的是牙膏本身的功能、品牌、质量保证等因素,两者的侧重点明显不同。

此外,两者的研究方法也不尽相同。对消费者进行市场调研时,一般采用入户访问、电话访谈、小组座谈、深度访谈等形式,最终以调研员或消费者完成问卷为结束;由于购物者具有高度的流动性,因此,对购物者的市场调研方法通常采用观察法、伴随购物法等,很多卖场使用的是隐蔽观察与即时追问相结合的方法,以获取准确有效的第一手资料。

资料阅读

发现中国购物者的特征：购买者——消费者——生活者

在营销理论中，一个长期的主张是强调对消费者的不断关注和深入研究，目前这一主张受到了挑战。通过对多种购物现场的观察，众多营销实战家认为购物者才是应该给予第一关注的。那么，到底更应该关注购买者还是消费者呢？1998 年以前，当中国的市场调查公司及研究人员的视野完全注意在消费者概念上时，日本著名的市调公司"博报堂"等就提出了不仅要研究消费者还要研究生活者的新概念，并且以新的调查框架在中国展开了大规模的调查。其调查的主要内容，在于不仅将对象看成是消费的人（经济人），更视对象为社会人，要了解比消费行为更广泛的生活行为和价值取向。

从逻辑关系上，生活者涵盖消费者，消费者涵盖购买者，如图 1 所示。其实，在严格的意义上，营销和市场研究关注的对象可界定为三种角色：购买者、消费者和生活者。购买者研究是消费者研究中的一部分，生活者研究则是为了更强的解释力。不同的目标概念，对应不同的选择重点，解决不同的问题，关注的

图 1 购买者、消费者、生活者三者的关系

价值大小是不同的。一般而言，三者分别对应短期关注、中期关注和长期关注（见表 1）。因此，不同的人关注重点是不同的。关注购买行为的直接功效不言而喻，但由于中国市场和中国消费者行为处在迅速变化之中，日本人对生活者的研究取向，应使我们有所领悟，更要重视长期变量和稳定变量。

表 1 三种研究对象的比较

关注重点	购买者	消费者	生活者
特征	仅关注购买行为（what）及终端影响	回答消费行为"如何（what）"及"原因（why）"	全面系统深入了解"为何（why）"及"趋势（trend）"，但难度大
动因	销售额；终端	如何解释及影响消费者行为	更深理解，并掌握长期消费趋势
优点	控制短期反映	专业定位适中	战略长期因素
缺陷	表层；忽略潜在和长远的消费势力	可能不聚焦	忽视短期操作

资料来源：卢泰宏.消费者行为学——中国消费者透视.北京：高等教育出版社，2008：108—109.略有改动.

3．购物者的特征

（1）购物者多且分散

购买活动几乎涉及每一个市场主体，这是一个规模巨大、范围广阔、人数众多的市场，并且由于购物者所处的地理位置各不相同，闲暇时间也不一致，从而造成购物者在购买时间和购买地点上高度分散的情形。

（2）购买数量及购买频率不同

购买活动通常是以个人、家庭或组织为单位进行的。由于受到消费人数、需要量、购买力、储藏地点、商品保质期等诸多因素的影响，购物者购买商品的数量多少、购买的频率高

低都因此产生很大的差异。

（3）购买行为差异性大

由于受到年龄、性别、职业、收入、文化程度、民族、宗教等因素的影响，购物者的需求有很大的差异性，而且随着社会经济的发展，人们的消费习惯、消费观念、消费心理都发生了很大的变化，从而导致人们的购买行为差异性较大。

（4）大多数购物行为属于非专家购买

绝大多数购物者个体在购买时都缺乏相应的专业知识、价格知识和市场知识，尤其是对某些技术性较强、操作比较复杂的商品，更显得知识缺乏，从而影响其判断力和购买行为的选择。在多数情况下，购物者在卖场中购买商品或服务时更容易受到感情、情境的影响，例如广告宣传、商品包装、装潢、服务质量以及其他促销方式的影响，往往会产生购买冲动或非计划性购买。

（5）购买的流动性较大

在市场经济比较发达的今天，人口在地区间的流动性较大，导致购买行为的流动性很大，从而引起了购买力投向在地域上的转移。例如，购物者经常在不同产品、不同地区及不同企业之间流动，或者购买某种商品的替代品，这时购买力投向容易在不同产品、企业及地区之间广泛转移。

（6）购买的长期性、周期性和季节性

购物者需要常年购买、均衡消费的生活必需品，如食品、副食品、牛奶、蔬菜等，其购买呈现出持续时间长的特点；购物者需要等到商品的使用价值基本消费完毕才重新购买的商品，如电话机、家用电器等，其购买又呈现出周期性的特点；而购物者需要季节购买或节日购买的商品，如一些时令服装、节日消费品等，其购买又因时令的变化而表现出很强的季节性特征。

（7）购买的时代特征

购物者的行为往往会受到时代精神、社会风俗、习俗的导向，从而产生一些新的需要。例如，APEC会议以后，唐装成为时代的风尚并随之流行起来，从而引发一场唐装的购买风潮；又如，中央电视台"百家讲坛"的火热，在全社会掀起了一股读史诵经的文化学习热潮，使得人们对书籍、文化用品、教育等精神产品的需求明显增加，促使购物倾向发生了改变。

（8）购买的发展性

随着社会的发展和人民消费水平、生活质量的提高，人们的消费需求也在不断向前推进。过去只要能买到商品就行了，现在却要追求名牌、个性等；过去不敢问津的奢侈商品如汽车等，现在也成为购买的主要对象；过去只把购买活动看做是一种生活的义务，现在却认为购物活动同时也是一个享受、社交及自我展示的过程。总体说来，由于购物需求从低层次向高层次发展、由简单到复杂、从追求数量上的满足向追求质量、享乐方面提升，购物者的购买行为也随之表现出相应的发展性。

8.1.2　购物者的类型

在购买活动中，没有任何两个购物者的购买行为是一致的。由于收入水平、个性特征、购买心理、购物习惯以及购物环境的不同，购物者之间存在很大的差异。因此，研究购物者的购买行为，就不可能逐个分析，而只能进行大致的归类研究。

1. 按照购物者购买目标的选定程度划分

(1)全确定型

这类购物者在进入卖场之前已经具有明确的购买目标,包括商品的名称、商标、型号、规格、样式、颜色,以及价格的幅度等都有明确的要求。购物者进入卖场以后,一般都是有目的地进行选择,并主动地提出所要购买的商品,以及对所购商品的各项具体要求。当商品能满足其需要时,他们便会毫不犹豫地买下商品,其购买目标在购买行动与语言表达等方面都能鲜明地反映出来。

(2)半确定型

这类购物者事先搜集的信息比较多,在进入卖场之前大致的购买目标已经确定,但是具体要求还不甚明确。例如,洗衣机是其计划购买的商品,但购买什么牌子、型号、规格尚未做出决定。因此,在购买支付之前一般需要再作长时间的比较和评价,需要现场卖场人员提供相关的信息,以利于作出判断和选择。因此,这类购物者的购买决策比较容易受到他人和周围环境的影响,花费的时间较长。

(3)不确定型

这类购物者在进入卖场前没有明确的或坚定的购买目标,进入卖场后一般也是漫无目的地看商品,或随便了解一些商品信息,甚至把购物看做是游览、休闲、娱乐活动,碰到感兴趣或合适的商品他们也会购买,但有时却不买商品随即离开。所以,卖场人员要积极引导这类购物者,或采用一些情景的刺激和情节的设计,以唤起他们的购买需求,从而产生现实的购买行为。

2. 按照购物者的购买态度与要求划分

(1)习惯型

这类购物者往往出于对某种商品或某卖场的信赖、偏爱而产生经常、反复的购买行为,并形成一种习惯性态度,当产生需要的时候,他们会不假思索就去特定卖场购买特定品牌的商品。正是由于他们根据过去的购买经验和购买习惯来采取购买活动,或长期惠顾某个卖场,很少受到周围环境的影响,因此这部分人群往往是忠诚型购物者。

(2)理智型

这类购物者的购买行为以理智为主、感情为辅。在进入卖场购物之前,他们会广泛收集商品信息,了解市场行情,进行周密的分析和思考,对购买行为做好充分的准备和计划,通常还列出明确的购物目的、详尽的购物清单、合理的购物步骤设计。在购买过程中,他们头脑冷静、行为慎重,严格按照事先的计划进行购物,不愿别人介入,受广告宣传及卖场人员的介绍影响甚少,不轻信商家的任何承诺,往往是亲自对商品进行细致的检查、比较,反复衡量各种利弊因素后,在不动声色中完成购买行为。

(3)价格型

这种购物者在选购商品时多从经济角度考虑,对商品价格非常敏感。例如,他们从价格的昂贵程度来确定商品的优质性,从而选购高档商品;从价格的低廉程度来判断商品的实惠性,从而选购廉价商品。由于价格主导了购物行为倾向,因此他们对"大甩卖"、"清仓"、"血本销售"等低价促销活动最感兴趣,非常容易就产生购买行为。

(4)冲动型

此类购物者的心理反应敏捷,心境变化剧烈,易受广告宣传、促销人员的影响,卖场的刺激物容易引发起心理指向性,一般能快速作出购买决定。他们的购买行为往往以直观感觉为主,从个人的兴趣或情绪出发,喜欢新奇、新颖、时尚的产品,购买时不愿做反复的选择比较,其购买决策具有快速、草率的特点。

(5)感情型

这类购物者在购物时的心情比较兴奋,情感体验深刻,想象力和联想力丰富,审美感觉也比较灵敏。因此,他们的购买行为容易受到感情的影响,也容易受到情感式销售宣传的诱惑,往往以产品的品质是否符合其感情的需要为依据来确定购买与否。

(6)疑虑型

这类购物者往往性格内向,善于观察细小事物,行动谨慎、迟缓,体验深而疑心大。因此,他们不会冒失、仓促地采取购买行动,往往在听取卖场人员介绍和检查商品之后,依然小心谨慎、疑虑重重;其购买过程缓慢、费时,甚至会因为犹豫不决而中断;购买商品时需要"三思而后行",但购买后仍然放心不下,甚至疑心是否上当受骗。

(7)随意型

这类人群大多属于新购物者。由于缺乏购物经验,购买心理不稳定,他们往往是随意购买或奉命购买商品。因此,他们在选购商品时大多没有主见,不能独立作出购买决定,一般都渴望得到卖场人员的帮助,而且乐于听取卖场人员的介绍并采纳其建议,很少亲自再去检验和查证商品的质量。

3. 按照购物者在卖场现场的情感反应划分

(1)沉默型

这类购物者由于神经过程平静而灵活性低,反应比较缓慢而沉着,因此环境变化刺激对他们影响不大。在购买活动中,他们往往沉默寡言,情感不外露,举动不明显,购买态度持重,不愿与卖场人员交谈,也不爱听幽默或玩笑式的话语。

(2)温顺型

这类购物者的神经反应过程比较脆弱,在生理上不能忍受或大或小的神经紧张,对外界的刺激很少在外表上表现出来,但内心体验较持久,因此表现温顺的购买行为。此类购物者在选购商品时往往遵从卖场人员的介绍和意见,作出购买决定较快,对卖场提供的服务比较放心,很少亲自重复检查商品的质量。

(3)健谈型

这类购物者由于神经反应过程平静而灵活性高,能够很快适应环境,但情感易变,兴趣广泛。在购买商品时,他们能够很快与人接近,愿意与卖场人员或其他购物者交换意见,并富有幽默感,喜爱开玩笑,有时甚至谈得忘乎所以而忘掉选购商品。

(4)反抗型

这类购物者具有高度的情绪敏感性,对外界环境的细小变化都能有所警觉,性情怪僻、多愁善感。在购买过程中,他们往往不能接受别人的意见和推荐,对卖场人员的介绍异常警觉,抱有不信任态度。

(5)激动型

这种购物者由于具有强烈的兴奋过程和较弱的抑制过程,因而情绪易于激动、暴躁,在言谈和举止、表情中都有狂热的表现。在选购商品时,他们往往表现出不可遏止的劲头,在言语表情上显得傲气十足,甚至用命令口气提出要求,对商品品质和卖场人员的服务要求极高,稍不如意就会大发脾气。这类购物者虽然为数不多,但卖场管理人员却需要花费更多的精力和注意力。

由于购物者的性别、年龄、职业、经济条件和心理素质等个性差异的存在,以及购买环境、购买方式、商品类别、供求状况、服务质量等方面的不同,卖场针对的购物者类型就有很大的差别。当然,购物者的购买行为复杂多样,卖场面临的不可能只是单一类型的购物者群体,往往是多种群体混杂在一起。因此,卖场人员应积极研究目标受众群体,把握各类购物者的心理反应和购买习惯,制定行之有效的营销策略,从而促成购买行为的实现。

8.2　购物行为模式

8.2.1　购物行为的主要内容

购物行为是指购物者为满足自身需要和欲望,而寻找、选择、购买商品和服务时介入的过程活动,包括购物者的主观心理活动和客观物质活动两个方面,是购物者的需求和购买动机在实际购买过程中的具体表现。学术界普遍采用 6W1H 的分析方法来研究购物者的购物行为——即 When、Where、Who、What、Why、Who、How,由于后 7 个英文字母的开头都是 O,所以又称为"7O's"研究法(如表 8-1 所示)。通过 6W1H 的展示,可以清楚地了解购物者购物行为的主要内容,有利于把握购物的规律性及变化趋势。

表 8-1　购物者的购买行为框架

6W1H	购物者研究
何时(When)	购买时间(Occasions)
何地(Where)	购买地点(Outlets)
谁来买(Who)	购买者(Occupants)
买什么(What)	购买对象(Objects)
为什么买(Why)	购买目的(Objectives)
有谁参与(Who)	购买频率(Organizations)
如何买(How)	购买方式(Operations)

①何时买？即确定购买时间,这是购物行为的主要内容。它与主导动机的迫切性有关。在购物者的多种动机中,往往由需求强度高的主导性动机来决定购买时间的先后缓急;同时,购买时间也与市场供应状况、购物场所营业时间、节假日及消费习俗等有直接关系。

②在哪里买？即确定购买地点。购买地点是由多种因素决定的,如购物场所的地理位置、环境状况、商家信誉、交通的便利程度、可选择的商品品类数量、价格水平以及服务态度等。这类决策既与购物者的惠顾动机有关,也与其求名、求速、求廉等动机有关。

③谁来购买？即确定购物者,这是购物活动的主体。不同的购物者具有不同的购物习

惯和行为方式,他们对卖场的选择也有所不同。研究购物者主体,有助于确定卖场的定位是否准确,也有利于发现目标群体。

④买什么? 即确定购买对象和购买数量,这是购买决策的首要问题。决定购买目标不只是停留在一般类别上,而是要确定具体的对象及具体的内容,包括商品的品牌、性能、质量、款式、规格和价格等。购买数量一般取决于实际需要、支付能力及市场的供应状况。如果市场供应充裕,购物者既不急于买,买的数量也不会太多;如果市场供应紧张,即使目前不是急需或支付能力不足,也会负债购买。

⑤为什么买? 即权衡购买目的。购物者的购物动机是多种多样的,同样购买一台洗衣机,有人是为了节约家务劳动时间,有人是为了规避涨价风险,有人是为了显示富有,有人则是作为礼品馈赠,不同的购买目的导致不同的购买行为。

⑥有谁参与购买活动? 他们是一次性参与购买,还是重复性购买,或者习惯性购买,即研究的是购物者购买频率的问题。这主要取决于购物者所面临的任务的艰巨程度、时间的紧迫程度、周围环境条件,以及参照群体的影响。

⑦如何买? 即确定购买方式,是函购、邮购、预购还是代购,是支付现金、支票还是分期付款,是步行前往还是驱车到达等等。随着超市、便利店、仓储式销售、大型综合购物中心以及电话订购、电视购物、直销、网络购物等新型销售方式的不断涌现,现代消费者的购买方式也趋于多样化。

8.2.2　购物行为的趋势

购物者的购买行为没有固定不变的模式,随着社会经济的发展,人们的消费习惯和购买行为也必然随之而变。近十年来,购物者的购物习惯发生了显著变化,购物风格也多种多样。主要表现出以下几种趋势:

1. 价值观的变化

人们购买商品的目的,并不单纯在于商品使用上的功能与价值。尤其是年青一代的购物者,他们在注重商品使用价值之上,更加重视商品的附加心理价值。因为附加的这些价值可以带给人们心灵的丰富与满足,因此,变美、变新、变珍贵的商品往往更容易受到青睐。例如,进入百货商场选购衣物,购物者选择的标准并非只是保暖、耐久,而是更重视其颜色、设计式样、流行性、品牌效应、优惠条件、购买的活动空间等各个方面。总体说来,购物者的价值观正在从功用型向娱乐、享受型转变,从满足需要向感性购物升级。

2. 购物的流行与个性化

社会生产力的提高和科学技术手段的广泛应用,造就了现代社会的"购物王国"。通过模仿与复制,商品的丰富程度得到了极大的提升,购物的空间也在急剧拓展;同时,由于社会的进步带来了较多的闲暇时间,人们用于选购商品的时间和精力都得以大大增加。因此,一定程度上讲,购物不再是某一特权阶层的专利,而逐渐演变为人们的一种生活方式。另外,人们还力求在购物过程中把自己与他人进行区分,即进行身份识别,因此,现代的购物行为还特别强调购物者的个性化特征。

3. 冲动性购物倾向明显

所谓冲动性购物,指的是购物者事先没有购买计划或意图,而是在进入卖场之后基于特定的情境而产生的情绪化购买欲望,并立即付诸实施的购买行为。据统计,在百货商店的冲动性购物行为仅为 39.3%,而在超市的冲动性购物行为则高达 62.4%。冲动性购买行为往往伴随着无计划、情绪化或非理性,其购买的结果一方面使购物者的冲动购物欲望得到及时满足,另一方面又给购物者带来各种难以预料的风险,如经济风险、社会风险、心理风险、效用风险等。通常情况下,时间压力、交通便利程度、卖场中设置的购物体验、商品品类的丰富性及商品本身的特性、促销手段、购物者的个性特征、购物者的收入水平及支出习惯,购物清单的使用与否,都直接影响冲动性购物行为。

4.对便利的要求程度愈来愈高

由于收入增加和生活节奏加快,现代购物者对便利的要求愈来愈高。购物者要求的"便利"包括购买地点就近或便于到达,商品的使用简单、便捷,购物需求能够随时满足或实现等等。这就要求市场上具有广阔的购买空间,便利、快捷的购买途径和实现购买行为的方式,购买商品的形式多样、数量充足、规格品种齐全,售货时间、地点、方式便利以及商品本身的自动化、小型化、组合化等。例如,社区便利店的大力兴起,各种自动化家用电子产品、多功能产品,如电子收音机—无线电话—录音机组合、音响组合等;信息化下支付手段的多样化和快速性等等,都反映了购物者对便利性购物的迫切需求。

8.2.3　典型的购物行为模式

现代社会经济生活中,由于顾客的购买动机、心理需求、生活方式、消费习惯等的差异,每个购物者表现出来的购物行为不尽相同。尽管如此,在千差万别的购物行为中,仍然存在着某种共同的带有规律性的东西。一些西方学者深入研究并揭示了购物行为中存在的某种共性或规律性,并以模式的方式加以总结。其中有四种代表性购物行为模式。

1."刺激一反应"模式

著名营销学家菲利普·科特勒在其《市场营销管理》一书中提出了如图 8-1 所示的一个简洁的购买行为模式,即"刺激一反应"模式(S-O-R Model)。

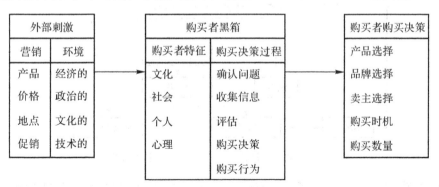

图 8-1　购买行为的刺激一反应模式

该模式通过外部刺激变量与购物者最后的行为反应之间的联系来判断消费者的购买决策及购买行为类型。该模式认为,购买过程包括三个部分:外部刺激(stimuli)、内心活动(operation)和行为反应(response)。其中,外部刺激包括营销刺激和环境刺激两大类;前者如新产品上市、降价促销、广告促销等;后者如收入水平提高、攀比、家居环境、经济的、技术的、政治的和文化的因素等。购买者的内心活动是以购买者的个性特征为基础的,主要体现购买者在购买决策过程中的意志活动;不同特点的人对外部刺激有不同的反应,对是否购买、如何购买等问题的考虑也不一样。行为反应则是购买者在深思熟虑之后,就是否购买、如何购买所表现出来的具体、实际的行为活动。如果购买者一旦决定购买,其反应便表现在购买选择上,包括产品的选择、厂牌选择、购物门店选择、购买时间选择和购买数量选择等内容。该模型解释消费者行为只关注输入(刺激)和输出(消费者的反应),而忽略购买者特性和决策过程这两大因素,故又称之为黑箱效应。

2. 恩格尔-科拉特-布莱克威尔模式

恩格尔-科拉特-布莱克威尔模式(Engel-Kollat-Blackwell Model)又称为 EKB 模式,是目前研究购买行为中较为完整而清晰的一个理论。此模式由恩格尔(Engel)、科拉特(Kollat)和布莱克威尔(Blackwell)三人于 1968 年提出,并于 1984 年修正而成的理论框架,重点是从购买决策过程分析购物者的行为方式,如图 8-2 所示。

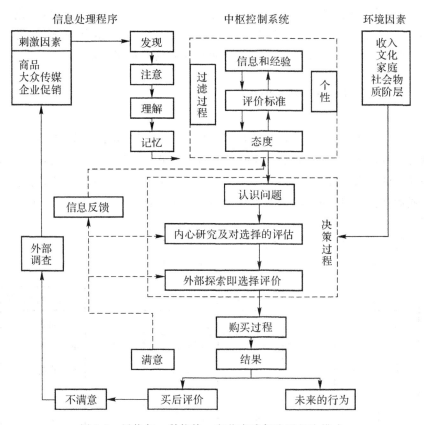

图 8-2 恩格尔-科拉特-布莱克威尔购买行为模式

具体来说,EKB 模式描述了一次完整的购物者购买行为过程:在外界刺激物、社会压力等有形及无形因素的作用下,使某种商品暴露,引起购物者的知觉、注意、记忆,形成信息及经验并储存起来,由此构成购物者对商品的初步认知。在动机、个性及生活方式的参与下,购物者对问题的认识逐渐明朗化,并开始寻找符合自己愿望的购买对象。这种寻找在评价标准、信念、态度及购买意向的支持下向购买结果迈进。经过产品品牌评价,进入备选方案评价阶段,购物者在选择评价的基础上作出决策,进而实施购买并得到输出结果,即商品和服务。最后对购后结果进行体验,得出满意与否的结论,并影响和开始下一次购买活动过程。此过程亦可能受到其他因素的影响,诸如外在的文化、参考群体、家庭的影响以及个人内在的动机、人格形态、人口统计变量等。其中,人格形态与人口统计变量是构成购物者之间购买行为差异的主要因素。

由此可见,EKB模式强调了购买者进行购买决策的过程。这一过程始于问题的确定,终于问题的解决,在这个模式里,购物者心理成为"中央控制器",外部刺激信息(包括产品的物理特征和诸如社会压力等无形因素)输进"中央控制器";在"控制器"中,输入内容与"插入变量"(态度、经验及个性等)相结合,便得出了"中央控制器"的输出结果——购买决定,由此完成一次购买行为。EKB模式尽管较繁杂,各种因素变量较多,但它为卖场营销人员了解购物者购买行为的产生、发展趋势及规律性,提供了清晰的参考依据,便于把握千变万化的购买行为中的规律性,以作出正确的判断及最佳营销决策。

3. 霍华德-谢思模式

霍华德-谢思模式(Howard-Sheth Model)由学者霍华德(Howard)在1963年提出,后与谢思(Sheth)合作经过修正于1969年正式形成。霍华德-谢思模式来自于"刺激-反应"概念,它通过四大因素来描述购物者的购买行为,即刺激或投入因素(输入变量)、外在因素(外在变量)、内在因素(内在过程)、反应或产出因素(结果变量)如图8-3所示。

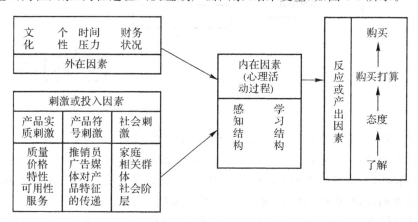

图 8-3　霍华德-谢思购买行为模式

霍华德-谢思模式认为投入因素和外界因素是购买的刺激物,它通过唤起和形成动机,提供各种选择方案信息,影响购买者的心理活动(内在因素)。购买者受刺激物和以往购买经验的影响,开始接受信息并产生各种动机,对可选择产品产生一系列反应,形成一系列购买决策的中介因素,如选择评价标准、意向等,在动机、购买方案和中介因素的相互作用下,便产生某种倾向和态度。这种倾向或者态度又与其他因素,如购买行为的限制因素结合后,便产生购买结果。购买结果形成的感受信息也会反馈给消费者,影响消费者的心理和下一次的购买行为。

霍华德-谢思模式与EKB模式有许多相似之处,但也有诸多不同点。两个模式的主要差异在于强调的重点不同。EKB模式强调的是态度的形成与产生购买意向之间的过程,认为信息的收集与评价是非常重要的;霍华德-谢思模式更加强调购买过程的早期情况:知觉过程、学习过程及态度的形成。同时,也指出了影响购买行为的各种因素之间的联系错综复杂,只有把握多种因素之间的相互关系及联结方式,才能揭示出购物者购买行为的一般规律。

总体来看,霍华德－谢思模式是对前几种购买行为模式的糅合,逻辑性强、内容全面,并综合运用了心理学、社会学和管理学的知识,从多方面解释了购物者的购买行为,如新老产品、消费品和工业品的购买行为,也能够解释一定时期内购物者的品牌选择行为,因此,该模式的参考价值较大。但是,这种模式过于繁杂,在营销实践中不易掌握和运用。

4. 尼科西亚模式

尼科西亚(Nicosia)于 1966 年在《消费者决策程序》一书中提出这一决策模式。尼科西亚模式(Nicosia Model)主要是将购物者的购买过程归结为成决策程序的流程图,以此对购物者的购买行为过程进行模拟,如图 8-4 所示。

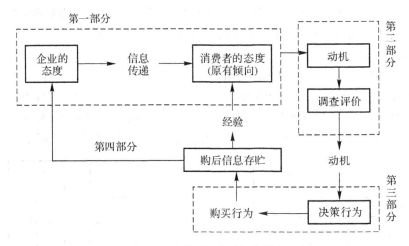

图 8-4　尼科西亚购买行为模式

该模式由四大部分组成:①从信息源到消费者态度,即厂商将有关产品的信息通过广告等媒介传至消费者,经过消费者的内化(internalization)后形成购买态度;②消费者对商品进行调查和评价,并且形成购买动机的输出,这是信息寻求及方案评估过程,通过信息收集作为评估准则,因此而产生购买动机;③消费者采取有效的决策行为,即购买行动,是指消费者将动机转变为实际的购买行动,这一过程会受到品牌的可用性、经销商因素的影响;④消费者购买行动的结果被大脑记忆、贮存起来,供消费者以后的购买参考或反馈给企业,这是信息反馈的阶段。消费者购后使用的满意程度会影响再购行为,同时厂商也根据消费者的购后反应来了解其购物倾向,以作为制定营销策略的参考依据。

8.3　购物行为类型及购物心理、动机

8.3.1　常见的购物行为类型

1. 按照购物者的卷入度划分

卷入或介入(involvement)定义为"一个人基于内在需要、价值观和兴趣而感到的与客

体的关联性。"①其中"客体"是指消费者可能发生介入的品牌、产品,或一则广告促销或一种购物情境等。通常从策略上可以分为"品牌(产品)介入"、"信息介入"和"购买情境介入"。购物者卷入度,是指购物者由某一特定购买需要而产生的对购买过程的关心或感兴趣的程度。因此,购买行为的卷入度是购物主体的一种暂时状态,它要受到个人、产品、情境等因素的相互作用和影响,如表 8-2 所示。

表 8-2　高度卷入的购物者与低度卷入的购物者

高度卷入的购物者	低度卷入的购物者
1. 信息处理者	1. 随机学习信息
2. 信息收集者	2. 不需要进一步收集信息
3. 广告对其影响很弱	3. 广告所对其影响较大
4. 购买前评估品牌	4. 购后对品牌进行评估
5. 寻求最大的预期满意水平,在对品牌多重属性比较的基础上购买商品	5. 寻求可以接受的满意水平,熟悉是关键所在
6. 个性和生活方式特征与购买行为方式有关	6. 个性和生活方式特征与购买行为无关
7. 相关群体会影响其购买行为	7. 相关群体对其没有太大影响

从表 8-2 中可知,对于不同产品或同一产品在不同情形下的购买,购物者的卷入程度是不同的。高度卷入的购物者通常都会耐心地了解产品或服务的相关专业知识,他们会花费大量的时间和精力不断地搜索信息,特别关注有关产品性能的信息以及感兴趣的信息,从而有利于对产品进行填补和升级。相对来说,低卷入度的购物者对他们所觉察到的产品形成消极的信念,他们几乎是在没有任何信息的情况下快速作出购买决策并付诸实施,随后进行购后评估。这种购后评估往往形成一种态度,并在一段时期内影响低卷入度购物者的购买行为倾向和购买方式,反之,他们就更没有必要花费太多的精力去收集信息完成购买。

根据购物者对不同品牌产品的卷入度不同,著名营销学家 P·科特勒在美国学者 H·阿塞尔(1978)的研究基础之上,把购物者的购买行为分成了四种类型,如图 8-5 所示。

	高度卷入	低度卷入
决策(信息搜寻、考虑品牌的选择)	复杂型购买行为(汽车、电器等)	多变型购买行为(成人麦片、快餐食品等)
习惯(很少或没有信息搜寻、只考虑一种品牌)	和谐型购买行为(运动鞋、成人麦片等)	习惯型购买行为(罐装蔬菜、纸巾等)

图 8-5　消费者卷入度与购买行为类型

资料来源:[1]亨利·阿塞尔.消费者行为和营销策略(第 6 版).韩德昌译.北京:机械工业出版社,2000:48.[2]菲利普·科特勒.市场营销管理.梅汝和译.北京:清华大学出版社,2000:158.略有改动.

(1)复杂型购买行为

如果购物者属于高度卷入,并且了解现有产品品牌、品种和规格之间具有显著差异,则会产生复杂的购买行为。这意味着购物者购买过程的完成要经历大量的信息收集、全面的产品评估、慎重的购买决策和认真的购后评价等各个阶段。一般来讲,当购买属于昂贵的、

①　Judith Lynne Zaichkowsky, Measuring the Involvement Construct in Marketing. Journal of Consumer Research. 1985(12):341-352.

初次行为、购买次数较少的、冒风险的和高度自我表现的,则属于高度卷入的购买。例如,购买电脑、汽车等。

在复杂的购买活动中,购物者经历了对产品的认知、学习过程。他们通过广泛的信息收集整理,首先建立起对产品的信念,然后转变成态度,最后才作出谨慎的购买决定。因此,营销者必须制定各种策略以帮助购物者掌握该类产品的属性、各属性的相对重要性以及厂牌的重要性等,以此增强购物者对产品的信任感。同时,必须使产品自身的特征与众不同,运用各种媒体和详细的广告文案来描述产品的优势和价值所在,并发动卖场的售货员和各种参照群体影响购物者的最终购买决定。

(2)和谐型购买行为

如果购物者属于高度卷入,但是并不认为各品牌之间具有显著差异,则会产生和谐型购买行为,又称为减少失调感的购买行为。和谐型购买行为意味着,购物者虽然对购买行为持有谨慎态度,但是他们的注意力更多地集中在品牌价格是否优惠,购买时间、地点是否便利等问题上,而不是花很多精力去收集不同品牌间的信息并进行比较,也不会精心挑选品牌,整个购买过程迅速而简单,但是在购买以后会认为自己所买产品具有某些缺陷或其他同类产品有更多的优点,从而产生后悔心理或心理不平衡,并怀疑先前作出的购买行为的正确性。

为了改变这样的心理,追求心理上的平衡,购物者应该广泛地收集各种对已购产品的有利信息,以获取一些新信念并形成同类态度,证明自己购买决定的正确性。为此,卖场应通过调整价格和售货网点、完善售后服务等途径,向购物者提供有利的信息,帮助购物者消除不平衡心理,坚定其对所购产品的信心,使其相信自己的购买行为是正确的。

(3)多变型购买行为

如果购物者属于低度卷入,并了解现有各品牌和品种之间具有显著差异,则会产生多变型的购买行为。多变型的购买行为意味着,购物者购买产品具有很大的随意性,他们并不深入收集信息和评估比较就决定购买某一品牌,但在下次购买时又转换其他品牌。转换的原因可能是厌倦原来的口味或是想试试新口味,总之,多变型购物者的主要购买动机是寻求产品的多样性,而不一定是出于对产品及其购买过程的不满意。

为此,卖场应根据自身所处市场结构实施不同的营销策略。当卖场处于市场优势地位时,应注意以充足的货源占据货架的有利位置,并通过提醒性的广告促成购物者建立习惯性购买行为;而当卖场处于非市场优势地位时,则应以降低产品价格、免费试用、介绍新产品的独特优势、赠送等方式,鼓励购物者进行多种品种的选择和新产品的试用。

(4)习惯型购买行为

如果购物者属于低度卷入,并认为各品牌之间没有什么显著差异,就会产生习惯性购买行为。习惯性购买行为意味着,购物者并未深入收集信息和评估品牌,没有经过信念—态度—行为的过程,只是习惯于购买自己熟悉的品牌,购后也不一定作出评价。例如,购买食盐时,购物者几乎不再花费任何精力去了解产品或品牌,而是走进超市随手拿起一种品牌的食盐就当即买下;即使他们寻找某一品牌,如昆明大象牌,也多是出于生活习惯,并没有强烈的品牌忠诚感。

针对习惯性购买行为,卖场的主要营销策略是:①利用价格与销售促进吸引购物者试用。这是因为购物者并未对任何品牌有高度承诺,所以销售促进可以极大地改变其购买的倾向性。②开展大量重复性广告以加深购物者的印象。卖场的广告要强调本产品的主要特点,要以鲜明的视觉标志、巧妙的形象构思赢得消费者对本卖场产品的青睐,从而提升购物者对产品的熟悉程度。③增加购买卷入程度和品牌差异。如果卖场改进空间布局、设置与一定情境相联系的购物环境,大力强调各个品牌的独特性和不可替代性,那么购物者在购买过程中的卷入度必将大大提升,从而作出复杂的购买行为。

例行的购买行为

在一项研究中,研究者对三个连锁店中的 3120 名购买衬衣清洁剂的消费者进行了观察。一个观察者站在清洁剂货区负责记录走进这个货区并挑选他们想要的清洁剂的购物者的行为。结果显示,对于大多数消费者,衬衣清洁剂的选择行为是十分例行化的。

观察发现,大多数消费者只检查较少的几种包装就作出购买行为。实际上,72%的消费者只看一种包装,只有 11%的消费者看两种以上的包装。而且真正被选中的包装更少——83%的消费者只选中一种包装,只有 4%的消费者选中的包装超过两种。很明显,大多数消费者对这种产品都没有进行太多的店内问题解决活动。实际上,任何品牌之内和品牌之间的比较都很少,绝大多数消费者根本就没有作任何比较。最后,消费者从这个货区到作出他们对清洁剂的选择平均只花了 13 秒钟。

资料来源:龚振,荣晓华.消费者行为学.大连:东北财经大学出版社,2002:254.

2. 按照解决购买对象所面临的问题不同划分

(1)购物对象的种类

零售卖场经营的商品多达数十万种,规格千差万别,因此购物者所面临的问题差异性较大。根据购物者的购买习惯,通常将购买对象分为以下四种:

①日用品,又称为易耗品或便利品,是指购物者频繁购买、即用即买,购买时只花最小精力比较的商品,如烟草类商品、肥皂、报纸等。日用品具有高度的同质性,通常摆放在货架上醒目的位置,购买的随意性较强。

②选购品,是指购物者在选购过程中,对商品的适用性、质量、价格和式样等基本方面进行有针对性比较的商品,包括家具、服装、旧汽车和较大的家用电器等。选购品具有耐用性,单价高,风险大,购物者购买频率较低。

③特殊品,是指具有独有特征或厂牌标记的商品,以及购物者特别偏好的商品。购物者认为这类商品的购买,能够带来超过商品本身价值的附加值,因此愿意作出特殊的购买努力,并花费一切代价,例如购买小汽车、高保真度音响器件、摄影器材等。

④非渴求品,是指购物者未曾听说过或购买意愿不强烈的商品,如百科全书等。购物者对这类商品的需求动机往往较弱,因此购买行为缺乏积极性;如需购买,则要进行充分了解之后才能作出正确的购买行为。

(2)由购买对象不同所产生的不同购买行为的几种分类

由于购物者购买不同类型的商品时面临的问题有所不同,解决问题的谨慎程度及所花费的时间和精力也就不同,据此产生不同的购买行为。

R·布莱克韦尔将其区分为扩展型问题解决(extended problem solving,EPS)、有限型问题解决(limited problem solving,LPS)及习惯型(重复)购买决策(routinized response behavior，RPS)。有时还在扩展型问题解决和有限型问题解决之间，再加入一个类型——中等问题解决(middle problem solving，MPS)[①]。

美国市场学家赫华(Howard)和西斯(Sheth)据此将购物者的购买行为分为三种类型：

①常规反应行为(routinized response behavior)。这是最简单的购买行为，一般是指价值低、次数频繁的商品购买行为。购物者已熟知商品特性和各种主要品牌，并在各品牌中有明显的偏好，因此购买决策很简单，如每天买一包香烟，每月买一支牙膏等等。这类商品通常属于日用品和特殊品，但由于缺货、商店的优惠条件，或喜新的心理影响，有时也会更换品牌。但一般说来，这类购买行为如同日常的例行活动，不需花费太多的时间和精力。卖场营销者在此种情况下的对策是：质量和价格尽量保持稳定，以便保住现有顾客；同时宣传自己品牌较其他品牌优越的方面，尽量吸引其他品牌的顾客。

②有限解决问题行为(limited problem solving)。购物者熟悉某一类商品，但不熟悉所有的品牌，要想买一个不熟悉的品牌时，购买行为就较为复杂。例如，有人想买自行车，也懂行，但对某一新牌号尚不熟悉，这就需要进一步了解情况，解决有关这个新牌号的问题，然后才能作出决策。这类商品一般属于选购品。对此，卖场营销者应通过各种促销手段，加强信息传递，增强消费者对新品牌的认识和信心。

③广泛解决问题行为(extensive problem solving)。购物者面对一种从来不了解、不熟悉的商品，购买行为最为复杂。例如，第一次购买微波炉的购物者，对品牌、型号、性能等一无所知，这就需要广泛解决有关该商品的一切问题。这类商品通常是选购品或非渴求品。为此，卖场营销人员必须了解潜在购买者如何搜集信息和评估产品，全方位详细介绍商品的各种属性，增加购物者对产品的了解程度，以便于作出购买决策。

通常情况下，购物者的购买行为类别并不会固定不变，而会随着商品生命周期的移动等原因(如对某种商品由陌生到熟悉)而改变。图 8-6 描述了这一过程的变化方向和特征。

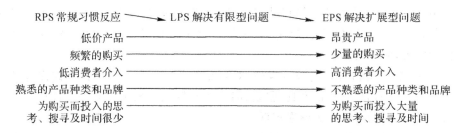

图 8-6　购买类型的过渡

资料来源：迈克尔·R·所罗门.消费者行为学(第 5 版).张硕阳译.北京：经济科学出版社，Prentice Hall，2003：260.

8.3.2　购物的心理

1. 购物的心理活动过程

在分析、把握购物者购物需求的同时，还应当掌握购物者的购买心理。购物者购买心

① 罗格·D·布莱克韦尔.消费者行为学(第 9 版).北京：机械工业出版社，2003：66.

理是指购物者在购买商品时的心理现象对客观现实的动态反映。购物者在实施购买活动时,其多种多样的心理现象无论复杂或简单,都是周围客观现象在头脑中的反映。这个心理变化的过程可以概括三个阶段,即认知过程、情绪过程和意志过程。

(1)认知过程

这一阶段又可以分为感性认知和理性认知两个小阶段。购物者首先通过感官感觉到商品的个别属性,然后再通过记忆、联想、对比、思维,对感觉到的材料进行分析、比较、抽象、概括、判断、推理以至想象,从而对商品形成一个比较全面的本质的认识。经过这个从感性到理性、从感觉到思维的过程,购物者已经接近作出购买与否的决定了。

(2)情绪过程

情绪过程是伴随着人们的认识过程而出现的心理现象,是一种具有独特个性特点的主观体验。情绪可按发生的强度和持续时间的长短,分为情感、激情、心境、热情、情操等基本形态。情绪一般没有具体的形象,而是通过购物者的神态、表情、语气和行为表现出来。购物者的情绪表现在性质上,可分为积极的、消极的和双重的三大类型。积极的情绪如愉快、喜爱、热爱等,能增强购物者的购买欲望,促成购买行动;消极的情绪如愤怒、厌恶、恐惧等,会抑制购物者的购买欲望,阻碍购买行为;双重的情绪,如既满意又不满意,既喜欢又忧虑等,往往使购物者的购买欲望和购买行为处于两难境地。

(3)意志过程

购物者心理过程的变化除了以生理机制为基础外,还需要以心理机制为保证。这种心理保证,能使购物者自觉地为实现其购买目的而采取一系列的行动,并使购物者在购买过程中努力排除各种外来的及内在的干扰,保证购买目的的实现。购物者的这种有目的的、自觉的支配调节自己的行为,有助于努力克服各种困难,从而实现既定购买目的的心理活动,这就是意志过程。

购物者的意志过程与认知过程、情绪过程是紧密结合、密不可分的。三者是具有一定区别,但又相互依赖、相互促进的同一过程,是认知、情绪和意志的三者合一。掌握了这一点,就能够很好地把握购物者的购物心理,为卖场营销的成功奠定基础。

2. 购物的心理认知

在当今零售业主导的市场结构中,消费席卷了每一个层级上的购物者。随着经济收入的增长,购物者进行购买活动的心理认知也不仅仅是为了解决基本生存问题。学术界普遍认为,购物者的购物心理认知有以下几种表现:

①将购物活动视为一种娱乐活动,以改变日常单调生活方式。

②将购物活动视为一种角色体现,比如作为母亲、家庭主妇所应完成的任务。

③将购物活动本身视为一种乐趣,得到自我满足,比如从"花钱"中得到快乐。

④将购物活动作为一种锻炼身体的良好形式。

⑤将购物活动作为了解时尚、新潮的方式。

⑥从购物活动中得到感官感受,比如看到商店的优美布置、聆听动人的背景音乐、欣赏各式各样的产品等。

⑦将购物活动视为一种社交方式,通过它来建立起良好的人际关系。

⑧将购物活动视为沟通良机,如兴趣相同的"音乐发烧友"聚集在音像商店沟通信息。

⑨通过卖场选择为同一类型的人群提供聚集机会,如某一社会阶层的人通常在某一特

定商店购物。

⑩将购物活动看成能体现自身地位和权威的一种方式。

⑪在购物过程的讨价还价中得到乐趣,为自己有能力买到"便宜货"而自豪。

购物者产生心理认知基于以下三个因素:一是购物对象,即商店及商品的情况;二是购物者的闲暇时间;三是安排闲暇时间的价值取向。在消费主义流行的今天,随着各种商业网点的增加和设施的改善,卖场向消费者提供的不仅仅是一个满足需要的购物场所,更多的时候还被赋予了休闲、娱乐、社交的功能,从而成为人们日常生活方式的一个重要部分。闲暇时间的多寡,以及消费者持有的购物理念,使得上述心理起作用成为可能。生活水平越高,人们用于休闲的时间就更多,将"逛商店"作为一种"耗时"方式的可能性就越大,将舒适的购物环境作为生活调剂的方式的可能性就越大。另外,当整个社会盛行消费风气,物质享乐主义占主流时,各种购物行为就会增加;相反,如果人们奉行"节俭简朴"、"勤奋工作"的生活价值观,那么上述购物心理就会较少出现。目前,由于人们收入水平不断提高,闲暇时间日益增多,生活质量稳步改善,各种卖场都开始注意到购物心理多元化的重要性。也就是说,卖场不能仅仅强调为购物者提供所需商品,更要强调卖场能够满足购物者多种需求的特征。在消费者未来的生活方式中,可以预期多元化的购物心理将在购物者的购买行为中起到越来越重要的作用。

8.3.3 购物的动机

动机(motivation)的原意是引起动作,心理学将动机定义为引发和维持个体行为并导向一定目标的心理动力。动机是一种内在驱动力量,是一种基于需要而由各种刺激引起的心理冲动。购物动机就是引导购物者购买活动指向一定目标,以满足需要的购买意愿和冲动。这种购买意愿和冲动是十分复杂、捉摸不透的心理活动过程。

购物者的需要和欲望是多方面的,其购物动机也是多种多样的。从不同的角度可以对动机的类型作多种划分。按照需要的层次不同,可以分为生存性动机、享受性动机和发展性动机;按照动机形成的心理过程不同,可以分为情绪性动机、理智性动机和惠顾性动机;按照动机作用的形式不同,可以分为内在的、非社会性动机和外在的、社会性动机;布莱思则将动机分为初始动机、第二位动机、理性动机、情感性动机、被意识到的动机和潜伏的动机六种[①]。在卖场中,购物者的购买动机往往十分具体,表现形式复杂多样,与购买行为的联系更加直接。一般来说,购物者的购买动机具体表现为以下 11 种形式。

1. 求实的购买动机

这是指购物者以追求商品或服务的使用价值为主导倾向的购买动机。具有这种购买动机的购物者比较注重商品的功用和质量,要求商品具有明确的使用价值,讲求经济实惠,经久耐用,而不过多强调商品的品牌、包装、装潢和新颖性。倘若商品的使用价值不明确,甚至无实际用处,购物者就会放弃购买行为。这种动机并不一定与购物者的收入水平有必然联系,而主要取决于个人的价值观念和对消费的态度。

---

① [美]J·布莱思.消费者行为学精要.北京:中信出版社,2003:32-35.

2. 求新的购买动机

这是指购物者以追求商品的时尚、新颖、奇特、趋势为主导倾向的购买动机。具有这种动机的购物者往往富于想象,渴望变化,喜欢创新,有强烈的好奇心。在购买过程中,特别重视商品的款式是否新颖独特、符合时尚,对造型奇特、不为大众熟悉的新产品更是情有独钟,根本不在乎商品的价格高低及实用与否。在求新动机的驱动下,经常凭一时兴趣进行冲动式购买。例如,年轻的 90 后,喜欢款式翻新的手机,喜欢 Hip-pop 的装扮;外国人到中国来,往往对唐装、刺绣等民族产品充满了好奇心,并且非常乐意购买。总体上看,这部分人群主要是时装、新式家具、新式发型及各种时尚商品的主要购物者和消费群体。

3. 求美的购买动机

这是指购物者以追求商品的欣赏价值和艺术价值为主要倾向的购买动机。追求美好事物是人类的一种本能和普遍要求,而较多地追求商品的欣赏价值和艺术价值,在中、青年妇女和文艺界人士中较为多见,在经济发达的国家中也较为普遍。具有求美动机的购物者在选择商品时,特别注重商品本身的造型美、色彩美及艺术品味,注重商品对人体的美化作用和对环境的装饰作用,希望通过购买格调高雅、设计精美的商品获得美的体验和享受,以及对精神生活的陶冶作用。例如,通过款式色彩和谐的服装、服饰搭配美化自我形象,选购具有艺术气息的家庭装饰用品美化居住环境,以及对美容、美发服务的消费等,都是求美动机的体现。

4. 求名的购买动机

这是指购物者以追求名牌、高档商品,借以显示或提高自己的身份、地位而形成的购买动机。现代商战中,一些产品及企业由于产品质量精良、知名度高、声誉卓著、市场竞争力强而备受消费者的青睐,也成为卖场中最吸引购物者眼球的商品。许多购物者在购买之前就已经将名牌产品确定为自己的购买目标;在购买过程中,不管商品种类如何繁多,他们仍会将注意力直接指向名牌产品。求名的购买动机不仅可以满足购物者追求名望的心理需要,而且可以降低购买风险,加快商品选择过程,因而在品牌差异较大的商品如家用电器、服装、化妆品等的购买活动中,成为带有普遍性的主导动机。

5. 求廉的购买动机

这是指购物者以追求商品、服务的价格低廉为主导倾向的购买动机。这种类型的购物者非常注重所购商品价格的低廉程度,特别希望以较少的支出获得较多的利益。因此,在购买过程中,他们会对商品价格进行仔细的比较,在不同品牌或外观质量相似的同类产品中,会尽量选择价格较低的品种。同时,他们还喜欢购买优惠品、折价品或处理品,有时甚至因价格有利而降低对商品质量的要求。求廉的动机固然与购物者的收入水平较低有关,但是对于大多数购物者来说,以较少的支出获取较大的利益是一种普遍的甚至是永恒的购买动机。

6. 求便利的购买动机

这是指购物者以追求商品购买和使用过程中的省时、便利为主导倾向的购买动机。追求便利是现代购物者提高其生活质量的重要内容。在便利动机的驱使下,购物者把购买目标指向可以减少家务劳动强度的各种商品和服务,如洗衣机、冰箱、微波炉、洗碗机、方便食品、家政服务等,以求最大限度地减轻家务劳动负担。为了方便购买,节约购买时间,越来越多的购物者喜欢就近购买、选购速食品,或者采用送货上门、电话订购等现代购物方式。

随着社会生活的节奏愈来愈快,购物者追求便利的动机会日益强烈。

7.模仿或从众的购买动机

这是指购物者在购买商品时自觉不自觉地模仿他人的购买行为而形成的购买动机。当市场上的购物需求相似时,购物者容易产生模仿的购买动机。在卖场的选购过程中,这种类型的购物者对自己的选择缺乏坚持的毅力,比较容易受到周围群体的压力而改变自己的购买决定,对社会风气和具体购物环境非常敏感。因此,这类购物者购买某种商品,往往不是由于急切的需要,而是为了赶上他人、超过他人,或与他人保持一致借以求得心理上的满足。

8.癖好的购买动机

这是指购物者以满足个人特殊兴趣、爱好为主导倾向的购买动机。有癖好心理动机的人往往自身赋有某一方面的专长、兴趣和个人嗜好,因此喜欢购买某一类型的商品,如集邮、摄影、花鸟鱼虫、古玩字画、音响器材等。这些嗜好往往与购物者的职业特点、知识领域、生活情趣有关,因而其购买动机非常明确,购买指向也比较稳定和集中,而且具有持续性和重复性的特点。

9.求安全的购买动机

这是指购物者出于安全消费心理,使人身避免受到各种伤害为主导倾向的购买动机。现代消费者越来越注重自身的生命安全和生理健康,并且把保证安全和健康作为购买支出的重要内容。因此,当他们进行购买行为时,通常把商品的安全性能和是否有益于身心健康作为购买与否的首要标准。就安全性能而言,购物者不仅要求所购商品在使用过程中各种性能安全可靠,如家用电器不出现意外事故、汽车对人身的安全保障等,而且倾向于选购具有安全保卫功能的产品,如防盗锁、绿色食品等。在现代社会中,商品的购买与消费的不安全已经成为影响购物者购买行为的重要因素,追求安全的动机日益成为购物者的主导性动机,在安全动机驱动下的购买行为也必将成为一种经常性购买行为。

10.求自我表现的购买动机

这是以显示自己的身份、地位、名望及财富为主要目的的购买动机。这类购物者往往怀有一种"炫耀性"心理,他们实施购买行为主要是为了展示自己的身份和社会地位,这在现代社会中尤为普遍。这种类型的购物者在选购商品时,不太注重商品的使用价值,而是特别重视商品的符号意义及所代表的社会象征意义,喜欢购买名贵商品、稀有商品、顶级商品,以及价格惊人的特殊商品;其购买行为奢华、休闲、具有高尚独特的品味,以此显示其超人的财富、特殊的身份地位,或不同凡响的品味,达到宣扬自我、炫耀自我的目的。

11.惠顾性购买动机

惠顾性购买动机也称之为习惯性动机。它是指购物者对某一特定卖场或特定商品品牌产生特殊信任和偏好,从而在近似条件反射的基础上习惯性地重复光顾某一卖场,或反复、习惯性地买同一品牌的商品。惠顾性动机有助于企业获得产品的忠实顾客群体,保持稳定的市场占有率。

除了上述主要的购买动机之外,购物者还有诸如馈赠性、攀比性、补偿性、储备性等购物动机。人们的购买动机不同,购买行为必然是多样的、千变万化的。这就要求卖场营销者深入细致地分析购物者的各种需求和动机,针对不同的购物心理和购买动机设计不同的产品和服务,制定有效的营销策略,获得营销成功。

8.4　购物行为过程

8.4.1　购物过程的几个阶段

购物者购买商品的过程是非常复杂的心理活动过程,同时伴随着行为的产生。从购物者进入卖场之后,到采取购买行为之前,可以将购物者的整个活动过程分为七个阶段:注意、兴趣、联想、欲望、比较、决定及满意,如图 8-7 所示。

图 8-7　购物行为过程

1.注意

注意是购物者心理活动的一种积极状态,使心理活动具有一定的方向,当购物者走进卖场时,首先要环视陈列商品,在其中寻找想要购买的商品,这是购买过程的第一阶段。这时,如果卖场人员不能引起购物者对商品的注意,那么购买过程即告中断;倘若能够引起购物者对商品的注意,那么商品成交就有了初步把握。因此,当购物者在柜台前长时间关注某一种商品时,卖场人员应主动打招呼以稳住购物者,并尽快了解和观察其购买意图,使经营的商品成为购物者心目中注意的商品。

资料阅读

注意的表现及诱导方法

根据购物者产生和保持注意力时有无目的及意志力的程度,可以将购物者的注意分为无意注意、有意注意、有意后注意三种类型。卖场可以通过环境中各种显著的刺激物的暴露与展示,引起或增强购物者的注意力。例如,收音机和电视中的广告可以比其他节目的声音更大;有些商场为促销请来时装模特或歌星表演节目以吸引行人驻足;饭店的玻璃门让行人清楚地看到里面熙熙攘攘的食客,饭店的香味飘散到街道上;卡通造型的儿童服装设计与展示等等。企业营销人员还通过设计新奇的、有特色的广告、产品包装和促销宣传活动来增强营销信息的显著性。例如,有的鞋店在门口摆放巨大的模型鞋以引起消费者的注意;有的商场聘用著名人士做广告,或举办名人的专场活动以吸引消费者;英国一家广告代理商为了引起消费者对一种黏合剂的注意,用这种黏合剂将一辆汽车黏到了大广告牌上。但是,如果设计不当,制造更显著的刺激有时并不能吸引消费者的注意,甚至适得其反,例如,卖场周围杂乱无章的广告牌,不仅不能引起消费者的注意,甚至还会引起其厌烦的心理。

资料来源:龚振,荣晓华,刘志超.消费者行为学.大连:东北财经大学出版社,2002:130-135,略有改动.

2. 兴趣

当购物者对商品注意后,要尽力使其发生兴趣,诱发感情,即购物者对商品和卖场人员在情绪上的反映所表现出的善恶倾向。因此,激发购物者的购物兴趣,一方面要使卖场人员提供良好的服务态度,使购物者产生满意而愉快的感情,另一方面要让卖场人员进行商品出样展示,通过出样的变换试探购物者的心理反应,并根据购物者喜爱的商品进行介绍。只有最大限度地迎合购物者的心理要求,才能引起购物者对商品购买的兴趣。

3. 联想

所谓联想是指由某事物想到与之有关的另一事物的心理活动,如购物者在购买布料时,会想到穿上后是否时髦,和其他衣服是否相配,如此等等。这种联想的实质是"知觉的选择性"。为此,卖场人员要善于察言观色,主动介绍顾客购物者感兴趣的商品,尽量利用周围各种人与物品进行提示,从而引起购物者对该商品的愉快的联想。

4. 欲望

随着联想的深入,购物者内心会萌发出购物的欲望,即准备购买。这时,卖场人员要极力抓住时机,采取一些技巧和手段进一步向顾客介绍他所关心的有关商品内容,以促进顾客的购买欲望。例如,告诉购物者这是"限量版"商品、"专利"商品、"纪念品"等,购买后对此商品的拥有具有一定的个性特色和专断权等。

5. 比较

比较是购买过程中买卖双方将要达到顶点的一步,即通过比较后要作出购买与否的决定。这时,卖场人员应因势利导施展服务策略,促使购物者信任其购买的商品是值得的。例如,当购物者对商品的高价产生质疑时,卖场可以辅助原产地证明书、商家或卖场的品牌效应、卖场的优雅舒适的购物环境设计等手段,使购物者感觉到付出高价得到这些附加值是非常值得的。

6. 决定

一般来说,通过比较之后,购物者可以作出是否购买的决定,但是可能还会存在某个方面的疑虑,例如,购买大件物品时,购物者会对运送的便利性产生疑虑,卖场可以告知免费送货上门的服务措施,使其消除疑虑,作出购买决定。又如,购物者对购买商品所支付的高价心存不甘时,卖场人员可以马上告知购买商品可以获得的赠品或能够享受优质的售后服务,以促使购物者消除疑虑马上购买。总之,卖场的营销活动设计中,应尽量包含一些措施有助于购物者产生强烈的购买意向时可以自我说服从而作出购买决定。

7. 满意

决定购买并不是购买过程的终点。当购物者决定购买时,卖场人员要心平气和,而不能坐视不理,也不要忽略包装、结账等动作。卖场人员应尽量采取一定的技巧或服务手段,如主动询问购物者想要采取的支付方式、主动为购物者打包并整理购物袋等,这些服务行为看似多余,实际上可以大力提升购物者对所购买的商品及购物过程的整体满意度。购物者的满意才能带来以后的购买行为,并把这种满意的态度自始至终地保持下来。

资料阅读

诱导顾客购买的技巧

郭昆漠博士把诱导顾客购买的技巧总结为七个阶段:①引起对方的注意,例如把宣传手册印制得与众不同,利用醒目的招牌、亮丽的大堂空间、富有新意的橱窗展示等;②引起顾客的兴趣,例如销售人员借助语言、动作引起顾客的好奇心、求知欲与期望,设计意外的情节或现场表演等;③使顾客产生联想,例如绘声绘色地描述顾客拥有产品或服务后所能得到的利益等;④诱发顾客的购买欲望,包括让顾客明白所购物品的稀缺性、对其心理需求的满足程度、可以获得的超额价值等;⑤给顾客多方面比较的机会,例如将顾客付出的购买成本与获得的利益进行对比、将顾客的预算与商品的使用价值进行对比、将商品与竞争品进行对比等;⑥让顾客信服,即以各种物证、人证证实顾客所选购的商品价值的信赖度;⑦促使顾客下决心采取购买行动,例如积极主动为顾客所选商品进行包装、提出各种附带优惠条件等。

　　资料来源:吴健安.现代推销学(第 2 版).大连:东北财经大学出版社,2006:108.

8.4.2　购物过程中的关键时刻

　　据中国零售协会的调查,超市中 75% 的购物决定是在 15 秒钟以内决定完成的,由此可见,如何在关键的时刻影响购物者的购买决定成为卖场争相关注的热点。

　　对于购物者来说,他们与卖场接触的每一个环节都是一种切身的体验和感受,但是程度不一。只有那些被购物者认为是重要的、有价值的环节,才能够真正打动购物者的心,这些环节就是卖场管理中的关键时刻(moment of truth,MOT)。卖场在这些关键时刻上设计出很好的情境与情节,就能够增强购物者对卖场商品或品牌的偏好程度与忠诚度。换句话说,当购物者遭遇正面 MOT 时,就会"黏"住产品或服务,并且购物者遭遇的正面关键时刻越多,就越容易作出购买行为,并产生持久的忠诚度,对卖场购物活动产生强烈的心理依赖,从而为卖场创造源源不断的利润。反之,如果这是一个具有负面效应的关键时刻,即产品或服务的购买过程带来了购物者的不满,那么,它将打破购物者对卖场购物的心境,打碎购物者对卖场在心理认知上的平衡状态,从而削弱购物者的购买念头,并大大降低购物者的忠诚度,甚至是诋毁购物者的忠诚度及购物的偏好,给卖场造成毁灭性的打击,如图 8-8 所示。

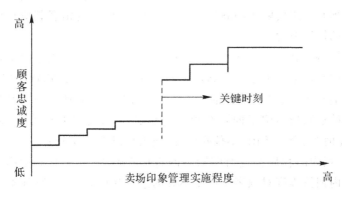

图 8-8　卖场"印象—顾客忠诚"关系阶梯

　　资料来源:赵金蕊.印象管理——提升顾客忠诚度的一种手段.商场现代化,2008(10):45—47.

　　从心理学上讲,卖场购物过程中的关键时刻突出了购物者心目中对"第一"概念的理解。第一印象往往会对人的判断及行为产生重要影响。心理学家分析第一印象时认为,顾客看到卖场外观的最初 20 秒往往会决定后面 80% 的行为。因此,第一印象容易在顾客的心理上产生"连锁效应"和"折扣效应"。所谓"连锁效应",是指对他人的行为产生某种印象之后,就会联想到对方的其他行为大概也是类似的。比如说,顾客一旦对卖场有了好印象,就会容易对其所有产品、服务、品牌及行为形成好感;反之,则容易形成反感。所谓"折扣效应",则是根据他人给自己的好(坏)印象,反方向地将对方的坏(好)行为打折。比如说,卖场给顾客留下好印象时,如果顾客听到有关卖场的任何负面信息,顾客都会从直觉上认定卖场不可能产生这种不良的行为,也就是说,顾客此时不太会取信于这些负面信息,这就是一种"打折"效应,反之亦然。因此,印象管理从心理学意义上很好地解释了顾客的忠诚行为与印象创造之间的关系。而这些印象要恰逢时宜地在关键时刻产生或出现,才能对购物者的购买行为产生影响。因此,抓住卖场环境及购物过程中的关键时刻,给顾客留下深刻的第一印象,特别是通过卖场外观向顾客传递一种感情并引发顾客正面的联想和认同,往往是卖场在市场竞争中获胜的先决条件。

8.4.3　购物过程中的情境分析

消费者的购物行为,并不只是在一家商店快速挑出商品这样一个简单的、常规性的活动过程。消费者的整个购物过程要受到特定情境与环境的影响,面对同样的营销刺激,不同的消费者作出不同的行为反应,而同一个消费者在不同的情境下也将作出不同的行为反应。

1. 情境的含义及影响

情境或消费情境(consumption situation)是指除了个人和产品特性以外,消费者在消费或购买活动发生时个体所面临的短暂的环境因素,如购物时的气候、购物场所的拥挤程度、消费者的心情等。

情境的影响只是暂时的,它既不同于心理影响,也不同于宏观环境所产生的持久性影响。情境影响可以是行为上的(如朋友推荐),也可以是感觉上的(如感到沮丧或感受到时间压力)。实践表明,人们的购买行为会因某一特定场合而有所不同,而且会因某一特定时点上的感受影响到我们想要购买的商品及行为。因此,好的营销者就应该朝着最容易使人们产生购买倾向的情境努力。

例如,各种零售业态的创新,开始了全新的购买情境战略,强烈地吸引消费者并使其乐于享受购物的体验和乐趣。大型超市满足了消费者"一站购足"的购物愿望;7-11 连锁店 24 小时服务迎合了消费者追求"方便"的需要;百货店和专卖店的环境则使品牌购买者乐在其中。正是因为好的购物情境除了向顾客提供商品之外,还能满足顾客更多的需要和价值,如轻松享受、浏览时尚、全家休闲、小孩娱乐等,使人们既购物又消遣,购物与生活状态融为一体。应该说,卖场内的物质情境对购物者的直接影响更大,尤其对中高端的购物者。有研究分析了卖场内拥挤程度对顾客所产生不好的感觉和负面影响,如图 8-9 所示。

2. 情境的构成

从广义上看,情境由很多部分构成。D.霍金斯认为,情境的构成包括四个方面,即传播情境、购买情境、使用情境和处置情境[①]。H·阿塞尔指出情境的构成分为三个部分:信息

[①]　[美]德尔·I·霍金斯.消费者行为学(第 8 版).符国群译.北京:机械工业出版社,2003:453.

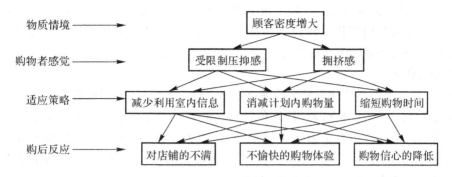

图 8-9 拥挤程度对购物者感觉、购物策略和购后过程的影响

资料来源：G. Harrell and J. Anderson. Path Analysis of Buyer Behavior Under Conditions of Crowding. Journal of Marketing Research,1980(2):45—51.

沟通情境、消费情境和购买情境。其中,购买情境又进一步分为商场内部情境、礼物赠送情境和不可预期购买情境①。广为接受的是贝克(Bellk)的理论。贝克认为,情境有五个变量或因素构成,即物质环境、社会环境、时间观、购买任务和先前状态。

(1)物质环境

物质环境包括装饰、音响、气味、灯光、气候以及可见的商品形态或其他环绕在刺激物周围的有形物质。例如:色调,炎热的夏季,卖场的色调应以淡蓝色、淡绿色为主体,给顾客以凉爽、舒适的感觉,冬季则应该以暖色调为主,给人温暖如春的感觉;气味,有香味的环境会促使消费者产生再次造访的愿望,如面包店要使用吹风机或空气加湿器,使人们闻到味道而产生购买欲望,但是卖场里各种装修材料散发出来的气味则会令人顿生逃遁之意;声音,在不同卖场中选择并播放不同的背景音乐,可以舒缓消费者的购物心情;照明,明亮的灯光、装饰的灯光能够令人心情舒畅,美化店内环境,营造购物气氛,而昏暗的灯光则让人产生郁闷压抑的感觉,但是酒吧除外。

(2)社会环境

社会环境是指消费者的购买行为通常受到消费过程中周围人的影响。个体倾向于服从群体预期,当购买行为具有可见性时,情况尤其如此。社会情境对人们的行为是一种重要的影响力量,购物以及很多在公共场合使用的商品与品牌,都是高度可见的,自然会受制于社会影响。例如,同伴的影响和营业员的影响,特别是营业员的交际技能和语言表达能力。当顾客长时间凝视某一商品,或者用手触摸商品,或者与营业员正好目光相对时,营业员稍加实施影响就能够促使消费者产生购买行为。

(3)时间观

时间观涉及时间对消费者行为的影响。情境发生时消费者可支配时间的充裕程度对消费者购买决策具有重要作用。一般来说,可用的时间越少,信息搜寻就越少,能够运用的信息就比较少,从而购买更仓促,由此造成作出不明智购买决策的可能性增加。时间也会影响到消费者对店铺的选择。有限的时间会导致购买者所考虑的备选产品数量减少。时间压力的增大还会导致对高品质、快速食品及其他节约时间的产品的大量需求。例如,快

① [美]亨利·阿塞尔.消费者行为和营销策略(第6版).韩德昌译.北京:机械工业出版社,2000:122—124.

速的生活节奏使人们越来越喜欢购买速冻食品和快速简易的食品,卡夫对此推出纳贝斯克盒装饼干;又如大量顾客投诉等待电梯的时间太长,于是卖场在电梯旁边安装了镜子,这时,人们检视自己外表的天性使投诉减少了,但实际等候的时间并没有改变。

(4)购买任务

购买任务提供了消费活动发生的理由。购买任务有两种:自用和送礼。购买一样的产品,但是作为礼品还是供自己使用,消费者采用的购物策略与选择标准完全不同。如果是送礼,消费者一般会产生复杂型购买行为,如果是自用则一般采取习惯性购买行为。消费者如果为了满足自身消费的需要,通常会注重产品的经济实惠的性能;如果是为了与他人分享,或赠送他人,则更加注重外观、形状、感受。

(5)先前状态

先前状态是指非持久性的个人特征,如短暂的情绪(焦虑、高兴、兴奋等)或状态(疲劳、备有观念等)。心情是一种不与特定事件或事物相连的暂时性情感状态,它既影响消费过程同时又受消费过程的影响。心情还影响决策过程以及对不同产品的购买与消费。除心情以外,暂时性状态也是对消费者产生影响的情境因素,如疲倦、生病、得到一大笔钱或破产等。一般来说,消费者如果处于比较积极的情绪状态下,则更有可能处理更多的商品信息,更易产生购买行为,反之则相反。例如,如果消费者持有强烈的环保意识,那么,他们往往会对餐馆使用不可降解的塑料饭盒持有反感的情绪,从而产生购买的抵触心理。

不同情境对某类产品购买行为会产生不同的影响,特定的情境会和特定的产品联系,营销的前提是确定某种具体情境下哪些产品或品牌最有可能被选择。

前沿话题

背景音乐与购买行为

虽然许多零售商场在购物环境布置时都播放背景音乐,但背景音乐对消费者的行为到底有怎样的影响?关于这方面的基础研究还比较少。

美国学者 Lonald E. Milliman 研究了音乐的一个方面——节拍——对超市顾客行为的影响。他考虑了三种情况:没有音乐、慢节奏音乐和快节奏音乐。研究的基础假设是这三种状态对以下三个方面产生不同的影响:一是超市顾客在商场内的流动速度;二是消费者的日平均购买总量;三是顾客离开超市后,表示对超市的背景音乐有印象的人数。

研究发现,背景音乐的节奏影响消费者行为。商场内顾客流动的速度在慢节奏音乐中最慢,而在快节奏音乐环境中则最快。而且,选择慢节奏可以提高销售额,因为在慢节奏环境中,消费者在商场内徘徊浏览的时间加长了,因而就有可能购买更多的商品。有趣的是,购物后的询问调查表明,很多消费者根本没有留意商场中所播放的音乐。可见,音乐很可能是在消费者没有意识到的情况下对消费者的购买行为产生影响。

虽然用音乐来影响消费者的购买行为是可能的,但这种影响却是双向的。也就是说,音乐既可能对购买产生促进作用,也可能对购买产生阻碍、干扰作用。因为对有些商家来说,放慢消费者的流动速度,可以使消费者在商场内停留的时间延长,这样就有可能让消费者购买更多的商品。然而,在另外的情况下,却可能出现正好相反的情形,商家需要尽可能让消费者流动起来,把它作为提高销售额的方式。例如,饭店可能非常希望顾客流动加速,以使在最短的时间内使座位得到最大的利用。因此,饭店中的背景音乐如果节奏太慢的话,可能导致更低的座位倒桌率和更低的利润。但是,如果消费者更钟爱休闲放松的就餐气氛的话,慢节奏也可能招徕更多的回头客。所以,问题的关键是,音乐节奏的选择必须适合商业目标和特定的市场状况。

资料来源:龚振,荣晓华.消费者行为学.大连:东北财经大学出版社,2002:184.

8.5　购物者对卖场的选择分析

8.5.1　购物者卖场选择模型

对于零售业来说,顾客对卖场的选择十分重要。通过前面对购物者购买行为的划分与比较,可以看出,购物者有时会经过复杂的决策来选择购物场所,有时会逐渐形成卖场的忠诚型顾客。而对于那些卷入程度较低,不愿意花费时间和精力选购物品的购物者来说,方便是其采取购买行为的关键因素。与此相对应,购物者对卖场的选择也因其卷入度不同而不同:对于低卷入度的购物者,卖场使用频繁的广告宣传进行购物提示的效果较好;对于高卷入度的购物者,卖场强调与众不同的形象和专长的效果更好。当然,购物者最终选择卖场还要受到其他心理、社会、环境等因素的影响。

H·阿塞尔构建了一个消费者选择商场模型(见图 8-10),并且认为,消费者对商场的选择有时会先于品牌决策。在一般意义上,消费者的购物选择顺序可能是"先商场后品牌",或"先品牌后商场",或同时兼顾。由于商场给消费者提供了方便、价廉等多种附加价值,因此商场往往比品牌更容易激活消费者。其中,商场的定位、业态和商场整体品牌对消费者选择购买地点是关键的影响因素。

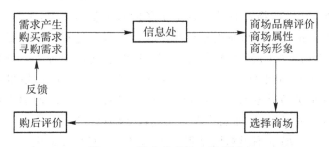

图 8-10　消费者商场选择模型

资料来源:亨利·阿塞尔.消费者行为和营销策略(第 6 版).韩德昌译.北京:机械工业出版社,2000:69—70.

购物者的一些特征,如人口特征、生活方式、性格等决定了购物者的需要及其所采取的购买行为的特征,这些特征也构成购物者卖场选择评价标准的基础。卖场在商品、策略、服务等各个方面的表现构成卖场在购物者心目中的形象,如果卖场形象与购物者需要的特征越接近,购物者形成的卖场态度就越有利,购物者在该卖场购物的可能性就越大。在选择卖场之后,购物者进而对卖场内的各种刺激信息进行处理,并完成对商品或品牌的购买行为。因此,可以把阿塞尔的模型扩展为如图 8-11 所示。

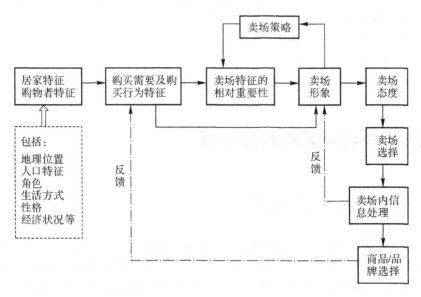

图 8-11　购物者卖场选择模型

资料来源:屈云波.零售营销学.北京:企业管理出版社,1996:75,略有改动.

8.5.2　影响购物者选择卖场的因素

购物者选择哪一家卖场,取决于卖场能够给他们带来什么。这就涉及购物者对可供选择的卖场持有怎样的评价标准,或者说影响购物者卖场选择的因素。影响购物者选择卖场的因素主要有:

1. 卖场形象

所谓卖场形象,是指购物者对某一特定卖场的直观整体印象,是基于对卖场的感觉而形成的看法和态度。衡量卖场形象的重要尺度包括卖场所能提供的商品(如质量、价格、品种等)、服务(包括卖场人员的态度、付款方式、便捷程度、售后服务等)、硬件设施(如柜台分布、休息空间、自动扶梯、卫生间等)、卖场气氛(如温馨、兴趣、舒适、情景等)以及卖场的声誉。卖场内的氛围是卖场形象的重要组成部分,良好的氛围可以增加卖场的吸引力,可以形成卖场独特而鲜明的形象,增加购物者与卖场接触的可能性。

如图 8-12 所示,卖场氛围影响模型很好地解释了卖场形象对购物者选择倾向的影响。卖场氛围影响模型假定环境刺激首先影响购物者的感知状况,然后影响购物者的靠拢和规避行为。与卖场相关的靠拢和规避行为有四种:

①身体的靠拢和规避,是指最基本的光临某一卖场的意图;

②探寻性靠拢和规避,是指在卖场内寻购和接触卖场所提供的多或少的商品;

③沟通靠拢和规避,是指销售人员和其他职员的相互交流、相互影响;

④执行和满足的靠拢与规避,指频繁购买以及不断提高在卖场花费的时间和货币。

卖场氛围的影响使购物者产生不同的情绪状态——愉悦感、激奋感、自在感。这些情绪状态可影响购物者下述行为:喜欢在该店购物;乐意花时间进行浏览和搜寻卖场内的商

262

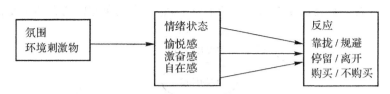

图 8-12　商场氛围影响模型

资料来源：John C. Mowen & M. S. Minor.消费者行为学(第 4 版).黄格非译.北京:清华大学出版社,2003:194.

品;愿意同销售人员沟通;倾向于花更多的钱;很可能再次光临该店。可见,氛围的制造与设计有助于提升卖场的形象,带给购物者美好、愉悦的购物体验,增加购物者的忠诚度。

2. 卖场品牌

和产品一样,卖场也追求品牌价值。品牌接触是影响购物者选择卖场的又一个重要因素。因为品牌能够带给购物者第一印象,它在很大程度上决定了购物者的偏好与倾向。从某种意义上说,卖场本身就是一个品牌。卖场的品牌塑造通常有三种:功能型、利益型和体验型。它能够帮助购物者识别卖场的特性,进而使购物者产生品牌联想,形成对卖场的偏好。

传统上,零售商只使用制造商品牌,而近一二十年来,许多零售商也开始发展自己高质量的卖场品牌。它们或者使用卖场的名字,或者使用独立的名称。这种自有品牌不仅为卖场带来可观的利润,而且如果发展得当的话,它们还可以成为卖场的重要特色,成为吸引购物者到该卖场购物的主要原因。如沃尔玛、王府井百货、百联百盛广场,无论是在欧美国家,还是北京、昆明等地,它们都享有很高的品牌知名度,大多数购物者正是出于对品牌的仰慕而选择这些卖场进行购物。卖场品牌获得成功的关键因素是产品的高质量。只有让购物者体验到在这个卖场购买的商品物有所值,购物者才会对该卖场产生积极的、肯定的态度。

3. 卖场的位置与规模

这是影响购物者选择的至关重要的因素。卖场位置选得好,就可以增加购物者与卖场接触的机会;卖场的规模适宜,就可以把购物者吸引到卖场中来。卖场的位置指的是卖场具体坐落于某一城市的某个区段上,其周围的交通条件是否便利等。在其他条件差不多的情况下,购物者一般会选择离家近、交通方便的卖场进行购物。在激烈的市场竞争环境中,卖场位置的微小差别都会对业绩产生极大影响。因此,卖场的位置直接关系到购物者是否决定前往购物的意向。同样,卖场的规模也是购物者选择卖场的一个重要因素。除非购物者特别注重快速服务或方便,否则,较大规模的卖场比较小规模的卖场更容易受到购物者的青睐。这是因为较大规模的卖场可以增加购物者在卖场内的停留时间,可以有更多的购物路径选择,从而使购物者接触到商品的机会大大增加。

购物者对卖场的位置和规模的重视程度,还取决于购物者所要购买商品的属性或重要性定。比如,如果购物者打算购买的仅仅是一些小件商品或便利品,那么他们一般就会到就近的卖场进行购买;而对于需要高度卷入的复杂商品、高价值商品,如电脑、家庭影院等,购物者就不在乎路途遥远而选择规模较大、信誉较好的卖场进行购物。

4. 卖场促销手段

J·布莱思认为影响购物者选择的三大因素是:购物体验、售点刺激和销售互动,如图

8-13所示。这三大因素表现在卖场的促销手段上,它是卖场争夺购物者的重要营销方式。

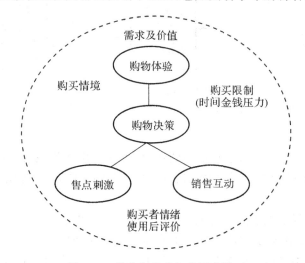

图 8-13 购物行为的相关因素模型

资料来源:J·布莱思.消费者行为学精要.北京:中信出版社,2003:139.

由于市场竞争日益激烈,现代卖场越来越看重促销手段对购物者的吸引力。在同一个城市内,如果某家卖场采取了比较有新意的促销手段,如会员制的积点消费、购物达到一定金额就可以有赠品或抽奖等,其他的卖场也会竞相模仿。虽然购物者对各式各样的促销手段早就习以为常,但不可否认的是促销期间卖场的客流量确实会有大幅度的提升。而且,面对花样百出的促销手段,购物者最钟情的仍然是实实在在的打折或降价。促销的刺激和互动,调动了购物者的积极性和参与性,并给购物者带来一种购买的心理优势,从而成为影响购物者选择倾向的重要因素。

事实上,现在的购物者普遍怀有一种折扣的依赖心理,好像卖场不进行打折活动就是不正常的现象。因此,如何运用促销手段促成购买行为,同时又要避免购物者对促销手段的依赖,是卖场营销必须解决的一个难题。这是因为在其他条件不变的情况下,顾客的购买力是一定的,单纯的价格战只能起到饮鸩止渴的作用,而且由于价格、质量、服务、品牌等属性之间具有关联性,所以过度的促销活动还会对卖场形象产生负面影响。

5. 购物者特征

以上关于影响购物者对卖场的选择因素的分析都是从商家的角度讨论的,除此之外,顾客的个人特征也是影响其卖场选择的重要因素。这些特征包括顾客的个性心理、风险知觉、购物偏好等。

比如,具有自信心的顾客更愿意到专业商店、新型的或小型的商店购买,甚至愿意去那些可以讨价还价的商店购买;而缺乏自信心的顾客则倾向于选择那些自己熟悉的或者有信誉保证的商店或大型商场进行购买。从对风险的承担来看,对风险感知及承受力较弱的顾客,往往会选择一般的小店、超市、日用品专营店进行购买,而对风险感知及承受力较强的顾客而言,却往往选择到品牌商场、有资质保证的卖场进行购物,以尽量降低购买风险。顾客的购买偏好,与其购物方式、生活方式、购买经验、收入水平、家庭所处生命周期等众多因素相关,其中任何一个因素的变化,都会导致顾客对卖场的选择发生改变。例如,同样是购买家具,年轻家庭的购物者会选择到品牌专卖店购买,而老年家庭则宁愿到大型家具市场选购那些没有品牌效应的家具。

小链接

橱窗售货

通过橱窗展示是将顾客吸引到商店的一种最古老的并且现在仍然是最为有效的方法之一。位于曼哈顿的 The Saks Fifth Avenue 商店,在沿着第 49 和 50 街以及著名的第 5 大街,有长达 310 英尺的临街商业用地。每天的午饭时间,大约有 3000 人步行经过 31 个橱窗展柜。Saks 商店每年有 1200 个不同的橱窗展柜。而且第 5 大街的橱窗每个星期都要更换。在圣诞节期间,商店精心设计的包括点缀着玩具的产品展示,吸引了厚达 5 层的人群。

Saks 公司的橱窗展柜对其销量有着极大的作用。例如,当 Donna Karan 服装在精心搭配下陈列于橱窗中时,其销量就超过了其他设计师的服装销量的 5 倍。在炎热的 7 月中旬举办的产品展示,促使秋季羊毛服装和厚重的天鹅绒时装销量的剧增。Saks 公司的一位负责礼品销售的分区商品经理担心,随着礼品部由一楼迁至九楼后,他这个分区的销量会减少。假若这样的话,他估计礼品部的销售额将会下降 15%,但是搬迁后第一周,礼品部举行了一场引人注目的橱窗展示活动,却使其销售额增加了 20%。

资料来源:Adapted from Lisa Gubernick. Through a Glass, Brightly. Forbes, August 11, 1986:34.

8.5.3 冲动性购买行为与非计划性购买行为

随着大卖场的兴起和扩张,在购物者的购买生活中,冲动性购买行为和非计划性购买行为的比重大大提升,这也促进了对卖场营销研究的必要性和重要性。

1. 冲动性购买行为的概念及类型

长期以来,西方学者一直关注消费者的冲动性购买行为。早在 20 世纪 50 年代,杜邦公司就初步描绘了冲动性购买行为的轮廓,公司在 1945—1965 年间的系列研究表明,顾客对食品类商品的冲动购买比例从 1945 年的 38.2% 增长到 1965 年的 50%。研究表明,大多数的消费者都会在商场里发生冲动性购买行为[1]。在现实经济生活中,冲动性购物已经成为消费者带有普遍性的行为特征,特别是在超市、大卖场等现代零售业态中更为常见。与此同时,诱导顾客冲动性购物也已成为商家经常性的促销策略。因此,研究消费者的冲动性购买行为,制定有针对性的营销策略以激发和促进冲动性购买行为,对零售卖场具有重要的现实意义。

所谓冲动性购买行为(impulse buying),指的是购物者事先没有购买计划或意图,而是在进入卖场之后基于特定的情境而产生的情绪化购买欲望,并立即付诸实施的购买行为[2]。这种购买行为涉及消费者的多种心理和情绪,在购买过程中伴随消费者的往往是一种失控的感觉,但这种购买仍属于正常的购买行为,并非完全失去理智,同时在购买后重新评估产品时,还是有可能对产品感到满意。

---

① 德尔·I·霍金斯.消费者行为学(第 8 版).符国群译.北京:机械工业出版社,2003:568.
② 江林,张晓鲁.冲动性购买行为的实证分析及其营销策略.广东商学院学报,2006(5):19—22.

冲动性购买行为可以分为以下 5 种类型[①]：

①纯粹冲动性购买（pure impulse）。即顾客完全出于心理反应或情感冲动，当场决定购买，是一种打破常规的全新的购物模式。例如，由于特价而去某一特定商场购物，但事先没有计划要买什么产品。

②建议性购买（suggestion impulse buying）。是指在没有产品知识或某种潜在需求时而决定的购买，这些购买完全是理性的和功能性的，而非由情感决定。例如，受到商场售点刺激的诱惑而额外购买的行为。

③时尚冲动性购买（fashion-oriented buying）。是指消费者为了获取多样性或新鲜感的购买行为，代表了一种对正常产品系列或常规品牌的偏离。在消费主义盛行的时代，由于人们个性消费的崇拜，导致了大量的时尚冲动性购买行为。

④提醒性购买（reminder impulse buying）。即购物场所陈列的某种产品或者存在的某种营销刺激，提醒顾客尚未满足的消费需求，或者促使顾客回忆起有关的广告或其他促销信息，当即决定购买。例如，广告、货架或柜台陈列提醒消费者想起某种需求，进而购买。

⑤计划冲动购买（planned impulse buying）。是指消费者已经具有某种购买需求，或有意购买某一特定产品种类，但尚未确定购买地点和时间，在现场受到各种刺激之后，最后决定是否购买的行为。

冲动性购买行为往往伴随着无计划、情绪化、强制性或非理性。其购买的结果，一方面可能使消费者的冲动性欲望及时得到满足，另一方面也会带来一定的风险，包括效用风险、经济风险、心理风险、社会风险等。因此，如果从消费者角度考虑，冲动性购物是应当加以适度限制的，即控制在个人可承受的风险范围内，避免产生利益损失、后悔、懊丧等负面结果和感受。但对于商家而言，一定程度上促使消费者在店内冲动购物最大化，则可以有效促进商品销售，甚至增加额外销售。总之，冲动性购买行为的普遍大量发生，不仅值得重视，更有必要研究其规律，最终转化为在卖场抓住消费者购买的营销策略。

2. 非计划性购买的概念及类型

早在 20 世纪 50 年代，美国就开始了关于非计划性购买的研究，研究表明，消费者非计划性购买的趋势在不断上升[②]。据日本关西学院大学青木幸弘教授的研究调查表明，在日本，消费者在超市平均周购买次数为 3.3 次的情况下，日本消费者在超市中的计划购买率仅为 11％，而在店内决策的非计划购买率却达到 89％；有 10.8％的商品只是事先决定了所购买的商品种类，而没有确定所购买的特定品牌；有 2.1％的商品品牌是预先决定好的，但是在店内又临时变更为其他品牌。另外，多达 76.1％，即占总购买量 3/4 的商品全部是在店内决定的[③]。近 20 年来，我国城市消费者购买行为也呈现出计划性购买比例下降，而非计划性购买比例迅速上升，甚至超过计划性购买而成为一种购买常态的局面。由于消费者的这种购买行为特点，它为卖场营销提供了充分的空间和可能。

所谓非计划性购买（unplanned buying），是相对于计划性购买而言的，它是指消费者在购物环境中所购买的商品是其之前根本没有预定或意识到的。它与冲动性购买行为不同，

---

① 闫涛. 零售店顾客冲动性购买行为探析. 渤海大学学报(哲学社会科学版)，2007(3)：128－131.

② C. J. Cobb，W. D. Hoyer. Planned Versus Impulse Purchase Behavior，Journal of Retailing. Winter，1986：384-409.

③ 陈立平. 卖场营销. 北京：中国人民大学出版社，2008.

后者是一种更为情绪化和非理性的购买行为,伴随的是消费者失控的感觉,而非计划性购买则是消费者控制下的购买行为,因此,非计划购买包括了消费者的冲动性购买行为。两者的差异如表 8-3 所示。

表 8-3　冲动性购买行为与非计划性购买行为的比较

	冲动性购买行为	非计划性购买行为
购买动机	环境刺激、产品	环境刺激、产品
行为控制	自由意志	自由意志
购买情绪	短期情绪因素	无
购后反应	负面多于正面	无

资料来源:江林,张晓鲁.冲动性购买行为的实证分析及其营销策略.广东商学院学报,2006(5):19—22.略有改动.

非计划性购买行为通常分为 4 种类型:

①想起购买。指消费者意识到家里某种商品的短缺,入店后受到店内商品陈列和广告的刺激,唤起了潜意识中对商品的需要,并最终导致了实际的购买。

②关联购买。指消费者在购物场所购买某种商品时,唤起了对与之相关联的商品的必要性的认识,从而导致的购买行为。

③条件购买。指消费者进入购物场所时没有明确的购买意图,只是在朦胧中感觉到某种特定商品的必要性,当价格等其他条件具备时所产生的购买行为。

④纯粹的冲动购买。指消费者纯属对于某种商品的功能和样式产生好奇,而在一时冲动之下所产生的购买行为。

随着人们收入水平的提高,消费者对购买商品的经济风险意识逐渐降低,其非计划性购买的比例就大大提高了。再者,市场的激烈竞争导致了商品的同质化趋势加剧,消费者的忠诚度迅速降低,而购买替代品的现象大大增加,这在很大程度上促进了消费者非计划性购买行为。但是,能够诱发和刺激消费者偏向非计划性购买的主要因素还包括本书前面章节分析的商品(商品的款式、数量、品种、品类、包装、色彩、组合、陈列、摆设等)、场所(门店的选址、布置、店内装潢与装饰、货架与通道的设计、背景音乐等)、促销方式(各种折扣、降价、POP 广告、积分返利、有奖销售、竞赛抽奖、付费赠送、退费优待等)及氛围(卖场主题、色彩、情调等)[①]。

总体说来,非计划性购买对消费者有着积极的意义,但也有负面的影响。一方面,在各种情境因素的刺激下,非计划性购买行为能够很好地满足消费者购物的欲望,增强消费者非计划性购物的心理满意度,激发计划外购买的冲动和欲望,提高其重复性购买行为;但另一方面,它无形中增强了消费者的购物癖好,诱导消费者从事许多不必要的购物行为,造成过度消费、超额消费,甚至浪费性消费的行为,并可能增加消费者的心理、身体和经济上的负担,以及遭受各种社会压力,形成非理性的恶性消费循环圈。因此,卖场营销过程中,要适度把握和应用吸引的策略,以刺激消费者产生冲动性购物和非计划性购物的欲望,并使其乐于享受这种购买行为所带来的购物体验。

---

① 赵金蕊.女性消费者的非计划性购物行为研究.消费导刊,2009(4):6—7.

本章小结

1. 购物者指的是卖场内实际购买商品的人群,它不同于消费者和顾客。购物者具有以下特点:购物者多且分散,购买数量和频率不同,购买行为差异大,非专家购买,购买流动性大,购买具有长期性,周期性和季节性、时代性、发展性等。

2. 可以按照不同的标准划分购物者。按照购买目标的选定程度分为:全确定型、半确定型、不确定型;按照购买态度与要求分为:习惯型、理智型、价格型、冲动型、感情型、疑虑型、随意型;按照购物者在卖场现场的情感反应分为:沉默型、温顺型、健谈型、反抗型、激动型。

3. 购买行为主要是研究"6W1H"问题,即购买时间、地点、购买者、购买对象、购买目的、购买频率及购买方式七项内容。现代购物行为的趋势是:价值观念转变、购物流行、个性化购物、冲动性购物及对购物的便利性要求。

4. 典型的购物行为模式有:刺激—反应模式、恩格尔—科拉特—布莱克威尔模式、霍华德—谢思模式、尼科西亚模式。

5. 可以按照不同的角度划分购买行为类型。按照购物者卷入度划分:复杂型购买行为、和谐型购买行为、多变型购买行为、习惯型购买行为;按照解决购买对象所面临的问题不同划分:常规反应行为、有限解决问题行为、广泛解决问题行为。

6. 购物心理活动过程包括认知过程、情绪过程和意志过程三个阶段。购物不仅被视为购买商品活动,也被看做是休闲、娱乐、社交活动,甚至是一种生活方式。

7. 购物动机有:求实、求新、求美、求名、求廉、求便、模仿或从众、求安全、求自我表现及惠顾性动机等。

8. 购物过程分为七个阶段:注意、兴趣、联想、欲望、比较、决定和满意。

9. 购物者与卖场接触过程中,那些被认为是重要的、有价值的,能够打动购物者的心的环节就是关键时刻(moment of truth,MOT)。关键时刻突出了卖场在购物者心目中的第一印象,容易在购物者的心理上产生"连锁效应"和"折扣效应"。

10. 情境或消费情境(consumption situation),是指除了个人和产品特性以外,消费者在消费或购买活动发生时个体所面临的短暂的环境因素。贝克认为,情境有五个变量或因素构成:物质环境、社会环境、时间观、购买任务和先前状态。

11. 购物者对卖场的选择是一个复杂的心理活动过程,其卷入度不同,选择卖场的行为也有所不同。在选择卖场的过程中要受到卖场形象、卖场品牌、卖场位置和规模、卖场促销手段及购物者特征等多个因素的影响。

12. 所谓冲动性购买行为(impulse buying),指的是购物者事先没有购买计划或意图,而是在进入卖场之后基于特定的情境而产生的情绪化购买欲望,并立即付诸实施的购买行为。包括五种类型:纯粹冲动性购买、建议性购买、时尚冲动性购买、提醒性购买及计划冲动购买。

13. 所谓非计划性购买(unplanned buying),是相对于计划性购买而言的,它是指消费者在购物环境中所购买的商品是其之前根本没有预定或意识到的。包括四种类型:想起购买、关联购买、条件购买及纯粹的冲动购买。

思考题

1. 什么是购物者? 请比较购物者与消费者、顾客的差异。

2. 购物者的类型有哪些?

3. 请简述购物行为的变化与趋势。

4. 结合实例,比较四种典型的购物行为模式的异同。

5. 常见的购买行为类型有哪些?

6. 举例说明购物者的心理活动过程。

7. 购物者的购买动机有哪些?

8. 请分析购物过程的七个阶段。

9. 什么是关键时刻?它对购物者的影响如何?

10. 什么是情境及情境的构成?

11. 请分析购物者选择卖场的过程及其影响因素。

12. 什么是冲动性购买?包括几种类型?

13. 什么是非计划性购买?包括几种类型?

【案例 8.1】　　　　便利店吸引消费者购买的营销策略

目前,国内便利店发展迅速,占领商业市场的份额逐渐加大,比较有影响力的便利店如上海的可的、好德,昆明的之佳便利店等。便利店的最大特征即是满足顾客的应急性、便利性消费,通常进入便利店购物的顾客有 80% 都是目的性购买。在激烈的市场竞争中,如何增强便利店的竞争力,吸引周边地区的顾客前来购物,其科学、合理的营销策略非常关键。

一、产品策略

首先,选择与消费者生活息息相关的产品,比如在居民区附近的便利店,产品策略应主要以日常生活用品为主,食蔬、水果、饮料、烟酒等都是可选范围;在学校附近的便利店,产品策略就要针对学生进行调整,音像制品、流行书籍、特色零食、快餐食品、文具用品等正是其主要经营对象。

其次,对产品数量的配置应当根据不同产品的特性和消费群体的购买力来决定。例如食品类产品,最重要的是产品的保质保鲜期,产品的有效周期短且需求量大;对于书籍、音像制品这类产品,需要的是符合流行趋势,产品的有效周期相对较长,但是需求量相对较小。因此,在参照消费群体购买力的基础上,需求较大而有效周期较短的产品数量能达到消费群体需要量的 80% 左右即可;而需求较小有效周期较长的产品的数量可以减少到 40%~50%,这样既可以满足大部分的需求又不至于浪费。

最后,便利店的产品质量和产品品牌会影响消费者的购买行为。便利店主要是和超市、一般的街边小店竞争,因此,产品品牌的选择一定要是当前的主流产品,以迎合购物者的心理需求;产品的质量要严格把关,假冒商品会对便利店造成致命的伤害。

二、渠道策略

便利店因为卖场面积不大、商品种类繁多,所以库存必须压缩到最小限度,以节省空间。而消费者需求多样化,在商品供应方面便利店必须掌握时效、多样、便利等特点。因此,一个强大、有效的物流配送系统是便利店制定渠道策略的重要组成部分。世界著名的 7-11 店,就是以其高效的物流配送系统为支撑而遍布全球市场的。

典型的 7-11 便利店非常小,场地面积仅 100 平方米左右,但就是这样的门店提供的日常生活用品就达 3000 多种。7-11 按照不同的地区和商品群划分,组成共同配送中心,由该中心统一集货,再向各店铺配送。地域划分一般是在中心城市商圈附近 35 公里,其他地方市场为方圆 60 公里,各地区设立一个共同配送中心,以实现高频度、多品种、小单位的配送。实施共同物流后,店铺每日接待的运输车辆从 70 多辆下降为 12 辆。另外,共同配送中心充分反映了商品销售、在途和库存的信息,7-11 逐渐掌握了整个产业链的主导权。在连锁业价格竞争犀利的情况下,7-11 通过共同配送降低了运营成本,为利润的提升创造了极大的空间。

以信息为中心管理商品是 7-11 公司最为自豪的实力。通过其发达的信息系统,借助于卫星通信,7-11 可以对商品的订货情况进行细分,对店铺给予积极的指导,而且能分时段对商品进行管理,真正实现了单品管理。也正因为如此,7-11 的物流效率非常高,它不仅拥有庞大的物流配送系统,而且其推行的共同配送、全球物流等做法成为行之有效的经营方式,被全世界广为接受。在日本,7-11 已经发展为零售业信息化、自动化最高的企业,这是其他竞争对手无可比拟的。

三、价格策略

商品的价格主要由成本和利润组成。成本包括商品成本和人力、物力成本。除开店成本之外,便利店目前负担摊位租赁费用、24 小时不间断的人力费用、营业费用以及照明费、空调费等。如果要求便利店提供的商品对于消费者既便利又便宜的话,显然便利店的利润和生存就无从谈起。因此,便利店要生存发展,就必须实现"否定低价、便利制胜"。例如,洗手间免费对顾客开放,免费使用停车场等。只要有需求,不必购买商品,也不必和店员打招呼,就可以使用便利店的设施。事实上,免费使用的人只占少数,或是一个面包、一瓶水,消费者均会从店内购买一些东西回去。

便利店在制定价格策略时,一方面要尽量降低成本,以适合消费群体急需的品种大量采购,争取较低价格销售;另一方面,便利店的定价不能盲目追求低价,更不可与大超市竞价,便利店的商品价格比大型超市高一些是正常现象,因为其吸引顾客的不是价格而是应急服务。此外,如果提供便利店特色品牌产品,在商品成本上会具有一定的优势,同时也可以增强对顾客的吸引力和影响力。

四、促销策略

从实证研究的结果看,那些为便利店创造绝大多数销售收入的消费者(约占 41%)对价格也很看重,但是这类消费者到便利店购物的主要动机并不是购买特价商品,而是因为他们光顾的频次很高,在店内消费的时候看到特价促销的消息从而购买促销商品,故购买促销商品只是这类消费者的附带购买。因为价格促销对所有的消费者都具有吸引力,所以从长期来看,价格促销对便利店仍然是必要的。

但是也应该看到促销品的主要购买者依然是店内的主要消费者,这些人在没有促销的时候也会到店里来购物,促销的结果是将消费转移,并不会带来整体营业额的上升。便利店促销的主要目的就是吸引更多的低频消费者消费,并增加销售额。从这点上讲,便利店的促销不应是简单的价格促销,而应设计出让店内的常客得到实惠的促销方案,这样才能保持原有顾客,提供他们的满意度和忠诚度,形成良好的口碑效应,甚至扩大消费群体。因此,便利店既不能不要促销,也不能一味地搞价格促销。一种比较新颖而有效的促销方式是——便利促销。

如果通过各种手段提高便利店的便利程度,从而吸引更多的顾客前来购物或消费,这样的方式可以成为便利促销。常见的做法有:①电讯有关服务,包括各类电话卡、手机充值卡、补换 SIM 卡及提供手机充电等;②互联网相关服务,如提供上网卡、游戏点数卡及网站点数卡等;③票务服务,包括体育彩票,彩票投注卡,各类演唱会,展览会及讲座门票,以及泊车卡等;④代收报名服务,如代办各类培训的报名手续等;⑤订购服务,包括代订考试教材、潮流用品、礼品等;⑥送货上门服务,即根据不同区域的顾客需要提供送货上门服务;⑦传统便民服务,诸如出售邮票、复印、传真等;⑧除了利用店铺网络优势之外,还利用柜台处理交易的特点,成为在市场提供另列缴费途径的网络,发展缴费服务。

总之,立足于快速、小巧、节时、有效的商品及服务理念,便利店就将最大限度地吸引消费者进店购物,大力提升便利店的利润空间。

资料来源:赵杨.便利店经营中的营销策略分析.科技创业月刊.2007(9),载于中国人民大学书报资料中心:市场营销文摘卡,2007(6):35—40.有所改动。

案例问题:

1. 便利店吸引顾客购买的优势是什么?

2. 怎样改进便利店的购物环境设计以吸引更多的顾客购买?

【案例 8.2】   **"香水加油站"的奥妙**

搭配的最高境界在于浑然一体的服饰,化妆和使用香水是服饰品位不可忽视的组成部分,其中的点睛之笔,不能不说是香水的使用。

然而原装进口名牌香水高昂的价格令工薪阶层为主的消费者望而却步,普通品牌的香水又因香精油质量欠佳,香味无法持久。所以,"香水加油站"应运而生。

各大中型商场不约而同出现了这样的柜台:台面上一溜内置液体的玻璃罐,每个罐前的小烧杯里插一茎绢花,柜中是形形色色的迷你瓶,这就是"香水加油站"。美其名曰"香水加油站",实质上是散装香水的零售专柜。"散装"并非"劣质",而是既有普通品牌,又不乏世界名品,价位也是人们可接受的,每毫升 5~15 元人民币不等。

光顾"香水加油站"的顾客大都是年轻女性,她们有的自备香水瓶,有的则在"加油站"选购。令人爱不释手的小瓶无一不是做工精细、小巧别致的,分为走珠式、喷雾式和敞口式。由于喷雾式只适合全身喷洒,太过奢侈;敞口式又因使用不便,容易浪费;走珠式便因其特点脱颖而出了。它方便涂抹重点部位,即使翻倒也不会泼洒的设计使之大受欢迎。小瓶的容积大都为 3~5 毫升,适宜放在随身携带的坤包中,即用即取。

"香水加油站"既避免了无力一次性大量出资的尴尬,又能不时更换品牌,给自己常新的感受,精明的"上帝"何乐而不为,其宣传广告单上有言曰:"成功的你,手袋里少了一点时尚,该去香水加油站……"

资料来源:张理.消费者行为学.北京:清华大学出版社,2008:375—376.

案例问题:

1."香水加油站"是传统方式的新型"别称",为什么广大女性愿意选择到"香水加油站"购买香水?

2. 运用购买行为理论分析购物者购买香水的过程。

第9章
卖场营销策略

◆◆ 学习要点

1. 自有品牌的概念及意义；
2. 卖场的定价机制及定价方法；
3. 卖场促销的常用手段及重要性；
4. 卖场促销方案的策划；
5. 卖场服务策略及服务质量管理；
6. 色彩营销理论及色彩在卖场设计中的运用。

◆◆ 重要概念

自有品牌　价格　促销　POP 广告 服务质量　色彩营销

9.1　自有品牌策略

品牌竞争与价格、规模等竞争相比是一种软性手段，卖场依靠创建自己的品牌能够取得竞争的主动权。国际上许多著名的大型商业企业都使用自己的品牌，如美国的沃尔玛、瑞德合资的麦德隆、荷兰的万客隆、法国的家乐福等，它们以其独特的品牌战略在居民中树立起鲜明深刻的企业形象，并带来强烈的示范效应和心理预期（即对价廉物美、理性消费的认同）。良好的卖场品牌，是企业的一项重要资产，是一种独特资源，是竞争对手难以模仿、难以复制的竞争力。

9.1.1　卖场自有品牌的开发

1. 卖场自有品牌的定义

卖场自有品牌，又称卖场品牌（private brand，private label，store brand），是指零售卖场通过收集、整理和分析消费者对某类商品需求特性的信息，提出新产品功能、价格和造型等方面的开发设计要求，进而选择合适的生产企业进行开发生产，最终再由零售卖场使用自己的商标对新产品注册并在本企业内销售的产品。

卖场自有品牌的出现是商业竞争发展到一定阶段的产物，是零售卖场为突出自身形象，维护竞争地位、充分利用自身无形资产而采取的一种竞争策略。自有品牌建立在良好的卖场信誉之上,并以卖场的忠诚顾客为主要消费群体。自有品牌可以分成几个不同的"种群":

①零售卖场名称品牌。使用卖场名称,比如易初莲花(Lotus)、家乐福(Carrefour)。

②次品牌。同时使用零售卖场名称及其附属店的品牌,比如英国塔斯科公司(Tesco)的 Finest 系列。

③属类品牌。对各种自有品牌产品大体分类,比如塔斯科公司的经济类品牌产品和 Euro Shopper 公司的产品系列。

④独占品牌。由零售卖场独家分销,以不同名称包装,如 Aldi 公司的 Tandil 洗衣粉。

2. 开发自有品牌的优势

(1)培养卖场忠诚

拥有自由品牌的卖场,不仅能让顾客"认牌"选店,而且通过对自身的严格管理,能够为顾客提供有保证的商品销售服务。此外,品牌口碑良好的卖场还会吸引众多商品制造商。例如,在国际市场上,就有许多优秀的自有品牌,如沃尔玛、家乐福、麦德龙等。对于消费品制造商而言,总是希望与这些著名的渠道品牌商合作,因为这些渠道品牌有自己的忠诚顾客,一旦商品进入这些卖场,就有希望被顾客认可和接受。

(2)增强市场控制力

卖场通过自有品牌战略,就可以凭借接近市场的营销优势,运用有效的营销策略,采取恰当的营销手段,把市场主动权牢牢控制在自己手里,从而在与制造商的竞争中占据有利位置、获取更大的利润空间。

(3)低价格优势

卖场自有品牌的低成本主要来自物流成本的节约、交易成本的减少和销售成本的下降。卖场自主开发自有品牌商品,避免了中间环节,可以节省大部分的流通费用;卖场借助自己长期经营形成的无形资产销售自有品牌商品,可以节省大量的广告宣传费用;卖场利用自己庞大的终端销售网络销售自有品牌商品,可以节省可观的通路费用;卖场通过跨地区的大规模连锁经营优势,可以有效获得规模经济效应。所有这些因素,使得卖场自有品牌商品在市场竞争中具有明显的成本优势和价格优势。

(4)培养竞争优势

卖场根据自己对终端市场需求特点的准确分析,自行开发自有品牌商品,具有统一品牌、统一设计、统一货源、统一终端、统一价格的优势,产品的唯一性可以有效回避同行间的残酷竞争。卖场自有品牌战略,通过运用"错位竞争"来取代"正面竞争",使得原先定位相似、档次相近、规模相当、商品相仿、管理相像导致的激烈商战,演变为产品差异明显的特色经营。同时,卖场自有品牌战略使消费者无法在不同商家之间进行价格对比。这就使卖场在避免同业竞争的同时为自有品牌商品争取到更大的自主定价空间,而且制定的价格受第三方价格策略变动的影响较小,从而可以最大限度地避免商品价格战带来的被动局面。这样,通过产品差异化,卖场可以有效地提升自有品牌商品的利润空间,并为自己建立起一道坚强的贸易壁垒,保护自己不受假冒伪劣产品的侵害。

3. 开发自有品牌的条件

(1)具备一定的自有品牌商品消费规模

世界名店打造自有品牌起步较晚,到 20 世纪七八十年代才快速发展起来。究其原因,首先是消费者的消费观念发生了变化,从追求数量到追求质量,而品牌代表了可信的品质,因此,消费者从关注价格转向关注品牌,而对品牌所有者是制造商还是零售卖场不太在意。据美国自有品牌协会调查,有75%的美国消费者接受自有品牌,认为其品质可以信赖。在英国、法国,这个比例分别为56%和38%。目前,欧洲有众多25岁以下的年轻人支持和选择自有品牌商品。有了广泛的消费基础,自有品牌商品才有了赖以生存的土壤,这是欧美世界名店取得自有品牌开发成功的重要条件。

(2)具备一定的销售规模

开发自有品牌适用于具有一定规模的卖场,以使其收益大于成本。由于连锁化发展,卖场规模越来越大,目前产业集中度(前10名零售卖场销售某类产品占该产品销售总量的百分比)高达70%甚至80%,零售卖场已经具备了控制制造商的条件和实力,也有信誉和形象吸引顾客喜爱他们的品牌。例如,英国圣斯巴利(Sainsbury)和塔斯科(Tesco)这样的巨型连锁企业销售的某制造商的食品可能占到后者总销售量的15%,甚至更多。由于采购批量巨大,从而有条件取得较低的价格,这是开发自有品牌的重要基础。

(3)具有相当良好的商誉

优质的商品和完善的服务能给卖场赢得良好的商誉,这是培育自有品牌价值内涵中最主要的一部分。如果大型零售卖场在消费者的心目中树立了良好的企业形象,时时都能为消费者提供质优价廉的商品,处处把顾客需求放在第一位,那么卖场的自有品牌从一开始就具备了名牌的许多特征,极容易被消费者认可和接受。例如,家乐福的面包、华联的大米和鸡蛋、健之佳护肤品系列等,这些自有品牌的商品在卖场内都有很大的销售量,之所以获得成功,一个主要的原因就是这些大型零售卖场在消费者心目中拥有很好的信誉。

4. 开发自有品牌的策略

一般来说,开发自有品牌商品有两种策略:多样化策略和专业化策略。

(1)多样化策略

多样化策略也就是推出多类别的商品品种,质量达到行业平均水平即可,只有个别品牌成为知名品牌。早期卖场在开发自有品牌时,种类比较单一,而且大多是质次价廉的商品,通过低廉的价格与制造商的专业性品牌抗争;同时,顾客在购买这些商品时,既接受其较低的价格,也认同其较低的质量,而不太在乎品牌,甚至无品牌也没关系,诸如肥皂、卫生纸等。由于竞争加剧,自有品牌商品的价值已经不仅在于增加利润,而是成为差异化经营、培养忠诚顾客的战略手段。因此,卖场将更多的商品纳入自有品牌开发计划。诸多世界名店开发的自有品牌产品,由过去的十几种、几十种发展至现在的上千种。采取这种策略的常常是与大卖场相类似的业态,产品集中在生活必需品,大多为普通品牌产品,个别为名牌产品。例如,英国圣斯巴利、塔斯科、塞夫维等超市,自有品牌商品销售的比例已分别达到50%、55%和40%,但是鲜有知名品牌。

(2)专业化策略

专业化策略即推出少类别的商品品种,质量达到行业优秀水平,成为名牌产品。一些世界名店的自有品牌策略,从最初的"较低价格+较低质量"转向了"可接受的质量+值得买的价格",开始追求商品的优良品质,甚至力求创造名牌产品。在美国的一项调查中,凯马特的服装品牌"Taclyn Smith Collection"竟超过了Calvin Klein等名牌的声誉;西尔斯拥有的Craftsman(五金工具类)和Ken-more(家居用品类)品牌在市场上也深受欢迎。美国盖普(GAP)公司的大部分营业收入来源于自有品牌商品;专门销售家居用品的瑞典宜家公司,一直从事自有品牌的开发,形成了自我安装家居产品的特色化经营。Gap、IKEA、M&S 等已经进入世界 100 个最有价值品牌排行榜。随着产品种类扩充和质量提升,自有品牌的销量还将快速增长。

9.1.2　卖场自有品牌的管理

自有品牌的创立是一个艰辛的过程,它并不是简单的命名、设计包装、定点生产或摆上货架即可,而必须遵循品牌成长的规律并进行合理规划和管理。品牌形成的过程是卖场无形资产形成或增值的过程,对于自有品牌的管理应与企业的发展战略紧密结合。同时,将自有品牌商品的开发与提升品牌价值结合起来,将自有品牌商品的开发重点放在品牌开发,而非商品开发上。只有品牌具有独特性和唯一性,才能与竞争者形成差异。例如,IKEA、GAP 已不单纯是商品的品牌,它所体现的设计风格、传达的价值观充分迎合了目标顾客崇尚的生活方式和文化,使顾客在购买时有强烈的被认同感。

小链接

中外著名零售商的自有品牌

国外零售业品牌管理较为成熟和完善,有的零售企业(如 ALDI、Sainsbury)实施多品牌策略,有针对性地进行市场定位;有的零售企业实施统一品牌,借助家族形象帮助新产品迅速打开市场;还有部分零售企业实施公司品牌,强化消费者对零售商的识别。沃尔玛于1992 年推出的 Great Value 品牌从当时的 350 种商品延伸到现在的 1300 多种,它秉承细节营销和整合营销的理念,采用产品创新、包装革新、顾客至上、员工参与等管理方式,成为全球知名品牌。美国盖普(GAP)是著名的服装专业店。创立之初,以销售 Levi's 品牌服装为主,同时,兼营部分 GAP 牌服装,以满足年轻人的更多需求。20 世纪 80 年代初,由于知名服装品牌越来越多地通过百货商店和折扣店销售,给 GAP 的经营带来了巨大压力。于是公司进行战略调整,加大了自有品牌商品的开发和销售比例,逐渐减少直至停止出售所有非 GAP 品牌商品。1994 年后,随着公司战略定位的扩大,目标市场从青年延伸到儿童和中年市场,他们的自有品牌开发策略也有了新的变化,即将品牌在宽度和深度上同时延伸,最终形成了针对不同目标市场的 GAP、BananaRepublic、OldNavy 三大品牌,然后,对目标市场的顾客需求再予细分,进行品牌深度开发,例如 GAP 的子品牌有 Gapbody、Gapbaby 等。自有品牌的成长对 GAP 公司的业务扩张给予了强大支持,分别以 GAP、BananaRepublic 和 OldNavy 命名的专卖店迅速增加、营业额稳步增长,使 GAP 公司在全球零售业百强中的排名稳步前移。

资料来源:彭江.中外零售商自有品牌比较及启示.天津商业大学学报,2008(5).

1. 品牌定位管理

在产品越来越同质化的今天,要成功打造一个品牌,品牌定位已是举足轻重,以差异化为指导的定位路线显得越来越重要。差异化定位使产品或服务具有一个特殊形象,然后把这一特殊形象植入消费者的头脑中,通过品牌的个性,切合消费者心理的诉求来占据消费者的心智,诱导消费者的购买。所以,自有品牌要想获得成功,品牌定位一定要清晰。例如,屈臣氏个人护理商店以"探索"为主题,提出了"健康、美态、快乐"(health, good, fun)三大理念,协助热爱生活、注重品质的人们塑造自己内在美与外在美的统一;又针对目标群体推出屈臣氏蒸馏水,以流线型的瓶身、简洁时尚的绿色包装及独有的双重瓶盖设计,把单纯的"水"变成了一款独具时尚品位、尽显个人风格的产品。通过明晰的品牌定位,屈臣氏建立了与其他卖场不同的品牌个性。

　　2. 品牌延伸管理

　　从狭义上看,品牌延伸是指借助已成功的品牌,扩大品牌所涵盖的产品组合或产品延伸线,利用原有品牌进行产品组合或产品线延伸。从广义上看,品牌延伸是指利用成功品牌的声誉,推出新产品的过程,使新产品投放市场伊始即获得原有的品牌优势支持,并顺利地开拓和占领市场过程。例如,沃尔玛于 1992 年推出 Great Value 食品杂货系列,当时有350 种商品,通过品牌的延伸,今天发展到 1300 种商品,成为美国食品杂货市场最畅销的品牌,也是第一个真正在全球商店都能购买得到的品牌。

　　3. 品牌的全面质量管理

　　全面质量管理要以顾客为导向,以顾客需要的质量来指导生产和管理。品牌的全面质量管理要求零售卖场和生产企业,以及与自有品牌商品相关的其他组织或人员(如原料的供应商和产品的分销商等)共同参与管理。在美国,自有品牌商品的总收益 2008 年超过了810 亿美元,比 2007 年增长了 10.2 个百分点。这些产品遵循健康主张,包括食品中不含反式脂肪酸、饱和脂肪、抗氧化剂等。在 2001 年至 2003 年的经济衰退中,自有品牌商品的市场占有率从 20% 提高到 21.8%,在 1990 年至 1991 年间,市场上的自有品牌商品从 17.6% 提升到了 20%。实践表明,当经济处于低迷期时,顾客倾向于选择自有品牌商品,并且在经济恢复增长后仍对这些品牌保持兴趣。尼尔森公司最新的调查表明,大多数的美国消费者对自有品牌商品非常看好,而对产品质量的改进是其发展的推手。63% 的消费者相信,这些产品的质量如其他品牌一样好,33% 的消费者认为,一些自有品牌商品的质量甚至高于其他品牌产品。该公司消费者调查部门的负责人指出,当自有品牌商品延续快速消费品制造商的成功经验时,更多的商家将质量放在了与价值同等重要的地位上。

　　4. 品牌保护管理

　　所谓品牌保护,就是指品牌的所有人、合法使用人对品牌资格实施的保护措施,以防范来自各方面的侵害和侵权行为,促使品牌的保值和增值。品牌从其诞生伊始就是能给拥有者带来利益、产生增值的一种无形资产,从而需要倍加保护。品牌的保护包括品牌的经营保护、品牌的法律保护和品牌的社会保护三个部分。例如,零售巨头们纷纷利用商标注册和法律诉讼保护自有品牌利益。1996 年,沃尔玛在深圳开设第一家沃尔玛购物广场和山姆会员店以来,陆续在 31 个类别上申请注册中文"沃尔玛"商标,其持有的中文"沃尔玛"商标已被评定为驰名商标。2004 年 8 月,沃尔玛公司在诉童小菊等商标侵权及不正当竞争纠纷案中胜诉,获得 12 万元人民币赔偿款。无独有偶,广州屈臣氏食品饮料有限公司因获得了美国新奇士种植者公司"新奇士"商标使用许可,也在其 2000 年 5 月商标侵权纠纷案中获得胜诉。

9.2　价格策略

每一种商品都有其自身的定价。通过价格,消费者能够了解商品价值方面的信息,卖场经营者则可以方便地衡量自身的价值收益。价格是卖场营销组合中的重要因素,同时也是高度敏感的组成部分,对卖场的利润率有直接的影响。因此,定价是卖场的重要管理活动。

9.2.1　卖场定价机制

在零售卖场价格管理实践中,一般有三种定价机制:

1. 需求导向定价

零售卖场依据顾客的需求定价,依据自己选择的目标市场决定价格的范围。例如,面向一般消费者的折扣店可以采用利润率很低的定价;面向高收入阶层的奢侈品商店或一些时尚品商店则可以采用营销学中常说的"撇脂"定价法。合理应用这一定价机制的关键在于零售卖场要有关于目标市场的精确定位。

2. 成本导向定价

零售卖场设定一个价格下限,即公司达到某个特定利润所能接受的最低价。成本越高,定价也就越高。这种定价机制虽然易于操作,但是由于缺乏对消费者和竞争对手的足够重视,往往会让零售卖场陷入被动局面。

3. 竞争导向定价

这是零售卖场通过将自身商品的定价与竞争对手的价格相联系的一种定价策略。这种定价策略的缺点在于,竞争对手的确定标准不一。一般来讲,零售卖场倾向把同类的零售商作为主要的竞争对手,但在某一情况下不同零售业态的零售商同样会对自身产生冲击,为了获得竞争零售卖场的当前信息,大型零售商经常雇佣比较购物者,让他们在商店的价格、商品和服务水平进行比较,而小型零售商则往往让自己的店员或者店主自己担任价格比较者的角色。忽视竞争对手的定价往往会给零售商带来毁灭性的后果。

顾客、成本、竞争对手,零售卖场往往需要在综合前面三种定价机制的基础上选择合适的定价战略。

资料阅读

价格战与价格策略的区别

两者的目的不同。价格战是为了炒作自己,吸引公众的注意力,而价格策略的实施是根据市场需要、企业实力、技术的进步而作出的让利于消费者的一项措施。

两者的时效性不同。价格战是偶发的,往往为了一时的销售效果,将幅度拉得很大甚至不计利润,而价格策略是企业根据市场调研,运用价格规律作出的,是一个较长时间的运用,而不是偶发性的。

两者产生的影响不同。价格战的爆发破坏了行业内正常的游戏规则,使行业难以健康发展。而价格策略是按行业的正常游戏规则进行的,它对行业的发展是有促进作用的。

两者的结果不同。价格战是一种非理性的自杀行为,它最先考虑的不是利润而是快捷地不惜一切代价夺取市场。它可能在市场上一时奏效,但竞争者会迅速效仿,其价格优势难以维持,从根本上改变不了企业的命运,最终是两败俱伤;而价格策略是在国家和企业有利可图的基础上,根据消费者的需求作出的,它是一个长期发展策略。

资料来源:李国艳.对外资零售企业价格策略的思考.邢台职业技术学院学报,2006(2).

9.2.2　卖场定价方法

1. 先入为主低价渗透法

作为零售卖场,在开业之初便会将其定位准确地告诉消费者,并努力营造这一形象,以期形成消费者的第一印象。在市场进入伊始,国外零售卖场往往采用低毛利、低价格策略,给消费者造成一种十分"便宜"的印象,以后再有计划地逐步提高某些商品价格,使消费者在形成第一印象之后不知不觉地忽略商品价格上调的事实。这种做法不同于国内零售卖场开业之初的让利促销,让利促销容易在消费者心中形成开业过后价格会大幅上调的印象,无法起到价格促销的长期效果。

2. 补缺差别毛利率定价法

对不同的商品采取不同的毛利率定价,以盈补缺,实现盈利和低价双重目标。目前,许多外资零售卖场均采用这种定价策略,如一般食品、杂货商品的毛利率仅为5%～6%,生鲜食品的毛利率为15%～16%,百货商品的毛利率为15%～25%。这些卖场的商品零售价格普遍比其他商场低10%左右,一部分与其他卖场持平,从而保证了卖场的低价定位和赢利水平。

3. 控制敏感商品价格法

据调查,仅有30%左右的消费者在进入商场前有明确的购买目标,其余70%的消费者的购买决定均是在卖场作出的,而且他们只对部分商品在不同卖场的不同价格有记忆,这部分商品即为敏感商品。敏感商品一般是需求弹性大、使用量大、购买频率高的商品,实行低价销售在市场上拥有绝对竞争优势,有利于塑造卖场价格便宜的良好形象。零售卖场在靠低价打开市场后,则靠敏感商品的低价来巩固和发展市场。一般是通过调研测算出无利、低盈利和高盈利商品的范围,对其中的敏感商品采取持久的低价策略,以此维持并强化其定位形象,并带动其他正常价格商品的销售,从而达到以点带面、以小带大的促销目的。

4. 运用折扣定价法

折扣定价是在短期内降低商品价格以吸引更多消费者购买,从而实现销量在短期内增加的一种定价方法。具体做法有:

(1)一次性折扣定价法

一次性折扣定价法即在一定时间内对所有商品规定一定下浮比例的折扣,一般在店庆、季节拍卖和商品展销时采用较多。一次性折扣定价法是阶段性地把商店的销售推向高潮的定价法,实施的时间和频率要事先订好计划。

（2）累计折扣定价法

累计折扣定价法即规定顾客在一定时期内累计购买商品达到一定金额，则按其购买金额大小给予不同的折扣。这种定价方法能起到稳定顾客队伍的作用，卖场可以常年推出。

（3）会员卡折扣法

消费者只需缴纳少量费用，或达到一定购买量即可持有会员卡，成为零售卖场的会员。会员可享受多种优惠，如会员购物时可以享受比非会员更多的折扣赊销；会员持卡购买大宗昂贵物品时，可享受分期付款的优惠、年底分红或返还代金券等；会员有机会参加卖场组织的联谊活动，并获得卖场的一份礼物；会员每隔半月或一月就可以享受一天优惠购买日，或获得卖场最新商品信息，并可享受电话订货或送货上门服务等。此外，目前有不少卖场向顾客发放优惠卡，在出售商品时就按顾客的购买金额给予一定的折扣率。这种折扣法可以增大卖场的目标顾客，但要对购买不同数量商品的顾客给予不同的折扣率。

（4）季节折扣定价法

有许多商品都有季节性消费的特点，如服装、食品等。为推进这类商品的消费高潮，卖场可采取折扣价来刺激销量的增加。采用此方法时要注意：消费高潮时的季节折扣要与竞争对手的同类商品价格拉开差距，显示明显的价格优势；在销售淡季时，折扣则既要体现反季节促销，又要体现季节性清货。前者是扩大销售，后者是清理库存。

（5）限时折扣定价法

限时折扣定价法即在特定的营业时段对商品进行打折，以刺激消费者的购买欲望，如限定在下午 6 点至 7 点，某商品五折优惠。此方法一般是利用卖场尖峰时段以广播方式传递信息，刺激消费者购买特定的商品，一般价格优惠较大，在时间选择上不宜选在顾客流量高峰期。限时折扣定价，一方面可增强卖场内人气，调动顾客购买欲望，另一方面可促使一些临近保质期的商品及时销售完，当然，必须要留给顾客一段使用的期限。

5. 促销商品定价法

（1）特卖商品定价法

特卖商品，是指该商品降价幅度特别大，一般要比平时或竞争店的价格低 20％以上，即特价商品。特卖商品对顾客有很强的吸引力，因此，卖场每隔一段时间就会选择一些商品，以非常低廉的特价形式招徕顾客。通常选择两类商品作为特卖商品：一类是低值易耗、需求量大、周转快、购买频率高的商品，它们是零售卖场价格特别低廉的标志性商品；另一类是购买频率不高、周转较慢、在价格刺激下偶尔购买的商品，这是为加速商品周转而进行特价销售。卖场推出特价商品必须控制数量，如每周推出一批或每天推出一种，时间多选在节假日、双休日，且常年不断，周期性循环。这样，既可以带动卖场的销售额，又可以持续反复地向消费者传递价格低廉的冲击波，形成强烈的低价印象。

（2）销售赠品定价法

销售赠品定价法即向消费者免费赠送或购买达到一定金额时可获得赠送礼品的方法。具体有三种方式：①免费赠送，只要进店即可免费获得一件礼品，如气球、面纸、开罐器、鲜花等；②买后赠送，即购物满一定金额才能获得礼品，如酱油、色拉油、洗洁精、沐浴露、玩具等；③随商品附赠，如买咖啡送咖啡杯、买生鲜食品送保鲜膜、买空调或冰箱送电费等。对某些新产品或利润较高的商品，也可以采用销售赠品的定价方法来刺激销售；临近保质期的商品，也可将其作为附赠品向消费者附带赠送；还可将新产品以小包装方式作为赠品附送。这既可以刺激顾客的购买欲望,又可以制造卖场的销售氛围。

6. 心理定价法

这是利用心理因素,根据不同类型消费者购买商品的心理动机来制定商品价格的一种定价方法。因此,实施心理定价,制定迎合消费者心理的价格,往往能起到意想不到的效果。

(1)尾数定价法

这是以零头数结尾的一种定价法,尾数通常是用某些奇数或人们中意的数字,如 9、5、8、6 等数字。一方面使消费者产生吉利的好感,另一方面也使消费者产生便宜的感觉。例如,标价 198 元和 200 元经常给人两个档次的感觉,其实相差仅 2 元。

(2)错觉定价法

通常情况下,消费者对商品重量的敏感远远低于对价格的敏感,因此可以利用消费者以价格替换重量的错觉来制定商品价格。例如,500 克装的某品牌调料标价为 9.30 元,而 450 克装的同样奶粉标价为 8.50 元,结果是后者的销量明显好于前者。其实后者的单价更贵一些,但是消费者往往忽视重量产生错觉,认为购买后者更划算。

(3)系列定价法

系列定价法即限定一个价格范围(价格上下限),该范围内分布着若干价格点,每个价格点代表不同的品质水平,一般与系列产品相适应。例如,确定一盒纸巾的价格范围是 6～15 元,价格点分别定为 6 元、9 元和 15 元,这有助于促进消费者去发现不同价位的商品品质的差别,也为以后价格调整作了铺垫。使用这种方法的关键是确定各个价格点之间的差距,差距太小让人感觉不到品质差别,差距过大又会让人产生疑惑。

7. 自有品牌商品定价法

通常来讲,自有品牌商品的销售无需支付巨额的市场推广费和通道费,因此,自有品牌商品的价格要比同类其他品牌便宜,否则不会引起消费者的兴趣。例如,沃尔玛自有品牌商品常用机械五金工具的价格,仅仅相当于其他著名品牌的一半。当然,自有品牌商品的定价也不能太低,还要兼顾到同类商品价格线的合理性,否则会影响卖场的声誉。自有品牌商品的定价要注意两点:第一,在同类商品的比较中显示出自有品牌商品的价格优势;第二,限制自有品牌之外的同类商品的进货数量,使销售向自有品牌商品集中。

9.3　促销策略

在现代市场,卖场不仅要拥有一流的产品、合理的价格、畅通的销售渠道,还需要一流的促销。在商品供大于求的买方市场条件下,良好的促销能够使某一商品从琳琅满目的商品中脱颖而出,有利于吸引消费者的注意,赢得"货币选票"。卖场促销,一般被定义为卖场为告知、劝说、提醒目标市场关注有关企业任何方面的信息而进行的一切沟通联系。

凯马特的"蓝灯闪亮"促销

美国的凯马特虽然因经营不良而申请破产保护,并最终与西尔斯百货合并,但它的"蓝灯闪亮"促销却被列入《影响美国零售业100年的100件大事》,这是一个既给顾客利益又有趣味性的促销方案。在凯马特商店货架顶上常常会随机地闪亮蓝灯并鸣叫,蓝灯闪亮的货架上的商品降价销售,价格低得似白拿一般。凯马特店铺中蓝灯闪亮的地点、时间无规律可循,在任何时间、任何货架上都可能发生,因此,商圈内一些闲暇的主妇们,有事没事都想到凯马特店里看一看、转一转,能买到廉价商品更好,买不到能看看闪亮的蓝灯也是一件令人愉快的事情。但很多光顾的顾客都不会空手而归,他们常常会附带着购买许多生活用品。这项蓝灯闪亮特卖,不仅使凯马特的客流旺盛,而且也使其销售额明显增加。

资料来源:陈支农.百年零售大厦——凯马特破产的启示.商业文化,2004(11).

9.3.1　卖场促销的目标与原则

1. 卖场促销的目标

卖场促销的目标包括长期目标和短期目标,如图9-1所示。

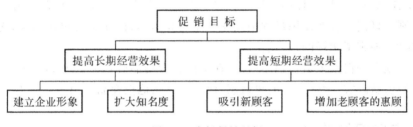

图 9-1　卖场促销目标

(1)长期目标

长期目标是指为了在顾客心目中产生区别于竞争对手的卖场形象而设计和实施的促销。一般卖场会通过促销活动体现其在商品类别、价格,或者质量方面的差异,以达到细分目标顾客的目标。

(2)短期目标

卖场促销活动中常见的短期目标有:

①稳定既有顾客,并吸引新顾客。通过促销活动制造一种热闹氛围,达到吸引新顾客、增加老顾客惠顾的目的。新顾客有三种类型:同类型卖场中其他卖场的光顾者、其他类型卖场的顾客和经常转换卖场的顾客。把顾客吸引到卖场中来,延长顾客的驻留时间,就加大了消费的可能性。例如,每到中秋节,各大商场就会挂起大红灯笼,营造一种节日的氛围,吸引顾客走进商场,刺激其消费;使用某一商品的低价格吸引顾客进店,顾客往往会顺便购买其他正常价格的商品。又如,经营汽车和家庭器具的卖场里,促销可导致顾客进店享受其他高价的维修服务,使卖场获利。

②及时清理卖场内滞销存货,加速资金周转。越积越多的存货会影响卖场流动资金的周

转,通过促销活动,卖场不仅可以给予消费者优惠,而且加快销售可以降低存货,回笼资金。

③树立品牌及卖场形象。每个卖场的定位都是不一样的,有时为了在消费者心中树立一个良好的形象,卖场会举行一些文化性质的活动,或是采用特色广告或商品展示来对特定的商品进行促销。例如,举办一个"高级品牌时装周"的促销活动,也许这种服装真正的销售额不高,但是能让消费者感到满足的是能在高档商场内买到低价的服装,给自己一种极大的成就感。

④建立价格优势。通过促销建立实惠的价格形象,抵制竞争。高档卖场内商品的价格一般都会比较高,在某种程度上就会排斥一些顾客进店消费,如果卖场能不定期地在关键商品上采用低价策略,就会吸引不同阶层的顾客进店消费。

2. 卖场促销的原则

①目的性原则。即确定卖场促销活动的目的和目标,具体活动应紧紧围绕目的展开。

②战略性原则。北京蓝岛商场开展的"以文促商"建设活动,在北京乃至全国都产生了巨大的反响。蓝岛卖场创造了以文促商的气氛,这项活动不仅加强了内部的管理,还获得了几千万的广告费都难以达到的广告效应。

③联想性原则。促销活动的设计往往会让消费者联想到卖场的形象,从而激活消费者心目中的美好印象,推动购买的实现。例如,苹果服装店,突出的是绿色和蓝色,给人以青春洋溢的想象;米奇店突出的是米老鼠的形象,给人以活泼可爱的印象。

④真实性原则。卖场的促销宣传一定要给消费者真实的感受,不应故意夸大或歪曲产品介绍,否则一旦消费者在使用过程中发现产品与介绍不符,便不会再次购买,无形中降低了顾客忠诚度,损害了卖场的长远利益。

总之,实施卖场促销策略最根本的是,在不损害卖场品牌形象的基础之上,提高卖场商品的销量,吸引新顾客,增强顾客的忠诚感,而不是一味地把商品卖出去就结束。

9.3.2 卖场促销策划

策划一个完整的卖场促销活动包括促销的计划、主题、商品及价格,广告宣传品的排版、印刷、发放,卖点的摆放、商品陈列、现场促销、促销效果测评等一系列工作。

1. 促销时机的选择

"时机"通常的理解就是"时间+机遇"。中国有句古话就是"机不可失,时不再来",在促销过程中,只有在适当的时间抓住机遇,才能收到令人满意的促销效果。一般来说,选择季节性、潮流性的商品,通常会使销售量的增长事半功倍;对于促销持续时间的长短安排,既要让顾客有重复购买的时间,也要达到刺激购买的效果。

2. 目标人群的确定

目标人群选择的正确与否将直接影响促销的最终效果。卖场应当不定期地调整促销的人群对象,使各个层级上的顾客都能够感受到促销的激励效果。卖场可以根据选定的目标群体,策划专题促销活动,提高促销的精准度,从而增加销售量。

3. 促销商品的确定

一般卖场经营的商品达到上万种,但并不是每一种商品都适合在某一时间段内做促销活动。卖场在选择促销商品时应考虑以下几个因素:商品的可获利性,即促销商品的销售额、竞争对手的促销力度、销售速度;制造商的支持程度,即制造商以什么形式支持促销,促销的力度大小等以及消费者的可接受程度。

4. 发布宣传广告

任何一项促销活动都要广而告知,将活动详情告诉给消费者,这时就需要做广告。常用的广告载体包括电视、报纸、杂志、手册、汽车车身广告、DM、POP、展架等。

5. 促销费用预算

促销活动涉及多方面的费用,例如 POP 牌、宣传单、图案设计等的制作成本。对促销活动费用的充分了解和有计划安排,能实现有限资源的合理分配,获得满意促销效果。卖场应尽可能用较少或一定数量的费用取得最大的销售效果。常用的预算方法有百分比法、竞争对手法、目标任务法等。卖场应结合自身情况,选择恰当的方法,量力而行,灵活运用。

6. 内部的工作安排与协调

促销活动的实施需要卖场各个部门的配合,因此,要明确各个部门在促销过程中所扮演的角色和承担的任务。消除部门之间的矛盾,协调统筹各个部门的职能,以配合促销工作的顺利展开。例如,由制造商实施的零售卖场促销活动,可能会产生顾客的大量采购行为,这就需要采购部协调工作,以保证充足的存货满足顾客的需求,否则会引起顾客的不满,不仅无法促进商品的销售,还导致卖场的可信度降低,得不偿失。

小链接

卖场促销节庆时间一览表

季节	节庆时间	促销主题		备注
春季	正月初一春节 正月十五元宵节 2 月 14 日情人节 3 月 8 日妇女节 3 月 15 日消费者权益日	二月	1. 年货展销　　　2. 情人节活动 3. 元宵节活动　　4. 欢乐寒假 5. 寒假电脑产品展销　6. 开学用品展销 7. 玩具商品展销　　8. 家电产品展销	春节 3 天
		三月	1. 春季服装展　　　2. 春季烧烤商品展 3. 换季商品清仓特价周　4. 春游用品展 5. 三八妇女节妇女用品展销	清明节 1 天
		四月	1. 清明节学生郊游食品节 2. 化妆品展销会	
夏季	5 月 1 日劳动节 5 月 4 日青年节 5 月 12 日护士节 5 月第二个周日母亲节 6 月 1 日儿童节 6 月第三个周日父亲节 五月初五端午节	五月	1. 劳动节活动　　2. 清凉夏季家电产品节 3. 夏装上市　　　4. 母亲节商品展销及活动 5. 端午节商品展销及活动	五一节 1 天
		六月	1. 儿童节服装、玩具、食品展销及活动 2. 考前补品、用品展销　3. 饮料类商品展销 4. 夏季服装节　　　5. 护肤防晒用品联展 6. 热带水果节　　　7. 父亲节礼品展销	端午节 1 天
		七月	1. 欢乐暑假趣味竞赛,商品展销 2. 暑假自助旅游用品展 3. 七月冰激凌联合促销　4. 暑假电脑促销	

续表

季节	节庆时间	促销主题		备注
秋季	7月1日香港回归纪念日 8月1日建军节 七月初七七夕情人节 9月10日教师节 八月十五中秋节 10.1国庆节 九月初九重阳节	八月	1.夏末服饰清货降价 2.升学用品展销	国庆节 3天
		九月	1.教师节卡片、礼品展销 2.中秋节礼品展销 3.敬老节礼品展销 4.秋装上市 5.夏装清货	
		十月	1.体育用品联合热卖 2.秋季美食街 3.大闸蟹促销活动 4.金秋水果礼品展 5.国庆节旅游产品集 6.重阳节登山商品展 7.入冬家庭用品展 8.羊绒制品展	中秋节 1天
冬季	12月20日澳门回归纪念日 12月24日平安夜 12月25日圣诞节 1月1日元旦	十一月	1.冬季服装展 2.火锅节 3.护肤品促销活动 4.烤肉节	
		十二月	1.保暖御寒用品展 2.冬令进补火锅节 3.圣诞节礼品展销 4.岁末迎春商品展	元旦 1天
		一月	1.元旦迎新活动 2.新春大优惠 3.春节礼品展 4.除旧迎新活动 5.结婚用品展 6.旅游商品展销 7.年终奖金优惠购物计划	

资料来源:杨哲,杨卫.商场超市店铺开发与经营.深圳:海天出版社,2005:165—167,略有改动.

9.3.3 卖场促销手段

1. 广告

国外学者的研究表明:在销售现场中,有1/3左右的顾客属于非事先计划的随机购买,约1/3为计划性购买。有效的卖场广告不仅能激发顾客的随机购买,还能有效地促使计划性购买的顾客果断决策,实现即时购买。可见,广告对顾客的购买具重要的影响力,如图9-2所示。

图 9-2 卖场缺乏广告影响力的后果

(1)卖场广告的功能

①产品告知的功能。这是广告的基本功用。尤其是新产品广告,首先要告知商品的信息,同时配合促销活动的展开,就可以吸引消费者视线,刺激其购买欲望。

②唤起消费者潜在购买意识的功能。当消费者进入卖场时,通常已将大众传媒的广告内容遗忘,此刻利用现场广告,可以唤起消费者的潜在意识,重新忆起商品,促成购买行动。

③售货员的功能。卖场广告有"无声的售货员"和"最忠实的推销员"的美名。当消费者面对诸多商品无从下手时,摆放在商品周围的一则杰出的广告,忠实地、不断地向消费者提供商品信息,可以起到吸引消费者并促成其购买决策的作用。

④创造销售气氛的功能。利用卖场广告强烈的色彩、美丽的图案、突出的造型、幽默的动作、准确而生动的广告语言,可以创造强烈的销售气氛,促成消费者的购买冲动。

⑤提升卖场形象的功能。卖场广告的使用不仅是要提高产品的知名度,同时也要注重卖场形象的塑造与宣传,进而保持与消费者的良好关系。

(2)卖场广告的种类

依据卖场制作广告的目的,可以把卖场广告分为两种类型:

①商品广告。其目的是吸引顾客快速前来购买商品。这类广告通常向消费者提供有关商品特征的信息,如新商品、品牌、价格等;或者告知消费者某些商品正在优惠销售中,使消费者感到物超所值,吸引消费者迅速前来购买,使得卖场在短期内提高利润。

②声誉广告。其目的是告知消费者本卖场与竞争对手相比所具有的优势与地位,是为卖场的长期发展作打算。这类广告意在告知消费者本卖场是购物的最佳选择。通过这类广告,卖场能够很好地树立起品牌形象,或是凸显与其他卖场相比所具有的竞争优势。例如,卖场作为时尚尖端商品的领导者、价格低廉的领导者、服务优秀的领导者等。

(3)POP 广告

卖场经营者除了利用报纸、广播、电视节目等传统媒体做广告吸引消费者进店之外,也日益增加在店内的标志来吸引顾客注意特定的商品。店内的标志被称为购买点广告,也称为 POP 广告。POP(point of purchase 的缩写)一词,起源于国外的超级市场、折扣商店等自选式商店的店头语。POP 广告是在购买商品时的地点所设置的各种广告物的总称,例如,商店的牌匾、店外悬挂的广告条幅、商内的装潢、橱窗的设计、柜台的摆放、商品的价目和展示卡、海报、折扣或服务告示、电子广告牌等,都是 POP 广告的具体形式。

①按照不同的制作主体分类。POP 广告可分为卖场自行制作的和厂商制作的 POP 广告。卖场自行制作,主要是由卖场的(美工)人员自行动手制作,虽然其生产效率远不及厂商制作 POP,但可针对卖场的需要,制作出更能突出卖场特色的 POP 广告;厂商制作的 POP 广告,主要是针对厂商商品的促销,对于卖场的考虑较少,其 POP 的制作量大,但形式单一化。

②按照不同的使用周期分类。POP 广告分为三大类型:长期 POP 广告、中期 POP 广告和短期 POP 广告。长期 POP 广告,是使用周期在一个季度以上的 POP 广告,主要包括招牌 POP 广告、柜台及货架 POP 广告、企业形象 POP 广告;中期 POP 广告,是指使用周期为一个季度左右的 POP 广告,主要是季节性商品广告,如服装、空调、电冰箱等 POP 广告;短期 POP 广告,是指使用周期在一个季度以内的 POP 广告,如柜台 POP 展示卡、展示架以及商店的大减价、大甩卖招牌等。

另外,还可以按照不同的陈列位置和陈列方式,把 POP 广告分为柜台展示 POP、壁面 POP、天花板 POP、柜台 POP 和地面立式 POP 等种类。具体采用哪一种 POP 广告形式,要视促销的目的而定,卖场可以选用一种 POP 广告形式,也可同时使用多种形式的 POP 广告。

2. 人员推销

由于推销人员处在卖场的第一线,因此人员推销对消费者的冲动性购物有重要影响,许多二线品牌产品以及上市的新产品都对人员推销有较大的依赖性。国内一项调查显示,在销售保健品的商店,有一半的消费者购买口服减肥产品之前便已经决定了将要购买的品牌,而面对这些消费者,营业员向其推荐的比例有 30%,其中接受店员推荐的消费者的比例有 12%。从整体来看,营业员可以影响到的消费者的比例可达到 62%[①]。可以说,消费者的购买行为与人员推销有着密切的联系,卖场内的人员推销可以诱导消费者的购买选择倾向。

①宣传热卖以引导顾客。宣传热卖点是推销人员刺激消费者产生冲动购买的一个手段。在消费者心目中,越是热卖的东西就越是吸引人,正如顾客将拥挤程度视为商品受欢迎的程度,围观的人越多,商品就越有吸引力一般。

②延长顾客的逗留时间。通常,在卖场内逗留时间长的顾客花费更多。推销人员对产品的功能信息比消费者更加了解,有经验的推销人员往往能够进行生动而专业的宣传、推荐,充分展示产品的各项性能、特点和优越之处,长时间的讲解沟通常常会使顾客对其产生崇拜和信任的心理,进而产生购买意向。

③把握消费者心理变化。作为推销员本身,要揣摩消费者的心理及对同类产品的反应,做到有的放矢。一名优秀的推销人员要能够把握消费者心理的变化,在介绍产品时要注意察言观色,根据顾客的反应作出合适的推销对策。

④试用品效果。推销人员在对顾客进行产品介绍时,可以指导顾客对商品进行体验和学习,使顾客通过检查商品质量、性能以及试用产品的过程,增加对商品的了解程度。推销人员可以在顾客试用过程中加以适当的解说,也可加速顾客的购买决定。

3. 公共关系

公共关系(public relations),包括设计用来推广或保护卖场形象或它的个别产品的各种计划。卖场需要一个公共关系部门,用于监视社会公众的态度,发布和传播信息,以建立良好的信誉。公共关系协会(IPR)把公共关系定义为"深思熟虑、有计划、持续不变地努力建立和维持一个组织,并与其公众之间的彼此理解"。公共关系既可用来产生公众最喜欢关注的事物,也可用来减弱公众最不喜欢的负面影响,其目的是增强公众的信心。公共关系通常用来辅助卖场的促销活动,它可以起到告之、说服和强化的作用。

(1)公共关系的目标

公共关系致力于达到下述目标中的一个或多个:提升卖场及其零售战略组合的知名度;维持或改进顾客对卖场的美誉度;展示卖场为提高公众生活体验做出的努力;展示卖场的社会责任感和进取精神;以给人高度信任感的方式传达对卖场有利的信息;减少总促销费用。

(2)公共关系的类型

①预期型公共关系,是指卖场事先做好策划并努力使媒体报道,或预计某些事件会引起媒体报道的活动。例如,社区服务、假日展览、新产品或服务的零售、新店开业等易引起媒体的关注。卖场也可将预计销售计划和年度报告进行公布,以引起媒体的反应。

---

① 陈琳.试析人员推销对消费者冲动购买的决策影响.华商,2008(15).

②意外型公众宣传,是指媒体在卖场事先未曾注意的情况下报道其表现。电视和报社记者往往会匿名访问卖场,评价其表现及服务质量。一次失火、一次雇员罢工或其他具有新闻价值的事件都可能被引用。经过调查研究,关于卖场活动的报道就会出现在媒体上。如果是有关卖场的负面意外报道,它甚至会给卖场带来毁灭性打击。

4. 营业推广

营业推广,即销售促进(sales promotion),是卖场经营活动的一个关键因素,包括各种短期促销手段,用以刺激消费者和卖场迅速或较大量地完成一次交易活动。营业推广是卖场以直接地或间接地为消费者提供超额价值的非人员性诱因,来吸引消费者购买,提升短期销售业绩。它是给予消费者优惠最直接的促销方式,也是最经常使用的一种重要手段。

(1)开展营业推广应该注意的问题

①周期不宜太长,也不宜太短。周期太长,顾客就习以为常,容易损坏卖场的品质形象,对销售的刺激作用会被削减;但是如果间隔周期太短的话,又容易导致商品积压与缺货并存。

②营业推广要与社会活动相结合。社会上出现的重大事件,卖场一定要作出积极响应,以显示与社会互动的时代精神,迎合公众心理,这是塑造卖场形象的最好时机。

③营业推广要兼顾多方面的利益。营业推广不只是零售卖场有利可图,它谋求的是与之合作的供应商、消费者,及相关利益部门的共赢与长期合作关系的建立、维护。因此,营业推广的使用要兼顾各方的利益和要求,寻求一个合理有效的方式,取得各方面的支持与配合。只有互动、互利,才能长期和谐发展。

④评估工作不可缺少。评估是贯穿营业推广全过程的活动,而不仅仅是推广结束以后的事情。评估要注意商品的综合性考虑(促销品与非促销品)、评估时间的综合性考虑(推广前、推广中、推广后),以及效益的综合性考虑(销售、毛利、净利、品牌效应等)。

(2)营业推广的具体形式

①折扣促销。即在目前价格的基础上打折,按折扣后的价格进行销售。诸如“全场6折销售”,“会员日8.8折”等。折价促销是卖场增加销售量、提高市场占有率、攻击竞争对手、处理库存的重要手段,但并不是任何一种商品都适合采用折价促销方法。

品牌成熟度高的商品,在消费者中的声誉也较高,而且拥有固定的消费群,所以,偶尔采用折价促销不仅会增加消费者的重复性购买,还会吸引大量的试用者购买,折价促销的实施效果会非常好;季节性强的商品,在即将过季的时候采用折价促销手段可以一举两得,既处理了库存,减少了库存费用,又扩大了品牌知名度;老产品,对于即将退出市场的商品,在新产品上市之前采用折价促销及时处理是最好不过的,卖场可以以回馈老顾客为理由卖出产品,减少库存,又可以为新产品的上市造势。

②购物赠券。即卖场规定顾客购物达到一定限额后,赠送相应的代币券,鼓励顾客再次进行消费的促销活动,例如,“满200元送100元代金券”活动。卖场通常采用的赠券促销活动有四种类型(见表9-1)。

表 9-1　卖场购物赠券的形式

赠券形式	赠　券　内　容
赠 A 券	按照原标价格进行消费达到一定的金额时向消费者提供的购物券,顾客要按照赠券指定的商品、货柜、价格、时段等进行使用
赠 B 券	顾客在原价消费达到规定金额时获得的赠券,但是赠券金额只能占出售商品销售款的一定比例,不得用赠 B 券直接购买商品
赠现金券	赠券内涵和使用规则与 A 券没有区别,只是名称变更,让消费者得到返还现金的刺激
代金卡	内涵和使用规则与 A 券没有什么区别,只是将赠送的金额输入商场发放的购物卡,此卡可以在商场内参与活动的部组及商品区中直接划卡使用

③购物赠现。即顾客消费购物达到一定额度后,卖场赠送给顾客一定数量的现金,以促进销售的活动,如"满 200 元送 50 元现金"。根据操作方式不同可分两种情况:一是卖场将返还的现金直接抵减商品售价;二是不抵减商品售价,而是单独返还顾客现金。相比较其他营业推广手段而言,购物赠现对顾客的刺激力度更大,可以大大提升商品的销量。

④购物赠物。即卖场在顾客购买商品金额达到一定额度后,赠送同类或其他的商品进行商品促销的活动。尽管附赠物品的价值低廉,但是顾客能够获得占便宜的心理满足感,因此,这也是卖场经常使用来吸引顾客的重要手段。

⑤有奖销售。即卖场根据自身的销售现状、商品性能和消费者情况,通过给予奖励的方式来引起消费者的注意,激发消费者的购买欲望,以达到扩大销售、增加效益的目的。有奖销售的奖品可以是现金,也可以是各种价值不等的商品或购物券。

⑥积分返利。指卖场制定积分政策,推出购物积分卡,当消费者购买商品后就获得相应的积分,一段时间内累计达到一定标准后就可兑现积分,获得相应的现金或实物。

⑦会员折扣。指顾客购物达到一定标准后,即成为该卖场的会员,在购物时可以享受会员价格,一般较正常价格优惠。

⑧限时销售。这是卖场为了促进销售,刺激消费者购物,在指定的区域和时间(通常在非营业高峰时间,如清晨、正午、晚上甚至凌晨等)进行的一种打折销售活动。限时销售的商品价格一般远低于正常商品的价格,折扣力度较大,对消费者的刺激力度极大。

⑨捆绑销售。指卖场在正常销售商品的同时,顾客支付较低的价格即可获得捆绑销售的商品。捆绑销售视同购物赠物销售方式,一般适宜在卖场推出新产品时使用。

⑩以旧换新。这是卖场为了更好地促进销售增长,对消费者使用过的商品以质论价或规定定额收购价格,在其购买同类商品时,在原价的基础上减除收购价格后为实际商品价格的一种促销方式。家电卖场常用此种促销方式销售商品。

9.4　服务策略

全美畅销书《追求卓越》的作者在调查了美国最杰出的 43 家企业后发现:"不管这些公司是属于机械制造业、高科技工业,还是卖汉堡包的食品业,他们都以服务业自居。"目前,服务已成为各行各业关注的焦点,顾客服务对企业的生存与发展具有重要意义。因此,零售卖场也必然把顾客服务作为一项基本活动,向顾客提供恰当、可靠、优质的服务。

9.4.1　卖场服务的内容

1. 服务的概念

经济学意义上的服务是一种可供销售的活动,是以等价交换的形式为满足企业、公共团体或其他社会公众的需要而提供的劳务活动或物质产品。服务的概念并不统一,从 20 世纪五六十年代开始,许多专家从不同角度对服务作了界定。

1960 年,美国市场营销协会(AMA)最先给服务下定义为:"用于出售或者是同产品连在一起进行出售的活动、利益或满足感。"

1974 年,斯坦通(Stanton)指出:"服务是一种特殊的无形活动。向顾客或工业用户提供所需的满足感,它与其他产品销售和其他服务并无必然联系。"

1990 年,格鲁诺斯(Gronroos)为服务下的定义是:"服务是以无形的方式,在顾客与服务职员、有形资源、产品或服务系统之间发生的,可以解决顾客问题的一种或一系列行为。"

1993 年,艾德里安·佩恩(Adrian Payne)将服务定义为:"服务是一种涉及某些无形性因素的活动,它包括与顾客或他们拥有财产的相互活动,它不会造成所有权的更换。"

美国著名市场营销学家科特勒对服务的定义是:"服务是一方能够向另一方提供的基本上是无形的任何活动或利益,并且不导致任何所有权的产生。它的生产可能与有形产品连在一起,也可能毫无联系。"

2. 卖场服务的作用

(1) 树立卖场形象

服务可以塑造卖场的良好形象。现在不少卖场通过广告来塑造自己的形象,应该说这种宣传有一定的效果,但是由于目前虚假广告较多,消费者普遍存在着对广告不信任的心理,所以,用广告来塑造卖场形象的效果往往不理想。相比之下,卖场提供的优质服务常常被消费者传为佳话,消费者相互传播自己购买后的满意的体验信息,更容易引起共鸣;而劣质服务引起的消费者不满,则会"一传十、十传百"在顾客中迅速地传播开来。可见,优质服务有利于塑造卖场的良好形象,提高企业的知名度和美誉度。

(2)提高卖场竞争力

美国哈佛商业杂志发表的一份调研报告指出:"公司只要降低 5% 的顾客流失率,就能增加 25%～85% 的利润,而在吸引顾客再度光顾的众多因素中,首先是服务质量的好坏,其次是产品本身,最后才是价格。"在产品严重同质化的市场中,优质服务容易让消费者感到差异的利益,从而对商品销售起到强有力的推动作用。每个卖场都在向目标顾客提供一定的服务,而服务也创造了卖场之间的差异,创新性的服务能使卖场具有自己的特色,成为零售卖场提高竞争力的有力工具。

(3)满足顾客需求

在工作、学习、生活节奏加快的现代社会环境中,人们希望能够消除精神上的压力,需要获得别人的尊重,也需要进行富有人情味的沟通。随着市场经济的发展,买方市场的逐步成熟和社会的不断进步,人们的这种需求将越来越强烈。而优质服务能够满足顾客受尊重的心理需求,使顾客真正享受到当"上帝"的待遇。同时,服务作为沟通卖场与顾客的纽带和桥梁,可以更好地密切相互关系,增加顾客对卖场的信誉度。

(4)提高商品价值

更好、更全面的服务可以提高商品的价值。卖场服务是有偿的,卖场服务的价值附在商品的价值中,相同的商品由于服务水平不同,价格也是不同的。高服务水平的卖场,出售商品的价格高;相反,低服务水平的卖场,出售商品的价格低。它们之间的商品价格的差异实际上是服务水平的差异。

(5)现代卖场的运营更需要服务

建立在计算机技术基础上的电子商务,开辟了网上购物的新途径,这一新途径并不因为营业员和顾客之间不谋面而降低了服务的重要性,相反,是对服务提出了更高的要求。首先,在售前服务中,网络卖场要通过网络介绍商品,这比面对面的直接介绍困难得多,因此要求卖场提供主动、形象、详细的商品信息;其次,售中服务要求网络卖场迅速、准确地把商品送到顾客手中,并准确无误地结算货币;最后,售后服务要求网络卖场提供强有力的维修保障体系,以解除顾客后顾之忧。可见,即使是卖场的电子商务活动,服务的重要地位也没有降低,它仍然是卖场营销的利器。

3. 卖场服务项目

卖场提供的服务既包括硬件设施,也包括软件服务。服务营销策略组合与一般商品营销组合的区别就在于服务营销的范围大于一般产品,即除一般产品的 4P 以外,还有人员、过程和有形展示部分。有形展示,主要是指卖场服务中的方便设施、商品陈列、商场内外设计、氛围服务等;人员、过程,是指商场营业员和促销员的服务态度、服务水平、服务效率和促销活动等。这些构成了卖场服务项目的基础。卖场服务项目,就是卖场为顾客提供的服务种类。服务种类的多少取决于卖场与顾客接触的点。优秀的卖场往往把顾客与卖场接触的点作为卖场提供的服务项目来运作,通过细节的优化服务实现全局的最优化。

(1)营业时间

现在,卖场越来越趋向于延长营业时间,以对顾客的便利性需要作出响应。例如,随着越来越多的妇女就业,食品店有必要延长晚上的营业时间;许多 DIY(自己动手做)零售店认识到,顾客在正常工作时间外也需要某一产品,因而也在传统的早 9 点到晚 5 点以外的时间营业,且一周营业 6 天。基本上,卖场营业时间的决策取决于目标市场。许多小型便利店已经通过将营业时间延长到"早 8 点到深夜",使营业额增长了 50%,还有一些商店是一天 24 小时营业,如昆明之佳便利店。

(2)送货

送货服务对于某些类型的商品,如家具和洗衣机这样的大件物品是必需的。对其他一些种类的商品来讲,送货服务可以创造一种竞争优势,并通过提供时间和位置的便利来加强所提供的服务。

(3)退换

卖场对消费者因某种原因对所购买的商品感到不满意时就要提供退换服务。退换服务是商品保证的基础。提供这种服务可以解决顾客的后顾之忧,增加顾客对卖场的认同感、满意感,从而赢得顾客的信任。

(4)改动和维修

改动和维修或者作为顾客服务的一部分,或者作为创造收入的一种服务。例如,许多服装卖场免费为顾客对服装作较小的改动。与此类似,电器卖场提供保修期内的免费修理服务,而在保修期外,完全基于赚钱的目的提供收费的修理服务。提供延期的保修服务也是创造顾客满意度和增加收入的有效方法。

（5）包装

卖场提供的包装服务有两种基本形式:一是出售后的商品包装,即对顾客购买的商品提供包装袋或包装盒,方便顾客携带,保护顾客购买商品的隐私,同时印有卖场名称地址的包装袋也对卖场有一定的广告作用,以增加消费者对卖场的好感;二是礼品包装,通常对顾客购买的商品按其要求提供包装以作馈赠使用,这既可增加商品的附加价值,又会令消费者愉悦,使其认同卖场的审美观和品味,从而提高卖场在消费者心中的地位。

（6）商业信用

由零售组织向顾客提供商业信用现在已经非常普遍,特别是对于贵重商品,如大件电器、家具、汽车等,商业信用是顾客决定购买的一项重要因素。卖场提供的商业信用主要有:月结账户或赊账、预算账户、根据收入付款、分期付款购买和信用卡。

卖场服务具有广泛性和多样性,卖场可以根据自身的特点选择自己的服务组合,形成自身的服务优势,以别具一格的服务特色,获得消费者的认同。

4. 影响卖场提供服务项目的因素

（1）顾客

卖场提供的服务内容不是任何情况下都整齐划一的,这是因为:一方面,不同顾客由于年龄、收入、受教育程度、所处地理位置、周围环境、对服务需求强度、对闲暇的重视程度以及自身个性心理特征等方面的差异,对服务的需求是不同的;另一方面,即使是同一顾客在不同的时间、环境、心态等条件下对服务的要求也不相同。因此,卖场应因人、因地、因时制宜,向顾客提供为针对性的服务或特殊服务。

（2）业态

不同卖场业态,顾客对其服务期望是不同的,因而应提供不同风格的服务。例如:专业店,应更多地提供专业知识性服务,以指导顾客购买和消费;便利店,则应视具体情况,有选择地向顾客提供代收各种公共费用、代加工食品、送货上门的附加服务;而百货店的服务功能应相对齐全,包括提供消费建议、送货上门、使用信用卡等附加服务。

（3）成本

卖场提供每一项服务,都需要付出一定的成本,为此,卖场必须仔细核算这些服务成本需要多少额外的销售额才能得到补偿。如果只是凭感觉增加服务项目,虽然这些服务能够作为卖场一大优势,但是由于会超越卖场的经济承受能力,反而会影响了企业的整体形象。因此,卖场应平衡服务内容与服务成本之间的关系,明确什么可为,什么不可为。

（4）商品

卖场需要按照商品的销售特点提供相应的服务。如耐用性商品,提供保修、安装、调试、维修等此类服务就是必要的;对于一些技术复杂的商品,甚至还需要提供培训服务;而对于非耐用性商品,就不需要提供此类服务。

（5）竞争者

卖场必须考虑竞争对手所提供的服务,并分析是否跟随竞争者提供相同或类似的服务,或者用比较低的销售价格来取代这些服务,或者是否应该比竞争对手提供更多的服务。

例如,现在一些城市大卖场的路线被其他店所截断,而不得不开通免费班车接送顾客。

5. 卖场服务的过程

服务过程,就是卖场人员接待顾客依次进行的工作步骤,包括售前、售中和售后服务。

(1)售前服务

售前服务是指顾客已经对某种商品产生了兴趣或购买欲望,卖场对其进行一系列的购前影响。售前服务应围绕"拉式"营销策略展开,具体措施就是建立顾客数据库,以对顾客进行科学分类,了解客源分布、顾客特征、购买频率、商品结构及购买倾向等信息,然后通过针对性广告宣传、赠送样品、商品展示等形式,把商场商品和服务信息传递给顾客并吸引其前来购买。利用"20/80"法则对重点顾客进行重点沟通,建立重点关系,利用重点顾客带动更大的顾客群消费,是卖场售前服务的工作重点。

(2)售中服务

售中服务应围绕"推式"策略,在提高卖场人气上做文章,提高顾客的满意度。具体措施有对待顾客一视同仁,用亲切入耳的语言打动顾客,用干净利落的服务技能征服顾客,用发自内心的微笑赢得顾客等。

(3)售后服务

商品售出后,顾客将进行使用,在使用过程中如果出现商品质量问题,就会产生顾客的投诉,这就涉及售后服务。售后服务要充分重视顾客的投诉,以提升顾客购后满意度。具体来说,就是要构建完善的顾客投诉机制,快捷高效地处理顾客投诉,并根据顾客投诉,改进服务体系,落实明确的岗位责任,实现责任追究制,即时奖惩,责罚到岗,责罚到人,主动聘请顾客做顾问,为企业服务系统提意见。

小链接

沃尔玛的微笑服务

沃尔玛服务顾客的秘诀之一就是"三米微笑原则"。它是由沃尔玛百货有限公司的创始人山姆·沃尔顿先生传下来的。每当他巡店时,都会鼓励员工与他一起向顾客作出保证:"我希望你们能够保证,每当你在三米以内遇到一位顾客时,你会看着他的眼睛与他打招呼,同时询问你能为他做些什么。"沃尔玛将这一原则深入应用到了经营的每个环节,因此,沃尔玛门口的欢迎者较其他同行更主动热情;收银员一律站立工作以示对顾客的尊敬;当任何一位顾客距营业员三米的时候,营业员都必须面向顾客,面露微笑,主动打招呼,并问"有什么需要我效劳的吗?"沃尔玛力图让顾客在每一家连锁店都感到"这是他们的商店",都会得到同样殷勤、诚恳的接待,以确保不打折扣地满足顾客需要。作为"三米微笑"原则的补充,这位沃尔玛的创始人还有两句名言,一句是"请对顾客露出你的八颗牙",在这位创始人看来,微笑服务,只有达到露出八颗牙的程度,才可把热情表现得完美;另一句是"为顾客节省每一美元",在这位创始人看来,这是微笑服务的坚强后盾,不使微笑流于虚伪。正是这事事以顾客为先的点点滴滴为沃尔玛赢得了顾客的好感和信赖。

资料来源:沃尔玛的七大执行原则. http://blog. sina. com. cn/s/blog_537f74b50100f78y. html.

9.4.2　卖场服务质量管理

1. 卖场服务质量

服务质量的概念是从有形产品的质量概念延深而来。传统上,人们对有形产品的质量认识大致有四种[①]:①无瑕疵;②符合某种规范或标准;③对消费者需求的满足程度;④"内部失败"与"外部失败"的发生率。但是,正如前所述,由于服务的"无形性"、"差异性"、"易逝性"和"不可分离性"等特点,服务质量的概念和有形产品的质量概念在内涵上有很大的不同。国外学者对服务质量概念的研究完全跳出了有形产品质量的概念模式,大都从消费者对质量的理解和感受这一角度进行研究。

Lwsi 和 Booms 把服务质量定义为"一种衡量企业服务水平能否满足消费者期望程度的工具"。Lehtnine(1983)把服务质量分为有形质量、相互作用质量和总体质量。其中,有形质量包括产品本身和整个服务过程中的物质支持;相互作用质量是指消费者与公司职员的接触过程;而总体质量是指消费者根据以往对某个服务生产组织的经验和印象,或者根据服务生产组织由于长期经营在大众消费者中所形成的影响,而对这个生产服务组织作出的综合评价。Parasurman 等人(1985)将服务质量定义为"消费者对服务的期望和消费者接受服务实际感知到的服务间的差距"。

本教材认为,卖场服务质量,就是卖场的各项活动满足消费者需求的特征及其总和,其客观标准是消费者在购物过程中,甚至在购后的消费活动中对卖场所提供服务的满意程度。

2. 卖场服务质量的评价指标

服务质量是一个主观范畴,它取决于顾客对服务质量的期望(即期望服务质量)与其实际感知的服务水平(即体验的服务质量)的对比。结合卖场实际,以顾客对服务感知满意为目标,衡量卖场服务质量应包含五项指标,如图 9-3 所示。

①可靠性评价了卖场是否可靠地、准确地履行了服务承诺。可靠的服务意味着服务能够无差错地准时完成,这显然是顾客所希望的。评估服务的可靠性指标包括员工是否准确地完成了服务、卖场是否准确地兑现了承诺,以及卖场在出现差错以后解决问题的情况。

②响应性评价了卖场是否能够随时帮助顾客,并提供快捷、有效的服务。显然,让顾客等待会对顾客的质量感知造成不必要的消极影响。有三个指标反映卖场能否及时地响应顾客的需求,包括售前、售中的时间能否让顾客满意,以及售后服务是否及时。

③保证性评价了员工完成服务的能力。评估服务保证性的指标有员工对商品的专业知识掌握程度、是否与顾客进行了有效沟通、对顾客是否礼貌和尊敬。

④移情性是指卖场员工是否设身处地地为顾客着想和对顾客给予特别的关注。评价服务移情性的指标有,员工是否真诚地关心顾客、是否理解了顾客需求、是否为顾客提供了个性化的服务。

⑤有形性是指卖场的有形设施、设备和通讯器材以及服务人员的外表等。有形的环境条件是卖场和服务人员对顾客更细致地照顾和关心的有形表现,是卖场为顾客提供优质服

[①]　徐金灿,马谋超,陈毅文.服务质量的研究综述.心理科学进展,2002 (10):233-239.

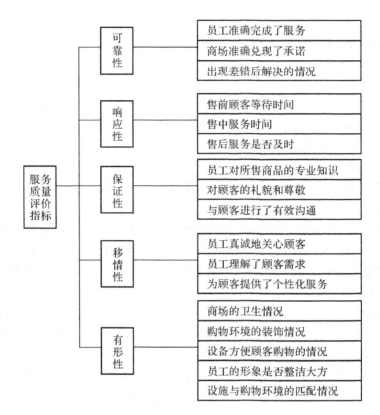

图 9-3　卖场服务质量评价指标体系

务的基础。其评价指标包括以下几方面:商场的卫生情况、购物环境的装饰情况、设备方便顾客购物的情况、设施与购物环境的匹配情况以及员工的形象是否整洁大方。

3. 卖场服务失误及补救措施

作为典型的服务性行业,卖场服务失误不可避免。服务失误,是指服务接触时的感受为负面的,或消费者不满意的经验 (Bitner, Bernard, Tetreault, 1990;Bitner, Bernard, Mohr, 1994)。卖场服务失误的表现有自己的独特性,采取合理有效的措施进行补救,对于维护卖场声誉和形象,巩固卖场与顾客之间的关系是十分必要的。

(1)卖场服务失误的类型

①由商品质量引起的抱怨,包括商品品质不佳、有瑕疵、缺乏安全性、标识不全等。

②由服务方式引起的抱怨,包括态度恶劣、用语不当、说明不足、运送不当、礼品包装不当、硬性推销等。

③由于新产品、新材料的使用而产生的抱怨,包括因为顾客对于新产品或新材料的特性不熟悉,引起怀疑或不正当使用,导致使用后产生危害等。

④由于顾客误会或错误理解所产生的抱怨。

(2)卖场服务的补救措施

服务补救,是指当服务失误发生后,服务提供者针对顾客的抱怨行为所采取的反应和行动,亦可称之为对顾客抱怨的处理。服务补救可以分为有形补救和无形补救。有形补救主要指物质补偿手段,如打折、更换、赠送商品等;无形补救则指道歉、解释等。具体来看有以下几种方式：

①主动告知顾客失误发生的原因与状况。当服务发生失误时，不管失误的原因是来自消费者一方还是卖场一方，卖场都要有承担责任的态度，并且在接到问题后就要尽快解决，如果无法马上解决，就要告知顾客原因以及目前处理的状况。

②向顾客提供等待时间的信息。在服务递送过程中，因为等待是必需且不可避免的，所以卖场应及时向顾客提供等待的时间信息，让顾客了解等待的原因与状况。若等待时间无法准确估计，且必须给予多次等待时间信息时，卖场应掌握先给予较长等待时间，而后给予较短等待时间的原则，以有效改变顾客对于等待时间的预期，降低其对等待的负面评价，强化对等待的满意与可接受度。

③给予顾客弹性、适当、满意的补偿。遭遇劣质服务时，顾客除了感到生气、不舒服外，更会觉得委屈，因此顾客对补偿的期盼更为加深。卖场传统的补偿方式包括给予折扣、更正错误、更换、退款及道歉等，具体采用哪一种方式要视具体情况而定，没有统一固定的标准。因此，卖场有必要建立一套弹性的服务失误处理机制，以应付各种失误的发生，适当地利用物质补偿与道歉，弥补顾客的损失，将顾客的不满程度降到最低，减少由此带来的负面影响，重新建立顾客对卖场的满意与忠诚度。最好的处理办法是，不论失误发生的原因为何，卖场都能立即给予非实质性的补偿，例如道歉、安抚等，以弱化顾客对失误的不满情绪。

④创造良好的沟通渠道。如果卖场采取了不恰当的服务补救措施，结果必然导致顾客不满意程度的增加，甚至引起顾客的愤怒，造成矛盾关系的紧张。这说明卖场没有与顾客建立起良好的沟通渠道，使得双方的认识产生差距。因此，卖场要充分重视服务补救措施的运用，将其视为与顾客沟通的一种渠道，让顾客感受到卖场的关怀，以及解决问题的诚意和积极态度，使顾客愿意将不满意的态度及时、主动地告知卖场，并获得合理的解决。

9.5 色彩策略

在"眼球经济"时代，如何使卖场及其商品更吸引消费者的注意力并唤醒他们的购买欲望，是卖场营销面临的基本问题。有关研究表明，在视觉传播中，色彩具有第一性的作用。人的视觉器官在观察物体时，最初 20 秒内，色彩感觉占 80%；两分钟后，色彩占 60%；五分钟后，各占一半；随后色彩的印象在人的视觉记忆中继续保持。车尔尼雪夫斯基指出："视觉不仅是眼睛的事情，谁都知道，理智的记忆和思考总是伴随着视觉。"因此，色彩无疑是吸引眼球、获取商机的利器，合理的配色能吸引人的注意力，创造良好的卖场环境。

9.5.1 色彩营销理论

1. 色彩营销的含义

所谓色彩营销，就是社会组织（包括盈利性组织和非盈利性组织）通过对目标市场的色彩偏好分析，将色彩与产品完美的结合，并运用到组织的形象策划、宣传，产品及包装设计、广告等活动中以满足目标市场的需求，实现交换的营销管理过程。

色彩营销理论,最早是在 20 世纪 80 年代,由美国的卡洛尔·杰克逊女士创办的 Color Me Beautiful(简称 CMB)公司在企业营销实践中提炼和总结出来的。该理论的实质是根据消费者心理对色彩的需求,运用色彩营销组合来促进产品销售,它是把上百种颜色按四季分为四大色彩系列,各系列的色彩形成和谐的搭配群,根据不同人的肤色、发色等自然生理特征以及个人面貌、形体、性格和职业等外表特征,选取最合理的色彩系列,从而最大限度地发现美。

到 20 世纪末,色彩营销理论已被欧美及世界其他许多国家的企业广泛运用到营销活动当中,并在激烈的市场中战胜竞争对手,获取竞争优势。在美国,"苹果"电脑在推出彩色电脑之后,就赶超了 IBM;在意大利,服装设计师们把大自然的和谐之美完美地融入服装中,引起了人们对自然和谐之美的向往和反思;鲜明的红黄色彩也使得麦当劳快餐获得孩子们的偏爱;红色屋顶成为必胜客的标志等等。国际流行色协会的调查数据表明:在不增加成本的基础上,通过改变颜色的设计,可以给产品带来 10%～25% 的附加值。不仅产品本身及包装可充分利用色彩来提升价值,色彩还可以成为企业形象识别的核心理念。比如绿色的"鳄鱼"、红黄对比的"麦当劳"等。

在营销学上,有一种"七秒钟色彩"理论,即对一个人或一件商品的认识,可以在七秒钟之内以色彩的形态留在人们的印象里。国外相关机构的研究表明:能被消费者瞬间进入视野并留下印象的产品,其时间是 0.67 秒,第一印象占决定购买过程的 60%,而这 60% 是色彩带来的。由于产品与色彩的特殊联系,色彩营销理论一开始就受到美容美发、化妆品、服饰等行业的重视,并在企业的营销活动中加以运用。比如,美国宝洁公司的"SK－Ⅱ"高级化妆品和"玉兰油"彩妆品在上市推广时曾特约色彩专家予以指导;联合利华公司则根据色彩营销基础知识提出了"夏士莲"最合理的货柜摆放方式以促进销售;法国著名时尚品牌TIRIPEAK"璀贝珂"以产品设计的人性化、时尚化、个性化、浪漫化在 2005 年正式宣布进入中国女鞋市场,公司将色彩营销合理地运用到了璀贝珂的营业销售、店面装潢、店内布局当中,形成了自己独特的风格。

在个性化需求营销主导市场的时代,色彩在卖场营销竞争中有着不可低估的市场拉动作用。色彩是人们辨别和认识事物的重要依据,人们赋予色彩特定的文化内涵来表达喜好感和厌恶感。色彩先声夺人的效应和魅力,常常能代表一个卖场的形象,成为一个卖场的特征,并给人以一种强烈的印象。色彩,作为产品最重要的外部特征之一,往往决定着产品在消费者脑海中的去留命运,而它所创造的低成本、高附加值的竞争力则更为强大。在产品同质化趋势日益加剧的今天,产品凭借令人惊艳的色彩,往往能成功地在第一时间跳出来,快速锁定消费者的目光。随着色彩营销理论的发展与传播,色彩策略在零售营销活动中的运用越来越频繁,并将成为卖场获得竞争优势的一个重要手段。

前沿话题

消费者的色彩偏好

消费者对色彩的需求及偏好,在不同的空间、时间及心理状态下具有差异性。首先,人们对色彩的感觉会因不同国家、不同民族、不同宗教信仰、不同文化背景而有很大的区别。20 世纪 80 年代,美国营销学教授劳伦斯对灰、蓝、绿、红、黄、紫、棕和黑等八种颜色在不同国家和文化背景下的商业含义进行了研究,其中他对中、美、日、韩等四个国家进行的抽样调查研究表明:不同的国家对同一色彩有着不同的审美感觉,如灰色在中国的感觉是廉价的,而在美国是昂贵的、高质量的与可靠的。其次,不同的性别及年龄阶段的人对色彩的偏好也不一样,比如青年男性偏好蓝色,中年女性偏好紫色等。再次,消费者在不同的心理状态下对色彩的偏好也不一样。当消费者处于兴奋愉快的心理状态时,选择红色可以达到心灵共鸣;当处于异常紧张的心理状态时,选择绿色可以放松;若处于沮丧、消沉的心理状态时,黄色可以使人振奋,而灰色则会使人进一步消沉。

资料来源:孙云.现代营销中的色彩战略.科技经济市场,2009(3).

2. 色彩在卖场营销中的作用

卖场利用色彩进行营销活动,就是指在对消费者心理和习惯的研究基础上,通过对卖场的标志、产品、销售环境等配以恰当的色彩,确立卖场的定位,使卖场成为"产品—色彩—形象"的统一体,将卖场的理念传达给消费者,从而提高卖场营销活动的效率。色彩在卖场营销中的作用具体表现在以下五个方面:

(1)展示风格,树立形象

不同性质的卖场,需要有符合自己卖场的色彩,这样才能吸引消费者,并最大限度地为消费者创造良好的环境。例如,BREGUET 品牌店和 FERRE 品牌店都位于美国好莱坞明星云集的比佛利山庄大道,其建筑采用单一的色彩元素,以白色为基调,外观始终保持着高贵、典雅的风格,展现出品牌一向崇尚优雅和谐的设计理念,同时也展现了良好的商业形象。可见,色彩是展示卖场风格、树立卖场形象的重要组成部分。卖场经过专门设计选定的某种特定色彩或一组色彩系统,运用于所有视觉传达设计的媒体中,并通过这种色彩所制造的知觉刺激与心理反应,突出该卖场的经营理念或商品的内容特质,利用卖场的色彩形象影响消费者的购买决策。

(2)吸引消费者的目光

在纷繁的同类店铺中,卖场可以利用色彩让自己脱颖而出。以数码城为例,很多数码产品的色彩都是以黑、灰、深蓝等深色为主,这种色彩给人一种冷、硬的感觉,不易亲近。如果卖场运用对比强烈、鲜艳、明亮的色彩,与灰暗的色调区分开来,就能够很有效地吸引消费者。如果品牌的专营店必须遵守其固定的颜色,那么通过增加照明度来增加原有颜色的明亮度也是一种有效吸引消费者注意的色彩运用。明度高的色彩会给人一种轻松、明快的感觉;明度低的色彩则会令人产生沉稳、稳重的感觉。同样体积下,明度高的较轻,有膨胀感,明度低的较重,有收缩感;明度高的有前进感,明度低的有后退感。照明的灯光以白色为好,因为消费者需要仔细地观察数码产品,白色给人亮堂清晰的感觉,而黄色的灯光较柔和温馨,不太适合数码产品卖场来使用。

(3)辅助商品陈列

除了卖场的装修要注意色彩之外,商品的陈列也要充分考虑色彩的选择与搭配。将色彩应用到商品陈列中去,能够提升商品的档次、增加风采,能够使消费者对卖场产生好感,促进销售。例如,"浪漫一身"是杭州知名的女装品牌,其店铺里的服饰采取同一色系堆放陈列的方式,每个色系中的衣服又相互搭配,成套摆放。由于服装按照色系陈列,店铺装修的主色调又是白色,这就给消费者带来一种清晰明了、干净清新的感觉;而同一色系的衣服整体陈列,又各式各样,给消费者造成一种眼花缭乱的感觉;成套的搭配更让消费者感觉到商家的细心和贴心,在方便消费者选购的同时又增加了她们成套购买的倾向,无形中促进了服装的销量。

（4）传递信息

卖场中出色的色彩设计能积极主动地向消费者传达商品的信息,从而促进消费者的购买行为。例如,新产品上市时,如果卖场采用与新产品一致或相关的色彩,就能为新产品造势,把消费者的注意力集中到新产品上,从而辅助新产品的展示及销售。

（5）增加销售量

在色彩装点的卖场中,人们的购物心情总是愉悦的,消费行为随之产生也是必然的。某公司在欧洲和中国香港、中国台湾以及日本、韩国,分别开展了这样一个非常有趣的女性消费情况研究。研究发现:在粉色环境中,100名女性有60人消费,占总金额的55%;红色环境中有35人消费,占总金额的42%;紫色和绿色环境中各有39人消费,各占总金额的49%;白色环境中有42人消费,占总金额的50%;蓝色和黄色环境中分别有35人消费,各占总金额的36%和32%;咖啡色环境的消费者数量最少,只有18人,占总金额的19%;在多彩的环境中出乎意料的有78人进行了购买,成交金额高达总金额的80%。

（6）促进顾客的购买决策

根据色彩理论的研究,卖场要充分利用色彩因素来影响顾客的购买情绪和购买行为。这体现在四个方面:①色彩追求,当市场出现流行色时,顾客会对流行色进行追踪寻求,产生一种随潮购买行为;②色彩兴趣,如顾客对某种色彩产生好奇和兴趣就能激发其购买热情和欲望,会欣然购买;③色彩惊讶,当顾客突然发现某商品具有自己喜爱的、平时少见而求之不得的色彩时,会迅速调整购买行为,果断而兴奋地购买;④色彩愤怒,当顾客认为某种商品是不祥、忌讳的色彩时,会产生一种潜伏的不安全的因素,厌恶而不屑一顾,甚至反感。卖场在运用色彩营销的活动过程中,要尽量利用前三种的影响作用,防止出现第四种情况。

9.5.2　卖场色彩的设计及原则

1. 卖场色彩的设计

（1）卖场总体色调设计

卖场的色彩设计,首先要确定卖场总体的色彩主调或是基调。卖场色彩运用应有主调或基调,冷暖、气氛、变化都是通过主调来体现的。对于规模较大的卖场空间,主调更应贯穿其中,在此基础上再考虑局部的、不同部位的色彩适当变化。主调的选择是一个决定性的步骤,因此必须与卖场的主题十分贴切,即卖场希望通过色彩传达怎样的感受,是典雅还是华丽,是安静还是活泼,是纯朴还是奢华。不同的色彩向顾客传达出不同的含义及感受,使顾客产生不同的心理状态和购买决策。

例如,红色会给人兴奋、快乐的感受,产生温暖、热烈的、欣欣向荣和喜庆的联想;蓝色给人宁静、清洁、理智的感觉,产生对万里晴空、碧波海洋的联想;黄色可给顾客一种庄重、高贵、明亮的心理感受;绿色是大自然中普遍存在的色彩,被认为是春天的代表,能使人联想到广阔的田园和牧场;红橙色使人感到成熟的瓜果而产生甜的感受;紫色给人的情感是高贵、娇艳与优雅;白色能够使人联想到诚实、清洁、神圣、品质优良。选用哪一种色彩,取决于卖场的市场定位、功能定位、价格定位、目标消费群体定位、形象定位、商品特色、品牌形象等诸多方面,不同的颜色给人的视觉形象和视觉体验不同,从而决定了顾客在不同的购买环境下可能会作出不同的购买决策。

卖场墙面的色彩、形象板色彩、道具色彩、灯光色彩、门头色彩、形象字色彩、装饰品色彩等,所有这些色彩组成了卖场的总体色彩。而这些色彩都要根据商品的类型、风格和消费者的心理等因素综合考虑而定。表 9-2 是国外一份以延长消费者店内滞留时间为目的,对店铺经营特色与色彩关系的研究结果。

表 9-2　店铺经营特色与色彩关系的研究

店铺经营特色	主色	第一副色	第二副色	地板	天花板	墙壁	用具	灯具	目的
高级女装	茶	白	深蓝	深蓝	白	白	茶	黑	欧式
年轻女装	灰	银	白	巧克力	巧克力	灰	银灰	黑	冷淡现代
男式西装	深茶	白	灰	灰	淡灰	白	深茶	白	英式
女式饰品	乳色	橘	白	橘	白	乳色	乳色	白	快乐感
婴儿用品	天蓝	白	粉红	天然色	白	白黄	白蓝	草色	可爱感
寝具	橘	黄	淡蓝	橘	白	白黄	茶	淡蓝	快乐感
鞋店	茶绿	红	白	红	白与绿	白与绿	茶绿	黄	华丽感
药店	青草	白	橘	青草	白	茶绿	白	乳色	健康性
化妆品	淡紫	茶	白	灰褐	淡紫	淡紫	茶	粉红	纤细感
文具	淡蓝	茶	白	深蓝	白	白	茶	白	丰富感
钟表眼镜	深蓝	茶	白	深蓝	白与蓝	白	银	黑	精致感
珠宝	深蓝	金	白	深蓝	白与蓝	白	金	金	豪华感
家用电器	黄	橘	白	黄	白	白	茶	黄	快乐感
运动器材	翠绿	乳白	白	翠绿	乳白	白	白	白	运动感
玩具	橘	淡蓝	白	橘	白与橘	淡蓝	白	橘	快乐感
面包	黄	茶	白	黄	乳白	白	茶	白	明亮感
水果	翠绿	黄	橘	翠绿	白	白	翠绿	橘	新鲜感

资料来源:金晗.零售业购物环境的构造.管理科学文摘,2007(6).

(2)卖场橱窗色彩设计

橱窗色彩设计,是指结合橱窗所陈列商品的品牌文化与特点而进行的色彩表达。橱窗色彩设计的构成要素主要包括产品色彩、展台色彩及配件色彩等。当这些色彩组合在一起时,就形成了橱窗色彩设计的基本框架和内容。毋庸置疑,样品是橱窗展台的"主角",而样品色彩选择的成败也关系到企业和品牌的形象,决定着产品的命运,并体现橱窗展台陈列的艺术水平。橱窗、展台上的一切展出手段都要以"主角产品"的色彩为基础。通常,橱窗和展台的整体色调起到了烘托陪衬的作用。另外,道具材质的合理选择,灯光照射形式即彩光影形的塑造,也应该围绕选定样品的色彩来进行特定的艺术表现。

对橱窗展台陈列样品的色彩选择要遵循以下两条原则：

①选择流行色。一般来说,橱窗里和卖场展台上陈列的样品不是卖场内大量销售的商品,而是展示新研制、新设计、新开发出来的即将上市的新产品。这些产品拥有新色彩、新材料、新工艺、新技术、新款式和新功能,能够彰显卖场的品牌形象,容易引起消费者的注意。

②重视色彩搭配。橱窗陈列样品应重视附属配件的色彩选择,以烘托主体、追求橱窗或展台的整体效果。经验表明,只有"大效果"和谐完美,才能突出主体样品。例如,在服装橱窗展示中要格外重视与服装配套的配件用品,如配饰、围巾、包、带、帽子、鞋、靴等搭配品的色彩和材质的色泽,以便把服装样品整体地展示出来。通过配套陈列,不但能为消费者推荐选择服装配件、提供搭配技巧,而且能够更加突出服装本身的色彩品位,进一步提升品牌的形象和格调,实现商品在市场上的经济价值。

(3)商品陈列色彩设计方法

①明度排列法。色彩无论是同色相还是不同色相都会有明度上的差异,如同一色中淡黄比中黄明度高,在不同色相中黄色比红色明度要高。明度是色彩中的一个重要指标,因此好好地把握色彩明度的变化,可以使货架上的商品显得有层次感,明度排列法将色彩按明度深浅的不同进行排列,色彩的变化按梯度递进,给人一种宁静、和谐的美感。

②彩虹排列法。彩虹排列法是将商品按色环上的红、橙、黄、绿、青、蓝、紫的顺序排列,就像彩虹一样,所以称为彩虹法。它给人一种非常柔和、亲切、和谐的感觉。彩虹排列法主要是在陈列一些色彩比较丰富的商品,如时装、首饰时采用。

③间隔排列法。这是卖场侧挂陈列方式中采用最多的一种方式。间隔排列法是通过两种以上的色彩间隔和重复来产生一种韵律和节奏感,使卖场中充满变化,使人感到兴奋。例如,英国一家商场出售红、黄、蓝、绿、白等颜色的家用海绵,彩色海面的销势很好,白色海绵销量极少。营业人员把滞销的白色海绵拿下柜台后,其他颜色的海绵销量都开始减少。销售人员试着把白色海绵重新摆上柜台,结果白色海绵销量仍然极少,而其他海绵的销售量却逐渐回升。这是因为虽然白色海绵销售力很差,但却能起到陪衬的作用,促进其他颜色海绵的销售。这就是在摆放华丽的色彩时,要间隔无色商品的典型做法。

2. 卖场色彩运用的原则

(1)运用色彩应符合卖场形象

不同的色彩会给人特定的心理感受。例如,黑色给人无限深远的感觉,但是在心理上有抑制压抑的感受;红色给人很近很温暖的感觉,但如果大面积运用则会产生非常刺激、令人不安的负面影响;蓝色平静柔和;黄色非常温暖使人激动;白色有前进感,不压抑。卖场在进行色彩设计时只有选用适合自己的色彩才能展示出自己的风格,让消费者感受到在这样的色彩环境中最为舒适。如果卖场一味追求标新立异,运用与自身风格完全相左的颜色,要么是大获成功,给人印象深刻,要么就得不到消费者的认同,甚至令人反感。

(2)运用色彩要与商品相配合

卖场的色彩不仅要符合自身的形象风格,还要能够和所陈列的商品协调,将商品衬托得更加有美感,更具档次,在视觉上能给消费者和谐的美感,提升消费者对商品的好感度。不同的产品类型,卖场色彩的选择与应用也是各不相同。例如,经营医药用品的商店,往往采用白色,因为白色能给人纯洁、干净的感觉;经营工业产品的商店,往往采用银色、灰色等代表高科技的颜色;而经营化妆品的商店则采用甜蜜的粉彩色系。再如,产品的档次不同,所采用的色彩也应有所差别。色彩拥有不同的象征含义与类型,常见的色系包括温暖的色彩、寒冷的色彩、轻浅的色彩、沉重的色彩、兴奋的色彩、男性的色彩、女性的色彩等等。一般情况下,高档次的产品应选用显得高雅、富贵的色彩,如无彩色系等。而中低档次的产品,应选用亲和力和视觉冲击力强的纯色等,这样可以为消费者营造一个休闲悦目的色彩氛围。

（3）运用色彩要在统一中求变化

卖场为确定统一的视觉形象,应定出标准色,用于统一的视觉识别,显示卖场特性。但是在运用中,在商场的不同楼层、不同位置,又要求有所变化,形成不同的风格,使顾客依靠色调的变化来识别楼层和商品部位,唤起新鲜感,减少视觉与心理的疲劳。

（4）运用色彩要因地制宜,因人而异

色彩心理效应对人类的影响具有一定的广泛性和普遍性,但是它产生作用的过程不是单方面的,它同样会受到许多因素的影响。由于年龄、性格、文化修养与审美的不同,以及消费者身处的社会环境不同,在运用色彩时应结合实际情况,合理运用色彩。例如,不同年龄阶段的消费者对于色彩的喜好有所差异,儿童喜欢鲜艳的颜色,少女往往喜欢粉红色系,青年妇女喜欢素雅的颜色等。因此,在进行色彩设计时,分析目标消费群的心理,迎合他们的喜好非常有必要,否则有可能会极大地影响产品的销售和卖场的形象。

小链接

餐馆的色彩战略

美国人亨利的餐馆设在闹市,服务也热情周到,价格便宜,可是前来用餐的人却很少,生意一直不佳。一天,亨利去请教一位心理学家,那人来餐馆观察了一遍,建议亨利将室内墙壁的红色改成绿色,把白色餐桌改为红色。果然,前来吃饭的人士大增,生意兴隆起来了。亨利向那位心理学家请教改变色彩的秘密,心理学家解释说:"红色使人激动、烦躁,顾客进店后感到心里不安,哪里还想吃饭;而绿色却使人感到安定、宁静。"亨利忙问:"那把餐桌也涂成绿色不更好吗?"心理学家说:"那样,顾客进来就不愿离开了,占着桌子,会影响别人吃饭;而红色的桌子会促使顾客快吃快走。"色彩变化的结果,使饭店里的顾客周转快,从而使食物卖得多,利润猛增。

资料来源:色彩营销.http://www.globrand.com/293316.shtml.2009-11-29.

本章小结

1. 卖场自有品牌,是指零售卖场通过收集、整理和分析消费者对某类商品需求特性的信息,提出新产品功能、价格和造型等方面的开发设计要求,进而选择合适的生产企业进行开发生产,最终再由零售卖场使用自己的商标对新产品注册并在本企业内销售的产品。

2. 卖场开发自有品牌必须具备一定的条件,才能获取相应的竞争优势。通常采用多样化和专业化的开发策略。自有品牌的管理主要包括品牌定位管理、品牌延伸管理、品牌的全面质量管理和品牌保护管理。

3. 卖场定价机制有三种:需求导向定价、成本导向定价和竞争导向定价。卖场常用的定价方法有:先入为主低价渗透法、补缺差别毛利率定价法、控制敏感商品价格法、运用折扣定价法、促销商品定价法、心理定价法和自有品牌商品定价法。

4. 卖场促销目标可以是长期的,也可以是短期的。进行卖场促销策划时,应从以下几方面考虑:促销时机、目标人群、促销商品、宣传广告、促销费用、内部工作安排与协调。

5. 卖场常用的促销手段有:广告、人员推销、公共关系和营业推广。卖场可以选用一种或几种促销手段同时使用,以达到吸引顾客、增加销售量的目的。

6. 提供优质的服务有助于卖场建立良好的品牌形象、增加商品的附加值、吸引过多的顾客。卖场服务分为售前服务、售中服务和售后服务。卖场提供的服务项目要受到顾客、商品、卖场业态形式、成本及竞争者的影响。

7. 评价卖场服务质量的指标有五项:可靠性、响应性、保证性、移情性和有形性。卖场提供服务不当就会造成服务失误。所谓服务失误,是指服务接触时的感受为负面的,或消费者不满意的经验。一旦发生服务失误,卖场应积极主动作出回应,采取相应的补救措施。

8. 所谓色彩营销,就是社会组织通过对目标市场的色彩偏好分析,将色彩与产品完美的结合,并运用到组织的形象策划、宣传,产品及包装设计、广告等活动中以满足目标市场的需求,实现交换的营销管理过程。色彩营销被广泛应用到卖场经营活动中,它对展示卖场特色、树立卖场形象、吸引顾客、传达信息、促进销量增长具有十分重要的作用。

9. 不同的色彩具有不同的含义,能带给消费者不同的体验和感受。卖场进行色彩设计要重点考虑卖场整体基调、卖场橱窗及商品的陈列,以及它们之间的搭配和协调性。因此,卖场色彩设计要遵循以下原则:色彩应符合卖场形象;色彩要与商品相配合;色彩要在统一中求变化;色彩要因地制宜,因人而异。

思考题

1. 什么是自有品牌? 开发自有品牌对卖场营销的意义是什么?
2. 如何开发和管理自有品牌?
3. 卖场常用的定价方法有哪些?
4. 结合实际,谈一谈如何进行卖场促销策划。
5. 举例说明卖场常用的几种促销手段及其作用。
6. 试评价卖场服务的重要性。
7. 什么是服务失误? 如何进行服务补救?
8. 结合实际,体会色彩营销对顾客和卖场的影响。
9. 卖场如何开展色彩设计? 举例说明。

【案例 9.1】 **Tesco 的营销策略**

英国的大型连锁超级市场颇多,是英国人购买食物和日常用品的主要场所。其中最著名的综合性超市是 Tesco、Sainsbury、Morrisons 和 ASDA,它们产品齐全、遍布全国。2007年,Tesco 已经成为英国排名第一的零售商,在其本土居民的消费中,每 8 英镑中就至少有 1英镑是花在 Tesco 的。Tesco 能够在变幻莫测的竞争中独占鳌头,原因是多方面的。

一、自有品牌

英国众多连锁型超市都拥有自有品牌,这些商品不仅物美而且价廉,深受英国消费者的喜爱。英国坊间有这样的说法:"超市好不好,要看自有品牌的种类有多少。"据统计,在英国由于自有品牌商品的价格优势,其销售额达到超市销售总额的 45% 左右。Tesco 推出的 value 系列产品一共有上千个品种,此系列产品的包装上都标有"value"字样。与同类商品相比,这种自有品牌商品省去了进货等中间环节,价格大为降低。而且由于 Tesco 自身的品牌影响力使顾客对产品的信任度大大提高,同时省去了产品的广告宣传费用,此外,这类产品的包装简单,也同时降低产品价格,吸引更多的顾客购买。

二、方便网购

10 年前,Tesco 核心管理层敏锐地觉察到网络销售潜力巨大,随即确定拓展网上购物服务。发展初期,虽然步履维艰,但 Tesco 终成一枝独秀。如今的 Tesco 已成为世界最大、最成功的网络零售商,其网上商店每周收到的订单高达 15 万份,需要 1000 辆卡车运送这些货物。Tesco 在方便顾客购物的同时,也创造了巨额利润。

三、价格取胜

Tesco 的货物价格经常变动。每天全国各个连锁店会将当天的销售情况上传到总部,根据数据,电脑会计算出第二天每家分店各种物品的需要量,并确定促销产品的种类和价格。Tesco 几乎每天都推出特价商品,不定时地举行买一送一、买二得三、半价等促销活动。此外每天傍晚,一些新鲜的食物也会降价出售,常常供不应求,相当实惠。科学管理可有效降低后勤、仓储等费用,从而达到资源的优化配置,所以,每家 Tesco 连锁店的仓库虽然都小得让人难以置信,但库存却充足、合理。

四、会员积分

1997 年,Tesco 推出会员积分卡,是英国最早推出此项服务的超市。顾客只需登记资料就可索取一张会员卡。在每次消费时出示此卡,就可累积分数,积分可换成相应价值的购物券用于消费。此方法可有效地培养顾客对 Tesco 的忠诚和信赖。此外,Tesco 还提供贷款、保险、信用卡等服务,并经营一些加油站,会员均可享受一定的优惠。

五、重视细节

英国人讲究简单、方便的生活方式。Tesco 商品的陈列既科学又充满人性化,促销物品和生活必需品都摆放在显眼位置,方便顾客选购。为方便食用,超市采购的蔬菜水果都大小均匀,不少是按个卖,不称重,有些还可只买半个。Tesco 的很多蔬菜水果在销售之前都经过清洗,可直接食用。为确保食品安全,管理人员每天都详细清查,货物不会存在变质过期的情况。此外,与中国的绝大多数超市不同,英国超市均不设存包处,而是安装有监视系统。对于令人头痛的白色污染问题,Tesco 也非常重视。顾客只需 10 便士就可购买 Tesco 的环保购物袋,这种袋子结实耐用,而且会员每次使用都可获得 1 分的积分奖励。

自助付款机是 Tesco 一道亮丽的风景线。此机器使用简单,顾客可自行结账,大大缩短排队等候的时间,受到很多顾客的青睐。如果顾客对商品不满意,在 Tesco 退货也相当方便,超市人员还会因为其物品不能令消费者满意而道歉。综上可以看到,Tesco 在英国本土的成功是基于多年的发展经验和正确的策略的结果。任何商家只要策略得当,都可抢得无限商机。

资料来源:赵子郡.英国零售巨头 Tesco 的经营特色.中国工商管理研究,2008(5).略有删改。

案例问题：

1. 结合卖场营销策略的理论，分析 Tesco 主要采取了哪些卖场营销策略。

2. 英国零售巨头 Tesco 的经营方式有哪些方面是可以为中国的零售卖场经营所借鉴的？

【案例 9.2】   "喜迎新春"商场促销方案

商场名称	促销主题	促销内容
万佳百货	万佳迎新春	展示第一阶段的服装、床上用品、箱包"买100送30元（现金券）"的活动，此现金券可作等值现金全场使用。活动将持续至1月30日。另外，购买大家电商品满1000元可获赠150元电器现金券，购买小家电商品满200元可获赠50元电器现金券。电器现金券可在的电器区二次消费时作等值现金使用
沃尔玛	团团圆圆过大年	从年尾的清洁卫生（美企鹅地板净优惠套装、美丽雅大观园地拖等）开始，到在家吃团圆大餐的羊肉、火锅丸子等，还有大包年货喜迎新春，如贺年嘉应子、阿尔卑斯巧克力牛奶夹心糖、人头马天醇XO礼盒等优惠推出
好又多	财神到	1月20日—2月8日期间，凡在好又多购物满38元的会员顾客，当日单张小票可领取利是封一袋（每袋6个）或福帖一张，每卡限领一份，数量有限，送完为止（大宗团购不参与此活动）。另外，顾客当日一次购物满68元加6元即可换购财神娃娃一只，每张收银条限换两只；购物满288元送财神娃娃一只，每张收银条限送一只；每天数量有限，换（送）完为止
新一佳	热热闹闹过大年	活动期间凡在新一佳华南区各门店一次性购物满38元或一次性购大家电满188元，凭当日单张小票至服务中心领取印花一张，多买多送，单张小票最高限送5张，每套共5张，分别为5个字"快"、"乐"、"新"、"一"、"佳"。奖品数量有限，送完为止。集齐5张同一个字即送利是封一包；集齐两套（5种印花各两张）送5件套调料盒一套或存钱罐一个；集齐3套（5种印花各三张）送立特希泊牛津双肩包一个；集齐5套（5种印花各5张）送美的电火锅一个；集齐30套（5种印花各30张）送创维彩电21TR

资料来源：杨哲，杨卫.商场超市店铺开发与经营.深圳：海天出版社，2005：168—169.

案例问题：

1. 结合实际，分析卖场通常采用的促销策略有哪些。

2. 卖场实施促销策略对消费者产生怎样的影响？

第10章
卖场营销新动向

◆ **学习要点**

1. 卖场营销的国际化和区域化发展；
2. 卖场营销的一体化发展趋势；
3. 体验经济影响下的自助式卖场营销的发展；
4. 电子商务的发展及其影响下的卖场网络营销。

◆ **重要概念**

国际化　区域化　纵向一体化　横向一体化　自助营销　体验营销　电子商务

10.1 卖场营销的国际化和区域化

10.1.1 卖场营销的国际化

国际著名卖场已实现较高程度的国际化，即将经营范围扩展到国外市场，在国外开办商店，在国外采购商品。如美国沃尔玛、日本伊藤洋华堂等国际著名卖场，其销售额的相当大比例是在海外实现的。一方面，随着商品生产和流通的国际化，消费者需求亦呈现多样化、国际化趋势。另一方面，是由于国际资本投资回报率的差异所致。发达国家房地产、劳动力价格高，导致商业经营成本上升。根据有关资料显示，在中国上海和日本东京开办同等规模的商场，所需投资后者是前者的 10 倍，投资回报率则后者为前者的 60% 左右。

前沿话题

世界著名零售企业进入中国市场

各零售巨头进入中国采取的模式各不相同。以家乐福、沃尔玛和欧尚为例：家乐福在中国采取"曲线扩张"模式，开始的时候采用打擦边球的方法，通过与地方政府搞好关系，来绕开中央政府的壁垒。沃尔玛采取比较合法的、稳健的模式，它开的每家店都得到了国家的同意。欧尚采取"交叉持股"方式与国内已有的大型零售卖场建立"战略联盟"的形式进行扩张。在选择合作伙伴方面，各零售巨头也各有策略。家乐福主要选择地方性龙头企业,比如说在东北选择了辽宁成大,沃尔玛在上海选择了友谊等。合作伙伴的选择与其扩张模式有很大关系,地方龙头企业对当地政府有一定的影响力,通过地方龙头企业,家乐福可以更好地搞好与地方政府的关系。而沃尔玛在选择合作伙伴上显得更"狡猾一些",走了另一条极端的道路。沃尔玛的合作伙伴多数名气比较小,实力不大。在上海选择中信,但中信以前没有做过零售业。这样从长期来看,随着中国市场开放,允许外商独资,沃尔玛可以很快就收回股权。

资料来源:田爱国.国外零售企业营销战略借鉴研究.商业现代化,2006(9).

1. 卖场营销国际化的动因

(1)新技术的应用

现代通信、信息技术和高效的运输配送体系,已使零售卖场在很大程度上不受时空限制、不受资源限制,能轻易迅速地获取与更新交易信息,从而大大降低商业经营成本。因此,零售卖场的跨国经营成为可能。例如,信息技术尤其是互联网应用于卖场经营,一些大型零售连锁企业相继建立计算机网络,采用条码技术和 POS 系统,对产品的采购、销售、库存实行单品管理,自动补货,从而大大降低了库存成本。这些技术的运用,一方面使零售卖场在本国就可与世界各国相关企业和客户建立联系,并开展跨国商流运作;另一方面,依靠现代技术,零售卖场可向遍布全球的分店、供应商、运输商采集信息、发布指令和实施动态管理,并通过四通八达的运输网络和大型的集装箱运输,使跨国物流大大方便和快捷,有利于零售店铺的跨国经营和管理。

(2)经济全球化进程加快

经济全球化使得卖场的各种经营要素在跨国流动时的障碍越来越少,并且经济全球化的一个最重要内容就是市场全球化,这样,零售卖场商品购销、资金筹措等要在全球范围内进行,才能最优地实现"贱买贵卖",获取最大效益。一个仅在国内配置经营要素的卖场,面对全球范围内的竞争对手,是难以生存和发展的。因而,国际化经营成为卖场优化配置、提高效益的必由之路。

(3)国际市场机会涌现

世界各国的文化、经济结构存在着差异,所以消费者的需求是多样的,要求有多样的产品、服务与之相适应,这为卖场实施跨国营销提供了市场机会。另外,同样的产品、服务在不同的国家存在价格差异,较大的利润空间诱使零售卖场实施"走出去"战略。尤其在一些发展中国家及落后国家,由于其生产水平较低,商业发展滞后,市场供应总量、结构都不能满足消费者需求,这样的市场更是商机无限。把资源配置到最有机会的地方是卖场营销遵循的基本市场规律。

(4)国际消费需求的趋同化

现代传播促进了世界各国的经济、文化的流动和融合,消费信息流行、传播极快,人们的消费观念、生活方式、购买方式和习惯等正在逐步趋同。这使得人们的消费要求,可以通过国际化的零售业态、销售方式,以及"最大公约数"的全球化商品购买和消费得到满足。

(5)母国市场的饱和

发达国家经济和市场规模的增长缓慢,竞争日益激烈。相反,一些新兴工业化国家和发展中国家则进入快速成长期,市场潜力巨大。有的大型零售卖场迫于母国市场的压力或扩大目标市场的考虑而把战略重点放在后者,以谋取发展的机会。

2. 国际市场的选择

面对复杂的国际市场环境和异常激烈的国际竞争格局,零售卖场在对国际零售市场进行全面而细致的调查研究的基础上,努力发现和挖掘出适合自身进行跨国经营的理想区位,并加以确定。

(1)国际市场的选择条件

通过对当前世界排行前15位食品卖场的跨国投资行为分析可以发现,跨国零售卖场在选择投资国及其城市市场时,对其经济发展水平与发展潜力、商业政策,包括市场经济体制在内的市场总体环境更加关注;对该市场的地理位置和文化的相似性比较看重,更偏向于在相隔不是很远的临近市场,或与本国市场比较接近的国外市场进行投资。

Koch(2001)认为,国际卖场海外市场选择是内部因素、外部因素与混合因素共同作用的结果,如图10-1所示。内部因素包括公司的战略导向、公司国际化发展阶段、海外市场选择的经验、公司战略目标、公司国际竞争力以及市场选择方法的应用;外部因素指国家市场潜力、市场的竞争性地位、预期的海外市场风险;混合因素(指介于内部因素与外部因素之间的混合要素)包括公司自身的或可利用的资源[①]。

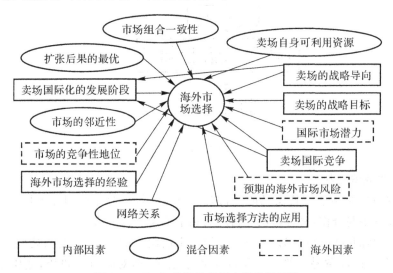

图10-1 Koch 的海外目标市场选择因素

总之,理想的跨国经营目标国应该具备以下几个条件:与本国民族文化相同或相近;经济结构、产品结构等与本国有较大区别或互补性;零售市场竞争程度较低,本国零售卖场进入后有较明显的竞争优势;地理位置相距较近,或交通比较方便,运输成本较低;对方国家对外来投资或企业能够在税收、信贷等方面提供较为优惠的条件;政治风险较小、经营费用较低、利润空间较大等。

(2)国际市场的选择过程

卖场在进行国际扩张时,对可能进入国家的确定以及海外目标市场国家的筛选过程,都需要与国际零售商自身状况对照起来分析,唯一的差别在于目标市场筛选过程中,所用的具体标准更加深入细致。在海外目标市场选择过后,还需要具体细化到国家内部地区的

① 汪旭晖.国际零售商海外市场选择标准过程与趋势展望.市场营销导刊,2005(6).

选择,应考虑的指标要具体到国家内部地区的经济发展差距、消费水平差距、市场规模差距等细分变量;当可进入的地区确定下来以后,应同时确定进入的方式、进入的数量(规模)、进入顺序等相关问题,如图 10-2 所示。

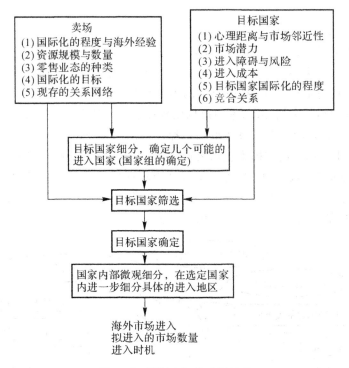

图 10-2　国际市场的选择过程

3. 国际化战略选择

国际化战略,是指使零售卖场的经营要素以及卖场本身走向国际市场,到国外去投资开店,去开展竞争与合作,又称跨国经营战略和全球化经营战略。

一般讲,国际化战略可分为三个层次:第一个层次是商品输出,是指货物、服务的输出,即商品和服务的国际贸易。第二个层次是资本输出,即对外直接投资,通常采取参股、控股、独资等形式到海外投资开店。如果海外投资达到了一定的规模(在两个或两个以上的国家拥有卖场),这家零售卖场就变成了商业跨国公司。第三个层次是品牌输出,主要是指卖场品牌的授权经营,这是"走出去"战略的最高层次[①]。

随着经济全球化进程的加快,向海外扩张已成为零售卖场获得规模经济的重要途径之一。从理论上讲,零售卖场海外扩张有两种战略可供选择:标准化与本土化。

(1)标准化

标准化,是指卖场在跨国扩张中采用标准化的卖场业态和管理模式,忽视国家和地区的差异,认为所要满足的目标消费者群体是相同的,即具有相同的消费需求、偏好和生活方式,卖场企业同时将市场力量分布于世界多个国家和地区,开发多个国家和地区的市场;企业在高度集权的控制下,通过采用标准化的管理和连锁经营的方式迅速在全球扩张,形成

---

①　尹晓波.中国零售卖场"走出去"战略分析.流通经济,2006(8).

有统一的形象和品牌的大规模零售卖场。例如,法国家乐福的标准化跨国经营战略,使其在全球树立了具有统一店面设计、位于十字路口的大型综合超市的形象。实施这种战略要求卖场具有全球化视野和统一经营理念、经营方式和管理方法,以使零售卖场商誉在世界上达到较高的外溢程度。经营得好将能塑造出世界级的零售卖场品牌,但不足之处是在短期内对局部市场的适应性较差,容易出现顾此失彼的现象。

(2)本土化

本土化,是指企业在跨国经营中采用不同的本土化的零售业态和管理模式,高度重视不同国家和地区之间的差异,从而将企业的市场力量集中用于开发少数几个主要的国家和地区市场,并根据目标国市场的特点,采用不同的零售业态,经营不同的商品组合,注重零售模式的本土化转化,以适应当地市场的需求,并使在这些国家和地区的市场占有率得到巩固稳定和不断提高。

实施本土化战略,企业不仅可以根据当地市场状况,调整商品结构,更好地满足消费者的需求,做到有的放矢,而且,企业可利用本土资源、本土人才、本土化的分销渠道,直接聘用连锁卖场所在国人员。一方面免除了上述支出,另一方面可以充分利用母国工资与东道国工资的差异,通过高工资吸引高质量的人才。此外,本土化有助于消除来自政府和社会公众的抵触情绪,树立起良好的国际化形象。根据东道国的具体情况,零售卖场海外扩张过程中可在业态确定、网点设置、人员安排、商品规划、货物来源、价格制定、促销策划、服务设计等方面有选择地(部分或全部)实施本土化战略。就目前来看,有些卖场除了在以上几方面实施本土化外,还在品牌管理、经营规模、店内布局、商品陈列、橱窗展示等方面实施本土化,充分满足了东道国消费者、政府的需求,适应了国际市场的竞争。

10.1.2 卖场营销的区域化

在不同城市,由于地域、季节、文化、风俗等不同,会产生消费的差异。这些差异对零售业经营的影响尤为明显。在我国,如果零售卖场按照经营区域范围来划分,主要包括以家乐福、沃尔玛为代表的跨国零售巨头,以华联、物美为代表的全国性的本土零售卖场,和以新一佳、人人乐为代表的区域性零售卖场。

区域零售卖场的发展目标就是立足区域市场,注重效益提升,实施差异化经营,最后实现规模扩张。德国阿迪超市是区域零售市场上的佼佼者,而德国流传的一个笑话说明了阿迪超市的成功之处——男人都去但从来不说的地方是红灯区,女人都去但从来不说的地方是阿迪超市。阿迪超市正是一个立足区域市场,精耕细作,然后遍及德国的本土零售卖场,它甚至将号称世界第一、不可一世的零售巨头沃尔玛在德国市场上彻底打败。在中国国内市场上也不乏类似案例,天津市的"家世界"就是立足区域市场的零售卖场代表。正是采取了立足区域市场、精耕细作的发展战略,"家世界"在天津等北方地区获得了先发优势。

前沿话题

区域卖场扩张的瓶颈

区域零售卖场的全国性扩张面临着几大发展"瓶颈",主要体现在以下几个方面:

1. 资本瓶颈。资本是卖场实施扩张战略的第一要素,没有资本的扩张无异于竭泽而渔、饮鸩止渴。没有雄厚资本支撑的盲目扩张最终只能步向铜锣湾等零售卖场的后尘。

2. 人才瓶颈。对于区域零售卖场来说,无论在发展舞台,还是薪酬方面,相对于零售巨头来说都缺乏吸引力;同时,区域性零售卖场本身在发展过程中也缺乏对人才的培养,大多数区域零售卖场都没有建立起完整的人才培养机制。

3. 管理瓶颈。区域零售卖场的全国性扩张如果不具备强大的管理能力,就不能保证能够通过连锁经营实现迅速统一扩张渗透。而现实的情况是,盲目追求扩张的区域零售卖场多半不具有强大的管理能力,它们面临着扩张与管理不匹配的现状。

资料来源:区域零售企业破局路线图.http://www.ot51.com/article_44236.html.

1. 卖场区域化发展的优势

(1)能够更好地满足消费者需求

由于市场规模的原因,区域零售卖场不可能像零售巨头如沃尔玛、家乐福等向供应链上游寻求利润。但是,区域零售卖场却可以根据区域市场环境的变化,深刻理解区域内消费者的消费行为、习惯、动机等,并根据消费需求确定自身的业务范围,对顾客的需求实施快速响应。这将有利于区域零售卖场实现差异化经营战略,能够比国际性和全国性零售卖场更好地满足消费者需求。如"苏果"店的成功便是从本地做起,不轻易向外拓展,立足区域的优势,形成区域的规模和配送,以乡镇为基础来开店,其规模都不是很大,一般都是小型超市和社区店,这样可以更好地贴近群众和生活。

(2)市场风险相对较小

面临大型零售卖场竞争时,区域性零售卖场风险更小。从目前来看,各大零售卖场均致力于全国性布局,并不会将全部精力放在某一个或数个地区。相对于全国性发展企业而言,区域性企业在区域内经营的精力集中,可集中资源进行密集布点,并通过这一方式抢占某区域的商业资源,从而使得大零售卖场在该区域内可选择的商址相对减少,并获得竞争上的均势甚至优势。

(3)可以获得全国性产品供应商的更多优惠

投资者往往容易形成一个误区,认为全国性发展的零售卖场可以获得全国性产品供应商的更多优惠。事实上,决定供应商提供资源多少的并非地域布局,而是卖场的销售规模。以中国武汉中百为例,公司主要业务集中于湖北省,但由于公司业务规模较大,因而仍然可以获得宝洁A类用户的资格,享受最高的优惠条件。事实上,由于大型卖场在全国的采购规模并不能具体体现到各个地区,相反由于其规模的分散,导致其在各个地区的规模都难以达到龙头地位,反而会使得其所获得的优惠不如竞争对手多。即使对于部分可以实现全国统购的商品而言,毛利率上的差异也并不能完全转化为竞争力。对于供应商而言,除销售规模增长外,另一重要事件就是控制商品的价格波动,从而实现自身的销售目标。因而对于大型销售商而言,供应商往往并不直接通过进价的方式给予优惠,而是通过给予促销费,或承担货架等其他方式给予优惠。因而对于全国布局的零售卖场而言,全国统购的大规模并不能带来商品采购价的绝对差异,在竞争中也很难完全体现。

(4)区域化发展可使卖场通过大量当地商品的采购获得更高毛利

除部分全国性商品外,占卖场绝大部分销售的商品,如生鲜商品仍是需要通过当地采购的。与全国发展企业相比,区域性发展企业无疑更具优势。一方面,区域性发展的卖场在区域内具有更大规模,因而可以获得更为优惠的条件;另一方面,区域内店面多、规模大,为大规模地采购提供了先天条件。例如武汉中百,在某农产品上市季节,可全部垄断湖北某县市的该类农产品的采购,并将其分配至下属各店,而店面及规模不够的全国性企业,这一做法显然较为困难。直接大规模垄断采购的结果将是毛利率的有效提升。区域零售卖场无论是采取全国性扩张还是精耕细作区域市场,并无优劣之分。关键在于根据自身的发展水平,制定出自己的发展战略,避免盲目跟风,贪多求快而将自身陷入万劫不复的境地。

2. 卖场区域化发展的基本战略

区域性零售卖场应立足于区域发展战略,利用熟悉本地市场、管理灵活的优势,开创和稳固自己的根据地,采取自愿加盟、自愿连锁、横向联合、采购联盟等方式,积极地向本区域内的二、三级区域市场拓展,将市场做透,形成区域性绝对规模优势。这样既能使本身的管理能力与连锁规模很好地匹配,又可以形成强势的区域性零售品牌,并赢得区域顾客的认同。同时,作为区域性的强势零售卖场,必会受到进入该区域市场的产品供应商的重视,进而获得良好的商业条件。为此,卖场区域化发展可以选用以下策略:

(1)深度精耕细作区域市场

区域零售卖场必须坚守既定战略,抵御住外界的重重诱惑。零售"大鳄"的处处扩张必然导致其不能对某一区域市场进行深入耕作,区域零售卖场就必须抓住零售"大鳄们"留下的缝隙插针,深入到区域市场。例如,可以利用区域市场范围狭小的特点,就地采购,尽量降低物流成本;又如,在选址上,可以通过科学计算和预测,完成区域市场的严密布局,抵御外敌入侵,培养消费者购买习惯。

(2)协调供应链,降低经营风险

区域零售连锁卖场可以通过分销网络及时掌握市场需求的变化,并传递给生产企业,同时通过信息网络技术等,把采购、再次加工、物流配送和售后服务等活动连接起来,形成一个完整的供应链,从而大大增强整个供应链的市场竞争力。一方面,根据信息流对企业服务流程进行再造,并积极采取信息化管理来提高管理的效率;另一方面,通过建立强大的分销网络、优秀的供应商管理能力和良好的售后服务,改变与生产企业之间的依附关系,控制上游企业或与其结成战略联盟。

(3)开发不同业态形式以满足区域市场需求

区域性零售卖场应在区域市场内积极开发不同的零售业态,以满足不同的区域市场需求,从而增加企业总体规模,降低运营成本。例如,安徽徽商集团百货、食品超市、"农家福"农资超市、家电连锁四业并举、齐头并进的发展模式,就非常值得借鉴。

(4)提供增值服务

传统的零售卖场赢利模式是依靠价值转移来获取利润,如"进销差价模式"、"通道费用"等。这种模式适用于具有规模经济的零售巨头,而对于区域性零售卖场来讲则可能成为一种负担。为此,卖场可以做的就是提供能够增加价值的服务或产品。增值服务的形式有:

①客流量衍生业务。区域零售卖场一般具有稳定、可观的客流量,那么以客流量为基础的衍生业务便可成为发展对象。例如,在主要通道上、收银台、休息区等客流密集处,安装电视、广播等传媒设备;在企业内部组建自己的广播台、电视台,成立店内传媒网络系统,全天候为多方客户提供媒体服务并收取相应的传播费用。

②为供应商宣传。这一业务具有双重效果：一方面可以吸引更多、更有实力的供应商进入卖场，因为拥有店内传媒的超市不仅为供应商的商品提供销售的平台，还提供了增值服务——为供应商提供了宣传的平台；另一方面，可以收取传播信息的费用，使之成为卖场利润的新增长点。

③为消费者提供售后服务。区域零售卖场可以根据自己的业态组合有选择地向消费者提供增值服务，如设备的安装、维护与更新服务等。

10.2　卖场营销的一体化

零售卖场实施一体化经营是卖场经营管理的一种创新行为，目的是通过一体化经营降低总成本，以此借助价格优势提升卖场竞争力。"一体化"一词意指独立的若干部分联合在一起组成的一个整体。这种经营模式通常是零售卖场在实行规模扩张发展战略基础上产生的，这是因为卖场实行了扩张型发展战略，市场占有率会越来越高，卖场实力得到增强，这时卖场就需要考虑如何保障商品供应，加强对市场的控制能力，提高物流速度等问题，一体化经营战略便由此应运而生。就零售卖场而言，一体化经营的基本形式包括了纵向一体化和横向一体化。

10.2.1　卖场的纵向一体化

所谓纵向一体化战略，是指企业在两个可能的方向上，扩展现有经营业务的一种发展战略，具体表现为产业链的向前和向后延长。

1. 纵向一体化的方式

(1)公司式的纵向一体化

公司式的纵向一体化，是由同一所有者名下的相关市场部门和分销部门组成。如家乐福在其超市中销售贴有"Carrefour 家乐福"商标的自有品牌商品。

(2)管理式的纵向一体化

管理式的纵向一体化，就是生产和分销是由一家规模大、实力强的企业出面组织的。如沃尔玛在全球各地的配送中心、连锁店、仓储库房和货物运输车辆，以及合作伙伴（如供应商等），都被其系统集中、有效地管理和优化，形成了一个灵活、高效的产品生产、配送和销售网络。

(3)合同式的纵向一体化

合同式的纵向一体化，就是由各自独立的公司在不同的生产和分配水平上组成，它们以合同为基础来统一它们的行动，以求获得比独立行动时所能得到的更大的销售业绩和经济效益。零售卖场可以带头组织一个新的企业实体，来开展批发业务和相关的生产活动。成员通过卖场合作组织集中采购，联合进行广告宣传。利润按成员的购买量比例合理进行分配。非成员卖场也可以通过合作组织采购，但不能分享利润。

2．纵向一体化的优点

(1)合并作业的经济性

零售卖场可以充分利用剩余的资本设厂，自主设计开发产品，然后在自己的产品上加注自有品牌并置于自己的超市内进行销售，是一种典型的"前店后厂"模式。这种变动取消了运输成本，并且对运输易腐易烂的食品业显得尤其重要。零售卖场通过技术上不同的生产作业结合起来，能获得较高的效率。

(2)内部控制和协调的经济性

零售卖场将消费者的意见通过各种形式反馈到厂商那里，能够达到控制的经济性，这能减少闲置时间，减少库存需要，甚至可以采用零库存。卖场实施一体化后，计划、协调作业操作以及处理紧急事件的成本就可能降低。例如，纵向一体化能够保证卖场在供应紧张时能得到及时、有效的供应，减少供应的不确定性和市场风险。

(3)信息的经济性

零售卖场实现纵向一体化后，企业的各个部分在监视市场，预测供应、需求方面有着不同的贡献，所以能减少收集有关市场信息的交易成本。

(4)回避市场的经济性

卖场内部不可回避地存在为成交而进行的协商，通过纵向一体化，可以使卖场减少一部分销售、定价、谈判以及市场交易的成本。

(5)提高差异化能力

零售卖场一体化可以提高其差异化的能力，提高竞争优势。如可以控制销售渠道以便提供最优服务，通过内部生产专有商品找到最佳的市场。

(6)提高进入壁垒

整合后，零售卖场通过实现规模经济、产品差异及获得最佳的分销渠道和产品的供应来源等，提高新的企业进入某一经营领域的市场壁垒。

3．纵向一体化的类型

纵向一体化经营，是将作为供应商的生产企业与流通环节中的商品销售企业联结在一起的经营形式。依据商品流动的方向，可把纵向一体化分为前向一体化和后向一体化。

(1)前向一体化

前向一体化(forward integration)，是指获得分销商或零售商的所有权或加强对它们的控制，也就是指企业根据市场的需要和生产技术的可能条件，利用自己的优势，把成品进行深加工的战略。在生产过程中，物流从顺方向移动，称为前向一体化，采用这种战略，是为获得原有成品深加工的高附加价值。一般是把相关的前向企业合并起来，组成统一的经济联合体。

现在，零售卖场纵向一体化的一个重要方面就是对消费者的前向一体化。这意味着将消费者纳入企业内部，使消费者不仅主动参与交易过程，还承担企业内部的一些特定职能，有学者将这种一体化行为称为"客户内部化"。零售卖场通过选择特定的业态(如仓储会员卖场)将消费者纳入卖场内部，由消费者自己承担一些过去由企业承担的职能(如组装、运输商品)，从而大幅降低卖场的交易成本，并将由此产生的价值部分让渡给消费者，以形成顾客的忠诚。在双方双赢的局面下，获得长期合作发展的市场机会。例如，联想1＋1专卖店就是采用前向一体化战略来赢得顾客的青睐。

实施前向一体化战略的一种有效方式是特许经营(franchising)。特许经营是指特许者将自己所拥有的商标(包括服务商标)、商号、产品、专利和专有技术、经营模式等以特许经营合同的形式授予被特许者使用,被特许者按合同规定在特许者统一的业务模式下从事经营活动,并向特许者支付相应的费用。例如,在美国,每8分钟就有一家特许经营店开张,约有2000家公司以此销售或服务,每年约有1万亿美元的销售额,成为零售业的半壁江山;在新加坡,特许经营甚至已经成为一项国策。由此可见,采用特许经营的形式授权其他厂商经销自己的产品并提供售后服务,是用途最广、最为有效的前向一体化方式。

前向一体化特许经营的最大意义在于避免了分销商的不可靠性(如避免水货的发生、避免失去价格竞争力的控制等等),将成本和机会分散到大量个人,企业与个人共同扩大市场份额,迅速扩展业务,赢得竞争优势。同时,企业可以更好地控制销售,更快地对顾客的需求作出反应,提供更好的售后服务,获得更多的潜在优势,如分享知名品牌及整体广告所带来的人气,从而领先竞争对手。

资料阅读

零售业的会员制

会员制是指让消费者先投入一定的资金而获得一定的消费资格,从而在一定时期内在该商家消费时享受一定的便利和优惠。作为商家的一种新型营销方式,它是由企业经营者组织,并建立相应的权利和义务的自由协会或团体,其组成人员就是会员。会员制的实质是通过让利来保持客户的长期购买,是现代营销中营业推广手段之一。在标准的会员制下,商品价格会比市场上便宜20%～30%,因此对顾客有较大的吸引力。一旦入会获得会员资格,顾客就会在较长的时间内成为某一企业的固定客户,也就有了内部客户的性质。

资料来源:王天新.关于中国零售业会员制的思考.现代企业教育,2007(11).

(2)后向一体化

后向一体化(backward integration),就是零售卖场通过收购或兼并若干原材料供应商,拥有和控制其供应系统,实行供产一体化。如与供应商建立战略联盟,外资零售巨头通过直接采购,甚至买断的方式与制造商建立起稳固的联系,国内一些领先的连锁集团已经开始采用这一经营模式。

卖场后向一体化经营的战略目标包括:首先,减少采购交易费用,保证所需商品的质量和数量以及供货的及时性。其次,通过一体化经营实现整体低成本、高效率运营,以价格优势提升竞争力。再次,有利于增进与商品供应企业的合作关系,为合作双方创造更多的利益。尤其当供应商具有规模边际收益时,这是非常有吸引力的战略选择。最后,后向一体化经营可以使卖场摆脱因外部供应商的不确定因素而带来的供货不稳定性,同时也可以减少商家由于主要供应商利用市场机会抬高价格而造成的利益损失。

零售卖场实现后向一体化之后,不仅能保证交货期,享受低价优惠,还可以控制产品质量,因而使销售稳定正常地进行,对外界环境具有较强的适应能力。美国的沃尔玛公司就有不少产品是定制的,尽管这些产品并不占很大份额;欧洲的阿霍德公司也有个自己的大工厂,进行一些商品的加工,如茶叶分装、肉食分切等。零售卖场通过后向一体化自行生产的商品,大多是一些销量大、消费者没有特别要求品牌的产品,比如纸巾、食品等。

但是,零售卖场实行后向一体化也存在一些弊端:

①自己制造和自行销售,其效率往往低于专业制造和专业经销的企业,亦即"大而全"的效率通常低于"小而专"的效率。虽然这个"大而全"是原有各方专业化的结合,但在某种程度上还是存在因管理难度增大而带来的效率降低的可能性。

②零售卖场实施后向一体化之后其机动性较差。零售卖场选择后向一体化会使产品设计方面受到一定的限制,如对厂房和原材料采购的巨额投资,常常阻碍新产品的开发、设计和改造,反而不利于捕捉市场机会和市场开发。如果零售卖场不实行后向一体化经营,卖场可以根据外界环境变化而不受采购、生产运作等方面的拖累,任意选择其他商品供应企业。采用了后向一体化经营的零售卖场就缺乏这种机动性,同时经营方向的调整也更加困难,因而增大了经营风险。

③需要较多的经营资金。虽然实行后向一体化经营,其所需商品由企业自制而不需采购,且商品成本也较外购低,但自制所需的生产资金、储备资金和材料资金等要比准备直接外购的资金多得多,这需要一次性投资,再分次分批收回资金。因此,短期内零售卖场的后向一体化会带来成本的上升,如果企业财力不够雄厚,必然遭遇巨大的市场风险。

④管理幅度加大。对零售卖场由外购商品转向自制之后,意味着管理部门控制幅度的增大。如果管理者的组织能力与此不相适应,管理组织机构与新的经营活动不相适应,就难以达到后向一体化经营的预期目标。

小链接

英国马狮百货店的连锁之道

英国大型连锁卖场马狮公司被称为"没有工厂的制造商",它虽未拥有任何制造商的股权,但却对制造商的技术支持、管理咨询以及教育培训大量投资,使制造商与马狮公司具有统一的经营理念。马狮集团在采购方面实行以"我"为主的策略,马狮集团的设计队伍与供应商密切合作,按顾客需要组织设计和生产。马狮集团冲破了零售商和制造商不直接建立联系的传统习惯,与制造商建立了一种前所未有的互相信任、互相合作的关系。制造商生产什么产品,按马狮集团的标准确定。绝大多数百货公司购入的是产成品,而马狮集团却从产品设计开始就从市场需要出发,督促制造商按马狮集团提供的严格标准生产。为此,马狮集团雇佣了大批生产技术人员,专门与制造商合作,在选料、应用生产程序与技术、品质控制、生产过程、工艺方面提供意见并作出监察。马狮集团的制造商约有800家,其中至少有150家制造商专门为马狮集团制造圣米高牌子的商品,而且已有25年以上的合作时间,有的甚至超过了半个世纪,但马狮集团对这些企业并未拥有股权。吸引制造商的是马狮集团的订单,一旦成为马狮集团的供应商,制造商就获得了一年到头都做不完的订单。马狮集团为供应商开发新产品,为他们购买原材料。由此可见,马狮集团对供应商的控制能力尽掌握在自己手中。

资料来源:英国马狮百货店的连锁之道. http://bbs. vsharing. com/Article.

10.2.2 卖场的横向一体化

1. 纵向一体化过渡到横向一体化的客观必然性

从 20 世纪 80 年代后期开始,国际上越来越多的大公司开始逐步放弃"纵向一体化"的经营模式,"横向一体化"的经营思想开始兴起。横向一体化,是企业充分利用外部资源以便快速响应市场需求的经营模式,对本企业即核心企业来说,只需要抓住最核心的东西:产品方向和市场。横向一体化注重与外部组织的合作与共存,故其与外界的交易并非纯粹的市场交易,而是在完全市场交易与内部组织交易之间达到了一个均衡,从而有利于企业整体利益的实现、竞争优势的形成。故此,纵向一体化必然要向横向一体化转变。这是因为:

①消费需求的多样性和不确定性。现代企业的营销观念已经从原来的以"生产为导向"转变为以"顾客为导向"的观念,这是适应顾客需求多样性和不确定性的表现。在纵向一体化的经营模式下,企业在自己拥有的产业链基础之上,建立自己的成本优势、质量优势和技术优势,为最终消费者提供产品,企业更多的是注重产品的质量和价格因素。但是,随着市场竞争的日趋激烈,个性消费意识的大力推崇,企业仅仅从质量、价格方面要形成自己独特的竞争优势已不再现实,而快速响应用户需求的能力使得企业有更多的机会抢占市场先机,建立竞争的制高点。这时,企业势必要求其用最短的时间进入一个相关或非相关的业务市场,横跨行业进行专业经营。对于陌生的新领域,通过企业间的横向联合,可以达到快速渗透、把握稍纵即逝市场时机的目的。

②新兴技术的涌现和产品生命周期的缩短。科学技术的高速发展,使人类从工业经济时代进入了知识经济时代。由于知识技术的创新与运用,产品生命周期逐渐缩短、各种新产品层出不穷地涌现,这已成为企业继成本之外的又一竞争优势来源。因此,高新技术的开发成为企业核心竞争力的关键因素。但是,单个的企业往往无法承担新产品开发要求的所有技术,这时,企业与企业之间的强强联合必将成为增强企业研发实力、缩短新产品开发周期、获得竞争优势的有效途径。

③全球一体化的经济发展趋势。随着经济的发展,全球制造和国际化经营趋势越来越明显,资本、技术等生产要素跨国界流动,国际化劳动分工协作领域不断扩大,销售市场也已从单纯的区域市场或国内市场拓展为全球市场。通过横向一体化的经营模式,企业之间可以达到资金、技术、市场等各方面的优势互补,在全球范围内挑选最佳合作伙伴,最大限度地优化企业资源的配置,从而为自身的发展提供更大的施展空间。

④现代通信技术的迅猛发展。基于 Internet/ Intranet 的全球信息网络的发展,企业与企业之间的横向联合成为可能。同时,企业在选择战略合作伙伴时可以免受时空的限制,选择的范围大大增加。现代通信技术的发展,提高了企业之间信息交换的精度、速度,企业之间可以实时获取和反馈各种数据和信息。另外,企业无需通过扩大规模,在拓宽企业边界的同时,也使跨地区、跨国界的联系和沟通变得得心应手。

2. 横向一体化的概念及特征

(1)横向一体化的概念

横向一体化,也叫水平一体化战略,就是企业收购、兼并竞争者的同种类型的企业,或者在国内外与其他同类企业合资生产经营等。它是企业为了扩大生产规模、降低成本、巩固企业的市场地位、提高企业竞争优势、增强企业实力而与同行业企业进行联合的一种战略。例如,联华超市与家乐福合资的上海联家超市在上海地区取得了不俗的经营业绩,联华超市在合作中学习了家乐福的先进经验,目前自己独立经营的仓储式大卖场也有声有色,同时每年还可以从上海联家超市中获得数千万的投资收益。

(2)横向一体化经营模式的特征

横向一体化经营模式具有以下特征:

①生产的专业性。在横向一体化思想的指导下,企业集中其有限的资源专注于核心业务,围绕核心能力从事开放式专业化经营,着重于发挥自身的核心能力,致力于成为某个领域的世界领先者。因此,在横向一体化模式下,企业尽可能集中智力资源、技术优势、资金实力于关键业务领域,发挥其独特的优势,进行产品或服务的专业化生产和经营。

②市场的广泛性。全球经济一体化使得各国消费呈现出趋同性,统一的大市场开始形成。在此条件下,企业不仅仅只是局限于本国的区域市场,而是经过多国市场的叠加效应,使产品市场变得较为广阔。当一种新产品诞生后,企业可以通过各种渠道投放到各国市场上,以谋求多国同一市场的支配地位。所以,在横向一体化的经营模式之下,企业要走出国门,广泛地与各国公司进行交流与合作,多方捕捉市场机会,争得全球市场的一席之地。

③产品的标准性。在纵向一体化时期,企业包揽产品的设计、开发、生产、销售等各个环节,所以产品的部件没有更多可以选择的余地;而在横向一体化时期,企业谋求与供应商之间广泛的合作,使用标准的零部件产品使公司在物色供应商时有了更多的选择。通常,核心企业在选择供应商时,按其信誉、产品质量、价格等因素做全面衡量,并进行模块化管理,使企业与企业之间的横向联系变得明确而简单,也避免了繁杂的合作协议和条款。

④管理的延展性。在要求企业强化与供应商、销售商关系的基础上,管理的边界已经从企业内部的各职能部门、各事业单位之间的管理,延展至企业与供应商、分销商之间的管理与沟通。所以,企业必须在与合作伙伴建立相互信任和理解的情况下,以为顾客创造更大价值为首要目标,变对立关系为长期共存、互惠互利的协作关系。

⑤组织的柔韧性。在"业务核心化"的指导下,公司把业务集中于有发展潜力的方面。在公司内部采用可以快速重构的生产单元构成的扁平组织结构,以充分自治的、分布式的协同工作代替宝塔式的多层管理结构,充分发挥人的创造性。在公司与外界的衔接上,传统企业的有形边界已被打破,组织内部与外部的划分已经不那么明显,为了共同完成一项任务,组织内部部门可以进行自由拆分并与外部机构或组织进行自由组合。

⑥信息的共享性。要达到企业与企业间的良好协作与有效沟通,信息的交流必不可少。在全球性信息网络系统中,组织内及组织与组织之间的信息交换和处理能力得到极大的提高,为生产技术、新型管理技能和研究开发成果在公司间的瞬间传递提供了可能。

横向一体化的好处在于能以较小的代价取得企业较快的扩展,减少市场中的竞争对手,迅速提高市场占有率,改善规模经济。其主要缺点是企业要承担在更大规模上从事经营的风险,企业内部的协调难度增加。

3. 横向一体化的形式

在企业的横向扩展中,由于联合的内容和紧密程度不同,可以形成各种各样的横向经济联合体,主要有以下几种形式:

（1）松散的联合体

这种联合体是根据各方共同签订的合同、协议建立起来的。它只需要实现合同中所规定的条款,这些条款虽然有可能对被联合的企业的经营决策权作出不同程度的限制,但并不取消参加联合的企业在资金和法律上的独立性,各企业的决策管理部门保持密切联系、相互协商,它们之间不存在上下级关系,只是协同行动的利益共同体。

（2）比较紧密的联合体

这种联合体一般都是按照统一的章程建立起来的,各成员企业虽然还拥有法人地位,但独立性已大大减弱,各成员企业的生产经营活动大部分或全部都纳入了联合体的统一计划,按计划进行生产经营。这类联合体的优点是有领导机构,联合体有统一计划,比较稳定,向心力强;缺点是不容易组织起来,内部协调和管理的难度大。

（3）实体性的联合公司、总厂

它们是由若干个企业合并而成的联合企业。参加联合公司、总厂的企业已丧失法人地位,变成了联合体下属的分支机构,即联合已不仅是相互参与或单方面的控制,而是已导致了企业的合并,从而形成一个新的企业。横向并购是一种典型的做法。横向并购可扩大同类产品的生产规模,降低生产成本,获得规模效益;可以增强企业的市场支配能力,消除竞争,增加垄断实力。比如,2007年华润股份有限公司正式同天津家世界连锁超市有限公司签署了收购协议,收购了成立于1997年,以"低价、新鲜、丰富"的经营理念迅速占领中国北方市场的家世界的全部股权。家世界拥有的约50家超市由此更名为"华润万家"。以销售额计算,华润集团的超市业务跃升至中国第一的地位,全国门店总数增至3000家左右,这将带来巨大的垄断利润。

资料阅读

并购的本质

并购的内涵非常广泛,一般是指兼并（merger）和收购（acquisition）。兼并（merger）又称吸收合并,指两家或更多的独立企业、公司合并组成一家企业,通常由一家占优势的公司吸收一家或更多的公司。收购（acquistioin）指一家企业用现金或有价证券购买另一家企业的股票或资产,以获得对该企业的资产的所有权,或获得对该企业的控制权。并购的实质是在企业控制权运动过程中,各权利主体依据企业产权所作出的制度安排而进行的权利让渡行为。企业并购的过程实质上是企业权利主体不断变换的过程。

资料来源:魏建.企业并购:本质及效率分析.财经研究,1999(7).

在中国,竞争的加剧也促使零售卖场的并购出现强强联合组建跨地区巨型企业的特征。例如,2001年2月,中国零售业五十强的北京西单商场、北京超市、上海华联超市共同投资成立北京西单华联超市有限公司;2003年4月,原上海一百（集团）、华联（集团）、友谊（集团）和上海物资（集团）总公司归并整合为"百联"集团,拥有第一百货、华联商厦、华联超市、友谊股份、物贸中心、第一医药和联华超市等7家上市公司;2006年7月,国美电器以52.68亿港元的"股票＋现金"形式并购中国永乐,这一联合将中国家电零售业带入了国美永乐、苏宁电器、五星电器"三足鼎立"的时代。

小链接

我国零售业重大并购事件

2006 年以来我国零售业部分重大并购事件

序号	并购时间	并购事件概述
1	2006 年	大韩民国株式会社新世界收购上海易买得超市 14.8% 的股权
2	2006 年 5 月	美国百思买收购江苏五星电器
3	2006 年 7 月	国美并购永乐
4	2007 年 3 月	华润集团收购天津家世界超市
5	2007 年 5 月	正大收购 18 家易初莲花上海店铺
6	2008 年	永旺以 9450 万元收购深圳 5 间综合购物百货店
7	2008 年 7 月	家乐福以 4000 万收购家广超市
8	2008 年 3 月	韩国新世界以 5323 万元收购易买得
9	2008 年 2 月	国美以 5.4 亿元收购三联商社
10	2008 年 6 月	华润集团以不超过 6 亿元收购西安爱家超市

数据来源：中国商业联合会等。

10.3　卖场自助营销与体验营销

10.3.1　自助服务与卖场自助营销

随着主流消费群体的年轻化、个性化，自助的理念越来越受到消费者的青睐。在一份来自 IBM 的最新调查中显示，新一代消费者越来越倾向使用自助方式的服务，在过去的一年中自助消费服务技术使用量增加了 50%，并且有 70% 的消费者表示期望企业提供更加丰富的自助服务选项。此外，调查还显示，使用自助服务的最大理由是，可以通过这种方式获得一些普通业务中无法获取到的信息与服务，更少的等待时间，易于使用以及在某些特定交易中获得更大的隐私权。

现在，卖场全自动化购物服务正在兴起，并成为卖场赢得顾客的强有力竞争手段。例如，顾客可以在卖场前门的凹槽处插入信用卡或借记卡，并输入该卡的 4 位密码，来自动获得进入卖场的权利；顾客可将借记卡或信用卡插入销售终端完成付款；商品上的 ID 号码在后端系统售出后会自动更新，同时店门自动解锁等等。自助的服务充分体现了消费的自主性，提高了卖场中的人员流动性和商品流通率。它不仅吸引了顾客，也提高了卖场的管理效率。

1. 自助服务及其特点

（1）自助服务的概念

自助服务，是由获得服务资格的客户在一定的服务设施条件下，按照一定的服务规则自己独立进行操作,自己生产服务的同时自己消费服务的一种服务形式,并且这种形式跟客户接受由相应工作人员提供的服务具有相同的效果。

在日常生活中,常常可以看到自助服务的情况。如银行客户用储蓄卡在自动提款机(ATM 机)上提款及进食自助餐的顾客,在购买餐票后,自己用盘子把饭菜装好,自己端到座位上去。随着电子计算机技术和自动化技术的发展,以及经营管理观念的变化,自助服务将逐渐流行开来。目前常见的有自助银行、自助餐厅、自动售货机、自助交费等。

(2)自助服务的特点

①同质性。自助服务与一般的同种服务的作用是一致的,正是这个特点使得自助服务对于一般服务具有消费的可替代性。如在柜员机上取款与在柜台前取款,对于客户来说要做的事情是一样的,在自动售货机上购物与在商店购买相同的东西是一样的。

②便利性。主要体现在交易方式上,自助服务成功地降低了交易成本。例如,24 小时自助服务银行,满足了那些在银行营业时间办不了业务的顾客的需要,因为它克服了时间限制的障碍;而在网上进行自助购物,则同时克服了时间和空间上的障碍。

③生产与消费都是同一个人。除了具有一般服务的生产、消费同时同地性外,自助服务还具有生产、消费的同人性。正是因为服务的生产者亦是消费者,"自助"才具有意义。

④对自助服务设施有很强的依赖性。如果没有服务设施,自助服务将无法进行。

2. 卖场自助营销的优势

(1)自助营销降低成本

首先,卖场自助营销可以降低投资成本。一次性投资建立自助服务设施比雇用服务员更能节省成本。假如一台柜员机投资 1 万元即可,而雇用一个储蓄员如果月薪 1000 元的话,一年也就持平了。国际零售巨头在国外大量使用自助服务的动因之一,就是为了解决高人工成本的问题。其次,自助营销能够节约时间,有效降低交易成本,同时其便利性能够提高人们购物的价值或福利水平。随着技术的进步,卖场势必采用更多的自助营销以大大削减成本。

(2)提高顾客满意度

卖场自助营销活动的实施能更好地为顾客提供自助服务。对于顾客来说,自动服务既节时又方便。目前的零售卖场经常会面临时间不敷应用的消费者,这意味着消费者希望能够快速进出商店。包括自助亭和自助结账等形式在内的自助服务,通过赋予消费者更多的自主权创造了零售效率,因为消费者无需等待商店员工的帮助,就能自行完成购物和付款;同时,消费者可以使用自助服务亭和销售点终端来获取相关产品信息,这不仅赋予了消费者更强的控制力,还改善了客户关系,从而提高消费者的购物满意程度。例如,全球最大的家庭装饰用品卖场家得宝,通过采用自助服务结账系统,大大改善了运营效率,并增加了客户满意度。自助服务结账让每家家得宝店平均配置两个收银员到店内,就可为客户提供DIY 建议以及销售高价用具和橱柜。而英国大型卖场 Tesco 也表示,自助服务设备提升了客户的整体满意度,同时使公司在食品零售业的市场份额提升了 31%,几乎是其主要竞争对手的 1 倍(16%)。

上海大卖场的出现与发展

日前,作为知名零售业自助解决方案提供商的 NCR 公司公布了最新的中国消费者排队调查报告。据悉,此项调查由 AC 尼尔森公司针对北京、上海和广州的 1551 名抽样受访者展开。结果显示,64%的消费者已对排队逐渐失去耐心。在消费者经常遭遇排队问题的各类场所中,卖场的排队几率高居第三位(43%),仅次于银行(73%)和医院(44%)。值得关注的是,在所有受访的消费者中,有 28%的人因排队沮丧而选择其他服务提供商,66%的人因不想耽误时间而选择离开,而 46%的人会啧有烦言。超过 60%的受访者通常一周用于排队的时间高于 30 分钟。

报告同时也显示关于减少等候时间的解决方案。在接受调查的人中,有 70%的人建议开设更多的服务点,44%的人建议有关机构提供自助服务解决方案,而 41%的人建议雇用更多员工。总体来讲,80%以上的受访者表示有可能或非常可能选择能提供自助服务解决方案的产品或服务提供商,从而减少排队等候时间。此外,在卖场店结账、在快餐店点餐时,表示非常或很有兴趣使用自助服务解决方案的受访者比例分别为 50%和 43%。

资料来源:赵钢."排队"难题点燃零售业自助服务市.http://www.linkshop.com.cn.2007-11-19.

3. 支持卖场自助营销的技术及设施

(1)无线射频系统

无线射频系统(radio frequency identification system,RFID)是利用智能电子标签来标识各种物品的一种新的识别技术,这种标签根据无线射频标识原理 RFID 而生产,运用 RFID 技术将微芯片嵌入到产品当中,标签与读写器通过无线射频信号交换信息。与条形码技术相比,RFID 可以节省更多的时间和人力、物力,降低生产成本,提高工作效率,正被越来越多的卖场认为是条形码技术的取代者,电子标签是未来标签市场的一种终极产品。

RFID 在卖场中有很多传统应用,主要体现在 5 个方面:商品的防伪、商场货架的辅助补货、防止商品丢失、收银台的自动结账服务、商场会员卡管理服务。随着 RFID 技术的发展,RFID 在商场顾客自助服务中还有以下三种创新的应用模式。

①自助导购服务。利用 RFID 技术,可以实现商场的自助导购服务。顾客从货架取出感兴趣的商品,放到自助导购电脑系统前面,系统通过连接的 RFID 读写器识别出商品编号,自助导购系统将根据商品的编号,从产品资料数据库中读取产品的资料信息,然后通过电脑屏幕、语音系统、仿真系统等方式向顾客提供自助导购服务。

②路径指引服务。它可以帮助顾客确定他要购买的商品的位置,以节省顾客来回搜寻商品的时间。并且,进一步提供关联性很强的其他商品的所在位置。如果发生缺货,则发出补货提示。该系统是通过 RFID 读写器发射无线信号来对所有商品进行定位和识别。

③智能购物服务。主要体现在帮助顾客选择合适商品。当顾客把商品放入购物车后,智能购物系统首先读取顾客信息数据库,了解顾客的一些消费偏好或禁忌,然后再读取商品属性数据库,了解商品的属性特征,再判断该商品是否适合某位顾客。例如,过于肥胖的顾客在取走高热量高脂肪食品时,智能购物系统会作出该顾客不适合使用该商品的判断,建议他放弃购买,转而推荐口味相似的减肥食品。除此以外,RFID 技术还可以自动检测商

品组合的匹配性,例如某一款数码相机只适合使用某一种类型的电池,如果智能购物系统发现不匹配,就会发出警告信息,以减少顾客购物差错的可能性。

(2)Kiosk

Kiosk 这个词来自于波斯语,原来是亭子的意思。在商业自动化领域里,Kiosk 通常是指那些以计算机为核心的通过人机界面提供自助式服务的自动装置。Kiosk 的设计目前有小型化的趋向,因此把它称作自助服务机比自动服务亭更恰当。

根据 Gartner 研究机构的定义,自助服务机 Kiosk,是提供产品或储存信息及提供媒体展示的自助式服务设备(self-service devices)。有调查显示,Kiosk 自助服务终端在全球的安装量正在以每年将近 15% 的速度递增。现在,全球零售卖场已经将传统的商品销售与 Kiosk 自助服务结合起来,自助设备已经成为零售卖场提升门店形象、提高服务质量的有效手段。调查显示,广告、一般信息查询、产品信息查询、电子交易、票务、账单支付、超市自助结账等是 Kiosk 主要的应用方向。

目前适合于零售卖场应用的 Kiosk 产品具备了开放的平台、触摸屏设计、多媒体功能、灵活的网络接入、标准化的操作系统与接口,以及出众的服务能力等。尤其值得一提的是,由于采用模块化设计和独立配置,它更适用于各种灵活的个性化应用。除传统的信息查询外,Kiosk 还可以提供账单付款、电话卡充值、购买机票和演出票、分发优惠券、打印照片等服务,同时还能实现广告和信息的播放,增加扫描仪或语音功能。Kiosk 的个性化和互动功能,使消费者可以全程参与并享受整个购买、订购过程。

从零售卖场的角度看,Kiosk 代表了卖场推行全新增值业务的战略思路。正是这些非传统业务服务,不仅重塑了零售卖场的形象,而且还将吸引越来越多的客户来到门店中。由此,自助服务不仅给零售卖场带来了新的利润增长点,还为零售卖场提供了与消费者进一步交流的机会。随着更多节省成本、降低交易费用的自动化机器的出现,一些服务最终会被机器所代替,这是不可阻挡的潮流。因此,自助技术的使用和自助服务的流行,必将促进现代卖场的变革,改写以顾客为中心的运营模式。

小链接

Kiosk 技术在零售卖场中的运用

在德国的 Kaufhof 百货商店中,Kiosk 被应用为回馈消费者的主要渠道。该卖场的会员可以通过安置在店中的 Kiosk 来自助查询会员卡积分,根据积分做换取礼物的登记;卖场还通过 Kiosk 向消费者提供商品陈列查询以及商品信息查询服务,这项服务不仅可以帮助消费者快速找到商品,同时也让消费者在购物过程中买得明明白白。对百货商店而言,提供如此方便的服务和消费体验,无疑将提高客户的忠诚度。

在荷兰的 Albert Heijin 超市卖场中,Kiosk 被配置为一台自助结账支付终端。购物结束后,消费者可以在这里自助结账,体验全新的结账方式,并采用非现金方式进行支付。对卖场而言,在提升客户体验、提高客户忠诚度的同时,也可以优化结账和付款流程,更重要的是降低卖场运营成本。

在新加坡和香港的 SONY 店中,Kiosk 被配置为数码相片打印设备。当数码相片通过手机或存储设备传输到 Kiosk 上后,消费者便可以在设备上修改加工照片,修改完成后进行照片打印,最后通过非接触卡或信用卡进行支付。值得一提的是,数码照片的整个打印过程都是消费者自助完成的。

资料来源:Kiosk 自助服务终端——独立和高效的销售渠道 http://www.linkshop.com.cn.

10.3.2　卖场体验营销

1. 体验经济与消费者行为

(1)体验经济

美国未来学家阿尔文·托夫勒早在《未来的冲击》(1970)一书中预言,经历几千年的农业经济、几百年的工业经济、几十年的服务经济等浪潮后,体验经济将是最新的发展浪潮。

美国俄亥俄州的战略地平线顾问公司创办人约瑟夫·派恩在《哈佛商业评论》(1998)"体验式经济时代来临"一文中指出:体验式经济时代已经来临,提出区分经济价值演进的四个阶段为货物、商品、服务和体验。传统经济主要注重产品功能、外观、价格等吸引消费者,而体验经济以服务为中心,为消费者创造出值得回忆的感受,以此来改变消费者行为。他们认为体验经济是一种以服务为舞台、以商品为道具、以体验作为主要经济提供物的经济形态。从心理学角度解释,体验是当一个人到达情绪、体力、智力甚至精神的某一特定水平时,在人们意识中所产生的美好感觉。

(2)体验经济下消费者行为的特征

体验是指顾客"消费"某个产品后的"体验",并通过这种体验而获得美好的感觉。这种体验是一种创造难忘经历的活动,是企业以服务为舞台、商品为道具,围绕消费者创造出值得消费者回忆的活动。在体验经济时代下,消费者行为发生了一些改变。

①个性化突出。有人说,21世纪不是一个消费趋同的世纪,而是一个个性化突出的世纪。从服饰到个人用品,从家电产品到房屋装修,处处体现着消费者鲜明的个性和品味。

②参与性增强。消费者购物和休闲是分不开的。随着生活节奏加快,人们借助购物的机会享受休闲的倾向越来越明显。在购物过程中,消费者希望自己被充分关注和尊重,希望从购物体验中得到某种乐趣和启发。享受购物的体验成为消费者购物选择的一项重要标准。

③追求感官体验。感官体验多指五大感官的体验,即嗅觉、触觉、视觉、听觉、味觉。它能够直接、简单地将信息传到消费者神经中枢系统,使其很快产生不同的感觉。良好的感觉令消费者身心愉快,不良的感觉则会造成消费者的厌恶。随着消费者自我关注性增强,消费者更关注自己的"亲眼所见、亲耳所闻、亲身所感"。

④重视情感共鸣。有研究表明,消费者的情绪状态会影响信息如何被编码。悲伤的情绪使得评价比中立时低;积极的情绪状态下对信息编码时产生的评价更高。

⑤注重格调和思想性。21世纪,人类素质得到空前提高。人们消费产品时不仅要消费自己能用的产品,还要求消费适合自己个性化的产品,对格调的要求越来越突出。人们在消费过程中,更加注重格调的高雅、消费的思想性,及带来的某种思考等。

2. 体验营销

所谓体验营销,是与体验经济相对应的一个系统化的营销思路,是以服务为重心,把商品作为一种道具,给消费者提供一种消费环境,在情境里通过消费者的参与、互动,给消费者留下一个独特、美好的回忆,最后达成忠诚购买的过程。在 Bernd H. Schmitt 所著的《体验式营销》一书中,体验营销被定义为:站在消费者的感官、情感、思考、行动、关联五个方面进行营销设计的思考方式。

(1)体验营销与传统营销

体验营销的概念是 1998 年由美国战略地平线 LLP 公司的两位创始人提出来的。体验营销要求企业必须从消费者的感官、情感、思考、行动、关联五个方面,创新定义、设计营销策略。这种思考方式突破了"理性消费者"的传统假设,认为消费者的消费行为除了包含知识、智力、思考等理性因素外,还包含感官、情感、情绪等感性因素。

体验营销与传统营销的主要区别表现在,体验营销认为顾客是理性和感性的复杂结合者,侧重考察消费场景及顾客的购物体验。传统营销主要注重产品的功能强大、外形美观以及价格优势。体验营销是系统化的营销思路,是以服务为重点,给消费者提供一种消费情境,通过消费者的参与、互动,给消费者留下一个独特、美好的回忆,最后达成购买的过程。

(2)体验营销的特点

①以顾客为导向。体验营销是站在顾客体验的角度去审视自己的产品和服务。因为体验是属于顾客个人的,和顾客的感官、情绪等因素有关,并糅合顾客过去的遭遇和经历,结合营销场景而产生的一种感受。

②在营销过程中为顾客创造快乐。体验营销注重在产品的营销过程中不断地为顾客带来新的体验与满足,从而给顾客带来快乐。例如,购物广场中轻柔的背景音乐、整齐而又有创意的商品陈列都能给消费者带来刺激和快乐。

③购买体验的延续性。消费者所获得的感受并不会因一次体验的完成而马上消失,它具有一定的延续性。如消费者对体验的各种回忆,消费者事后对体验重新评价而产生新的感受。因此,体验营销的效果是长期性的,满意的体验会带来顾客的高度忠诚。

④企业与消费者的互动性。在产品营销中,消费者是企业的"用户";在服务营销中,消费者被称为"客户";而在体验营销中,消费者是企业的"客人",也是体验活动的"主人"。因为体验活动必须要有消费者的参与,进而在消费者和企业之间就会发生一种互动行为。体验营销效果是消费者在互动活动中的感知效果。

(3)体验营销的方式

①感官式体验。主要是通过视、听、闻、触等感官上的体验,加强顾客对品牌的感觉,提升顾客的感知价值。例如,"星巴克"把典型美式文化逐步分解成可以体验的元素:视觉的温馨、听觉的随心所欲、嗅觉的咖啡香味等,为顾客提供了一个舒适的社交场所。

②情感式体验。主要是创造顾客喜好体验,通过品牌个性的表达,触动顾客的内心情感,让顾客在购买使用产品与享受服务的过程中,有难以忘怀、愉悦、舒心的感受,促使其从对某品牌由好感升华到信赖。

③思考式体验。是启发人们的智力,创造性地让消费者获得认识和解决问题的体验。思考式营销可以给顾客带来品牌附加价值及增值服务,从而提升客户满意度。

④行动式体验。主要是影响人们的身体体验、生活方式及相互作用。通过提高人们生理体验,来丰富品牌对顾客生活的影响。

⑤关联式体验。超越个人感受的体验方式,将顾客个体与更广泛的社会体系联系起

来，不断优化顾客的体验，建立强有力的品牌关系网，提升客户满意度。

3. 卖场体验营销

目前，越来越多的卖场充分运用体验元素来刺激消费者的购买欲。例如，沈阳的一家卖场在店内铺设轨道，消费者可以坐在购物车里选购商品；德国的一家麦德龙会员店，消费者可以将其想要买的水果或蔬菜放在智能秤上，它可以自动分辨出你放在上面的是什么水果、什么蔬菜，同时打印出价格条码来；好时在纽约时代广场的体验店，将奇幻电影情节融入品牌的建设中，整个店面的设计就像一个糖果王国等等。

（1）卖场体验的类别

①购物体验。顾客对卖场最基本的需求就是能买到货真价实、满足需要的商品，并得到相应的服务，如果这些需求得到较好的满足，顾客就得到了购物体验。卖场采购的商品适销对路、质量合格、价格适宜，顾客就能及时、方便地买到所需商品，其购物需求就能得以满足，相应的购物体验就会产生。

②方便体验。顾客购物时，由于这样或那样的原因，必定要付出一定的时间、精力、体力。顾客在卖场付出的越少，就越会感到轻松、愉快。同时，顾客对与购物有关的诸多事项都会有自己的要求，这些要求越是得到满足，顾客就越是感到方便。

③审美体验。指卖场在营业中创造美的环境、情调和活动，在服务中展示美的行为、形象，从而给顾客以美的体验。例如，北京的知名服装品牌"白领服饰"，其专卖店明确提出体验的概念，店内陈设的鲜花是从国外订购空运过来的；金灿灿的糖果是为专卖店专门定制的；货架上不仅陈列衣服，还摆放一些畅销书；在四五米长的吧台，提供货真价实的洋酒等，处处让顾客体验到白领的生活品位。

④娱乐体验。在卖场购物中增加娱乐的成分，使顾客置身于服务创造的轻松、享乐和购物的欣喜与满足之中，可以充分调动顾客的积极性，让顾客参与到某些营业活动中来。如有的卖场在门前广场上举办歌舞表演；有的卖场在卖场内修建攀岩等设施供顾客娱乐；有的卖场开设网吧让顾客消遣等等，这些都是在为顾客创造娱乐体验。

（2）卖场实施体验营销的意义

①诱导消费者产生强烈的购买欲望。越来越多的消费者是"看到才买"，而非"想到去买"。卖场内的体验成了消费者购买行为产生的一个重要推动因素，卖场店铺的设计将会极大程度地影响到购物者的购物情绪和行为。实践表明，消费者受到刺激的感官越多，形成的感觉越难以忘记。

②满足消费者的精神需求。现代社会中消费者对情感和文化的需要日益强烈，消费者渴望得到只属于自己的"唯一"东西，于是流行、时尚、动感、自我等消费概念逐渐形成。越来越多的消费者从趋利型消费的要实惠转向唯心型消费的要感觉，越来越忽视商品的物质功能，进而转向追求商品所能带来的精神满足。卖场通过体验营销可以和消费者建立一种感情上的联系，创造出一种让消费者无法拒绝的感情体验，使购物成为一种娱乐。

③获取更高的利润。通过提供良好的服务体验，让消费者积极参与卖场的活动，极大地激发了消费者的购物热情，进而带来销售额的增长。在美国、英国、加拿大、意大利和日本的 200 多家苹果零售店，每年吸引超过 5000 万消费者前来光顾。而和苹果的产品一样，苹果零售店提供的"体验"被成功证明是可以赚钱的。根据金融分析师的数据，苹果零售店现在每平方英尺的年销售额是 4032 美元，而珠宝店蒂梵尼的这个数字是 2666 美元，消费电

子零售巨头百思买是 971 美元,高档服装百货店 Neiman Marcus 是 611 美元,特色折扣连锁超市 Target 是 300 美元。2007 年 3 月,苹果零售店甚至被美国《财富》杂志评为全美最佳卖场。

(3)卖场体验营销的实施

①为顾客提供便利。提供各种便利是卖场实施体验营销的重要因素。卖场至少应为顾客提供四个方面的便利:一是进入便利,即要让消费者很方便地与商家进行往来;二是搜寻便利,即顾客很容易找到自己所需要的商品;三是占有便利,即消费者能够很快地得到自己选购的商品;四是交易便利,即要让消费者很快和很容易地完成交易,特别是不能让消费者在结算付款时排队时间过长。

②设计体验环境。这对卖场至关重要,它直接影响到消费者的最终购买决定。首先,考虑对进入卖场有特殊需要的顾客群体,例如,为残疾人开设绿色通道,为需要休息的顾客设置长凳等;其次,整个卖场要体现一种人文精神,创造一种居家气氛,使顾客感受到家庭的温馨;再次,卖场粘贴的标语也要体现出对顾客的关心,如提醒顾客营业时间,提醒顾客在商场内不要吸烟等。例如,在苏宁卖场内,空调区的布置淡雅、明快,通过柔和的灯光效果和泛光背景,让顾客置身其中,顿感清凉;冰洗区的布置增加等离子屏和滚动式的灯箱,演示各制造商悠久的历史、企业文化和最新的产品资讯;电脑展区的布置将确保顾客体验网络游戏的精彩;休闲吧里年轻的消费者可以一边休息,一边聆听专业人士提供的咨询。

③使用体验工具。要为顾客创造一个良好的购物环境和气氛,就要充分运用体验的工具。大致来讲,卖场能使用的体验工具主要有:视觉工具(即通过颜色、形状、字体、图像等要素的整合运用,使企业的名称、标志、口号、标语、商品包装等给顾客带去很强的冲击力,从而产生良好的视觉体验)、听觉工具(即通过播放动听的音乐或某种特殊的声音让顾客产生听觉的体验)、交流工具(即通过广告、对内对外交流物品、电子媒体、公关宣传等手段与顾客进行交流,使顾客产生一种思考和体验)、情感工具(即通过产品或品牌、公司自身或代表人物以及消费情景等唤起顾客的情感体验)。

使用体验工具包括他人使用和自己试用,他人使用是一种间接的体验,自己试用是卖方向消费展示产品的售点,而实际使用效果则影响着重复购买的可能性。应该说,这一环节是最直接的消费体验,是决定消费者是否购买的重要因素。比如在国美,消费者在买回家电之前,可以先在卖场展示的家电样板房里,现场感觉冰箱的制冷效果。家电样板房配置了各种时尚的家电精品,消费者可以进入每一个房间,亲自触摸、感受每一样家具、家电。家电样板房仅仅是国美制造体验式消费的一部分,随后,国美还对家电产品的陈列方式进行较大的调整,用互动的形式让消费者现场体验家电的价值,让消费者获得更多的家电信息。

小链接

普拉达体验店

普拉达在纽约、洛杉矶、旧金山和东京的体验店,全都坐落在城市最繁华的地带,建筑风格鲜明,并尽可能运用各种高科技,来加强消费者在普拉达店内的体验:试衣室的门是用特制的玻璃做成的,人们试衣时,一按按钮,试衣室的门就从透明变成不透明;同时人们可以通过"魔镜",前后左右全方位地观察自己试穿衣服后的效果。普拉达在纽约的体验店,人们要去地下室的话,会经过一条弯曲的被称为"波浪"的楼梯。这是一朵多功能的"波浪":既是楼梯,也是展览空间,还是休息天地。在营业时间,这里用来展示各种鞋子,也是顾客试鞋的地方;在非营业时间,"波浪"可以收回到地面上来,成为艺术品。

　　资料来源:体验营销:狩猎的兴奋感.http://www.aliqq.com.cn.

10.4　电子商务与卖场营销

10.4.1　电子商务与零售业

1. 电子商务概述

简单地讲,电子商务就是利用现代先进的电子技术从事各种商务活动的方式。虽然各国政府和企业、用户对电子商务都十分重视,但对于电子商务的确切定义,至今没有一个统一的说法,其中比较系统、全面且有代表性的观点有以下几种:

美国的 Eunllelhainz 博士在其专著《EDT 全面管理指南》中把电子商务定义为"通过电子方式,并在网络基础上实现物资、人员过程的协调,以便商业交换活动"。

加拿大专家 Jnekins 和 Lnacashire 在《电子商务手册》中从应用角度定义 EC 为数据(资料)电子装配线的横向集成。

美国政府在"全球电子商务纲要"中给出的电子商务定义是:电子商务是通过互联网进行的各项商务活动,包括广告、交易、支付、服务等活动。

最早明确提出电子商务概念的 BIM 公司认为电子商务是当用户(商家)通过互联网融入传统信息技术系统的丰富资源库时所发生的,它是动态的和交互式的,它通过 wEB 技术把客户、生产商、供应商和雇员连接在一起[1]。

欧洲经济委员会于 1997 年 10 月在全球信息标准大会上的定义是:"电子商务是各参与方之间以电子方式而不是以物理交换或直接物理接触方式完成任何形式的业务交易。"这里的电子方式包括电子数据交换(EDT)、电子支付手段、电子订货系统、电子邮件、传真、网络、电子公告系统条码、图像处理、智能卡等。

1997 年在法国巴黎,由国际商会组织的世界电子商务会议,给出目前关于电子商务概念的最权威论述:电子商务是指对整个贸易活动实现电子化。从概念的外延看,交易各方以电子交易方式而不是通过当面交换或直接面谈方式进行任何形式的商业交易;从技术方面看,电子商务是一种多技术的集合体,包括交换数据、获得数据以及自动捕获数据等;从涵盖的业务看,电子商务包括信息交换、售前售后服务、销售、电子支付、组建虚拟企业等[2]。

中国学者王可从过程角度出发给出的电子商务定义是:在计算机与通信网路基础上,利用电子工具实现商业交换和行政作业的全过程。

---

　　[1]　方美琪.电子商务概论.北京:清华大学出版社,2002:45.

　　[2]　黄敏学.电子商务.北京:高等教育出版社,2001.

虽然人们对电子商务的认识和理解存在差异,但总体上可以分为广义电子商务和狭义电子商务两大流派。广义电子商务,是指包括电子交易在内的利用 IT 技术进行的全部商业活动;狭义电子商务,是指借助计算机网络进行网上的交易活动,是商家和客户之间的联系纽带。

2. 电子商务的发展对传统零售业的影响

(1) 电子商务使传统中间商地位下降

传统交易中存在着专门从事商品中介服务的环节——批发商和零售商,生产商通过一个或若干个"中间商"沿着线形价值链向下传递商品所有权,这使得交易链被拉长并产生附加值,消费者也要为此而多负担流通成本。而今在电子商务环境下,生产商可以直接以相对较低的成本向消费者直接推销商品与服务,这既降低了销售成本又提高了流通效率,还可使信息在真正的供需双方自由流动,促使产品设计制造更能符合消费者的要求。因此,在网络和电子商务发展的形势下,商品的交易链将日趋扁平化,传统中介服务变得毫无必要,作为中间商的传统零售企业的生存空间越来越小。

(2) 电子环境下不断出现的新商业模式冲击传统零售业

目前一些基于网络的新的商业模式不断涌现,并形成与传统零售业间接竞争的局面。例如,在线超级商店 Buy.com 出售商品的价格普遍低于竞争对手,有时以成本价甚至低于成本价销售。在公司全面经营的第一年即 1998 年,其销售额已达到 1125 亿美元。Onsale.com 则是一家网上拍卖公司,该网站只允许"商家—顾客"的拍卖。网站将娱乐、购物与全天即时拍卖连接起来,竞标者为有限数量的商品展开竞争。在线拍卖的商品早期主要是家用电器,现在已开始拍卖所有的商品,从技术、冰鞋、食品到度假旅游线路。

由此可见,因为电子商务的迅速发展,新的商务模式的不断涌现与完善,传统零售业必将面临更为激烈的竞争。

3. 电子商务融入零售业的意义

由于因特网和电子商务的飞速发展,网络销售成为新经济时代的一个热点,网络为零售交易的信息传递和支付结算提供了前所未有的便利,在网络销售方式下,消费者足不出户,便可以完成购物过程。

(1) 成本优势

网络媒介具有传播范围广、速度快、无时间地域限制、无时间版面约束、双向交流、反馈迅速等特点,有利于提高网上零售电子商店的营销信息传播的效率,增强企业营销信息传播的效果,降低网上商店营销信息传播的成本。同时,网上零售电子商店是虚拟商店,没有昂贵的店面租金,可以实现产品直销,无需存货、仓库等,能帮助网上商店减轻库存压力,直接减少资金积压,降低经营成本。

(2) 电子零售互动式交流带给消费者方便

现代消费者最大的消费要求是效率和个性,电子商务零售能很好地满足这种要求。它改变传统商品间接流转机制,以一种方便的浏览方式,让消费者通过网络对商品信息一目了然,达到亲临现场的效果,并在线下单购买,减少路途的劳累和人员的拥挤。尤其具有吸引力的是电子零售还可以享受到亲临现场无法达到的目标。例如,当消费者决定购买某品牌商品,但该品牌现有商品中没有满足其需要的,在传统模式下消费者只有放弃;而在电子商务零售中,互动式交易场景极其便利地为消费者提供了个性满足的机会,该消费者可以通过电子邮件或电子留言向商家订货,实现自己的消费需求。除此以外,电子零售还具有高效率性,它超越了传统零售经营面积的限制,理论上可以无限量地陈列商品,消费者要想多浏览几家商品,只需挪动鼠标。同时,电子零售还突破了开关店面时间的限制,消费者在自己需要时,随时可以点击购买,这种超越时空的购物环境,充分体现和满足了现代消费者的效率观。

(3)电子零售链条式经营让卖场经营商受益

技术、成本和顾客忠诚的支持,令电子商务卖场独具利益之源。一方面,电子零售方式通过互联网为商品流转提供了最直接的传输渠道,将供应商、经销商、运输商、银行和最终消费者链条式地紧密联系,计划、采购、销售、存储和支付等环节变得单一,零售过程营运成本也随之控制到最低限度。另一方面,消费者决定购买时,会从网上直接下单,使卖场通过网络从消费者处直接得到需求信息变得简单,也使得零售卖场及时、全面地掌握消费者个人资料变为可能,卖场能更切实际地考虑消费者消费要求,并以此为依据提供消费产品,开展消费服务,实现以产品管理为中心转向以顾客需求管理为中心,从而赢得更多的忠实顾客。

(4)网上卖场的商圈扩大

电子零售使得卖场商圈的大小,不再受消费者的交通工具以及自身所处的地理位置的限制。即作为传统商业最为重要的商圈拓展制约因素——地理因素的影响大大降低。由于在电子商务条件下,消费者可以做到足不出户就能领略到不同卖场的商品及其价格,并能充分享受商家提供的各种优惠服务,这时,商家的商圈范围就发生了巨大的变化,它不再以地理范围来划分,而更多地受到消费者网络环境喜好、价格以及企业提供的相关服务的影响。

(5)电子零售开放式应用为零售产业添翼

现在国际互联网覆盖全球市场,网上零售电子商店通过互联网,可以方便快捷地进入任何国家或地区的市场。尤其是世贸组织第三次部长会议,决定在下次部长会议之前不对网络贸易征收关税,网络营销更为网上零售电子商店架起了一座通向国际市场的绿色通道。在网上,任何企业都不受自身规模的绝对限制,既可以卖自己的产品,也可以卖别人的产品,还可以到市场上去物色商品等等,从而平等地获取世界各地的信息及平等地展示自己的机会。

10.4.2　电子商务在卖场营销中的运用

网络营销作为 21 世纪的营销新方式,已成为全球企业竞争的利器。而电子商务是以客户为中心,利用计算机、网络、通信技术,数字化整合市场营销,能够有效提高卖场的竞争力。

1. 电子零售

零售卖场可以利用电子商务技术从事零售业务。网上零售电子商店的出现,可以使企业只用几分钟时间和极少的投资,便可建立起面向全球的在线商店。它是建立在网络世界中的虚拟商店,其消费的顾客不必出门,在家中通过电脑的网络连线选择购物。

（1）网上零售电子商店

网上零售电子商店，又称虚拟商店，是指通过计算机网络而建立起来的零售组织。从业态形式看，网上零售电子商店属于无店铺零售中媒介直销的一种。正常运营的零售电子商店，至少需要三个方面的构件：第一是店名、所处位置、店内规划及商品的摆放；第二是后台服务，包括货币支付和结算、安全管理、订单管理、站点及商品资料管理和顾客管理；第三是物流管理，包括商品的进入、存放、配送等。网上零售电子商店是没有时空限制的，电子商店可以 24 小时营业，全世界的人都可能来访问你的商店，都可能成为你的顾客。另外，网上零售电子商店的成本低廉，不需要商店面铺和营业员，按需求进货，可以实现零存货[①]。

资料阅读

网上零售市场

根据《中华人民共和国国家标准——零售业态分类》(GB/T18106-2004)对网上商店定义如下：网上商店是 17 种零售业态之一，其目标顾客是有上网能力，追求快捷性的消费者；与市场上同类商品相比，其商品（经营）结构，同质性强；商品售卖方式是通过互联网络进行买卖活动；其服务功能是送货到指定地点。2006 年 4 月 19 日，商务部公布的《中国电子商务报告(2004—2005)》中指出：网上零售对应着电子商务中的 B2C 模式，即消费者通过网络向厂商小批量、频繁地购买商品或服务。具体地，消费者在互联网上浏览、比较和选择商品或服务，通过网络或电话下订单，进行网上付款或离线付款；而厂商处理订单、网上送货或离线送货，从而完成网上零售的过程。

资料来源：汤云、朱云松.浅析快速发展的网上零售市场.商场现代化，2008(6).

（2）网上零售电子商店的开设方式

目前，网上零售电子商店的开设主要有两种方式：

①在专业的大型网站上注册会员。利用其他网站提供的平台，如易趣、淘宝、一拍等许多大型专业网站，都向个人提供网上开店服务，只需支付少量的相应费用（网店租金、商品登录费、网上广告费、商品交易费等），就可以拥有个人的网店，进行网上销售。不过网页的设计比较单一，缺乏个性，优点是省去设计网站的时间，大型网站的知名度也有助于增加自己店铺的点击率，省去宣传的费用。

②自立门户建立网上零售电子商店。自己亲自动手或者委托他人进行网店的设计，从网站的维护、更新到宣传、销售都要一手包办，对于没有实体店铺的非专业卖家来说，自立门户需要投入的资金与精力都比较大，上手管理也比较困难，这种形式的优点是网站的设计可以体现自己的个性，吸引顾客。

2. 客户关系管理

电子商务中的客户关系管理，是在原有的客户关系管理的基础上，借助各种先进的网络技术和通信技术，通过为企业与客户之间互动提供便利的渠道，方便企业与客户的相互沟通与了解，从而改善他们之间的关系，用关系导向(relatoinship)取代交易导向(trnasactoin)。

零售卖场客户关系管理系统，主要是从业务层面、管理层面及决策层面对卖场的相关业务进行支持，并通过电子商务手段延伸卖场的前端直接到客户，客户由从前被动参与卖

---

① 赵欣.论网上零售电子商店的规划与设计与流程管理.现代商业，2007(10).

场的营销到主动参与企业的营销活动,从而最大限度地实现客户的价值,卖场也得到丰厚的回报,如图10-3所示。

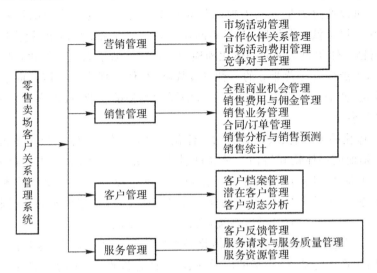

图 10-3　零售卖场客户关系管理系统主要功能模块

3. 电子订货系统

电子订货系统(electronic ordering system,EOS),是指将商业、连锁企业所发生的订货信息输入计算机,即通过计算机通信网络连接的方式将资料传送至总公司、批发商、商品供货商或制造商处,完成企业(包括配送中心)与批发商、制造商之间的商品订购、运输、调配等,以及订货、接单、处理、供货指示和结算等项内容的作业控制。电子订货系统在卖场和供应商之间建立起了一条高速通道,使双方的信息及时得到沟通,使订货过程的周期大大缩短,既保障了商品的及时供应,又加速了资金的周转,实现了零库存战略。在寸土寸金的情况下,零售卖场业已没有许多空间用于存放货物,在要求供货商及时补足售出商品的数量且不能有缺货的前提下,必须采用 EOS。

4. 业务流程再造

电子商务是信息技术的一种集成运用,它的开展对卖场业务流程提出了挑战,它需要对传统业务流程进行再造,否则电子商务具有的优势将难以得到发挥。同时,电子商务则提供了良好的信息平台,它有利于促进组织结构的发展和业务流程的再造。

由于卖场销售产品门类增多,销售方式及最终消费者的购买方式的转变,使得商品配送等服务成为极其重要的服务业务,从而促进了物流行业的兴起。供应链系统物流完全适应了流通企业经营管理的全面更新,使未来的产业分工更加精细、产销分工日趋专业,大大提高了社会的整体生产力和经济效益,使物流业成为整个国民经济活动的中心。相应地,配送流程作为影响零售卖场竞争力的重要因素渐渐成为企业的核心业务流程之一,进而成为公司 BPR 对象的首选。

本章小结

1. 由于新技术的应用、经济全球化进程的加快、国际市场机会的涌现、国际消费需求的趋同化,以及母国市场的饱和,卖场营销呈现国际化趋势。在向外扩张卖场时,要综合考虑地理位置、区域市场特征、文化背景等因素,选择标准化战略或本土化战略。

2. 卖场营销区域化可以更好地满足消费者需求,降低市场风险,获得全国性产品供应商的更多优惠,可以通过大量采购当地商品获得更高毛利。通常采用的策略有:深度精耕细作、协调供应链以降低经营风险、开发不同业态以满足区域市场需求、提供增值服务。

3. 卖场营销一体化包括纵向一体化和横向一体化。所谓纵向一体化,是指企业在两个可能的方向上,扩展现有经营业务的一种发展战略,具体表现为产业链的向前和向后延长。所谓横向一体化,就是企业收购、兼并竞争者的同种类型的企业,或者在国内外与其他同类企业合资生产经营等。

4. 纵向一体化的方式有:公司式纵向一体化、合同式纵向一体化和管理式纵向一体化。纵向一体化包括前向一体化和后向一体化两种类型:前向一体化,是指获得分销商或零售商的所有权或加强对它们的控制,也就是指企业根据市场的需要和生产技术的可能条件,利用自己的优势,把成品进行深加工的战略;后向一体化,就是零售卖场通过收购或兼并若干原材料供应商,拥有和控制其供应系统,实行供产一体化。

5. 随着经济的进步,卖场的纵向一体化必然向横向一体化转变,这是因为横向一体化具有以下特征:生产的专业性、市场的广泛性、产品的标准性、管理的延展性、组织的柔韧性和信息的共享性。横向一体化有三种形式:松散的联合体、比较紧密的联合体以及实体性的联合公司或总厂。

6. 卖场自助服务具有同质性、便利性、生产与消费主体相同、对自助服务设施的依赖性等特点,它可以极大地降低卖场的经营成本,并提高顾客服务的满意度。

7. 在以顾客为导向的市场中,体验营销成为卖场经营的一个趋势。所谓体验营销,是指以服务为重心,把商品作为一种道具,给消费者提供一种消费环境,在情境里通过消费者的参与、互动,给消费者留下一个独特、美好的回忆,最后达成忠诚购买的过程。

8. 卖场体验营销的方式有:感官式体验、情感式体验、思考式体验、关联式体验和行动式体验。体验营销的类别包括四个方面:购物体验、方便体验、审美体验和娱乐体验。体验营销有助于提高卖场吸引力,获得高额利润。

9. 电子商务的发展使得传统中间商的地位下降,同时,不断出现的新商业模式还冲击着传统零售业的进一步发展。电子技术主要被运用于卖场营销的四个方面,即电子零售商店的建立、客户关系管理、电子订货系统及业务流程再造。其中,网上零售电子商店的开设主要有两种方式:在专业的大型网站上注册会员,或自立门户建立网上零售电子商店。

思考题

1. 卖场营销国际化的动因是什么?
2. 对外扩张卖场的国际战略有哪些?
3. 卖场营销区域化发展的好处是什么?
4. 卖场如何进行纵向一体化发展?
5. 结合中国近年来的零售业并购事件,分析横向一体化的优缺点。
6. 分析卖场营销自助化的市场原因。
7. 分析体验经济下消费者的购买行为特征,为卖场实施体验营销活动提供建议。
8. 试论电子商务在卖场营销中的运用。

【案例 10.1】　　　　　　　瑞典宜家家居零售卖场的营销新举措

创立于 1943 年的瑞典宜家家居零售卖场于 1998 年进入中国,在中国,致力于为"想买高档货,又付不起高价的"中等偏上阶层,生产质优时尚的家居产品,并迅速成为中国白领阶层的流行风尚。

一、家居与家具——以消费者的居家需要为出发点

宜家家居以居家需要为出发点,销售与家庭居住有关的所有物品,店内产品大到床柜、书架,小到挂钩、把手、贴纸、蜡烛、定时器等,应有尽有。如果不想费神,可以直接克隆宜家样板间里所有布置,或者自己挑选、查找居家所需商品。这大大减少了消费者寻找、比较、判断的时间和精力,实际降低了消费者的成本支出。

二、样板间——刺激消费者的购买欲望

宜家开创了中国家居样板间的先例,迎合住房的不同面积要求,样板间有不同的面积设计,38 平方米或 18 平方米等,将成套的或单独的样板间完全按照居住的形式布置安当,让都市里忙碌而疲惫的消费者直接体验未来家的感觉,温馨而舒适,并在样板间内垂下一个诱人的提示:"布置这样的一间客厅只需要 2389 元!"如此一来,消费者的购买欲望会大大膨胀。诚然,样板间增加了宜家的经营成本,但却刺激了消费者的购买需求,这种独一无二的销售方式给了宜家与众不同的风格。

三、彻底的成本节约意识——给消费者整体廉价的感觉

宜家家居里的商品都是平板包装,很多零部件是可以通用的,这是宜家倡导的成本节约的直接体现。消费者在店内选中商品后,可以自己去取货,按照说明书回家自己安装,这一方面节约了运费,另一方面满足了很多都市人搭配与组装的心理需求,让消费者享受DIY 的乐趣。当然,宜家也提供送货和安装服务,但需要另外交付一定的费用。比如,送货区域内是每车次 50 元人民币,普通家具组装按货品价格的 4% 收取安装费,如需要上墙或橱柜安装则另外计费等。费用的计算办法和服务安排在店内的宣传单上列得很详细,消费者可以随时获得相关信息。此外,在宜家抬头可见未做任何装饰的天花板,通风管道等横七竖八的排列,低头可见裸露的水泥地面,密布细细的裂纹,但很干净;餐厅的立柱上写着顾客自己清理餐桌的理由;购物袋是收费的;大小商品基本采用尾数定价法,多以 9 结尾,一切都给人一种彻底节约成本的感觉。仔细算来,如果以单件商品价格进行比较,宜家确实比其他家具零售卖场内的同质商品价格要高;但如果计算搜索成本、购物感受、综合设施等方面,宜家给消费者一种整体廉价的感觉,同时也培养了消费者环保的理念,宜家由此给了消费者一个强有力的购买理由。

四、DIY——体验营销

随着消费者消费意识的成熟,消费者对于消费的过程体验需求越来越强烈,宜家结合这样的需求,提供了一套从现场卖场到最终将家具搬回家之后的全套体验营销,让消费者不仅仅在现场体验,而且回到家后还可以自己动手安装体验,从而拉近了产品与消费者之间的距离。

五、配套设施——满足消费者的基本需要

配套设施反映了一个企业的实力和管理水平,宜家家居内设有可容纳几百人共同就餐的餐厅,餐厅里配备各式不同的桌椅,供不同需求的人就餐,餐品样式不多,但中西合璧,服务到位。一楼的儿童托管区有受过专门培训的人员照看孩子,家长可以放心购物;二楼和三楼都设有咖啡厅休息区,每个专区都有桌椅供顾客休息,诸如此类的配套设施保证了顾客的基本需要得到满足。在中国传统的家具零售店内很难找到类似的设施,顾客只能忍耐。

六、温馨提示——给消费者家的感觉

在宜家,到处可见"请坐下来试试"、"请打开柜门看一看"、"请躺下感受一下"的温馨提示,消费者会不由自主的按照提示操作,而坐下躺下的感觉自然要比站立的感觉舒服得多,加上坐椅、床铺温馨的布置和装饰,会让人有到家的感觉。仔细观察宜家家居里坐着或躺着的人,就会发现绝大多数都是面带笑容的,开心而舒适,让消费者快乐购物、贩卖快乐的生活方式就是宜家的秘诀所在。而在传统的家具零售店里,看不到让试坐试躺的提示,相反,很多浅色的家具上还摆放"非卖勿坐"的牌子,对比强烈!

七、叫卖式销售——彻底的本土化

叫卖式销售是中国最古老的销售方式之一,中国消费者喜欢热闹的购物环境,喜欢零售店内触目皆是的海报和服务员热情的接待,希望经常能打折促销,而不习惯偌大的店里冷冷清清。宜家借鉴了同业失败的教训,很快适应中国消费者的消费习惯和消费心理,在零售卖场内很远就会听到大声的叫卖,打折促销的喊声让消费者以为到了小市场,充分刺激了消费者的好奇心和求廉心理,很多人竞相购买,成为家居销售的一道风景。

资料来源:杨肖丽.中外家居零售卖场营销差异及启示. http://www.studa.net.

案例问题:

1. 结合案例,分析宜家卖场经营的特点。
2. 宜家的营销方式体现了卖场营销的哪些新动向?

【案例10.2】　　　　　　　　百思买的新营销战略

百思买作为全球最大零售企业之一,主营消费电子、家居办公用品、电器、娱乐软件及其相关服务。公司于1966年成立于明尼苏达州,并在1983年更名为百思买。在美国、加拿大和中国范围内拥有13万余名员工。从一家小型企业创业至今,已经成为北美地区总产值高达310亿美元的知名技术娱乐产品及服务零售连锁企业。在美国和加拿大经营着900家商店,2005年的销售总额为308亿美元。

在百思买的店内,顾客会发现货架代替了柜台,统一风格的装修代替了各式各色的厂家展柜,这里很难看到其他家电卖场那种海报林立的场面,而门口笑容亲切的员工也并不会像传统卖场导购员那样抢着拉顾客去看货。顾客会发现这里的货品并不像传统卖场那样按照品牌划区陈列,在这里基本上是电视按"英寸",空调按"匹",洗衣机按"升",冰箱按"开门",根据购买者的需要分类而每个型号的电器下面都挂着一个牌子,标注有该款电器适合推荐的客厅面积、购买人群等。这就是百思买,处处体现对消费者关怀的电器连锁巨头。百思买对消费者的最大体贴之处在于,它不允许家电厂商的促销人员现场促销。在传统家电卖场中,家电厂商派驻促销人员入场促销,最大限度地争抢客户。这些促销人员经过专业培训,十分清楚应该以什么样的介绍方式打动消费者,而在销售佣金的激励下总是不厌其烦,用消费者的话说就是"永远跟在你身后,说个不停"。这在一定程度上就会影响

消费者自己对于需求产品与品牌的判断,甚至最终导致购买了并不适合或并不需要的产品。

在百思买的卖场,通过无差别导购的管理模式,消费者的理性需求被最大化尊重。经过专业培训的导购人员,会根据消费者的需求客观地推荐真正合适的产品。百思买是纽约的上市公司,资本市场对其盈利能力要求苛刻,有严格的财务考核指标,要保证每平方英尺的销售产出不能低于一定的数额。而注重绩效也是百思买成功的原因,保持低成本运营,但在信息系统和培训方面慷慨投入,以保证在高速扩张的同时,可比店铺销售、单位面积销售和存货周转率一直表现优异。家电零售连锁的商品同质化竞争最直接的结果就是利润大幅降低,百思买不擅长"类金融"模式扩张,甚至不擅长压榨供应商利润,却善于从商品管理中寻找新的利润空间。手机配件、游戏周边产品、家居用品、视听配件和线材,这些以往和家电关联不大的品类在百思买的门店里占有相当的面积,甚至百思买还利用收购企业推出自有品牌的线材等品类产品。近几年,百思买往产业链上游挺进,通过 OEM 模式推出自有品牌的影雅(INSIGNIA)液晶电视。

百思买于 2006 年底进入中国开了第一家店,到 2009 年为止仅在华开设了 8 家分店。在开店速度缓慢的情况下,百思买扛起并购大旗。2006 年 5 月 12 日,百思买与中国国内家电连锁企业中排名第四的南京五星电器正式达成协议,由百思买投资 1.8 亿美元收购五星电器 56% 股权。

五星电器与百思买"联姻"后,百思买将套用在加拿大运作得较成功的双品牌合资经营模式,其在中国的发展将分为两个层面。第一,以其即将在上海开业的首家旗舰店为起点,在国内一线城市以"百思买"品牌同国美、苏宁等对手竞争;第二,以江浙为起点,用"五星"品牌在这些地区同国美、苏宁等竞争,进而全面进入中国市场。通过直营,百思买可以自己掌握终端网络,可以集中人力、物力在终端市场上进行促销,做好终端市场和自身品牌形象推广工作。采用直营主要是公司能够直接控制管理,在市场策略和形象宣传方面能够直接掌控。对百思买来说,"百思买在中国"可能并不重要,"中国的百思买"也许更有价值,通过直营进行本土化摸索应是明智之举。

百思买想要在中国扎根成长,必须由公司进行深度管理,精耕细作,找出适合中国国情的经营方式,同时再将这种模式推向其他分店,使品牌价值真正让位于消费者。

资料来源:[1]张山斯.汇银家电 VS 百思买:边缘的力量.商界,2009(4);[2]马瑞光.不可忽视的百思买中国战略.现代家电,2006(17).部分删改.

案例问题:

1. 结合案例,分析百思买双品牌营销策略的优缺点。
2. 分析中国消费者的购物行为,分析百思买的营销方式是否适应中国市场。

主要参考文献

参考著作

[1]D. Mercer. Marketing Strategy：The Challenge of the External Environment. Chapter 6，London：Sage Publication，1998.

[2][美]阿德里安·佩恩.关系营销——形成和保持竞争优势.北京：中信出版社,2002.

[3][美]佰曼·埃文斯.零售管理.吕一林,韩关译.北京：中国人民大学出版社,2007.

[4]编委会.卖场管理师培训教程.北京：中国经济出版社,2008.

[5]苍耳.旺铺：商业实用风水宝典.石家庄：花山文艺出版社,2005.

[6]陈立平.卖场营销.北京：中国人民大学出版社,2008.

[7]陈建明.中国超级购物中心.北京：经济管理出版社,2003.

[8]陈己寰.零售学.广州：暨南大学出版社,2003.

[9]陈章旺.零售营销：实战的观点.北京：北京大学出版社,2008.

[10][日]大槻博.卖场营销实践.东京：日本经济新闻社,1998.

[11][美]大卫.零售学.大连：东北财经大学出版社,2001.

[12][美]戴维斯·沃德.零售消费管理.温丹辉,吕继营译.北京：中国人民大学出版社,2006.

[13][美]丹尼尔·贝尔.资本主义文化矛盾.赵一凡,海隆译.北京：三联书店,1989.

[14][美]德尔·I·霍金斯,戴维·L·马瑟斯博,罗杰·J·贝斯特.消费者行为学(第10版).北京：机械工业出版社,2007.

[15][日]东京法思株式会社.怎样经营零售店铺.上海：复旦大学出版社,1995.

[16]董超.超市营销策划.北京：中国劳动出版社,2005.

[17]董敬民.零售营销.北京：民主与建设出版社,2001.

[18]方美琪.电子商务概论.北京：清华大学出版社,2002.

[19][美]菲利普·科特勒,凯文·莱恩·凯勒.营销管理(第12版).上海：上海人民出版社,2006.

[20][日]宫泽永光.流通用语词典.东京：白桃书房株式会社,1999.

[21]龚振,荣晓华.消费者行为学.大连：东北财经大学出版社,2002.

[22]顾建国.超级市场营销管理.上海：立信会计出版社,2001.

[23]韩光军,崔玉华.超市营销.北京：首都经济贸易大学出版社,2008.

[24]亨利·阿塞尔.消费者行为和营销策略.韩德昌译.北京：机械工业出版社,2000.

[25]侯东,倪兴梅.旺铺——店铺盈利策略与分析.北京:中国宇航出版社,2008.

[26]后东升,周伟.零售店商品陈列技巧.深圳:海天出版社,2007.

[27]华蕊,李楠.商场超市卖场服务与管理.北京:化学工业出版社,2008.

[28]黄敏学.电子商务.北京:高等教育出版社,2001.

[29]黄平.未完成的叙说.成都:四川人民出版社,1997.

[30][美]J.布莱思.消费者行为学精要.北京:中信出版社,2003.

[31]John C. Mowen & M. S. Minor.消费者行为学(第4版).黄格非译.北京:清华大学
    出版社,2003.

[32][日]甲田佑三.卖场设计151诀窍.于广涛译.北京:科学出版社,2009.

[33]江林.消费者心理与行为(第3版).北京:中国人民大学出版社,2007.

[34][美]肯尼·斯通.对阵:与零售巨人竞争.北京:机械工业出版社,2001.

[35]郎咸平.零售连锁业战略思维和发展模式.上海:东方出版社,2006.

[36]劳动和社会保障部教材办公室组织编写.超市卖场布局与商品陈列.北京:中国劳动社
    会保障出版社,2007.

[37][美]雷蒙德·P·菲斯克.互动服务营销.张金成译.北京:机械工业出版社,2001.

[38]李爱先.店铺顾客管理.北京:经济管理出版社,2004.

[39]李爱先.店铺销售管理.北京:经济管理出版社,2004.

[40]李爱先.店铺员工管理.北京:经济管理出版社,2004.

[41]李飞.零售革命.北京:经济管理出版社,2003.

[42]李严锋.复合型商业业态——理论、应用、个案.北京:经济科学出版社,2006.

[43]林健安.卖场行销.北京:北京工业出版社,2003.

[44]零售业经营管理与培训主编.卖场管理与培训.北京:中国时代经济出版社,2006.

[45]刘超.卖场策划.北京:中国发展出版社,2008.

[46]刘超.卖场选址与布局.北京:中国发展出版社,2008.

[47]刘敏.商品学基础.北京:科学出版社,2008.

[48]卢泰宏.消费者行为学——中国消费者透视.北京:高等教育出版社,2008.

[49]罗格·D·布莱克韦尔.消费者行为学(第9版).北京:机械工业出版社,2003.

[50]罗子明.消费者心理学(第2版).北京:清华大学出版社,2002.

[51]马连福.体验营销.北京:首都经济贸易大学出版社,2005.

[52][英]麦戈德·瑞克.零售营销.裴亮译.北京:机械工业出版社,2004.

[53][美]迈克尔·利维,巴顿·韦茨.零售管理.北京:人民邮电出版社,2004.

[54][美]迈克尔·波特.竞争战略.陈小悦译,北京:华夏出版社,1997.

[55][美]迈克尔·利维,巴顿·韦茨.零售营销学精要.郭武文译.北京:机械工业出版
    社,2005.

[56][美]迈克尔R·所罗门,卢泰宏.消费者行为学.北京:电子工业出版社,2006.

[57][加]米歇尔R·利恩德斯,[美]哈罗德E·费伦.采购与供应管理.张杰译.北京:机械
    工业出版社,2001.

[58]帕科·昂德希尔.顾客为什么购买(第1版).北京:中信出版社,2004.

[59][美]帕特里克·M·邓恩.零售学.北京:中信出版社,2006.

[60]屈云波.零售业营销.北京：企业管理出版社,1996.

[61][法]让·鲍德里亚.消费社会.刘成富,全志钢译.南京：南京大学出版社2001.

[62]饶蕾.卖场顾客消费心理.2007.

[63]苏国雄,王强.现代零售学.北京：中国人民大学出版社,2008.

[64][德]索斯顿·亨尼·索罗.关系营销——建立顾客满意和顾客忠诚赢得竞争优势.罗磊译.广州：广东经济出版社,2003.

[65][美]唐·舒尔茨,海蒂·舒尔茨.整合营销传播：创造企业价值的五大关键步骤.北京：中国财政经济出版社,2005.

[66][美]托马斯·翰.购物文化简史.梅清豪,仇学霞译.上海：上海人民出版社,2006.

[67][美]瓦拉瑞尔·A·泽丝曼尔.服务营销.张金成译.北京：机械工业出版社,2008.

[68]万融.商品学概论(第3版).北京：中国人民大学出版社,2005.

[69]王宁.消费社会学：一个分析的视角.北京：社会科学文献出版社,2001.

[70]吴健安.现代推销学(第2版).大连：东北财经大学出版社,2006.

[71]吴建国.流通现代化原理与实务.北京：中国物资出版社,2003.

[72]吴佩勋.零售管理.上海：上海人民出版社,2007.

[73]吴一夫.货品管理决定店铺盈亏.北京：中国言实出版社,2009.

[74][日]下川美知榴.色彩营销.陈刚,屠一凡译.北京：机械工业出版社,2006.

[75][英]西莉亚·卢瑞.消费文化.张萍译.南京：南京大学出版社,2003.

[76]肖怡.零售学.北京：高等教育出版社,2003.

[77]杨哲,杨卫.商场超市店铺开发与经营.深圳：海天出版社,2005.

[78]一分钟情景销售技巧研究中心.店铺销售.北京：中华工商联合出版社,2005.

[79]曾庆均.零售学.北京：中国商务出版社,2005.

[80]张理.消费者行为学.北京：清华大学出版社,2008.

[81]张金水,窦慧筠.如何做优秀零售店长.广州：广东经济出版社,2006.

[82]张伟勋.店铺营销与推广.北京：中国时代经济出版社,2005.

[83]张烨.现代商品学概论.北京：科学出版社,2005.

[84]赵涛.超市经营管理——理论、案例、制度、实务.北京：北京工业大学出版社,2006.

[85]中国连锁经营协会.2002年中国连锁经营年鉴.北京：中国商业出版社,2002.

[86]周文.连锁超市经营管理师操作实务手册——店铺开发篇.长沙：湖南科学技术出版社,2003.

[87]周文.连锁超市经营管理师操作实务手册——商品管理篇.长沙：湖南科学技术出版社,2003.

[88]周文.连锁超市经营管理师操作实务手册——店铺运营篇.长沙：湖南科学技术出版社,2003.

[89]祝文欣.卖场策划.北京：中国发展出版社,2008.

参考期刊

[90]C. J. Cobb，W. D. Hoyer. Planned Versus Impulse Purchase Behavior，Journal of Retailing. Winter，1986.

[91]G. Harrell and J. Anderson. Path Analysis of Buyer Behavior Under Conditions of Crowding. Journal of Marketing Research，1980(2).

[92]Judith Lynne Zaichkowsky，Measuring the Involvement Construct in Marketing. Journal of Consumer Research. 1985(12).

[93]O. Nielsen. Development in Retailing. In M. Kjaer-Hansen(ed.)，Rsadings in Danish Theory of Marketing. North-Holland，1966.

[94]W. J. Regan. The Stage of Retail Development. In R. Cox，W Alderson，And S. J. Shapiro(Eds)"Theory In Marketing"，1964.

[95]陈琳. 试析人员推销对消费者冲动购买的决策影响. 华商，2008(15).

[96]陈支农. 百年零售大厦——凯马特破产的启示. 商业文化，2004(11).

[97]高薇，付铁山. 日本便利店选址策略研究. 企业活力，2008(12)，来源于中国人民大学书报资料中心. 市场营销文摘. 2009(3).

[98][日]兼村荣哲. 关于零售商业的产生、发展理论假说的再思考. 早稻田大学大学院商学研究科纪要，1993(36).

[99]金晗. 零售业购物环境的构造. 管理科学文摘，2007(6).

[100]江林，张晓鲁. 冲动性购买行为的实证分析及其营销策略. 广东商学院学报，2006(5).

[101]李国艳. 对外资零售企业价格策略的思考. 邢台职业技术学院学报，2006(2).

[102]刘晓君. 全球化过程中的消费主义评说. 青年研究，1997(6).

[103]鲁成. 终端卖场如何留住消费者. 中国纺织，2008(2).

[104]陆嫣华. 基于现代市场营销思想的服装卖场系统研究. 硕士学位论文，2005.

[105]马瑞光. 不可忽视的百思买中国战略. 现代家电，2006(17).

[106]彭江. 中外零售商自有品牌比较及启示. 天津商业大学学报，2008(5).

[107]彭显伦，缪志仁. 麦肯锡：中国高成长的大卖场. 商学院，2003(5).

[108]尚春香. 日本 7-11 便利店选址策略. 市场周刊，2003(8).

[109]宋永高. 国外营销学研究方法介绍. 嘉兴学院学报，2001(6).

[110]孙云. 现代营销中的色彩战略. 科技经济市场，2009(3).

[111]汤云，朱云松. 浅析快速发展的网上零售市场. 商场现代化，2008(6).

[112]田爱国. 国外零售企业营销战略借鉴研究. 商业现代化，2006(9).

[113]汪旭晖. 国际零售商海外市场选择标准过程与趋势展望. 市场营销导刊，2005(6).

[114]王成荣. 我国百货店的创新与发展. 商业时代，2006(7).

[115]王赳. 消费主义的现实反思. 中共浙江省委党校学报，2005(5).

[116]王宁宁. 新品上市的渠道选择——传统渠道与 KA 卖场的平衡运控. 连锁与特许－管理工程师，2008(12)，载于中国人民大学书报资料中心. 市场营销文摘，2009(3).

[117]王天新. 关于中国零售业会员制的思考. 现代企业教育，2007(11).

[118]魏建.企业并购:本质及效率分析.财经研究,1999(7).

[119]吴长顺,范士平.百货商店与综合超市形象影响因素差异性研究.现代管理科学,2004(8).

[120]谢非.外资零售企业经营理念初探.中北大学学报(社会科学版),2006(5).

[121]徐慧群.超市大卖场发展趋势与店头营销.现代商业,2008(1).

[122]徐金灿,马谋超,陈毅文.服务质量的研究综述.心理科学进展,2002(10).

[123]晏维龙.零售营销策略组合及零售业态多样化.财贸经济,2003(6).

[124]闫涛.零售店顾客冲动性购买行为探析.渤海大学学报(哲学社会科学版),2007(3).

[125]杨德锋,张帆.关于零售业态变革的研究.商业研究,2005(13).

[126]杨魁,董雅丽.消费主义文化的符号化解读.现代传播,2003(1).

[127]尹晓波.中国零售卖场"走出去"战略分析.流通经济,2006(8).

[128]张春明.居家氛围服装卖场的设计研究.江南大学学报(人文社会科学版),2007(3).

[129]张黎.价格促销对商店整体价格形象的影响:理论与实证研究回顾.商业经济与管理,2006(5).

[130]张山斯.汇银家电 VS 百思买:边缘的力量.商界,2009(4).

[131]赵金蕊.女性消费者的非计划性购物行为研究.消费导刊,2009(4).

[132]赵金蕊.印象管理——提升顾客忠诚度的一种手段.商场现代化,2008(10).

[133]赵欣.论网上零售电子商店的规划与设计与流程管理.现代商业,2007(10).

[121]赵杨.便利店经营中的营销策略分析.市场营销文摘卡,载于中国人民大学书报资料中心,2007(6).

[134]赵子郡.英国零售巨头 Tesco 的经营特色.中国工商管理研究,2008(5).

[135]周延风,黄光,刘富先.美国零售商店店面设计和形象促销的启示.企业活力,2005(10).

[136]中国卖场营销网.http://www.retailoutlet.cn/.

[137]全球品牌网.http://www.globrand.com/.